浙江文化研究工程成果文庫
浙江文獻集成

敕修兩浙海塘通志

龔延明　張雷雨　點校

浙江大學出版社
ZHEJIANG UNIVERSITY PRESS
・杭州

圖書在版編目(CIP)數據

敕修兩浙海塘通志 / 龔延明，張雷雨點校. —杭州：浙江大學出版社，2023.9
ISBN 978-7-308-24015-4

Ⅰ. ①敕… Ⅱ. ①龔… ②張… Ⅲ. ①海塘—海岸工程—史料—浙江—清代 Ⅳ. ①U656.31—092

中國國家版本館 CIP 數據核字(2023)第 128047 號

敕修兩浙海塘通志
龔延明　張雷雨　點校

策劃編輯　宋旭華
責任編輯　徐凱凱
責任校對　蔡　帆
封面設計　項夢怡
出版發行　浙江大學出版社
（杭州市天目山路 148 號　郵政編碼 310007）
（網址：http://www.zjupress.com）
排　　版　浙江大千時代文化傳媒有限公司
印　　刷　杭州宏雅印刷有限公司
開　　本　710mm×1000mm　1/16
印　　張　32.25
字　　數　580 千
版 印 次　2023 年 9 月第 1 版　2023 年 9 月第 1 次印刷
書　　號　ISBN 978-7-308-24015-4
定　　價　138.00 圓

浙江省文化研究工程指導委員會

浙江文化研究工程成果文庫總序

習近平

有人將文化比作一條來自老祖宗而又流向未來的河，這是説文化的傳統，通過縱向傳承和橫向傳遞，生生不息地影響和引領着人們的生存與發展；有人説文化是人類的思想、智慧、信仰、情感和生活的載體、方式和方法，這是將文化作爲人們代代相傳的生活方式的整體。我們説，文化爲群體生活提供規範、方式與環境，文化通過傳承爲社會進步發揮基礎作用，文化會促進或制約經濟乃至整個社會的發展。文化的力量，已經深深熔鑄在民族的生命力、創造力和凝聚力之中。

在人類文化演化的進程中，各種文化都在其内部生成衆多的元素、層次與類型，由此決定了文化的多樣性與複雜性。

中國文化的博大精深，來源於其内部生成的多姿多彩；中國文化的歷久彌新，取決於其變遷過程中各種元素、層次、類型在内容和結構上通過碰撞、解構、融合而產生的革故鼎新的强大動力。

中國土地廣袤、疆域遼闊，不同區域間因自然環境、經濟環境、社會環境等諸多方面的差異，建構了不同的區域文化。區域文化如同百川歸海，共同匯聚成中國文化的大傳統，這種大傳統如同春風化雨，滲透於各種區域文化之中。在這個過程中，區域文化如同清溪山泉潺潺不息，在中國文化的共同價值取向下，以自己的獨特個性支撑着、引領着本地經濟社會的發展。

從區域文化入手，對一地文化的歷史與現狀展開全面、系統、扎實、有序的研究，一方面可以藉此梳理和弘揚當地的歷史傳統和文化資源，繁榮和豐富當代的先進文化建設活動，規劃和指導未來的文化發展藍圖，增强文化軟實力，爲全面建設小康社會、加快推進社會主義現代化提供思想保證、精神動力、智力支持和輿論力量；另一方面，這也是深入瞭解中國文化、研究中國文化、發展中國文化、創新中國文化的重要途徑之一。如今，區域文化研究日益受到各地重視，成爲我國文化研究走向深入的一個重要標誌。我們今天實施浙江文化研究工程，其目的和意義也在於此。

千百年來，浙江人民積澱和傳承了一個底蘊深厚的文化傳統。這種文化傳統的獨特性，正在於它令人驚歎的富於創造力的智慧和力量。

浙江文化中富於創造力的基因，早早地出現在其歷史的源頭。在浙江新石器時代最爲著名的跨湖橋、河姆渡、馬家浜和良渚的考古文化中，浙江先民們都以不同凡響的作爲，在中華民族的文明之源留下了創造和進步的印記。

浙江人民在與時俱進的歷史軌跡上一路走來，秉承富於創造力的文化傳統，這深深地融匯在一代代浙江人民的血液中，體現在浙江人民的行爲上，也在浙江歷史上衆多傑出人物身上得到充分展示。從大禹的因勢利導、敬業治水，到勾踐的卧薪嘗膽、勵精圖治；從錢氏的保境安民、納土歸宋，到胡則的爲官一任、造福一方；從岳飛、于謙的精忠報國、清白一生，到方孝孺、張蒼水的剛正不阿、以身殉國；從沈括的博學多識、精研深究，到竺可楨的科學救國、求是一生；無論是陳亮、葉適的經世致用，還是黄宗羲的工商皆本；無論是王充、王陽明的批判、自覺，還是龔自珍、蔡元培的開明、開放，等等，都展示了浙江深厚的文化底蘊，凝聚了浙江人民求真務實的創造精神。

代代相傳的文化創造的作爲和精神，從觀念、態度、行爲方式和價值取向上，孕育、形成和發展了淵源有自的浙江地域文化傳統和與時俱進的浙江文化精神，她滋育着浙江的生命力、催生着浙江的凝聚力、激發着浙江的創造力、培植着浙江的競爭力，激勵着浙江人民永不自滿、永不停息，在各個不同的歷史時期不斷地超越自我、創業奮進。

悠久深厚、意韻豐富的浙江文化傳統，是歷史賜予我們的寶貴財富，也是我們開拓未來的豐富資源和不竭動力。黨的十六大以來推進浙江新發展的實踐，使我們越來越深刻地認識到，與國家實施改革開放大政方針相伴隨的浙江經濟社會持續快速健康發展的深層原因，就在於浙江深厚的文化底蘊和文化傳統與當今時代精神的有機結合，就在於發展先進生產力與發展先進文化的有機結合。今後一個時期浙江能否在全面建設小康社會、加快社會主義現代化建設進程中繼續走在前列，很大程度上取決於我們對文化力量的深刻認識、對發展先進文化的高度自覺和對加快建設文化大省的工作力度。我們應該看到，文化的力量最終可以轉化爲物質的力量，文化的軟實力最終可以轉化爲經濟的硬實力。文化要素是綜合競爭力的核心要素，文化資源是經濟社會發展的重要資源，文化素質是領導者和勞動者的首要素質。因此，研究浙江文化的歷史與現狀，增强文化軟實力，爲浙江的現代化建設服務，是浙江人民的共同事業，也是浙江各級黨委、政府的重要使命和責任。

二〇〇五年七月召開的中共浙江省委十一届八次全會，作出《關於加快建設文化大省的決定》，提出要從增强先進文化凝聚力、解放和發展生産力、增强社會公共服務能力入手，大力實施文明素質工程、文化精品工程、文化研究工程、文化保護工程、文化産業促進工程、文化陣地工程、文化傳播工程、文化人才工程等『八項工程』，實施科教興國和人才强國戰略，加快建設教育、科技、衛生、體育等『四個强省』。作爲文化建設『八項工程』之一的文化研究工程，其任務就是系統研究浙江文化的歷史成就和當代發展，深入挖掘浙江文化底蘊、研究浙江現象、總結浙江經驗、指導浙江未來的發展。

浙江文化研究工程將重點研究『今、古、人、文』四個方面，即圍繞浙江當代發展問題研究、浙江歷史文化專題研究、浙江名人研究、浙江歷史文獻整理四大板塊，開展系統研究，出版系列叢書。在研究内容上，深入挖掘浙江文化底藴，系統梳理和分析浙江歷史文化的内部結構、變化規律和地域特色，堅持和發展浙江精神；研究浙江文化與其他地域文化的異同，釐清浙江文化在中國文化中的地位和相互影響的關係；圍繞浙江生動的當代實踐，深入解讀浙江現象，總結浙江經驗，指導浙江發展。在研究力量上，通過課題組織、出版資助、重點研究基地建設、加强省内外大院名校合作、整合各地各部門力量等途徑，形成上下聯動、學界互動的整體合力。在成果運用上，注重研究成果的學術價值和應用價值，充分發揮其認識世界、傳承文明、創新理論、諮政育人、服務社會的重要作用。

我們希望通過實施浙江文化研究工程，努力用浙江歷史教育浙江人民、用浙江文化薰陶浙江人民、用浙江精神鼓舞浙江人民、用浙江經驗引領浙江人民，進一步激發浙江人民的無窮智慧和偉大創造能力，推動浙江實現又快又好發展。

今天，我們踏着來自歷史的河流，受着一方百姓的期許，理應負起使命，至誠奉獻，讓我們的文化綿延不絶，讓我們的創造生生不息。

二〇〇六年五月三十日於杭州

整理前言

龔延明　张雷雨

海塘，又稱海堤、海堰，是人工修建的擋潮堤壩，是我國東南沿海地帶的重要屏障。海塘是我國古代勞動人民改造自然的巨大工程之一，至今已有兩千多年的歷史。我國沿海各河口三角洲冲積平原，地勢低下平坦，常常受到潮流的冲擊。我國古代人民爲了戰勝海潮修建海塘，以保障沿海地帶人們的經濟生産活動。

早在漢代，已經出現了防海水的海塘。據酈道元《水經註》卷四十《漸江水》注引《錢唐記》曰：『防海大塘，在縣東一里許，郡議曹華信家議立此塘，以防海水。始開募，有能致一斛土者，即與錢一千。旬月之間，來者雲集。塘未成而不復取，於是載土石者皆棄而去，塘以之成，故改名錢唐焉。』

自元代以來，隨著東南沿海地區經濟的發展，海塘逐漸增加，海塘的結構也逐步擴展，關於海塘工程的著作漸多。元順帝至正元年（1341），葉恒築石堤，後其子晋輯録《海堤録》。《浙江通志》卷六十三云：『至正元年，州判葉恒乃作石堤二萬一千二百十一尺，下廣九十尺，上半之，高十有五尺。』《浙江通志》卷二百五十四又云：『《海堤録》一卷。至正己卯，餘姚州判葉恒敬常築石堤，子晋輯名賢述作以褒揚之，從孫冀刊行。』明世宗嘉靖二十一年（1542），黄光昇修築海鹽縣海塘，並著有《海塘記》一卷，主要記載了海鹽縣海塘的修築方法。《浙江通志》卷六十三云：『（嘉靖）二十一年，築塘若干，爲僉事黄光昇。』明神宗萬曆十五年（1587），仇俊卿所著《海塘録》八卷是現存較早的關於海塘方面的專著。《四庫全書總目》卷七十五《地理類存目》四云：『《海塘録》八卷，明仇俊卿撰。俊卿，海鹽人，官國子監博士，萬曆十五年海鹽塘潰，重修。俊卿因録其圖式案牘爲此書。《浙江通志》已采録其大略，其所紀述距今一百餘載，亦今昔異宜矣。』除黄光昇《海塘記》、仇俊卿《海塘録》，據《千頃堂書目》記載明代還有《全修海塘録》（十卷）、《歷修海塘録》（九卷）、《海鹽築塘記》（一卷）等關於海塘的著作。但是這些著作内容大多過於粗略，且只詳記餘姚、海鹽等一邑之海塘，未嘗概及兩浙全省。

清乾隆十六年（1751），方觀承等編纂的《敕修兩浙海塘通志》是作者整修兩浙海塘時的專著，全面匯集了此前有關浙江省海塘修築等資料，集兩浙水利之大觀。方觀承具有豐富的地理知識，並且熟悉水利工程，這本《敕修兩浙海塘通志》即是在其整修兩浙海塘時同其他人所合著。是書主要記載了舊時浙江杭、嘉、寧、紹、温、台六郡海塘圖籍，凡兩浙有塘州縣，小則修葺，大則建築，均予甄録。全書共二十卷，一首卷。卷首詔諭，卷一圖説，卷二至卷三列代興修，卷四至卷七本朝建築，卷八工程，卷九物料，卷十至卷十一坍漲，卷十二場竈，卷十三職官，卷十四潮汐，卷十五至卷十六祠廟，卷十七兵制，卷十八江塘，卷十九至卷二十藝文。《敕修兩浙海塘通志》爲研究我國浙江省古代的海塘工程建築史、工程管理、物料核算、官員設置、水利制度、民俗活動等提供了詳盡的文獻史料，具有很高的研究價值，是研究海塘沿革歷史的重要史料文獻。

《敕修兩浙海塘通志》現存最早的版本爲北京大學圖書館古籍特藏庫收藏的清乾隆十六年（1751）刻本。上海古籍出版社1995年出版續修四庫全書，即以清乾隆刻本爲底本出版了影印本。後海南出版社於2001年、廣陵書社於2006年亦分别以乾隆刻本爲底本出版了影印本。本書即以《續修四庫全書》影印本爲底本，並參校清乾隆刻本及翟均廉《海塘録》，進行點校。囿於學力，書中必有不當之處，敬祈方家不吝指正。

總目

序

天下利害之數，水居六七，而河與海尤鉅。治河者，或疏或瀹，恒多其方以圖之；海則惟恃堤捍之一法，一失其防，雖有李冰之神勇、鄭國之精能，束手而無所用，此海之所以獨重於塘也。浙之東，負海而居者，爲郡有六，曰杭州、曰嘉興、曰紹興、曰寧波、曰温州、曰台州，皆頼一線之塘以爲保障；而杭州之仁和、海寧，嘉興之海鹽、平湖諸邑，直海之北岸，全勢所趍，潮汐衝嚙，颶風時作，險要倍於他所。自唐宋迄明，代有規畫。國家定鼎百余年來，聖聖相承，謨猷廣遠，易土塘爲石塘，更民修爲官修，鉅工疊舉，立制綦詳。我皇上御極之初，軫念海疆，勤求民瘼，大發司農錢，修建新舊兩塘，爲一勞永逸計。輿情踊躍，鼛鼓弗勝，海若百靈，奔走率職。杭、嘉、紹數百里長堤，屹如砥柱，而中小亹一夕開通，輸委順利，不啻若尾閭沃焦焉。巍巍乎聖德神功，百世未嘗有也。余承乏浙撫，屬當厎寧，念此非常之原，不可不垂竹帛而示來許，因以編輯《海塘通志》。上請既報可，遂與諸僚宷，延訪通儒，蒐羅掌故，提綱標目，規模略備。尋奉恩命，急裝北行，以其事屬中丞永公。歲辛未，書既成，永公寄余一帙，俾序簡端。余受而讀之，凡列聖之訏謨、累朝之沿革、形勢之遷變、工程之險夷，與夫經費所出、物料所資、職守所存、祀典所秩，罓〔罔〕不燦若列眉、瞭如指掌，洵可爲經國之要典，備來者之參稽矣！夫志水之書，自史遷《河渠》、班固《溝洫》，以至桑欽、酈道元之所譔述，并博綜兼採，詳於源流典故，而略於制度規爲。迨元葉恒、明黄光昇、仇俊卿諸人，海堤始有專録，然止記一時補苴之術，未及百年經久之計。是不獨治水之爲難，而勒成一書，垂法後世之爲尤難也！今如《海塘》一志，成法井然，要領具在。官斯土者，但恪守累朝之聖訓，謹防維，勤補葺，將萬載安瀾之慶，展卷求之有餘矣。抑余親行海上，見夫銀濤雪浪，奔注於文堂、禪機兩山之麓；而北岸之河莊山，疇昔宛在水中者，今且輿馬可至其下，沮洳斥鹵之區，行變而爲膏壤。蓋自中小亹暢然無梗，而江流海潮日益南注，仁寧一帶之塘，殆若虛設焉！雖然前事者，後事之師也，繼自今，其益求苞桑之固，而無忘楗菑、土石之勞哉！

乾隆辛未仲夏之月，太子少保、總督直隸等處地方軍務、兼理糧餉河道、都察院右都御史、前浙江巡撫桐城方觀承謹序。

凡例

一、海塘有志，由來舊矣，然皆防海，而非堤海。惟元葉恒所撰《海堤録》、明黄光昇、仇俊卿所著《海塘録》，專志海塘，而又止詳餘姚、海鹽一邑之塘，未嘗概及通省。兹志凡兩浙有塘州縣，小則修葺，大則建築，無不備載。至防海機宜，事關戎政，概不攔入。

一、上諭恭載首卷，尊王言也。至臣下章奏，則依綱目體例，入本條之下。或事隔歲時而後始舉行，或先經集議而繼有更易，總載則月日不符，列序則事難條貫，總其本末，仍係以年月。此亦先經始事，後經終義之意云爾。

一、圖以象形，説以紀事。浙省濵海六府，各有分圖，而以全省總圖列於前者，綜其形勢，斯瞭如指掌也。第全圖分南北兩岸，南岸自紹郡至寧郡，地勢已轉而東，自是而台、而温，則又自東北而漸向西南。限於邊幅，勢難總繪，今將南北塘分爲四頁，俾地勢旋轉，布列詳明，四頁彙觀，仍可得其全局。庶不至詳於四郡，略於温台耳！

一、歷代海塘，杭、嘉、寧、紹、温、台六郡，皆有興築，故分府登載。我朝百餘年來，惟杭、嘉、紹三郡，屢有修建。寧郡工作，已屬無多；温台二郡，更慶安瀾，修築工程不少概見；故《浙江通志》於本朝海塘，即改用編年，今仍其例。

一、修築海塘，歷來皆隨坍隨修。至康熙五十七年，撫臣朱軾奏請逐年將修築工段、用過帑金，據實報銷，而歲修之名，肇此矣。雍正六年，督臣李衛奏請將一時驟決、不可緩待之工，先行搶築，隨後奏聞，而搶修之名，又於是始。至零星補葺，難以瑣載，然事關帑藏，又無敢疏漏，視工程之大小，定紀載之詳略。每歲歲終，則另立單行小字一條，書是年歲搶修用過銀若干兩，以便彙覽。事既不煩，而帑費亦不爽銖黍矣。

一、工之夷險，視塘之形勢。浙省杭、嘉、紹三郡，長江之水順流而下，海潮逆江而上，三郡獨受其衝。至寧波、温、台，既非江海交匯，又皆有山麓綿亘，雖均屬海疆，而工程稍簡。事鉅則所載繁，工小則所載略，理勢使然，非記載之有詳略也。

一、頻年興築，或用條石、或用塊石，椿之圓圍，或尺五、或尺四，物料不同，價值亦異，難以備載；惟一百餘里之土備塘、一萬四千餘丈之魚鱗大石塘，爲千古未有之鉅工。甃砌有程式，物料按尺度，不爲詳悉開載，無可稽考。餘如木櫃、坦水，爲修塘之所必需，草壩、盤頭，亦一時權宜之用，故並及之。

一、通省政務，督、撫、藩、臬，無所不統。糧鹺、驛傳，各有職司。獨海塘舊無專員。自雍正十三年，設立海防兵備副使道，凡有塘州縣，咸令統轄，從此先事預防，臨時搶堵，一線長堤永無潰決之患。則專員之設，所關大矣！志職官不列督撫、司道，止載欽差大臣及督撫之加總理、總統銜者，至兵備道以下文武員弁，則無不備志，志所專也。

一、場竈坍漲，事隸鹺政，與海塘無涉；然沙有坍塌，則塘即汕刷，鹽能旺産，則塘必鞏固，事不相關，而利害隨之。故志海塘者，不能不兼及也。

一、祠廟非海神，雖名藍、上剎，近在海塘，亦不入。藝文無確見，雖鴻文鉅製、膾炙人口，亦不入。兵可百年不用，不可一日不備。國家防海之兵，星羅棊布，寧波稱重鎮，乍浦設駐防，今皆不入，而祇載兵備道標之兵。寧簡毋繁，寧嚴毋濫，務爲核實，以備博稽。斯志之大旨如此。

一、前代章奏、志乘失傳，遇有名賢，記載詳悉、本末足爲典據者，即引入本條之下。至我朝，工無大小，皆經題報，章奏詳明，則載章奏，部覆周密，則登部覆。餘如地方紳士，間有記聞，承修工員，不無録述，果能洞悉機宜，有裨塘務，則纂入藝文，以備採擇。

一、浙省江海，本相連屬，海潮泛溢，則江岸亦致傾欹；江水汪洋，則海塘亦遭潑卸。此志海塘者不得不附志江塘也。然歷來修築，專及江塘者少，江海塘並題者多。章奏部覆，勢雖析裂，既於彼門詳載，則此卷江塘止記修砌月日及工程丈尺，庶無遺漏，亦不至有重見叠出之弊。三江閘爲紹郡衆水入海之口，閘在海塘，三江由此滙流，故亦附志簡末。

一、是志自乾隆十四年四月奉到部文設局編纂，至十五年四月告竣。其十四年以後之事，概未登載。

目録

卷八　工程……（一六四）

卷十　坍漲上　陞除附……（二五一）

卷十二　場竈……（二九二）

卷十三　職官……（三二一）

卷十六　祠廟下……（三七五）

卷二十　藝文下……（四六〇）

敕修兩浙海塘通志首卷　詔諭

世宗憲皇帝

雍正元年九月十七日，王大臣等欽奉上諭：『錢鏐時所築塘堤，中間雖被衝壞，至今尚有存者。數年來，督撫等所修塘堤，俱虛冒錢糧，於不當修築處修築，以致隨修隨壞。又聞得赭山有三處海口，今一處淤沙壅塞，水不通流，若濬治疏通，使潮汐不致留沙壅塞，則海寧一帶塘工方可保固。有言之者，雖未必稔知，不可不留意。或地方大臣，恐糜費錢糧，將此等處，雖明知而不顧也。爾等傳諭該督撫知之。欽此！』

雍正二年七月，海寧、鄞縣、慈溪、鎮海、象山、山陰、會稽、餘姚等縣海塘，被潮沖決，欽奉上諭：『及時修築，動正項錢糧，作速興工。沿海失業居民，藉此傭役，日得工價以資糊口。欽此！』

雍正二年八月十五日，欽奉上諭：『朕思天地之間，惟此五行之理，人得之以生全，物得之以長養。而主宰五行者，不外夫陰陽。陰陽者，即鬼神之謂也。孔子言鬼神之德，體物而不可遺，豈神道設教哉？蓋以鬼神之事，即天地之理，故不可以偶忽也。凡小而邱陵，大而川嶽，莫不有神焉主之。故當敬信而尊事，況海爲四瀆之歸宿乎？使以爲不足敬，則堯舜之君，何以柴望秩於山川？文武之君，何以懷柔百神及河喬嶽？今愚民昧於此理，往往信淫祀而不信神明，傲慢褻瀆，致干天譴。夫善人多，而不善之人少，則天降之福，即稍有不善者，亦廕其庇；不善人多，而善人少，則天降之罰，雖善者亦被其殃。近者，江南報上海、崇明諸處海水泛溢，浙江又報海寧、海鹽、平湖、會稽等處海水衝決堤防，致傷田禾。朕痛切民隱，憂心孔殷。水患雖關乎數，或亦由近海居民平日享安瀾之福，絶不念神明庇護之力，傲慢褻瀆者有之。夫敬神，固理所當然，而趨福避禍之道，即在乎此。能敬，則謂之順天；不敬，則謂之褻天。褻天之人，顧可望綏寧之福乎？詩曰：「敬天之怒，無敢戲豫。」又曰：「畏天之威，于時保之。」朕固當朝乾夕惕，不遑寧處，以敬承天意，亦願爾百姓，共凜此言，内盡其心，外盡其禮。敬神如神在，實以至誠昭事，而不徒尚乎虚文。人意即神意，一念之感格，自足以致休祥，豈獨一家一鄉之被其澤哉？爾百姓果能人人心存敬畏，必獲永慶安瀾。着該督撫，將此諭旨，令該地方官家諭户曉，俾沿海居民一體知悉。特諭。』

雍正二年八月二十四日，户部欽奉上諭：『前因浙江督撫等摺奏，七月十八、十九等日，驟雨大風，海潮泛溢，衝決堤岸，沿海州縣、近海村莊，居民、田廬多被漂没。朕即密諭速行具本奏聞、賑恤，但思被灾小民，望賑孔迫，若待奏請方行賑恤，恐時日耽延，灾民不能即沾實惠。朕心深爲憫惻，着該督撫委遣大員踏勘被灾小民，即動倉庫錢糧，速行賑濟，務使灾黎不致失所；其應免錢糧田畝，即詳細察明請蠲。凡海潮未至之村莊，不得混行冒蠲。至於緊要堤岸衝决之處，務使速行修築，無使鹹水流入田畝。朕念切痌瘝，務令早沾實惠，該地方官各宜實心奉行，加意撫綏，俾凋瘵得蘇生全速，遂以副朕勤恤民隱至意。該部即行，各該督撫遵奉速行。特諭。』

雍正二年九月二十二日，欽奉上諭：『湖廣總督楊宗仁、江西巡撫裴𢕟度，今歲各省秋成大有，惟浙江、江南沿海地方，七月十八、九等日，海潮泛溢，近海田禾不無損壞。朕軫念灾黎，惟恐失所，業經嚴飭兩省督撫發倉賑濟，多方撫恤；但杭、嘉、蘇、松等府，人稠地狹，向來出米無多，雖豐年亦仰給於湖廣、江西等省。今沿海被灾，恐將來米價騰貴，小民艱食。湖廣、江西地近上流，今歲豐收。爾可速動司庫銀兩，湖廣買米十萬石，江西買米六萬石，選委廉幹賢員陸續押送浙江，交浙江巡撫平糶。所糶之銀，仍移還補庫。其米應於何處交卸，爾即諮會浙江巡撫。酌議速行，務於浙民有益，毋得怠緩遲誤。特諭。』

雍正二年十月二十六日，欽奉上諭：『江浙兩省沿海地方，於七月十八、十九兩日，同時皆被潮患，漂没居民、廬舍。雖經頒旨加意賑恤，然朕憫惻之心，至今尚未能釋。惟有朝夕警惕，以答天意。但海爲衆水所歸，無不容納，今乃狂潮泛溢，水不循軌，或者海洋潛藏匪類，亦未可定。稽諸前事，往往有之。沿海各省督撫、提鎮，務須實心愛養小民，整理營伍，閭閻各安其業，汛防有備無虞。毋令海洋别生事端，庶不負朕委任之意。特諭。』

雍正二年十二月初四日，吏部尚書朱軾面奉上諭：『浙江沿海，塘工最爲緊要。署巡撫石文焯前奏，必須通用石塊修築；又奏稱，不必用石。如此全無定見，誠恐貽誤塘工。朕已批諭，令法海、佟吉圖作速詳議具奏矣，但恐法海等初任，不諳練地方情形。汝做過浙江巡撫，必知海塘緣由。着汝馳驛前往浙江，將作何修築之處，會同法海、佟吉圖，詳查定議，交與法海修築，汝即回京。朕思海塘關係民生，必須一勞永逸，務要工程堅固，不得吝惜錢糧。江南海塘，亦爲緊要。汝浙江事竣，即至蘇州，會同何天培、鄂爾泰，將查勘蘇松塘工如何修築之處，亦定議具奏。欽此。』

雍正三年十一月，署浙江巡撫傅敏，因紹興府知府特晋德於條石塘内填用亂石，飭令改築，據實題奏。奉旨：『據奏，紹興府海塘工程，原議皆用條石，後以條石不易購致，限期已迫，遂用條石托外，亂石填中，今恐日後坍塌，仍改用條石，請寬限期等語。海塘工程，關民生最爲緊要，必須一勞永逸。

若因條石一時難以購致，從前便當聲明緣由，奏請展限，何得草率從事？和順係隆科多結納私人，特晋德曾經隆科多在朕前薦舉，此必特晋德受隆科多之囑托、照看，和順是以聽其苟且塞責。傅敏不早行查奏，亦屬徇情。着交與新任巡撫李衛，悉心查勘，指示更改，修理務期永遠堅固。張楷在江南修理塘工，用木樁密釘，似爲有益，可否倣行，并令李衛酌量。該部知道。欽此。』

雍正七年八月二十三日，欽奉上諭：『朕惟古聖人之制：祭祀也，凡山川、嶽瀆之神，有功德於生民，能爲之禦灾、捍患者，皆載在祀典。蓋所以薦歆昭格、崇德報功，而并以動斯人敬畏、祇肅之心，使之毋敢慢易而爲非也。雍正二年，浙江海塘潮水冲決，朕特發帑金，命大臣察勘修築；并念居民平日不知敬畏明神，多有褻慢，切諭以虔誠、修省之道，令地方官家喻户曉，警覺衆庶。比年以來，塘工完整，灾沴不作，居民安業，已默叨神佑矣。今年潮汛盛長，幾至泛溢，官民震恐。幸而水勢漸退，堤防無恙，此皆神明默垂護佑，惠我烝民者也。兹特發内帑十萬兩，於海寧縣地方敕建海神之廟，以崇報享。着該督遴委賢員，度地鳩工，敬謹修建，務期制度恢宏，規模壯麗，崇奉祀事，用答明神庇民、禦患之休烈。且令遠近人民，奔走瞻仰，興起感動，庶莫不盡消其慢易之私，而益振其恪恭之志，相與服教畏神，遷善改過，永荷休祥，則於國家事神治人之道庶有頼焉。其一應事宜，着該督等詳悉定議具奏。特諭。』

雍正十年，總督程元章奏查勘海塘情形事。奉旨：『大學士鄂爾泰、張廷玉、朱軾，會同總督李衛、尹繼善，詳議具奏。欽此。』十一年正月，大學士鄂爾泰等遵旨議奏，請欽簡大臣前往詳細查勘，再行定議。奉旨：『依議。着内大臣海望、總督李衛，馳驛前往浙江，會同總督程元章，將海塘工程，通盤相度形勢，籌畫事宜，應作何修築，以垂久遠之處，詳細查勘，悉心定議具奏。其修築工程，着大理寺卿汪漋、原任内閣學士張坦麟前往承辦。仍照舊令程元章總統料理，張坦麟即於本籍前往直隸總督印務。着署刑部尚書唐執玉暫行署理，營田觀察使顧琮協辦。欽此。』

雍正十一年正月，内大臣海望、總督李衛等陛辭，赴浙查勘海塘，面奉諭旨：『爾等到浙，詳細踏勘。如果工程永固，可保民生，即帑金千萬不必惜費。欽此。』

雍正十一年三月，内大臣海望等奏請，於尖塔兩山之間建立石壩，以堵水勢；又請漸次改建大石塘等，因四月初一日欽奉旨：『此所議俱屬妥協，着交部照所奏行。朕思尖、塔兩山之間，建立石壩，以堵水勢，似類挑水壩之意，所見固是。若再於中小亹開挖引河一道，分江流入海，以减水勢，似更有益。從前雖經開挖，旋復壅塞者，皆因惜費省工之故。今若倍加工力開挖，兩工并舉，更覺妥備。石壩建後即有漲沙，而石塘亦當漸次改建，以爲永久之利。其開挖引河之處，着程元章會同汪漋、張坦麟等，相度地勢，酌量辦理。該部知道。』

雍正十一年十二月二十三日，欽奉上諭：『朕因浙省海塘關係緊要，是以特命大臣前往，會同該督等相度形勢，定議興修。又恐在工人員，或怠緩稽遲，不能即時建築，特令將軍阿里衮、副都統隆昇，會同該督等督催辦理。近聞堵塞尖山，開挑引河，已經該督等查勘數次，尚欲再看、再商，但以行文閩省，調取善水之人試探爲辭，议论紛紜，终無定議，全不思海水潮汐有時，若遲至潮水長盛之時，如何施工？且採辦石料，又互相推諉，舍近求遠，致稽時日。該督等既不努力辦公，而阿里衮、隆昇亦俱袖手旁觀，不上緊催辦。若各工内實有難以施工，應奏聞請旨之事，亦應及早奏明，何得半年以來，尚無頭緒。着傳諭程元章、阿里衮、隆昇、張坦麟、汪漋、穆克登額等，速將各項工程及時修築，毋得仍前怠忽。欽此。』

雍正十二年二月，浙江總督程元章奏稱，尖、塔兩山之間難以築壩，中小亹難以開挖，奉旨：『大學士鄂爾泰會同海望閲看。欽此。』隨經大學士鄂等議駁覆奏，奉旨：『依議。浙省海塘，關係重大，固須詳慎，尤戒遲疑。若總理者不肯擔承，將分任者愈多瞻顧，則因循草率，迄無遠圖，其何以謀奠安而垂永久？看程元章毫無確見，今將海塘一應工程，着隆昇總理。令偏武前往協辦，所需文武官員俱聽揀調。其運辦物料、預備人夫及給發錢糧等項，仍着程元章料理應付。毋得推諉，毋得稽遲。欽此。』

雍正十二年五月，總理海塘副都統隆昇恭報兩河工竣。奉旨：『覽奏深爲嘉悦，但觀圖畫情形，惟恐復淤。向後可將暢流、疏刷、深廣情形，不時訪問，隨便奏聞。欽此。』

雍正十二年十月，總理海塘副都統隆昇等摺：請增添堵塞尖山水口工料。奉旨：『覽。不可惜費，只貴工成。』

雍正十二年十二月二十九日，欽奉上諭：『朕聞浙江海塘工程，現在修理尖山已堵築三分之一，人心甚是踊躍，但尖山夫役每日給工銀三分六釐，稍覺不足。今當初春之月，水淺潮平，正趲築工程之候。着照引河挑夫之例，每日加銀一分四釐六毫。今運送多資人力，每方增銀六分，俾夫役等工食寬裕，努力修築，早告成功，以慰朕念。欽此。』

雍正十三年七月初八日，欽奉上諭：『朕聞浙省海塘於本年六月初二日，風潮偶作，冲决之處甚多。朕心深爲軫念，已降旨詢問緣由，並令速行搶修，以防秋汛。至於僱募人夫，採辦物料，務須公平給價，聽從民便，俾閭閻踊躍從事，不得涉於勉强，或繩以官法，刑驅勢迫，擾累地方，致辜朕愛養民生至意。欽此。』

雍正十三年七月十一日，欽奉上諭：『前聞浙省海塘於本年六月初二日，風潮偶作，衝决之處甚多。朕心甚爲軫念，已降旨詢問情由，並令速行搶修，以防秋汛。今朕訪聞得，今歲風潮不過風大水涌，并非昔年海嘯可比，且爲時不久，未有連日震撼衝汕情形。若平日隨時補苴，防護謹密，自不致潰決如此之多。總因數年來，經理官員將舊日工程視同膜外，并不隨時修補，且將原題准其在於歲修案內報銷之工不許修築，以致根脚空虛，處處危險，不能捍禦風浪。又海防兵備道乃特設專司之員，責任綦重，從前隆昇、程元章等請將同知成貴題補，朕因其平日不曾經歷河工，誠恐未必勝任且陞用太驟，是以姑令署理試看。今聞伊於工程并未諳練，兼之患瘧經年，不能辦事。東塘同知張偉爲人軟弱，安坐海寧。西塘同知李飛鯤，存心狡猾，日在省城奔競，俱非實心任事之員。而隆昇與程元章等意見又不相同，汪漋、張坦麟但知隨聲附和，不顧國家公事，前因虐使民夫、尅減工料，經朕降旨申飭，略知收斂。然每石萬斤尚折減六七折不等，欲符原估六萬兩之數，一任宕匠包賠，逃亡誤工。平時人事廢馳若此，何以抵禦狂瀾？況朕不惜數百萬帑金，冀以保全一方民生，而各官懷挾私意，不知爲國爲民，宜乎上天垂象以示儆也。兵備道係緊要之員，今成貴患病，溺職如此，隆昇、程元章、汪漋、張坦麟總理協辦，所司何事？郝玉麟既在浙江，豈無見聞？何以俱不題參？着伊明白回奏兵備道員缺，即着伊等在於知府中揀選題委①。目今秋汛，正大搶修保護，最爲急務，一切事宜俱交與隆昇、程元章、汪漋、張坦麟等悉心料理。倘仍蹈前轍，再有疏虞，致傷田廬、民命，必將伊等從重治罪，不稍寬貸。郝玉麟既不據實奏聞，亦不能置身事外。至於僱募人夫、採辦物料，務須公平給值，聽從民便，俾閭閻踴躍從事，不得涉於勉强，或繩以官法，刑驅勢迫，擾累地方，致辜朕愛養民生之至意。特諭。』

雍正十三年七月十五日，欽奉上諭：『浙江海塘工程，原在平日隨時補苴，防護謹密，始可禦猝然之風浪。乃近年以來，經理官員將舊日工程以爲非己身經手者，視同膜外，不加修補，以致今年六月初二日風大水涌，遂潰決塘工如此之多。此朕訪聞最確者。朕爲浙省海塘宵旰焦勞，無時或釋，且不惜多費帑金，登斯民於袵席，年來所降諭旨不下數十百次矣。隆昇、程元章、汪漋、張坦麟，皆朕特簡之大員，委以防川之重任，且訓諭諄諄，望其實力奉行，勉以和衷共濟。豈料伊等私心蔽錮，意見參差，但分彼此之形，全無公忠之念，安有身在地方，目覩堤岸空虛，而不督率屬員，先事預防，急爲修補者？隆昇、程元章、汪㴶、張坦麟，俱着交部嚴察議奏。目今江南塘工告竣，王柔着補授浙江海防兵備道，速赴新任。欽此。』

雍正十三年七月十九日，内閣欽奉上諭：『浙江海塘工程，關係民生最爲緊要。朕宵旰焦勞，不惜多費帑金，爲億萬生靈謀久遠乂安之計，所以告誡在事臣工者已至再、至三矣。不料經理諸臣各懷私意，彼此參差，以致乖戾之氣上干天和，有今年六月風浪潰堤之事。今雖勉力搶修，尚不知能捍禦秋潮否。至於建築石塘，工程浩大，若諸臣陋習不改，仍似從前，則大工何所倚賴？朕再四思維，大學士朱軾廉慎持躬，昔曾巡撫浙江，諳練塘工，今雖年逾七旬，精神不逮，而董率指示似尚能爲。朕以此詢問之，伊自稱情願效力。着由水路乘船前往，令該部給與水程勘合，并令沿塗撥兵護送。伊子朱必楷，着隨伊父去。朱軾到浙之日，稽查指授總理大綱。至一切工程事務，仍着隆昇、程元章、汪㴶、張坦麟等照前辦理，俱聽朱軾節制。若大臣中有懷私齟齬者，着朱軾據實參奏，朕必嚴加處分。若文武官員有營私作弊，或怠玩因循者，朱軾即行糾參，從重治罪。朱軾未到之先，所有應辦工程、物料，着隆昇、程元章等上緊辦理，毋得藉口等候欽差，徘徊觀望，以致稽遲。欽此。』

雍正十三年八月初八日，大學士朱軾面奉上諭：『浙江海塘，關係民生最爲緊要。因隆昇與程元章意見不合，以致遲誤工程，特差爾前往督率之，隆昇等聽爾節制。如何修築之處，爾做過浙江巡撫，自必諳練，但工程浩大，需用錢糧斷斷不可吝惜。舊塘先須修築完固，以資捍禦，切不可因塘身臨水那動尺寸，那移一步即衝塌一步，何時是已？至修建魚鱗大石塘，乃一勞永逸之計，不可因塘外沙漲停止修築。縱使沙漲數十百里，民人居處耕種，亦不可恃，必須大工完竣，方可垂之久遠，於地方有益。其石料、夫工價值，照時給發，若扣尅留難，則利民之事反以病民。如有此等情弊，務嚴參重處，毋得姑容。欽此。』

今上皇帝

雍正十三年十月二十三日，工部欽奉上諭：『浙江修理海塘工程，該督郝玉麟等奏增添捐納條款，經九卿會議，准行。朕思捐納一事，原爲一時權宜，無益於吏治，並無益於國帑。朕知之甚悉。浙省增捐之處不必行，海塘工程着動正項錢糧辦理。欽此。』

雍正十三年十二月初八日，大學士、總理海塘事務嵇曾筠敬籌海塘章程事宜。奉旨：『以上數條，可謂措置咸宜。朕實慶海疆得人，從此永永寧謐。安瀾底績，卿功可垂諸竹帛矣。欽此。』

雍正十三年十二月二十一日，總理事務王大臣欽奉上諭：『隆昇剛愎自用，怙過不悛，若仍留浙江，於塘工無益，着解任來京。其副都統、織造二缺，候朕另降諭旨。程元章身爲巡撫，不能和衷共濟，乃懷挾私心，貽誤公事，亦不應留於浙省，着解任來京。其巡撫印務，即着大學士嵇曾筠兼管，俾地方管轄與海塘工程併歸一手，自無掣肘牽制之患。張坦麟、汪漋，俱照司道例，聽嵇曾筠節制、委用。隆昇所管關稅事務，着嵇曾筠委員暫行管理。嵇曾筠摺内所參驍騎校常禄、巡檢黄國標、蔣文暹、通判葉齊，俱着革職。黄國標、蔣文暹、葉齊，仍着留工效力。倘怠忽貽誤，着嵇曾筠即行嚴參治罪。江南總督趙宏恩駐扎江寧，難以兼管河務。江南總河員缺，着高斌補授，其管理兩淮鹽政，候朕另降諭旨。欽此。』

乾隆元年三月初五日，工部欽奉上諭：『朕聞浙江紹興府屬山陰、會稽、蕭山、餘姚、上虞五縣，有沿江、沿海堤岸工程，向係附近里民按照田畝派費修築，而地棍、衙役於中包攬分肥，用少報多，甚爲民累。嗣經督臣李衛檄行府縣，定議每畝捐錢二文至五文不等，合計五縣共捐錢二千九百六十餘千，計值銀三千餘兩，民累較前減輕，而胥吏等仍不免有藉端苛索之事。朕以愛養百姓爲心，欲使閭閻毫無科擾，着將按畝派錢之例即行停止。其堤岸工程，遇有應修段落，着地方大員委員確估，於存公項內動支銀兩興修，報部核銷，永著爲例。特諭。』

乾隆元年六月二十一日，欽奉上諭：『朕聞濱海之鄉，土地坍漲不常，田無定址，於是豪强得恣侵占，而争端日興，其責在地方有司。熟悉土宜，按制定法，弭釁於未然，而平其争於初發，則可謂良吏矣！夫州縣有司，非盡不知愛民者，特以田土情形，未能稔悉，不得不寄耳目於吏胥。而猾吏奸胥又往往與土豪交通，變亂成法，予奪任意，弱肉强食，爲厲無窮，獄訟繁興，端由於此。至若沿海新漲之沙，鄰邑互争，有司又各袒所屬，益滋紛攘，此皆徇私而未識大體者。朕以天下爲一家，而州、縣官各膺子民之責，亦當體朕之心以爲心，又焉忍伸此屈彼，長其奸而導之攘奪哉！前此，海濱要地增設大員彈壓，果其秉公查看，經理得宜，應即令界址劃然，各歸其産，不當遷延歲月，仍假奸民之便，而使窮黎久致失業也。夫奸豪不懲，則無以安良善；經界不正，則無以杜争端。該督撫應飭所屬親民之員，毋以姑息怠緩從事，庶令民業各正，而争訟亦自是少息矣。特諭。』

乾隆元年九月初九日，欽奉上諭：『今年伏秋交會之際，南方雨多，水勢甚大，朕深爲黄運海塘等處工程繫念。昨據江南河道總督高斌摺奏，「時過白露，黄運湖河各處工程，在在保護平穩；且毛城鋪北岸於六月間有天開引河一道，不費人力，自然化險爲平，人民莫不歡忭」等語；又據大學士嵇曾筠摺奏，「今年伏秋，海塘水勢雖大，因先期修整坦水、建築土戧，得以保護平安。且江海形勢，潮向南趨，海寧東西兩塘，日夕漲沙，將來易於施工，比較上年情形，已不啻逕庭之别」等語；又據河東總河白鍾山摺奏，「秋汛已過，河東兩省，南北兩岸，一切堤壩工程均屬穩固」等語。南北河工與浙江海塘，關係國計民生最爲緊要。且當朕即位元年，仰荷神明默佑，數處重大工程俱各循流順軌，共慶安瀾。朕心不勝感慶，理宜虔修祀典，以答神貺。所有應行禮儀，該部察例具奏。此三處總理之大臣督率有方，在事各員殫心防護，俱屬可嘉，着分別議叙具奏。欽此。』

乾隆五年閏六月二十三日，欽奉[2]上諭：『據浙江巡撫盧焯奏稱，「海寧尖山[3]壩工實係全塘鎖鑰，臣率同兵備道相度指示。自開工[4]以來，未及五閱月，而全工已竣。此係跨海填築，不比內地工程，所有承辦各員弁，俱能實心實力，克著勤勞，謹分別等次，繕摺進呈，可否仰懇天恩，敕部議叙。至悉心贊勷稽核錢糧、工料之布政使張若震，往來督工之按察使完顔偉，與督催運石之鹽驛道趙侗斆，係大員未敢列入等次，相應聲明。」等語，尖山壩工辦事人員，俱着照盧焯所請交部議叙。至盧焯董率有方，張若震、完顔偉、趙侗斆協辦盡力，着一併議叙具奏。欽此。』

校勘記

[一] 即着伊等在於知府中揀選題委　原书『在於知府中揀選題委』九字不清晰，據《海塘録》補。

[二] 五年閏六月二十三日，欽奉　原书『五年閏六月二十三日欽奉』字跡不清，據《海塘録》補。

[三] 據浙江巡撫盧焯奏稱，海寧尖山　原书『據浙江巡撫盧焯奏稱海寧尖山』字跡不清，據《海塘録》補。

[四] 相度指示。自開工　原书『相度指示自開工』字跡不清，據《海塘録》補。

敕修兩浙海塘通志卷一　圖說

海塘形勢，郡各不同，非圖不能詳晰。非每郡各自爲圖，其爲夷險，終不得而考也。夫郡縣之離海分遠近，山川之間，隔異情形。土塘、草塘、大石、塊石有分段，護沙有廣狹，潮來或横過，或對衝，皆因地勢以別夷險。藉繪事定規模，以詳説爲注解，而塘之形勢，瞭如指掌矣。江塘與海塘毗連，江塘盡處即海塘起處，脉絡貫通，理宜附入。志《圖説》。

浙東西十一郡，杭、嘉、寧、紹、温、台六府濱臨大海。温、台山多，土性堅結，所有海塘之處，間多磯閘，斗門，則可知蓄泄之利多，衝決之患少。此累朝以來，修築工程較他郡減省者，形勢不同也。杭、嘉、寧、紹，江水順流，海潮逆上。南岸自紹郡之纂風亭，北岸自海寧大、小尖山，激起潮頭，銀濤雪浪，横摟直捲，加以回溜汕刷，非巨石、長樁，密鑲深砌，豈能抵禦？然北岸之塘，較之南岸，所關尤重者，杭、嘉、湖與江省之蘇、松、常各府，境既毗連，地尤窪下，全賴仁、寧、鹽、平二百餘里捍海塘堤爲之障蔽。測量家有言：『准以水平，長安壩與吴江浮屠尺寸相等。』堤防不固，泛溢之患且波及江南。我世宗憲皇帝軫念海疆，不惜數百萬帑金爲建魚鱗大石塘。我皇上御極之初，欽命閣臣綜理經畫，選材集事，庶民子來。數百里一線長堤，至今鞏如磐石焉。則大石塘之建，其爲功於民命者，方之禹績，何以加兹！

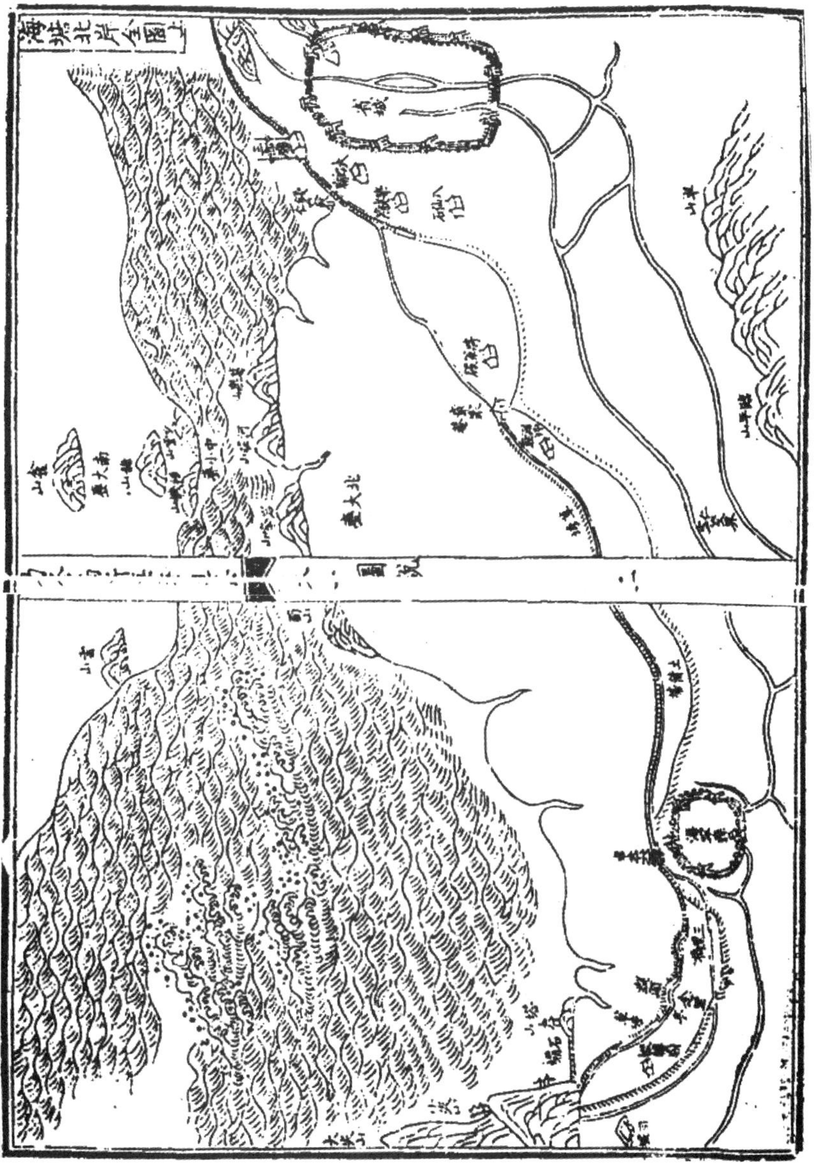
海塘北岸全圖上

海塘北岸全圖下

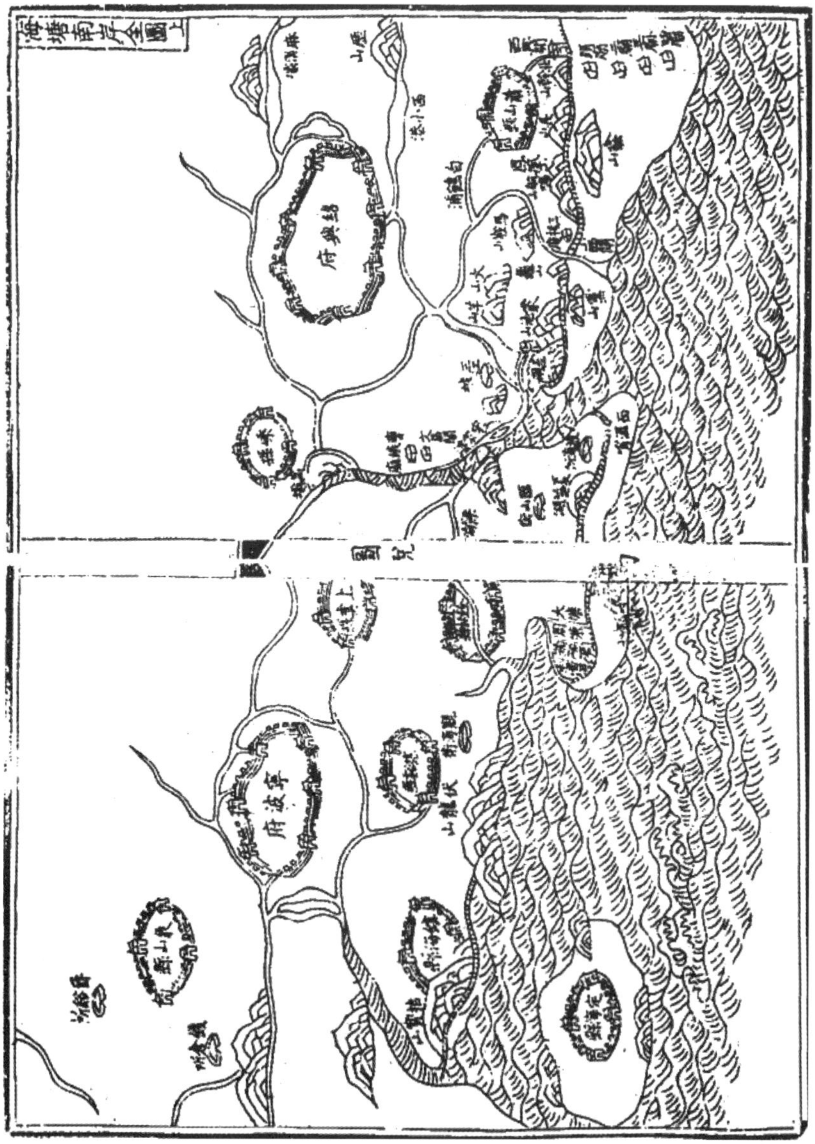
海塘南岸全圖上
紹興府
寧波府

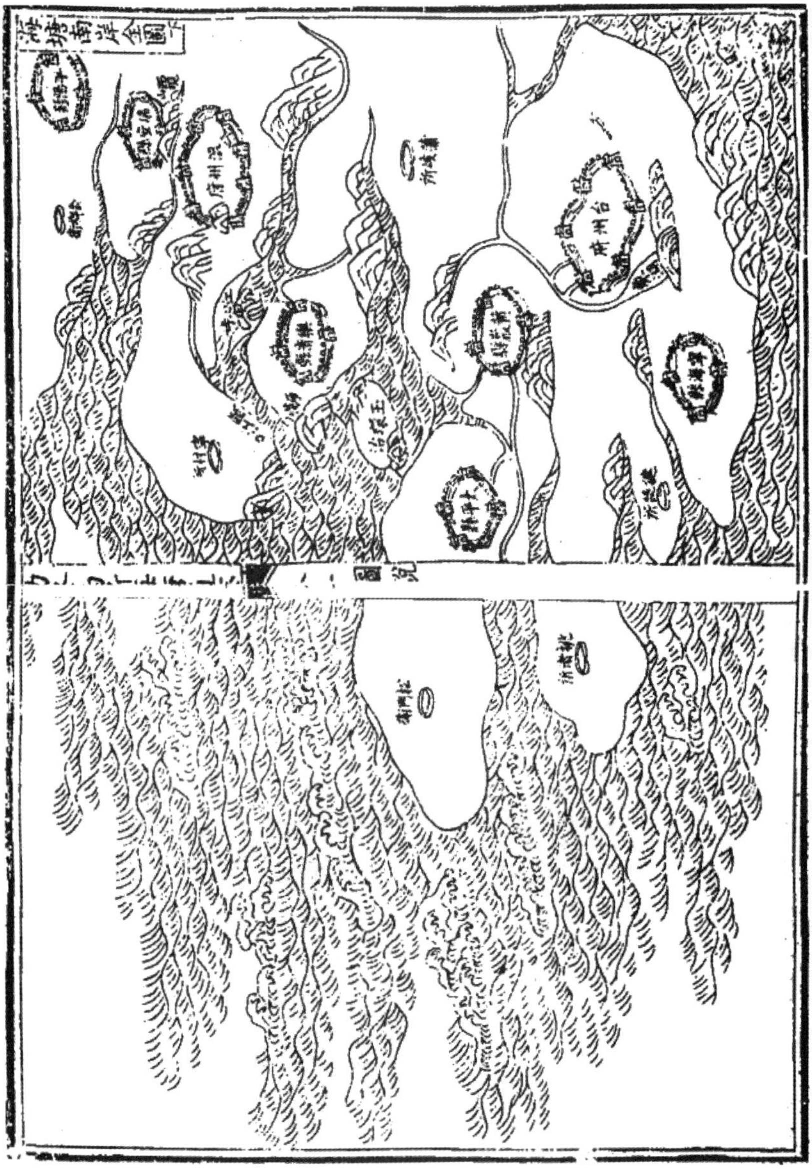
海塘南岸全圖

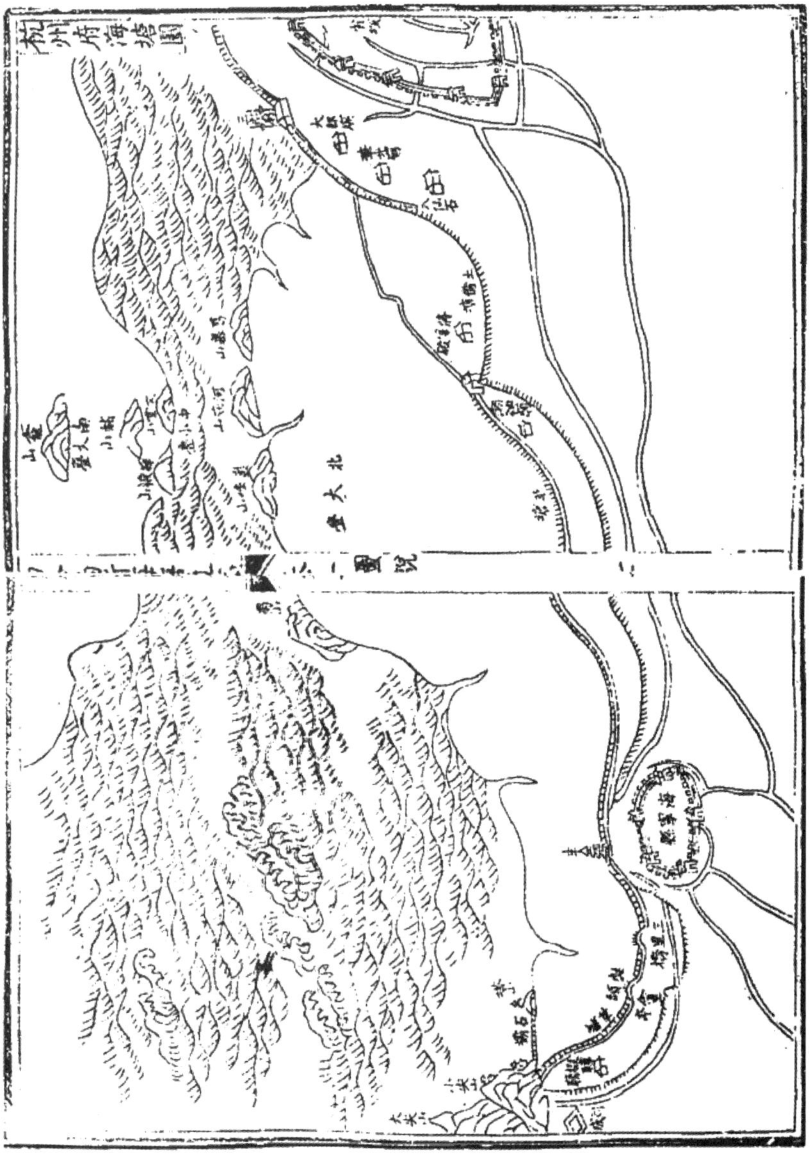
杭州府海塘圖

杭郡之海，非大洋海之支流也。仁和以西稱江，仁和以東至海寧稱海。江面開闊不過十餘里，即海寧海面亦不過數十里，但亮潮所自起。潮來之時，遏江流使不得下，以致上激塘身，下搜塘底，而泛濫衝激。其危險，較濵臨大洋者加甚焉。省城多山，迤東四十里爲仁邑之翁家埠，向以水流沙活，止築草塘抵禦。自翁家埠起，五十里至寧城，又五十里至尖山，舊皆壘土鑲石，一線危堤，綿亘一萬數千餘丈，受朝夕兩潮衝掣。此唐宋以來，修葺頻仍，所不免也。我世宗憲皇帝廑念海疆黎庶，不惜數百萬金錢爲一勞永逸之計。我皇上御極，特遣重臣，詳加指示。大石塘八年工竣，中小亹一夕開通，實由至誠昭格，海若效靈。從此仁、寧兩邑，永慶安瀾。厚澤所敷，與滄溟並永矣。

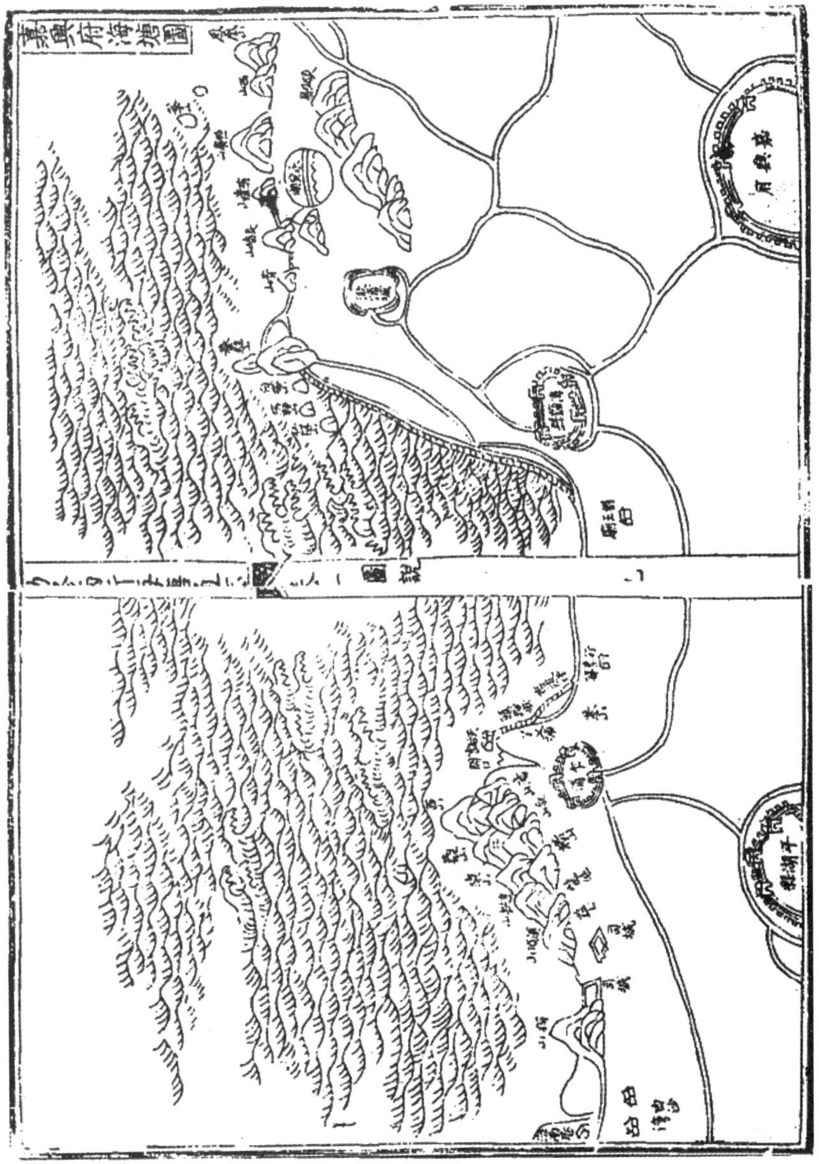
嘉興府海塘圖

嘉興與杭州壤地相接，然海塘一過海寧，漸繞而北，而海鹽，而平湖，綿延一百餘里。澉浦諸山之外，又貼際浙江歸洋之口。全海之潮，既自東來，全江之水，又從南滙，其衝突洶涌，較甚他邑，實地勢使然。再南，則鹽之秦駐山，北則平之乍浦諸山，并突出海中，兩峰遥對，山趾角張。潮既入套，不得舒展，二邑地又低平，獨以東面受潮汐之衝，此三澗寨、演武場、落水寨、定海觀音堂、朱公寨以及雅山、獨山諸處，工稱最險，宜矣！至秦駐以南，去澉浦二十餘里，悉皆土塘。乍浦以北，至江南金山界五十里，亦皆土石相間，則又地近山脚，或沙皆鐵版，土性不同，工非一律，此又在山川形勢之外也。

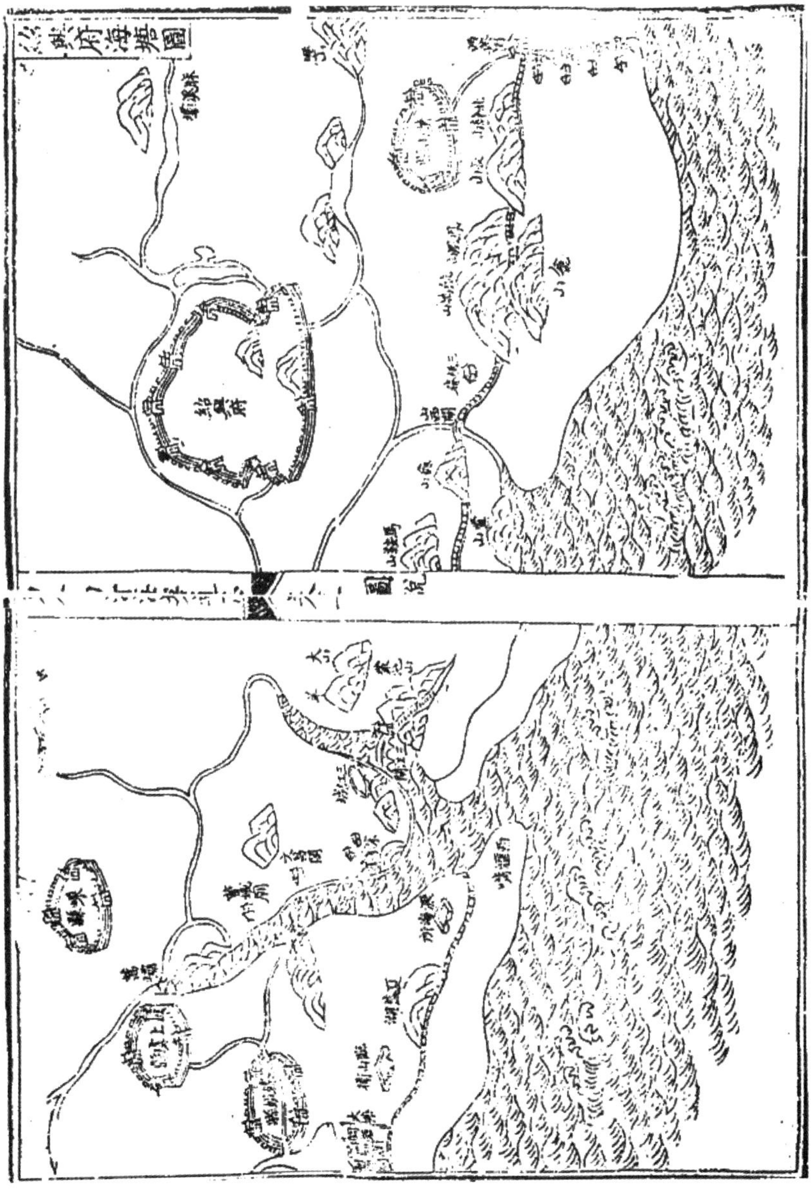
紹興府海塘圖
紹興府

紹興海塘，起蕭山之長山，抵餘姚之上林，接慈溪，透迤四百餘里，中更五縣。蕭山北海塘，在縣東北新林、白鶴兩鋪之間，長二十里，西起長山之尾，東接龕山之首，爲海水出没之衝。山陰後海塘，在郡城北四十里，亘清風、安昌兩鄉。會稽海塘，在郡城東北四十里，東自曹娥、上虞界，西抵宋家漊、山陰界，延袤百餘里。其後海塘，在蟶浦江之北與上虞聯界，去郡城東北八十里，周延德鄉纂風鎮。上虞海塘，在縣西北寧遠、新興二鄉，東自餘姚蘭風鄉，西抵會稽延德鄉，延袤五千餘丈，俱係貼石土塘，無有間斷。内夏蓋山以西石塘二千二百五十丈，即康熙五十九年允撫臣朱軾之請，與海寧之老鹽倉五百丈大石工同建，最稱完固者也。餘姚海塘，在縣北四十里縣之北境，東起上林，西盡蘭風、七鄉、十八都之地，悉瀕大海，内有貼石土塘，有亂石土塘，相爲錯間，幾三千丈。官塘之外，自西梁下倉起，至方東路、風灣、單道，爲榆柳利濟土塘，稱最險，向係民修，後欲易以石，事未果。乾隆十三年，我皇上允撫臣顧琮之請，改從官築，爲工蓋萬有餘丈云。

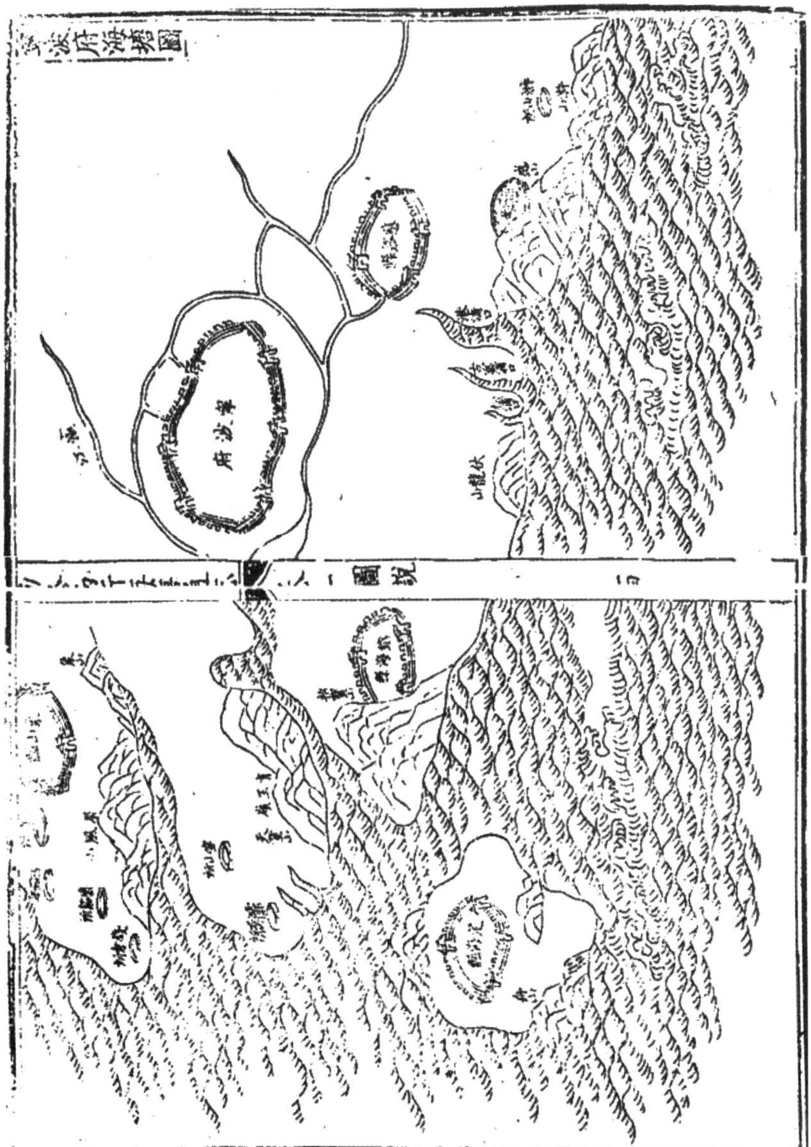
寧波府海塘圖
寧波府

寧波，大海環府境，東際鄞縣之嶦崎、湖頭、蔡家墩，東北際鎮海之招寶山、後海塘，西北際慈溪之觀海龍山，東南際象山之爵溪，東門奉化之鲒埼裏港，皆海岸也。鄞縣之有塘，始於宋令王安石。今有大嵩沿海塘，自大嵩港至金雞橋，綿亘數千丈，皆係土堤。慈溪之塘有二，一在縣西北六十里，自白洋鋪，經向頭山，東接鎮海縣境，凡四十里；一在縣東四十五里，南北皆接鎮海縣界。鎮海縣，海環東南北三面。宋淳熙間，叠石甃塘，東南起招寶山，西北抵東管二都砂磧，是爲後海塘。其西石塘，築於洪武間；其北捍海塘，築於成化時，皆因舊址爲之。象山亦有二塘，在縣東北三十五里者名陳兆塘，在縣南十五里者名岳頭塘。二塘皆明成化間邑令凌傳修築，而岳頭之工倍於陳兆云。

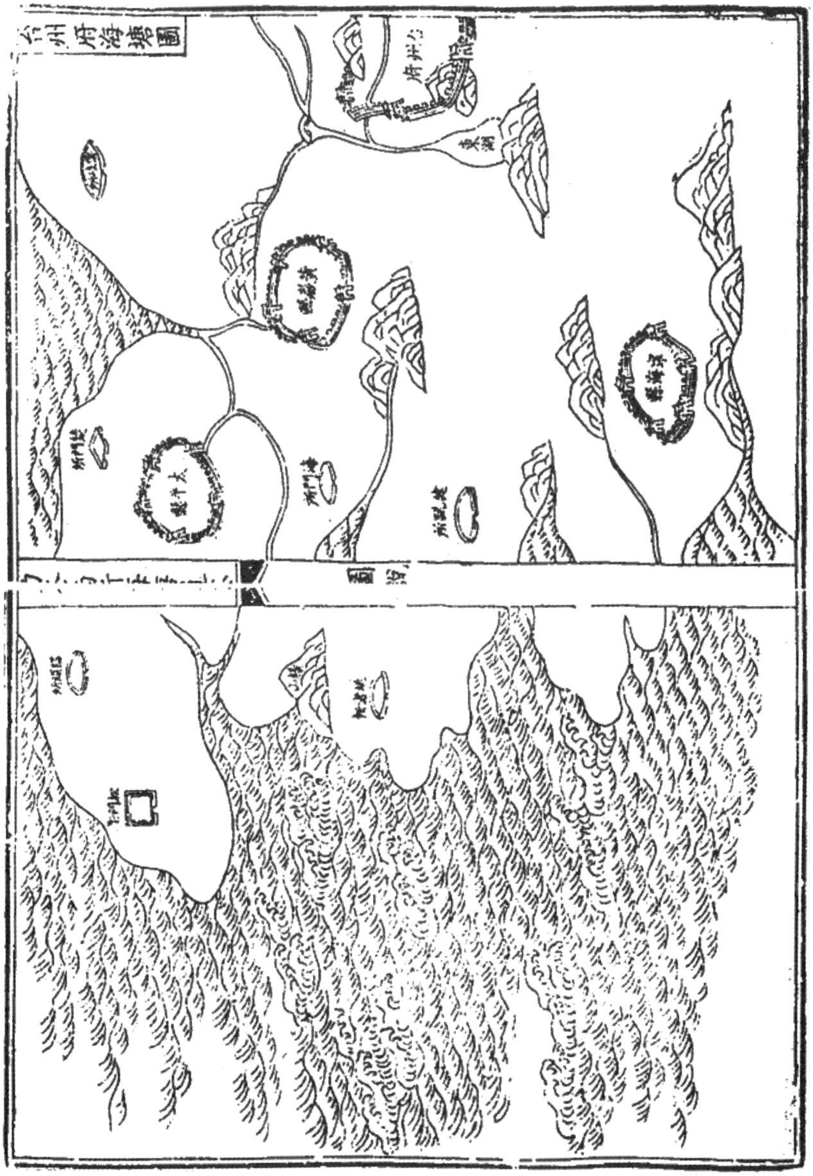
台州府海塘圖

台州濵海之縣凡四。在臨海東北一百八十里者，名鹹塘。在寧海健跳所城外者，名健陽塘。在黄岩五十一都霓嶴者，名丁進塘。在六十一都者，名洪輔塘。南通新河，北通海門，在洪輔塘下者，名四府塘。在縣東北六十三、四兩都者，名捍海塘。在太平縣山門鄉者，名净社塘。在太平鄉者，名長沙塘。其北又有蕭萬户塘，北起盤馬山，東抵松門，皆因堤海而設，非關水利也。

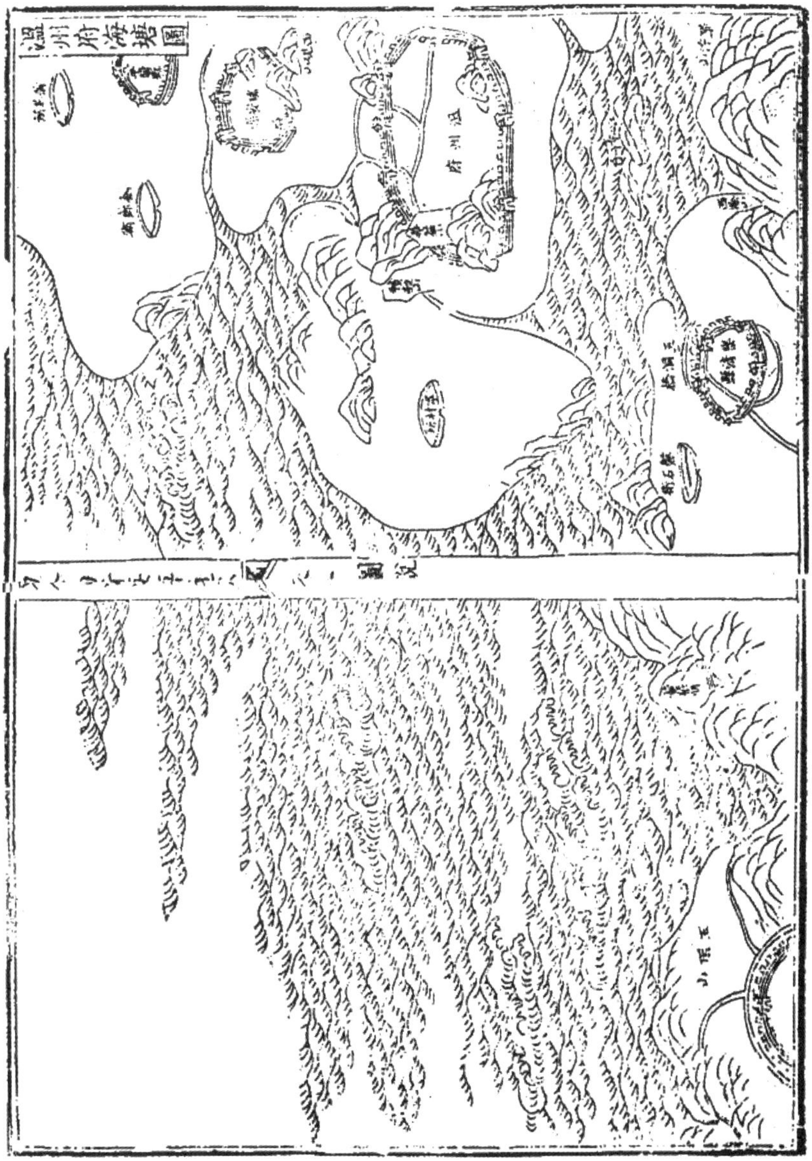
溫州府海塘圖

温州濵海之縣凡四。永嘉俯瞰大海，江出郡城後，東與海合，舊有大石堤，延袤數千尺。元至順中，邑令趙大訥始築。明嘉靖間，復自城南起一都、長沙，北至沙村塞，重拓而新之。樂清萬安寺前沿海之塘，向以處苔山之民。洪武三年，從安禄侯所請也。蒲岐之塘，自縣東三十五里，起十四都下堡，至十五都二里。洪武三十五年，從邑人朱宗邑所奏也。青嶼、江小、蒲嶴、永寧四塘，天順元年，縣令周正所修也。平陽自邱家埠南岸，沿海而東至斜溪者，名護安外塘，築於元大德初，修於元延祐間。西至横浦江南岸，直抵樓石五十餘里，此温郡塘工之最鉅者。其在瑞安十六都者，名沙園塘，自飛雲渡南，抵沙園所凡十餘里，則平、瑞兩縣之民更修之。瑞安沿海之塘，東經清泉、崇泰二鄉，至梅頭紆，長四十五里。又自城南越江，東經南社鄉，沿海至平陽縣沙塘、陡門，紆長二十餘里，皆爲土塘，其自城東，越飛雲渡之南十四都起，至沙園所城外止。又自城東至十一都巡檢司止，則石堤也。

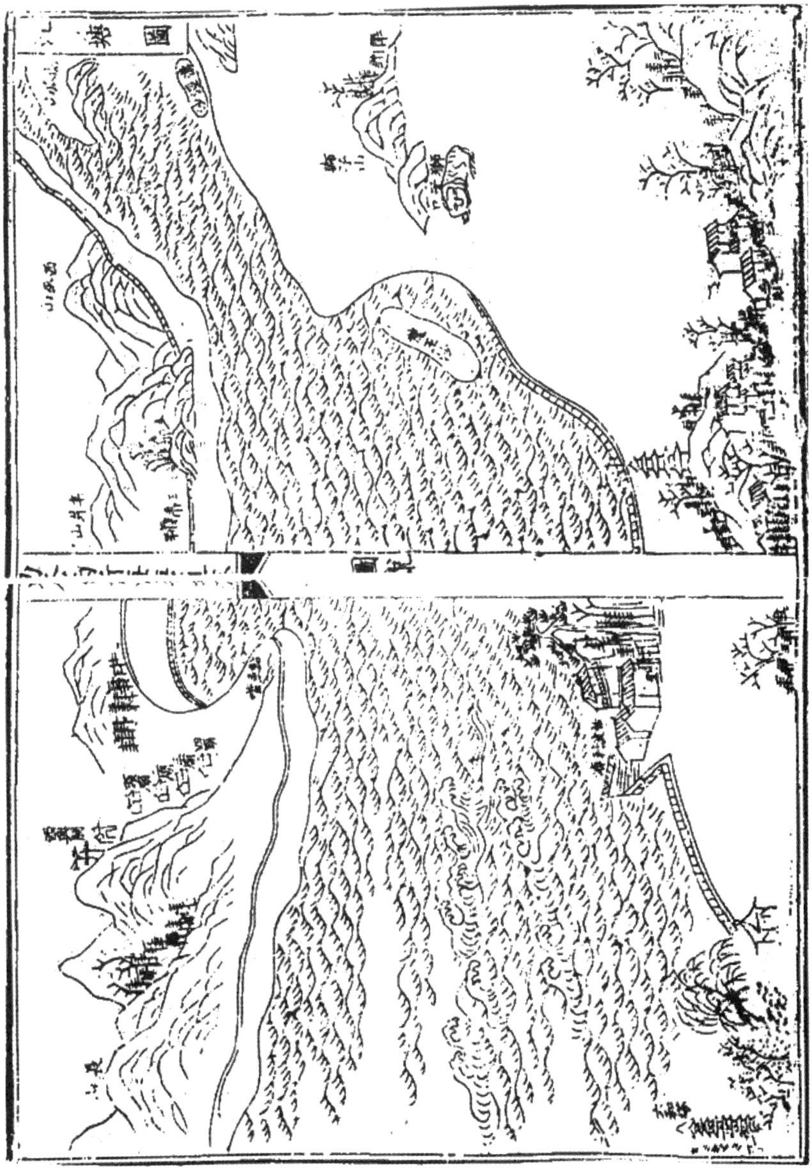

江源發於歙縣，由新安入嚴州桐江。而衢州之水，自常山來，與江山之水滙流。至蘭溪又會金華之水，並歸桐江，入杭之富陽，曰富春江。至錢塘，曰錢塘江。曲折而東，歸於海。錢塘之防海大塘，漢郡議曹華信所築，募民致土成之，時尚止土塘也。吴越時，江濤衝激，錢武肅王命運巨石，盛以竹籠，植巨材捍之，塘基始定，時尚未議甃築也。宋大中祥符間，發運使李溥始固以樁木。景祐中，知杭州俞獻卿大發卒鑿西山石築堤，工部郎中張夏因之。此今之石堤所自始也。富陽之春江堤，自莧浦至觀山，計三百餘丈。唐萬歲登封六年，邑令李濬始甃以石。至前明，而大壞。正統四年，邑令吴堂重築之，遂名吴公堤。蕭山之西江塘，東南自桃源十四都臨浦，而至四都褚家墳，南北四十里，以其在縣之西，故謂之西江。江至四都，則折而東矣。自四都而至龕山，東西六十餘里，在縣之北，則謂之北海塘。皆沿江勢曲折爲之，興築始末，志乘缺略。至明，鄉官錢鉉、邑進士黄九皋，始有重築議。其初，蓋無考矣。

敕修兩浙海塘通志卷二　列代興修上

浙之海塘，自平湖而海鹽、而海寧、而仁和，綿亘三百餘里。一綫長堤，爲七郡生靈保障。至南岸之寧、紹、温、台四郡，逼近大洋，所關非細故矣。唐宋以來，屢有修建，載在史册，撮略舉之，爲考舊章者之一助云，志《列代興修》。

杭州府

仁　和

海　寧

唐貞觀四年，復置鹽官捍海塘。

《唐書・地理志》：塘長百二十四里。

按：鹽官堤海之役，始見於唐。《鹽官舊志》稱：唐築塘，起鹽官，抵吴淞江，袤百五十里，名捍海塘，亦名太平塘，濶二丈，高一丈。蓋是時鹽官尚未分縣，故所屬直抵吴淞江。云其修築之始，寧、鹽二邑舊《志》，俱起開元元年。《唐書·地理志》則云：貞觀四年，復置鹽官捍海塘。言復置，知并不始於貞觀時也，而其先無可考矣。

開元元年，重築鹽官捍海塘堤。

《唐書·地理志》：長二百二十四里。

宋宣和四年十月，降鐵符十道，鎮鹽官縣海塘。

《泊宅編》：政和丙申，杭州湯村海溢，壞居民田廬，凡數十里。朝廷降鐵符十道，以鎮之。宣和壬寅，鹽官縣亦溢。縣南至海四十里，而水之所嚙，去邑聚纔數里，邑人甚恐。十一月，鐵符又至，其數如湯村。每一符重百斤，正面鐵神符及禦書咒，貯以青木匣。府遣曹官同都道正管押下縣。縣建道場設醮，投之海中。

淳熙四年，築鹽官海塘。

《海寧縣志》：先是，海潮壞堤，至是命築之。

嘉定十二年，鹽官海漲，下浙西諸司，條具築捺之策。

《宋史·河渠志》：鹽官海失故道，潮衝平野二十餘里。至是，縣治、蘆洲、港瀆及上下管、黄灣、黄岡等鹽場皆圮，蜀山淪入海中，聚落、田疇幾失其半，鹹水滲及四郡。臣僚言：『鹽官去海三十餘里，舊無海患，縣以鹽竈頗盛，課利易登。去歲海水泛漲，湍激橫衝，沙岸每一潰裂，常數十丈。日復一日，浸入滷地，蘆洲港瀆，蕩爲一壑。今聞潮勢深入，逼近居民。萬一春水驟漲，怒濤奔涌，海風佐之，則呼吸蕩出，百里之民，寧不俱葬魚腹？况京畿赤縣，密邇都城。内有二十五里塘，直通長安閘，上徹臨平，下接崇德，漕運往來，客船絡繹，兩岸田畝，無非決壞。若海水徑入於塘，不惟民田有鹹水渰没之患，而里河堤岸，亦將有潰裂之憂。乞下浙西諸司，條具築捺之策，務使捍堤堅壯，土脉充實，不爲怒潮所衝。』從之。

十五年，命浙西提舉劉垕，於鹽官縣治南北，各築土塘以捍鹹潮。

《宋史·河渠志》：都省言：『鹽官縣海塘衝決，命浙西提舉劉垕專任其事。』既而，垕上言：『鹽官東接海鹽，西距仁和，北抵崇德、德清，境連平江、嘉興、湖州，南瀕大海，原與縣治相去四十餘里，數年以來，水失故道，早晚兩潮，奔衝向北，遂致縣南四十餘里盡淪爲海。近縣之南，原有捍海古塘，亘二十里，今東西兩段並已衝毀，侵入縣之兩旁又各三四里，止存中間古塘十餘里。萬一水勢衝激不已，不惟鹽官一縣不可復存，而向北地勢卑下，所慮鹹流入蘇、秀、湖三州等處田畝，皆不可種，其爲害非獨一邑也。詳今日之患，大概有二：一曰平地陸沉，一曰鹹潮泛溢。陸沉者，固無力可施；其泛溢者，乃因捍海塘衝損，每遇大潮必盤越流注北向。今亟宜築土塘以捍鹹潮。其所築塘基，南北各有兩處。在縣東近南，則爲六十里鹹塘。近北，則爲袁花塘。在縣西近南，亦曰鹹塘。近北，則爲淡塘。嘗驗兩處土色、虛實，則袁花塘、淡塘差勝鹹塘，且各近裏，未至與海潮爲敵，勢當東就袁花塘，西就淡塘，修築庶可以禦縣東鹹潮泛溢之患。其縣西一帶淡塘，連縣治左右共五十餘里，合先修築。兼縣南去海一里餘，幸而古塘尚存，縣治民居，盡在其中，未可棄之度外。今將見管樁石，就古塘加工，築疊一里許，爲防護縣治之計。其縣東民户，日築六十里鹹塘，萬一又爲海潮衝損，則盡棄前工。當計用木石修築袁花塘以捍之。』朝以爲然。

元大德三年，塘岸崩。都省委禮部郎中游中順、洎本省官相視，尋以虛沙復漲，難於施力，其事中止。

延祐七年，省、憲集議，於鹽官州後北門添築土塘。

《元史·河渠志》：仁宗延祐己未、庚申間，海汛失度，累壞民居，陷地三十餘里。時省、憲官共議，宜於州後北門添築土塘，然後築古塘，東西長四十三里，後以潮汐沙漲而止。

泰定四年，興修鹽官州鹹塘。

《海寧縣志》：泰定元年十二月，海水大溢，壞堤塹，侵城郭，有司以石囤、木櫃捍之，不能止。二年八月，大風海溢，捍海堤崩廣三十餘里，徙民居千二百五十餘家避之。四年正月，海潮大溢，捍海塘崩二千餘步。四月，復崩十九里，時發丁夫二萬餘人，以木柵、竹絡、磚石塞之，不止。乃命都水少監張仲仁往治，沿海三十餘里下石囤四十四萬三千三百有奇，又木櫃四百七十有奇，工役萬人。《元史・河渠志》：泰定四年二月間，風潮大作，衝捍海外塘，壞州郭四里。杭州路言：『與都水庸田司議，欲於北地築塘四十餘里，而工費浩大，莫若先修鹹塘，增其高濶，填塞溝港，且濬深近北備塘濠塹，用樁密釘，庶可護禦。』江浙省準下本路修治。都水庸田司又言：『宜速差丁夫，當水入衝堵閉。其不敷工役，於仁和、錢塘及嘉興附近州縣諸色人户内，斟酌差倩。』工部議：『海岸崩摧，宜發文江浙行省，督催庸田使司、監運司及有司，發丁夫修治，毋致侵犯城郭，貽害居民。』五月五日，平章禿滿迭兒、茶乃史參政等奏：『江浙省四月内，潮水衝破鹽官州海岸，令庸田司官征夫修堵。又臣等集議：世祖時，海岸嘗崩，遣使命天師祈祀，潮即退。今可令直省舍人伯顔奉禦香，令天師依前例祈祀。』制曰：『可。』既而杭州路又言：『八月以來，秋潮洶涌，水勢愈大，見築沙地塘岸，東西八十余步，造木櫃、石囤以塞其要處。本省左丞相脱歡等議，安置石囤四千九百六十，抵禦鋑嚙，以救其急，擬比浙江立石塘，可爲久遠。計工物，用鈔七十九萬四千餘錠，糧四萬六千三百余石，接續興修。』

致和元年三月，鹽官州海岸崩。四月，海復溢。詔發軍民塞之。

《海寧縣志》：初詔天師張嗣成修醮禳之，不驗。復詔遣使禱祀，造浮圖二百十六。蓋用西僧法，謂潮可鎮壓也，亦不驗。至是，以石囤塞之。《元史・河渠志》：致和元年三月，省臣奏：『江浙省并庸田司官修築海塘，作竹篷篠，内實以石，鱗次壘叠以禦潮勢，今又淪陷入海，見圖修治。今差户部尚書李家奴、工部尚書李家賓、樞密院屬指揮青山、副使洪灝、宣政僉院南哥班與行省左丞相脱歡及行台、行宣政院、庸田使司諸臣，會議修治之方。合用軍夫，除戍守州縣關津外，酌量差撥，從便添支口糧。合役丁力，附近有田之民，及僧、道、也里可温、答失蠻等户内點倩。凡工役之時，諸人毋或沮壞，違者罪之。合行事務，提調官移文稟奏施行。』有旨從之。四月二十八日，朝廷所委官，洎行省、臺院及庸田司等官議：『大德、延祐，欲建石塘未就。泰定四年春，潮水異常，增築土塘，不能抵禦，議置板塘，以水涌難施工，遂作篷篠木櫃，間有漂沉，欲踵前議，叠石塘以圖久遠。爲地脉虚浮，比定海、浙江、海鹽地形水勢不同，由是造石囤於其壞處叠之，以救目前之急。已置石囤二十九里餘，不曾崩陷，略見成效。』庸田司與各路官同議，東西接壘石囤十里，其六十里塘下舊河，就取土築塘，鑿東山之石以備崩損。

天歷元年，詔改鹽官州爲海寧州。

《元史·河渠志》：天歷元年十一月，都水庸田司言：『八月十日至十九日，正當大汛，潮勢不高，風平水穩。十四日，祈請天妃入廟，自本州嶽廟東海北護岸鱗鱗相接。十五日至十九日，海岸沙漲，東西長七里餘，南北廣或三十步、或數十百步，潮見南北相接。西至石囤，已及五都，修築捍海塘與鹹塘相連，直抵巖門，障禦石囤。東至十一都六十里塘東，至東大尖山嘉興、平湖三路所修處海口。自八月一日至二日，探海二丈五尺。至十九日、二十日探之，先二丈者今一丈五尺，先一丈五尺者今一丈。西自六都仁和縣界赭山、雷山爲首，添漲沙塗，已過五都四都，鹽官州廊東西二都，沙土流行，水勢俱淺。二十日，復巡視，自東至西岸脚漲沙，比之八月十七日漸增高闊。二十七日至九月四日大汛，本州嶽廟東西，水勢俱淺，漲沙東過錢家橋海岸，原下石囤木櫃，并無頹圮，水息民安。』於是改鹽官州曰海寧州。

明永樂六年，發軍民修築仁和、海寧二邑江海塘。

《海寧縣志》：海寧海决，陷没赭山，巡檢司請發軍民修築。從之，仍命户部遣官，巡被灾之家。九年秋七月，修築。冬十一月，塘成。時合仁、寧二邑江海塘，及海鹽縣土石塘，共修過萬一千一百八十五丈。

十六年，遣保定侯孟瑛等以太牢祭東海之神。

《明實録》：朝廷以浙江瀕海，諸縣風潮，衝激堤岸，墊溺居民，連年修治，迄無成功，乃齋戒，遣保定侯孟瑛等以太牢祭東海之神。既祭，水患頓彌。

十八年三月，命有司修築邊海塘岸。

《明實録》：浙江海寧等縣言潮水淪没邊海塘岸二千六百六十餘丈，延及吴家等壩，命有司量起軍民修築之。

十八年九月，修築海塘。

《明實録》：通政司左通政岳福言：『浙江仁和、海寧二縣今年夏秋，霖雨風潮，壞長安等壩，淪於海者千五百餘丈，東岸赭山、巖門山、蜀山故有海道，近皆淤塞，故西岸潮勢愈猛，爲患滋大。乞以軍民修築。』從之。

宣德五年，浙江巡撫侍郎成均築捍海堤。

成化十年，海寧縣海决，至城下，用崇德縣縣丞沈丞築法，堤始成。

按：是年築堤，史乘失載，陳之暹著《築塘議》乃言及之。查《崇德縣志》，成化中有維揚人沈讓，於十六年莅丞，任前尚未至也。築法既無可考，其人亦逸其名矣。

十二年，修治海塘。

《明實録》：浙江鎮守、巡按及都、布、按三司奏言：『杭、嘉、紹三府所屬海寧、海鹽、山陰、蕭山、上虞等縣海塘，衝塌數多，修築財用不足，乞照上年例，以杭州城南，抽分竹木，存留七分，賣銀解部者，以備築塞工料，庶寬民力。』工部謂：『内府造供應器皿，并清江、衛河造運船，皆取給抽分，所係亦重。宜令各府，先以在官物料支用，不足，則於附近無灾府分借，倩協濟。』從之。

十三年，海寧海堤决，僉事錢山重築障海塘。

《成化杭州府志》：成化十三年二月，海寧海决堤，逼盪城邑，鎮巡，因命採石臨平、安吉諸山。初用漢楗絙法，不就，乃斫木爲大櫃，編竹爲長絡，引石下之，泛濫乃定。仍作副堤十里，以防泄鹵。凡七越月而役竣。張寧《重築障海塘記》：海寧，古鹽官，瀕海，南上可百里有山名赭，南有遠山對峙如門，是爲浙江受潮之口。歲久，泝洄渟滀，赭涘出灘，若堵則口隘潮束，反擊於鹽官隈岸。宋嘉定中，潮汐衝鹽官平野二十餘里。史謂『海失故道』，有由也。成化十三年二月，海寧縣潮水横濫，衝圮堤塘，逼盪城邑，轉盼曳趾，頃一决數仞，祠廟、廬舍、器物淪陷略盡，郛不及半里，軍民翹惴奔籲，皆重足以待。縣上其事於府，府守陳讓上其事於欽差太監李義、巡按監察御史侶鐘，二公以所上事詢諸三司。布政使杜謙、按察使楊暄又以二公命，各詢其佐，參政李嗣、副使端宏、參議盧雍、僉事梁昉咸集厥地，周視僉謀，區畫會計，相與祭於神，具以成業托分巡僉事錢山，曰：『君宜任重，有所給乏從革，惟君自處。』公乃躬履原隰，量材度宜，命杭、湖、嘉興官屬，因地順民，採石於臨平、安吉諸山，物用林積，舟楫轉挽，蔽河而至。分命把總指揮李昭、通判何某兼總工役。初用漢楗絙，不就，乃斫木爲大櫃，編竹爲長絡，引而下之，泛濫稍定。人知有成勢，皆奮力趨事。又作副堤十里衛灌河，以防泄鹵之害。義聲倡道，富人争自賑施，民至是始忘死徙之念。歲八月，塘成。適沙塗壅漲其外，公因增高培厚，覆實擣虚，使腹抗背負，屹成巨防，而海復故道矣。邑父老徵予文刻石。予惟風濤漲溢，凡際海之區，無不間遇。至於衝决激射，惟浙江地勢爲常。自延祐及今，才百五十年，海已三變。雖曰氣數消長，未嘗不以人力定勝，但恐赭山之灘復出，沙塗之壅再去，後之繼任非人，文獻無考，則父老前日之憂，將或在其子孫也。文章非紀實不足以傳信，請詳述本末，凡有事者皆刻之碑陰。

宏治五年，海寧縣海溢，新堤漸塌。嘉靖七年，海寧縣新堤大坍，復至城下。九年秋七月，海决逼城。十二年，海寧縣知縣嚴寬建議，凖海鹽例，歲儲均徭役銀，以備海塘修築之用。自後，寧邑設海塘夫一百五十名，歲儲役銀三百兩，著爲令，自寬始也。

萬曆五年，海寧縣知縣蘇湖修海塘成。

《海寧縣志》：萬曆三年夏五月，颶風大作，海嘯，漂溺民居，塘圮，鹹水涌入内河，壞田地八萬餘畝。時縣官估計，應修塘凡二千三百七十八丈，計修築工料銀應五千二百二十八兩。四年九月，會知縣蘇湖莅任，巡撫徐栻察其才可任事，遂以塘付之。湖定議，以五年二月十三日興工，至四月而役竣，計費纔一千九百七十六兩。時通判張繼芳定議，採石一塊長五尺二寸、高闊一尺八寸者，給銀四錢七分，以三錢給工價，一錢給船價，七分克扛擡。又議，以船價六千兩，造船三百隻，行仁、錢二縣五區，綱手每十人領銀二十兩，造船一隻運石，完日即以船給之當其值。陳善《海塘議》：海寧縣治，南瀕海，海塘距城僅百武，東抵海鹽，西抵浙江，延袤百里。塘西有赭山，南有龕山對峙，夾爲海門，是爲海潮入江之口。潮至此，東不得肆，輒怒而東回。及其回也，又有石礅山以障之，則益怒，於是東西盪激，害乃中於寧。查舊志，塘之外有沙場二十餘里，沙場之内有陸地、草場、桑柘、棗園一百六十頃有奇。夫塘有外護，則海潮不致衝嚙，石堤内固可以經久。今沙場、草場悉盪入於海，護沙盡没，所恃以爲命者，僅此衣帶新造之塘。宋元以來，海塘興廢莫紀。自洪武至萬曆，海凡五變五修築矣。永樂九年，海大決，保定侯孟瑛奉命徵九郡之物力，歷十三年而始奏功。嗣後，成化甲午、宏治壬子、嘉靖戊子，迄今萬曆乙亥，海或溢或決，塘隨築隨圮，雖勞費不及永樂之甚，公私亦既騷然。夫海決寧邑，而役及九郡者何也？寧邑於吴爲陲，於越爲首，地形最高，故諸水皆北流。一從東北，由淞泖趨扈瀆江入海；一從正北，過吴江趨白茅港入江。俗因指吴江塔巔與長安壩址相並，有如海寧一決，注之列郡如建瓴，然則所以障寧者，即所以障列郡也。萬曆五年春，巡撫徐公栻按治海寧多潰闕，爲之駭詫，因與水利陳公詔翕謀合慮，察縣尹滇南蘇公湖可屬大事，即以其役委之。蘇亦毅然身任，閲三月而役竣，修坍塘一千六百六十三丈，築新塘三百二十丈，其費公帑止一千九百餘金，亦可謂事半而功倍矣。然更有説焉，海寧之塘與海鹽異，鹽塘有大患，亦有大利，寧塘似無顯患，而實有隱憂。蓋鹽塘陂池相屬，有内河可開，故潮勢至此，既爲分殺，而引其流，更能使草場悉爲膏腴，是大患弭而大利興也。若寧塘逼近城郭，無内河可開，幸潮水緩於鹽耳。設一旦海嘯，直薄邑治，其爲隱憂，可勝道哉！聞寧邑額設捍海塘夫一百五十名，每歲編派役銀三百兩，爲之令者，誠加意海防，每遇潮泛，即遣官巡視，稍有傾圮，即委廉能吏領銀修築，毋令涓涓不止，此亦徹桑之計也。萬一天祐寧民，塘十年無恙，則銀之積益富，縱興大役亦不必派及平民矣。至如築塘之法，余竊有取於海鹽。乙亥之決，海鹽爲甚，其修築也，造完坍石塘七百五十丈，及原欠石塘八十三丈二尺，修砌半坍石塘一千七百九十六丈，築舊土塘二千二百一十六丈，築新塘七百一十丈五尺，新開内河白洋三千三百九十五丈。而其爲費也，始計之，謂非三十萬不可。及徐公親行海上，命有司詳估價值，曰：『十六萬足矣！』衆乃譁然，駭其太簡。及工告成，費止十萬餘金，減原估五萬四千有奇。是徐公之施德於浙民，大也！至其慮湍激之爲害也，有盪浪木樁以砥之，慮其直薄堤岸也，爲斜階以順之。其累石也，下則五縱五横，上則一縱一横，石齒鈎連，若絙貫然，即百計撼之，其能摇乎？修寧塘者，誠一準海鹽新塘之式，是則一勞永逸之計也。

崇禎三年三月，同知劉元瀚修海寧縣捍海塘堤成。

《寧邑備考》：崇禎元年七月二十三日，午前風日清朗，纔過午，狂颶卒發，雷雨如注。申酉間，忽報海嘯，登城望之，見潮頭直架樹杪，廬舍蕩析，瀕海居民有舉家避者，有一家十九口止存二口者。延至夜半，風濤稍殺。厥明，縣官出勘城東西，被灾者凡四千餘户，横尸路隅，殆不忍見。事聞於朝，議修築海塘。時縣令謝紹芳、屬衙官張瑞傑董其役，張第以修河塘法從事，未幾，潮齧之，旋築旋圮。於是三臺畢臨相視，議工費，撫按會題預徵糧銀，每畝一分，合計之，得九千餘金。道府捐助，各有差命。郡丞劉元瀚董其役，仍用石囤、木樁之法，工稍就緒。陳祖訓《重修海塘記》：寧邑歲不稔三年矣。今年有秋，士民相與誦乃粒功，則海波不揚，捍禦惟力，聖天子之軫恤、三台之謀猷、少府之拮据，俱不朽也。僉謀立石海上，以示永久。督撫陸公別有記，直指劉公屬訓記其事。邑城逼海，衝决不時，爲東南大患。宋元來，本朝築圮凡七見。其最大者，永樂中，役軍民夫十萬，騷動三年，費帑金十餘萬兩，遣保定侯孟、禮部侍郎易、本省南北參副各二員，董成之。甲午年，復大潰。直指彭公、邑令王公，費金錢巨萬，兩閱歲乃罷役。按邑西南，龕、赭夾峙，南闕僅三里，北闕十有八里，潮從東方來，北闕直上，折入錢塘江。邇年沙漲，以千頃之濤，東而内之三里之口，扼咽不達，轉而噴薄。戊辰秋，狂颶乘之，怒波撼天，彌城籠屋，濱海億萬姓，從樹杪浮木覓生活。此宋元以來，未經見之變，向來堤防，多滅没矣。當事者目擊心傷，屢經題請，特遴少府劉公莅其事。夫東南歲苦邊儲，公庾鮮赢羨，傾一邑之物力，百計捍之，隨成隨圮。蓋此塘東接海鹽，而鹽以石，此以土；鹽以四十里，此以百里；鹽以鹽場加額，資用不匱，而此爲無米之炊。用是玄圭難錫，誠有如督撫公奏議者。己巳秋，直指劉公夙駕臨之，檄下郡邑，額設協濟塘費銀，七縣歲得七百金。三十年中乾没者，凡幾一旦聚而注之吾寧，且檄嘉湖兩府輔其不足，更不足則捐鍰金副之。寧邑億萬生命，衽席安之矣。公復輾然曰：『蠹不剔，則用不省。任不專，則事不立。』更殫心汰冗漁，而專倚任時，宣明旨以示策勵云。季春載功，役不及期，費不滿萬，而窗填庳峻，窄廣脆堅，一望百里之堤，坦蕩如砥，而胥溺之氓，咸登場圃而服菑畬。清宴之功，伊誰之力？是役也，計時則八閱月，計費則七千餘金。總理，則劉少府元瀚。協贊，則蔣邑令之煥。分任，則蔡把總國延、倪主簿維寬。工費自司、道、府協詳，撫、鹽、按三臺主之，是以民不勞而海患以息。訓不文，因桑梓之情，而具述之云爾。

嘉興府

海鹽

平湖

宋紹定中，海鹽縣令邱來築海塘，凡二十里。

《閑窗括異志》：海鹽縣捍海塘，凡十八條。自縣去海九十五里，有望海鎮，歲久波濤衝嚙，盡爲洋海。紹興中，知縣陳某嘗於海塘五里建望月亭。迨今，則亭基在水中，不可復見。十八條捍海崗岸，無一存者，縣治去海無三百步，而獨山一帶歲歲鹹潮透入，可以曬鹵，耕種者苦之。前政史宰亞卿親督畚鍤，移入數百步，別築一塘。

按：海鹽縣海塘，在城東半里，南抵澉浦，北抵乍浦，修築事，前此無考，可見者始於是云。

咸淳中，兩浙轉運使常楙築海鹽縣新塘三千六百二十五丈，名海晏塘。

《宋史·常楙傳》：海鹽歲爲鹹潮害稼，楙請於朝，捐金發粟，復輟己帑，築新塘。是秋，風濤大作，塘不浸者尺許，民得奠居，歲復告稔，邑人德之。

元至元二十一年，海鹽縣令顧泳重築捍海塘。

《至元嘉禾志》：太平塘，舊名捍海塘，在縣東二里，西南至鹽官縣界，東北接華亭縣界，防海水漲溢，故名捍海塘，後改名太平塘。至是，縣尹顧泳重修，改今名，立扁於上。

明洪武三年，海鹽縣潮水泛溢，圮毀故岸，民人潘允濟言於朝，遣署令宋（舊志失名）監築石塘二千三百七十丈。

《海鹽縣圖經》：邑南潮汐盛長，逆流灌入浙江之口，入之不盡者，激爲洄波，緣海岸盪漱，鹽既當其衝，而鹽北南苦竹、秦駐山趾角張不受漱，則漱其拗中土疏易崩者。於是，東南五十里外之貯水陂、南三里之藍田浦、東北三十里之橫浦與所謂九塗十八箇三十六沙，舊爲海潮限者，盡淪爲巨洋鐫蝕。一線之岸以及城根，僅半里許。每東北風稍張，怒濤乘之，輒溢殺禾稼，湛漂亭舍、人民，甚而都鹹流三吳窪縣中，患如鹽同壑矣。夫欲存鹽，亟堤鹽，欲存鹽，以無壑吳，尤亟堤鹽，其事易策也。役未可，但已以此。《鹽邑志林》：海鹽一帶海塘，外以捍海潮之入，循塘拒守，墩堠相望，可以禦海寇之登犯。塘以裹，皆良田富室，烟火相望，所恃以爲外護者，一塘而已。石塘縷砌者，用石方尺餘，長八尺或六尺，縱而磊之，取海潮衝撼不動，内厚築黄土以襯之，高與之齊，厚必五倍之。若少工力，石可衝撼，潮必内侵。石塘有罅，土塘必壞，土塘内潰，石塘不能獨存矣。

十四年，海鹽縣捍海塘成。

二十年六月，海鹽縣石塘復爲潮水所圮，浙江布政使司參議閻察監修。

《宏治嘉興府志》：永樂三年，海鹽縣石塘復爲風潮圮毀，通政使司右通政趙居任等官按治，起倩蘇州、松江等九府民夫，增土修築，雖云堅固，歲久復頹。

宣德中，海鹽縣石塘又潰，巡撫侍郎周忱募郡民七百人部分更築。

《海鹽縣圖經》：時以石堤内虚，始築土五丈實其裏，且著令非時巡護加葺，無待大壞。

成化五年，平湖縣知縣李翥請比例海鹽縣境修築石塘。奏聞，命下三司，督同府同知楊冠、通判張永等相視經度。《宏治嘉興府志》：計條石、樁木等料，價銀二萬五千九十三兩，倩工甃砌。

七年，平湖縣知縣郝文傑重修海塘。

《平湖縣志》：七年七月初三日，颶風大作，海潮泛溢，平湖縣自雅山東至楊樹林，俱爲衝浸。縣令郝文傑計量修築圮壞者五百一十丈。九月初一日，風濤復作，内塘古岸修完者，自周家涇東至獨山等塘，皆爲衝圮，其害視前尤甚。縣簿陳善奉府檄重修八百一十九丈，其未完者，宏治二年計費倩工買石甃砌。

按：平湖縣捍海塘，在平湖縣東南三十四里，東至金山衛華亭縣界周涇，西至海鹽縣界，長二千二十丈，其地本統隸鹽官，宣德五年始分平湖爲縣，疆域各隸。

十三年，副使楊瑄改築海鹽縣舊塘爲坡陀形。（詳見工程門）築成凡二千三百丈。

《海鹽縣圖經》：先是，侍郎周忱修築海鹽縣塘，謀甚豫，顧未十年，海溢塘復壞。時知府黄懋議大採木石，别築復塘，度用銀二十六萬有奇。正統九年，奏聞報可，會遷去，僉事陳永與參政謝輔繼至，改議因舊址役里甲雜用瓦礫填中，包巨石爲之，省費十九，塘亦成。後成化八年，大風駕潮至，塘不足禦，平地水丈餘，民溺死無算。乃思黄公議，悔不用之。後參政邢簡、僉事趙銘以、府同知楊冠補葺粗完，海復連歲四溢，塘又盡圮不存。至是楊公來司水利，講興作功甚鋭，遂以意改舊塘爲坡陀形。

宏治元年，重築海鹽坡陀塘。

《海鹽縣圖經》：宏治初，海鹽縣坡陀塘就圮。知縣譚秀言，楊公塘用石斜甃，歲久仄壓，内向勢也，請改築便。於是，巡浙侍郎彭韶以知府徐霖、通判蹇霆偕秀築，仍疊石如舊法，而略彷坡陀，意内横外縱，以漸減縮，令斜用殺潮勢。時重築者九百餘丈，他未壞者仍舊。

十二年，海鹽縣知縣王璽接修海塘。

《海鹽縣圖經》：王公塘築于故龍王廟前，砥方石縱横交錯爲之。其法有一縱一横，有二縱二横者，下濶上縮，内齊而外陂，形勢隆固屹立，潮衝不壞。

嘉靖初，郎中林文沛奉命修海鹽縣石塘。

《浙江通志》：正德中，通判韓士賢、水利郎中朱衮凡再修，悉依王公法，而嘉靖初，海連溢，郎中林文沛奉命修塘，以王公塘獨無恙，因呼爲樣塘，益遵用之。林文沛《海塘記略》：嘉靖壬午秋，海潮大作，癸未繼之，塘圮視昔倍，泛濫灾及百里。時文沛督工治之。舊制石多縱少横，今使縱横交錯，連屬不可解，又必擇其廉隅之石，佈置必穩，樁計四千八百，石計一萬六千，或拾於海堧之遺，或運於數程之外，北自了义，南抵宋莊，因其舊而增之，計七百五十七丈，通舊堤爲一千三百七十丈。是役也，費銀蓋五千五百兩有奇。

十年，僉事蔡時增築海鹽縣教場塘一百七十丈。

十四年，海溢，僉事焦煜築海鹽縣塘二百餘丈，土塘二千七百丈。

《海鹽縣圖經》：分督者，通判陳文昌、知縣董玠及平湖縣知縣黎循典。華亭徐階爲記。是役也，成未幾，而即崩。布政吴昂疏稿謂，碑文尚未入刻，塘岸先已傾頽云。

十七年，海又溢，僉事張文藻築海鹽縣塘三百二十餘丈，土塘二千四百三十四丈，及四陡門。

二十一年，僉事黄光昇築海鹽縣石塘若干丈，悉因縣令王璽之法，益詳究之。《海鹽縣圖經》：率塘一丈，如議築，若石木材，若人徒，用銀三百云。黄公亦曰：『余築塘所不盡尚八九，則財詘故矣。』初，海塘無字號。今自天字起至木字，二十里共一百四十號，每號二十丈，共二千八百丈，皆公所編也。公督工有法，所用者，悉副任使。嘗有言曰：『海塘如欲盡築，非四五十萬金不可。』工役大興，諸夫匠奸詭百出，須得通判官五六員、縣丞主簿等官二十余員，專駐於此，朝夕臨之，方可隄防。即臨之，仍須耳目瞬息不離。苟頃刻恍惚，即奸弊乘之。蓋巨石一疊，内藏疏略，更難移驗矣。況事權不一，此委彼奪，既奉命以去，另代者經手不一，遂難稽考。又況所委各官，賢否不同，上下扶同，塗抹了事者，常十而六七，可輕議哉！黄光昇《築塘記》：余築海塘，悉塘利病也。最塘根浮淺病矣，夫累石高之爲塘，恃下數樁撑承耳。樁浮，即宣露，宣露則敗易。次病外疏中空，舊塘石大者，郛不必其合也；小者，腹不必其實也，海水射之，聲汩汩。四通浸，所附之土，漱以入，滌以出，石如齒之疏豁，終拔爾。余修必内與外無異，石先去沙塗之浮者四尺許，見實土乃入樁，入之必與土平，仍旁築焉。令實，乃置石爲層者二。是二層者，必縱横各五，令廣擁以上，使沙塗出於上，令深皆以奠塘基也。層之三若四，則縱五之横四之；層之五若六，縱四之横五之；層之七若八，縱横并四之；層之九與十，縱三之横五之；層十一、十二，縱横又並三之；層十三、十四，縱三之横二之；層十五，縱二横三；層十六，縱横并二；層十七，縱二横一；層十八，是爲塘面，以一縱二横終焉。石之長以六尺，廣厚以二尺，琢之方，砥之平，俾緊貼也。層表裏，必互縱横作丁字形，彌直罅之水也。層中，横必稍昂，作幞頭形，彌横罅之水也。層相架，必跨縫而置，作品字形，以自相制，使無解散也。層必漸縮而上，作階級形，使順潮勢，無壁立之危也。如是，又堅築内土，培之若肉之附骨然，可免坍潰矣。知縣魏廷璽《築塘議》：海塘之役，近年以來，憲司提督於上，府縣分理於下，非不欲成此大工，但患有可懼，弊有未革耳。支給工銀，易生侵尅之謗，患一；講議修築之法，各恃己見，紛紛爭勝，莫知適從，患二；拘於估計，制於成命，不得相機隨宜有所增損，患三。近海軍民，多賴修塘以爲活計，一身做工，影射數名，通同管工人役冒支工銀，弊一；又砌手志在常得修塘工食，不肯砌築堅固，弊二；管工委官，羈身海上颶風毒霧之中，度日如年，但欲速成了事，孰肯盡心如幹家事，弊三。去此三患三弊，塘不難成矣。

三十年，風潮復作，海鹽縣塘壞。僉事胡堯臣修築凡若干丈。

邑人錢薇《記略》：是役也，胡公以憲司提其綱，雖風雨，率卯出申入，又節騶從供應，以身儉先，故一時從官咸奮，若林丞士儀、楊簿繼蘭及劉經衛國學、章知事林，以至使揮在役者，罔不勤恪云。

隆慶四年，海溢，海鹽縣塘圮。水利僉事李文績督湖州府同知藍偉修築，用黄公法，縱横稍殺之，費銀萬五千，成塘九十餘丈。

李文績《海塘事宜》：洪武以來，初築頗簡，有以石斜竪貼土者，有横砌一縱者。後來築法漸詳，有二縱二横者，三縱三横者，亦有五縱五横者。五縱五横者，計築一丈，用銀三百餘兩。歷年風潮衝塌，猶屹然如故。今欲砌如五縱五横之式，勢必不能，酌量見在錢糧，將龍王塘、天闕要害去處，定爲三縱三横，其余往秋等字號潮勢稍緩，定爲二縱二横。

萬曆三年，浙江巡撫徐栻檄同知黄清督修海鹽縣大石塘成。

《海鹽縣圖經》：時三年乙亥之五月晦夜，大風駕潮來，水出地二丈餘，溺死者三千餘人，内縣河皆成鹹流，田不可灌，塘則盡崩。先是嘉靖中，邑人布政吴昂嘗一再上疏，請大發金錢築故塘，豫備海菑之一旦。隆慶之役，助教仇俊卿彷昂意，亦以爲言。前後皆中格。至是，變果大作。昂之議曰：『成大功者，必計久遠；惜小費者，反傷財力。海塘之役，每歲均徭，闔郡計銀七千兩。自正統七年至嘉靖十五年，僅百年已費銀七十萬兩矣。其他承迎之費，借倩之力，又所不計。今若能費銀十萬兩，併舊有石料，大爲修築，可保百年無事，是謂一勞永逸，暫費永寧，功之垂於後也久。而民陰受其利，益於無窮矣。不然，鼛鼓日繁，財力日窘，海患日深，因循既久，縱棄海鹽一縣田土於波浪之中，一縣人民於魚鱉之腹，旁縣恐亦未得安枕而卧也。昔年，名臣大興九郡之役，殆亦有見於此。』爾時，撫臣謝鵬舉、按臣吴從憲採知府李椽、知縣饒廷錫言俱奏，大指謂：『鹽堤，浙省鉅役，縣官宜無惜小费，爲東南計永奠』，意甚愷切。既得報，而兵部侍郎徐栻代撫，集僉事陳詔、張子仁，同知黄清議之。清考故時築法，得黄光昇前牘上之，遂仿其法，改用大石，以清督丞幕諸官三十余人分築。清勤於帥先，且相度潮緩急衝，稍增殺其縱横石，凡用銀十二萬有奇，成塘七百五十丈，土塘三倍之。又開白洋河三千丈，而餘塘欹且裂、未盡圮者，姑理砌之。理砌者，砌層之上，不及趾，以節費。役竣，建海神祠及前憲使楊公瑄祠，以昭祈報，鑄鐵象牛壓勝。又植木蓊蕩浪，冀淤沙塗護塘。有詔嘉之，賜栻等金帛，陞秩俸有差，清得超格擢同知鹽運司。陸光祖《修築海塘碑記》：萬曆三年五月，縣海溢，盡破捍海塘，石十九淪海無跡，漂没屋廬、禾稼，死者不可勝數。前督撫中丞謝公鵬舉以狀聞於朝。既下，議修築，謝公察郡同知黄君清才廉有心計，肯任事，命之董役。會公遷去，朝廷念海事至重，特簡今兵部侍郎徐公兼御史中丞來撫治之。公莅事之明日，率其屬親行海上，齋祓潔牲，虔祭海神，以告肇工。擇遣丞、簿、尉譚繼先、黄用中、謝希周，典史陳柯、王金，把總王三錫，指揮馬繼武、李嘉元等三十餘人，畫地分工，并力合作。謂同知清：『汝總余塘工，盡其能，無避短長之言，工大小咸責成於汝。』謂海鹽令饒延錫：『此汝邑事。汝其悉乃心，廪餉諸吏士百工，無或闕乏。汝五日至塘省視。』謂按察水利陳君詔：『爾惟專職，其出舍於塘，晝夜巡董。』謂按察備兵張君子仁，月一往察之，稽其勤惰，賞罰用命不用命。』已而，太守黄君希憲至郡，勉僚屬以同心一志，調匠於浙東諸郡，採石於武康、梅溪、瓴窑，而力皆募海上灾饑之民，使取僱直以贍孥，寓救荒意。凡楗木、鐵、炭、麻、竹、灰，應用之物悉平市之民間。郡吏既受事，俾作治如式，用石長厚尺寸有度，塘基下密椿皆二丈之木，深入平之，然後石層砌其上，縱横有數。始運石募客舟，舟不能過三巨石，乃官造舟，舟堅且安，一舟所勝再倍。石運易集，大省輦輿之費。清又言：『石塘之内，宜更爲土塘，疏爲内河，備決潰、涌溢之患。』按察張君力主其策，公納之。乃復行視自金家路至章堰，得古白洋河舊蹟，皆已湮塞，而内塘亦夷。自章堰，歷大小天闕，至山澗寨，舊無塘，開新河即以其土築新塘，河可行舟，運石益便，已復更濬深闊計長久。石塘既成，得土塘表裏相輔，愈益堅完，即有巨潮越塘，内河足以受之，可分殺泛勢，不致壅激爲害。河之上，舊皆黄茅白壤，名曰草場，今可引溉以爲田。工始於萬曆四年七月，訖於五年九月。是役也，按察備兵張君在事最久，績勩獨多；水利陳君繼至，劬勞率先，人吏益奮；太守黄君，敦道範物，克相厥成；邑令饒君，拊字供輸；別駕張君繼芳、胡君嗣敬，造舟採石；分守前參知朱君炳如、舒君應龍，先後協力；司理陳君文炅，和衷默贊；前守李君橡，謀始度費，皆有功塘事者也。董份《碑文》：鹽邑在海中若浮瓠，然獨石塘號稱捍海，而邑當秦駐、白塔、乍浦諸山，南北夾峙，激海鼓飈，潮與塘直，其衝撼特甚，故數被患，視瀕海諸郡縣尤劇，而塘輒易敗。明興，數苦之矣。乙亥歲，颶作，濤溢入而塘敗十六七，民漂不可勝計，數十里室家皆爲墟。而浙西數百里間，水微鹵，有海魚游焉，識者皆寒心。而大中丞謝公、侍御吳公奏狀，請治塘，議費十六萬金有奇。既戒期興役，部署有緒，而謝公入貳户曹，上乃簡少司馬徐公兼中丞來。下車首問塘事，或言：『議政核往牒舉事，占近世塘，自正統間議築矣。度費幾三十萬，載在誌籍，今事變過之而議費減半，恐不可。且創大者，難卒復；工鉅者，難趣成。勢非數年，恐不可。曷再請而徐圖之？』公乃嘆曰：『夫人臣，下當憂民，上當體國。今縣官屢乏，而浙帑素虛，何再請也？且古稱拯溺救焚，言其速，赴不旋踵也。民既漂溺，吾有速拯之耳。憯然不能須臾，何徐圖也？昔漢稱王尊以身填金堤，吾其身許是塘矣！』乃亟親按行，數橇泥涉塗，犯霧露，冒寒暑，勿懈。因晋藩臬三道，召郡縣諸屬，引父老集士庶而訊患害，審便宜，究長策，與侍郎鮑公條上，得報可，而公鋭意督之。蓋每飯未嘗不在塘，每夢寐未嘗不慮塘，事心兢兢嘗不遑。而藩參朱侯、舒侯前後相繼爲守道，憲僉張侯爲巡道，陳侯爲水道，三道皆以才賢著名，極一時之選，與公同心，日夜殫思，畢皆以效匡賛，而公虚中盡下，與相周旋，然公擇善以人，而任難自已。其志奮勵，足以感動，而身親勤勞，尤足表率，以是諸屬皆奔走争前，諸役亦輻輳並進罔後，上下合爲一體，以有成功，本皆公竭精致之，非若世之授指而責成，端居而論績者也。工始於丙子春二月，成于丁丑秋九月，僅閲歲云。初，公於石塘内加築土塘，間仃塘曰：『夫築土塘，所以爲石塘脣齒也。然潮過石塘，而無河以泄之，則勢悍而益漂。今從二塘間爲河，使潮過有所容，宜足以殺其悍，亦古斯渠之遺意也。』乃亟鑿河。而石塘之難，難於聚石。公既令博采洞庭、杭、湖諸山，會河濬舟行，轉石益便，而舊石墜塘下者匿土中，悉募人出之，得石益多矣。蓋塘之速成者以此。先是，議費十六萬者，徒以石塘耳。今加築土塘，又鑿河，又樹遏浪樁無數以抵潮，又鑄獸十二以厭水，又創橋五以通道，而僅費十萬有奇。其存者，五萬六千有奇焉。余嘗適海上觀塘，見石麻如瑨，其縫如繡，外極精矣；蒸秫如脂，傳土如膠，内極固矣。工速費省而既固且精，慮無不周，事無不遍。邑人言：『自有唐以來，未有若此者。』因登秦駐，望海無際，潮怒如震雷，瀉如建瓴，獨石塘力抗之，亘如金城，屹如砥柱，土塘如重闕，如叠障，而河經其中，如長虹。余乃作曰：『嗟乎，壯哉！其東南之奇觀，而永久無疆之盛業哉！』於是，邑人出於波濤，安於衽席，息於弔問，典於謡歌，思欲得余言，紀功貽後世，而三道遂以民情來懇。余惟天下同患，北有河，南有海，間者河嘗梗漕，縣官不愛鉅費，歲覃無已者，固以四百萬粟關軍國至重也。然漕者，四百萬粟所過之地，而浙西、東吴諸郡者，四百萬粟所産之地。其本末甚易辨也。頃濤一摇，而浙西水微鹵矣。嚮使塘不修而益漂，能無爲壑乎？浙西壑，而東吴能免乎？故公匪獨一邑之功，而實社稷之閎謨，軍國之本計也。余，浙西人也，故備著之。公在浙靖夷氛、擒大寇、撫安黎元，其功甚多，而此特著其塘事如此。是役也，侍御鮑公復行，而王公至益核實考成云。於是天子嘉公功，晋俸、賚金帛，三道郡縣，或遷或賚有差。公名栻，常熟人。謝公名朋舉，蒲圻人。吴公名從憲，晋江人。鮑公名希憲，長子人。王公名曉，淄川人。朱侯名炳如，衡陽人。舒侯名應龍，全州人。張侯名子仁，無錫人。陳侯名詔，晋江人。嘉興守黄君希憲，前守李君橡，同知黄清、梁棟，通判張繼芳、伍希德、胡嗣敬，推官陳文炅，海鹽知縣饒廷錫，海寧知縣蘇湖，皆竭力是塘者也，宜并得書。

三年，海溢，平湖縣塘壞，自海鹽教場迤北至於乍浦一帶，皆開河取土築塘，以錢糧不給中止。

十五年七月，海溢，海鹽縣理砌塘盡圮，巡撫滕伯倫條上方略十，得報，重築。

《全修海塘記》：萬曆十五年，嘉興知府龔勉申稱：『海鹽地勢逼臨大海，兩山擁夾，故潮汐獨異於他處，全賴海塘爲之捍禦。頃者，風潮異常，將石塘衝坍大半，土塘盡坍，田禾湮没，廬舍漂流。設若風潮再作，徑從坍口，深入内河，則無海鹽，無嘉興，而杭、湖、蘇、松諸郡均被其患。職親詣海塘，督同知縣黄之俊逐一丈勘，自天字號起至木字號止，共塘二千七百五十六丈三寸。内新塘係萬曆四年等年修築，堅固無坍，共塘九百三十八丈二尺九寸；舊塘係先年理砌，并監生塘堅固無坍，共塘一百八丈一尺；舊塘潮勢稍緩，并沙淤，共塘五百四十四丈七尺以上，俱不必修築；舊塘係先年理砌，今衝全坍，共塘三百一丈二尺；新塘係萬曆四五等年加高，今衝全坍，共塘五丈九尺以上，潮勢衝要，俱應從新起築；舊塘係先年理砌，今衝半坍，共塘一百四十四丈二尺五寸；新塘係萬曆五六等年加高，今衝半坍，共塘四十五丈以上，潮勢衝要，俱應修砌；舊塘係先年理砌，今衝稍坍，共塘一百五十五丈一尺；新塘係萬曆四五等年起築，今衝稍坍，共塘五百一十三丈四尺九寸。以上潮勢衝要，俱應補砌，其貼備土塘，應候石塘工完，閱驗另築。《海鹽縣圖經》：十五年，海溢，理砌塘盡圮。巡撫滕公伯倫行閱，曰：『理砌，所以省費也。費，卒不得省。』令新築之，條上方略十，得報，允行。於是，以副使夏良心、同知曾維倫視工，而公數馳莅之，程督甚勞，歿於任。傅公孟春代之，終其功，凡成塘全築者七十一丈，半築者六百餘丈，又土塘二千四百餘丈，用銀六萬八千有奇。奏聞，如三年例，賜金帛、升秩俸有差，而滕公特予一子蔭，旌勤事實異數也。滕伯倫《題築海塘疏》：萬曆十六年三月，巡撫、都御史滕伯倫，巡按監察御史傅孟春會題爲異常風潮衝坍海坍，急圖修築，以固財賦重地事。看得海鹽縣捍海石塘，係吴越五郡之屏障，關係國家財賦、地方民命，至大且切者也。臣等自被灾以來，夙夜營度，務出萬全，今將事屬切要，條列十款冒昧上請，伏乞敕下該部查議，俯賜允行。一議委官。塘工大役，總大綱者，水利道臣之責，移駐該縣督理，其董率官役、工匠，收放錢糧，本府同知一員專理之。次則蘇湖二府，採石合委府佐二員，分管塘工應用。官十六員，分管採石應用。官四員，俱合委衛經、縣丞、簿等職，於通省選取，庶足充任使。二議錢糧。嘉興府屬，原歲派塘夫銀七千，積今十五年，豈不綽然有餘？而有司視爲緩圖，任意那借，今除搜括本項外，動支該府驛傳積余銀、七縣預備倉穀銀并衢州府驛傳支余銀，金、衢、嚴、温、處五府見貯糴穀銀，共足原估之數，免令加派地方。三議塘式。舊塘惟典史吴允隆所築及三監生罰修者，自嘉靖至今不壞，堪以爲式。蓋砌以魚鱗，又二面收縮，石堅土細故也。今議以四縱六横起脚，二層濶二丈七尺五寸，自第三層漸收而上，每層内外各收七寸，至第十八層結面，濶九尺三寸，石必六面方平，砌必縱横相制。蓋面之石，又必内外皆縱，以順水勢，仍於安砌之時，每層必先鋪地驗過，面面相同，縱横相合，方許擡砌，以祛偏斜、貼襯、虚餙、草率之弊。四議採石。舊議塘石長六尺，濶厚二尺二寸，不如數者，亦爲折算，以故虚冒生弊。兹議蓋面用大石外，其餘以長五尺，濶厚一尺六寸者爲準，每塊給價五錢，出山粗料仍多二寸，以備整削，不許別開大小折補之端，致生弊竇。其驗石，必取六面方平，稍不合式，則行揀退。運石船隻，上次杭、嘉、湖三府編派打造，共三千五百六十九號，費至三萬餘金，及工完變賣，所補無幾。今莫若令採石宕户包運，諒亦樂從，又或廣示招募宕户有力者，自載合式之石赴塘驗收，歸前給價，採買、招買並行，事可兼濟。五議木樁。海塘之築，全賴樁木，入土之深，則爲基孔。固議用中三丈木、徑四寸者，截作二樁，各長八尺；或委官在本處廣招木商，載至平買；或於杭州南關聚木地方，招商收買。每塘一丈，釘樁二百五十九箇，又必先於塘基内去浮沙數尺，見實土方如法密釘，庶樁堅基固，石塘賴以無虞。六議工程。海塘大役，必有分任，方可責成功。今議全築石塘三百六十五丈，每官分理三十丈，以十二員管之，修築補砌石塘七百九十九丈，每官分理二百丈，以四員管之。每新塘一丈，限十日修補者二日，斯事無推諉，功可期就。七議收支。海塘錢糧支放，頭緒甚多。稽察密，則弊無所容；放給時，則人速沾惠。舊議委嘉、秀二縣司收，海鹽縣司放管，工官造册，送總理官，總理官造册，送水利道，道行府，府行縣，給發中間，吏書輾轉查核，刁蹬耽延，爲弊反滋。夫匠銀難到手，未免揭債豪門，苦不可訴。今議銀俱解發海鹽縣貯庫，聽縣官收掌，總理、同知、備將各該採石買木，管理塘工委官。每官置簿二十扇，送院印鈐，發各收領。採石官日開採運到石塊若干，買木官日開買運到木樁若干，應給銀若干。註簿總理官驗收訖，即行該縣照數支銀，封送總理官驗散，應找給者找給，應全給者全給，毋令宕户木商守候。其管理塘工各官，每日將領過木樁若干，木匠削過、釘過若干，應給銀各若干，開填簿内，每五日送總理官查閲，無弊即行該縣照簿依數將銀兑准封送，總理官同各委官當面塹鑿包封，唤集夫匠，逐名唱給，隨造册送水利道稽考，仍同原發填過簿送院查閲，庶稽考有法，支放及時，夫匠既得速沾實惠，而衙門人役之弊亦清。及查夫匠向有計日償工之説，大爲冒破，今惟計工定價，如削棒、釘樁、琢石、砌石、折泄、扒沙等項，俱照工給銀，則老弱夫役不堪匠作，雖欲浮食其間，自不可得，此又考工節財一法。八議土塘。石塘外當風濤，内必依於土岸，此貼備土塘所不容緩。往年土塘隨石塘並築，故石塘工作粗疏，無從詳驗。今宜候石塘築完之日，閱視内外如式，委管工官督率人大挑取實土，緊貼石塘填築。斜坡近塘者，高與塘等，築令極實，土始不散，庶水過直瀉，石塘益固。九議體恤。塘工興作之際，委官必須朝夕不離塘所，乃可照管，櫛風沐雨，勞苦萬狀。議每日給銀貳錢，每官除撥驛船住止外，又各設蓬廠一座，仍撥夫二名，聽其差用，俾日給稍充，而風雨有蔽，役使不乏，乃得盡心所事。匠作人夫，多係各縣應募，或係外府投充。今議令於每官廠側，各起搭草蓬四五區，各安歇炊爨，庶物料得看守之便，赴工無往返之勞，而居停亦免苛索之苦。十議稽查。築塘工役非小，惟恃賞罰以爲勸懲。除在工各官有偷安誤事，及侵尅不檢者，即時分別發落外，其塘工通完之後，容令嚴行查閲，如果經畫得宜，修築如法，有裨保障者，將各司道府佐以下大小委官據實薦請優録；勞苦功高者，破格擢用，庶賞罰嚴明，人心自相戒勉，大工之就可期矣。傅孟春《奏築海塘疏》：萬曆十八年，巡撫、都御史傅孟春題爲恭報海塘工完，永固重地，以奠民生事。據浙江按察司水利道副使夏良心呈，稱：『本道於萬曆十六年二月初十日，移駐海鹽，經營督理，轉行同知曾維倫總理塘工，議留塘夫、驛傳、穀價等銀共七萬四百五十三兩七錢動支，辦料興工。隨委杭州府通判陳表等督採蘇石，後陳表奉文取回，改委紹興府通判卜鎧接管。温州府通判許知新等分採湖石，經歷劉世傑收買樁木，委官四員管修半坍、稍坍舊塘，十二員管築全坍新塘。』續據各官呈，稱：『新舊塘工均搭分管爲便，呈允均爲一十六，作鬮定分管本道。看得往往築塘，務速成者，鮮經久之工。務節省者，多飾虛之弊，以致塘方築，而圮隨之。今次一遵條議悉除前弊，如收放石料，或量驗稍疏，弊端百出，今設關收石，皆總理官親行稽察後，委海鹽縣縣丞張汝翼兼同各管工官更番驗量，必方正堅實合式，方准收用。經始之工，開塘基最要，而亦最難。今嚴督委官必盡去浮沙，闊近三丈，開見深土，方許下樁深入。及查塘之壞也，多因樁木稀疏，原估每塘一丈，用樁一百九十五箇，今加至二百五十九箇。樁既長丈，中以密釘，塘基永固。起塘底石，往時有外雖鋪砌，而内多就土爲基，全不用石，及潮浪過塘，裹脚衝開，頽圮殆甚。今無分内外，選取長闊堅厚舊石一式平鋪，極稱穩實。此上十余層石，石六面光平，層層縱横緊密，既無圓碎小石填補於中，亦不必灌糯米漿、抿油灰致多虚費。舊有監生塘數丈屹立無壞，惟上面一、二層用石方整。今築一帶新塘，上下表里，石皆長厚方平，視監生塘更爲堅固，搜擡舊石，實足濟工省費。查前坍塘比原計之數欠石三萬餘塊，如盡取之新石，採運甚艱，爲費且鉅，今督各委官遍搜，每官給簿一扇，逐日登記，五日送道一查，以石之多寡爲官之勤懲，争相搬運，得石頗多。及查海鹽沿城積遺蘇石，議三等給價，用濟塘工，全砌半修，勘估雖有定數，然有外若完固而中實空疏，即未估亦應起築，或上雖坍損而脚尚穩固即議拆，應免改修。如稱字等號稍坍塘，加修二十餘丈。潛、羽等號半坍塘，加修一二丈，多拆三四層。湯字號一十餘丈，幫闊加高。文字號南陡門應拆砌。羽字號中陡門，應添砌。霜、虞、民、伐等號，應免拆。修砌舊塘，結面原以横石鑲邊，恐横石承水易於衝動，乃逐塊鑿成嵌笋相連。如一、遐、邇等號塘，其先因石塘未成，恐内塘衝壞，鹹水内灌，乃先築備塘一十七丈，預爲捍禦，此皆酌量增省，誠難以原議拘也。全砌塘式，近議以十五層爲準。查駒、食、場三號五十八丈，在海塘將盡之處，原議全築，估銀一萬二千五十三兩零。外有羌、遐等號二百餘丈，素稱大天闕，最爲險要，内羌字號塘一十七丈有餘，原未議修。遐、邇、率、賓等號一百八十餘丈，止議補砌，估銀一千一百兩零，二項共估銀一萬三千一百五十九兩零。今查駒、食、場三號地形頗高，潮勢稍緩，不必高至十五層，而羌、遐等號地勢較低，俱應全砌。續議自羌、遐以至駒、食等號，共二百六十餘丈，俱照彼中舊塘式様全築十層，共計工料銀一萬二千九百五十四兩六錢零，仍恐潮患難測，復加二層，計十二層。塘既加築，費復減省，塘工用石數多兩廠採運，不給出示招買，廣行訪採，如海鹽之葛家山、武康之郁家山等石俱堅，兼採運用。至於錢糧之放給，如木石料價、夫匠工銀，日以實數登簿，核明驗給，絶無尅索冒破之弊。工程之稽查，委官居止塘所，日夕不離，本道復發稽工簿一扇，令各官每日做工各照填入，如扛夫擡石若干、釘樁若干，石匠琢洗某號石鋪、砌第幾層，親詣閲視，中有工不精堅者，夫匠責懲，委官戒諭改正，絶無飾虚草略之弊。官役久事，海濱勞苦萬狀，宜爲體恤。每官給驛船，聽其住止，蓋蓬廠，便其監工，給夫二名供其使令。蓋草廠九十六座，以安夫匠，暑月則周其茶湯，時疫則療以藥餌。間有病故，則瘞以衣棺。工作繁興，擡石路遠，則加其工食，以故各相勸勉，絶無偷惰誤事之弊，經用必慎，毫無輕給。』續據各夫匠告稱：『往年築塘，止將外出海石琢光，其附内等石，俱不細琢，今次遵將石琢洗六面光平，合縫安砌，用工倍多，且鋪砌底石，未蒙估計工銀，年荒米貴，乞憐加給。』及據各山宕户告稱：『歲歉水涸，運石艱難。』俱行總理官酌議，全砌大塘每丈加給琢洗内匠工銀一兩五錢，中塘每丈四錢八分，鋪砌底石每塊給夫工銀二分。及查十六年四、五、六三箇月，米價甚貴，在工夫匠每名加給賞銀一錢八分，又武康石每塊加價銀三分，各山大石每塊加銀三分六釐，折補石并免十分之三，呈允給免，人心悦從。其估用錢糧，該左布政司吴自新、知府王貽德督催。塘夫等銀，解發海鹽縣貯庫，知縣黄之俊、謝吉卿先後各司收放。其備用石料，該分守杭嘉湖道左參政蔡廷臣、萬文卿，嘉湖兵巡道僉事史旌賢、鄒迪光，相繼監督。錢糧石料，俱無缺乏，衹因塘工本鉅，兼值年荒，工作採石，種種多艱。而續議羌字等號塘二百餘丈，在原估之外，況今次修塘一遵明旨，不敢苟簡完報。上年五月内，又因亢旱，河水乾涸，各廠運船難行，工作暫停。至九月内，河水漸通，復行興工。十二月内，嚴督官匠上緊修築，務期堅固經久。又海塘工將就緒，在事官員久效勤勞，年終合行獎賞，仍行令勉勵底績，該本道遵依，一面獎賞，一面催督間，又催在塘各該員役作速儹工修築，如式堅固。萬曆十八年二月内，閲視新塘堅固經久，行道將在工員役量行獎賞，依奉通行。據總理同知曾維倫呈稱：

『查得第一作管工官嘉興縣典史余偕，第二作秀水縣典史江夢熊，第三作寧海縣典史馮載讓，第四作海寧衛經歷張文炫，第五作觀海衛經歷吴潮，第六作樂清縣北鹽巡檢司巡檢李譓，第七作崇德縣皂林驛驛丞周繼芳，第八作蕭山縣縣丞王箕，第九作諸暨縣主簿李思誠，第十作海寧縣縣丞鮑槐，第十一作上虞縣典史程世舉，第十二作杭州前衛經歷劉世傑，第十三作會稽縣主簿浦謨，第十四作富陽縣典史朱軏，第十五作崇德縣典史鄧一鑑，第十六作永康縣主簿徐武思，共計修築過原題并續議全砌塘五百七十一丈五尺八寸，半坍塘一百三丈四尺，稍坍塘五百三十五丈八尺九寸，陡門二座，天闕、備塘一十七丈，土塘一千三百九十六丈九尺二寸，俱於本年二月二十一日工完。通共砌用過採買蘇湖等新石共十萬二千餘塊，搜尋海外沈埋遺石及沿塘舊石共八萬二千餘塊，樁木九萬八千九十箇。除用過錢糧細數，一面查核造册外，約計於原估數内節省銀一千兩有餘。本道會同分守杭嘉湖道左參政萬文卿、嘉湖兵巡道僉事鄒迪光，看得鹽邑東逼大海，諸山對峙，夾爲海門，若大塊之闕然，故稱天闕，一望海面較高，邑若居下流焉。即常時潮汐吞吐，已莫可支，矧異颶鼓濤，翻奔内地，呼吸滄桑，則匪止一邑爲壑，而浙西、東吴諸郡皆爲滷區矣。所恃以出一方生靈於波濤而衽席三吴者，獨此塘也，然輒爲異潮衝圮，一圮一築，糜公錢百千萬緡。萬曆十七年七月，塘圮凡千餘丈，此尤海塘要害處也。各院會題修築，守巡各道相繼監督，後先畢集，克濟大功，緣過求堅築，事難速成，况兩歲洊灾，或雨久，或旱久，以致採石難，工作難，不能如期完報。而夫匠宕户，苦於米貴，控訴不休，議加工銀、加犒賞、加石價幾二千二百餘兩。又免折補石數千，及總理量石書算，委官募夫工食，并廠料、醫藥等項，約銀一千七百餘兩。又加築備塘，及陡門，續議全塘加高二層，并大塘加用新石，共二萬二千餘塊，約銀六千餘兩。加樁木銀六百八十餘兩。夫匠月賞，委官廪給，原議一年爲止，今支費兩年，除量議減免外，又該銀二千餘兩。率原估未及，並無加派，尚剩銀約計一千兩有餘。雖不務節省以苟工程，然遍搜舊石，用補新石，而隨處裁酌，經費無濫加增之數，存餘之銀皆從節省中來也。今計修築過石塘一千二百一十餘丈，陡門二座，備塘、土塘一千四百一十餘丈。歲月雖若稽延，而工程絶無苟簡。椿石雖見多用，而錢糧不踰原估，費不加昔，工實倍前，即一方士民，僉謂「自來築塘稱難，未有如今次之難，而築塘取堅，亦未有如今次之堅者。」去年六月間，風潮大作。是時，塘且未成，一無衝壞，此亦可驗矣。除用過錢糧細數并效勞官員另行呈請外，今將完工緣由，合先開報』等因到，臣據此，臣親詣閲視委，果石料堅方，結砌如式，表裏完固，高堅足恃，屹如磐石，可以砥柱乎奔濤，鞏若金城，有以堤防乎巨浸。是役也，遡經始以迄告成，積勞已逾二載。核全築以及半修計工，不止千丈，内以障滄海之狂瀾，外以保桑田之物産，近以拯一邑之墊危，遠以捍三吳之沮洳，上以裕國家之經賦，下以蕃生民之稼穡。其立陡門也，因通潮而獲鹹滷之息；其募夫役也，因拯溺而寓救荒之仁。塘工一成，而民胥賴之，此皆由各官調度有方，群工競勸所致，縱有颶風，足堪捍禦，而東南財賦重地，從此永固矣！

三十九年六月十六日夜，颶風大作，海鹽縣海塘又圮。知縣喬拱璧申請修築，共修過石土塘一千四百七十丈。至次年，又接築一百二十二丈。

賀燦然《修築海塘碑記》：國家財賦，仰給東南，東南故瀕海，海濤排天盪日，以颶風乘之，桑田滄海，患可勝道哉！諸瀕海之地皆然，而鹽官爲甚，諸山對峙，夾爲海門，濤束之益迅，稱天闕云。舊傳鹽官去海尚七十里，今僅可半里許，所仗一塘障之耳。塘高與雉堞等，塘潰而鹽官沼矣！禾郡去鹽官亦七十里而近，將排天盪日之濤，以郡城受之，西浙、東吳舉受斥鹵沮洳之患。所關東南財賦，不甚汲汲耶？古昔不具論，即今上先後丙子、丁亥，颶風大作，海塘衝圮幾半，不獨鹽官田禾、廬舍浸淫斥滷中，東南諸大郡恐遂爲魚龍之窟。至上廑聖憂，費金錢多者十餘萬，少亦不下六七萬。工竣之日，撫按、藩臬、郡邑大小諸吏，陞賞各有差。海塘爲東南重，所從來矣！頃歲辛亥六月既望，颶風陡作，塘爲狂濤所撼，其圮嚙幾與往歲等，東南惴惴，不獨鹽官爲沼而已。於是，令尹上海喬公亟上其狀於郡伯新安吴公水衡、别駕三原劉公、嘉湖道參知婁江王公、今參知晋江潘公、攝水利事觀察淮南竇公方岳、桐城吴公、鹽台潼關張公、按臺金臺鄭公、督府淄川高公，乃復下其事於令尹喬公，蓋令尹實有專責云。喬公匡濟閎才，廉勤明練，費省而功倍，時棲而事辦。辛亥歲，修築天字號至木字號石土塘一千四百七十丈，費工料銀三千七百有奇，視原估省可二千餘兩，四閲月告竣。壬子歲，修築平、章、愛、育四號及添築黎、首、臣三號石土塘一百二十二丈，費工料銀七千有奇，視原估增築六十七丈，減費千餘兩，六閲月告竣。余以爲斯舉也，明以酌宜，練以節費，廉以率屬，勤以集事。初議以木板襯塘，以鐵錠甃石，然板易腐，鐵易剥，用灰粘於用板石甃牢於鐵甃而難易倍蓰矣！故曰明以酌宜。初議踰内河取土，架浮梁運石，然地遠而力難也。填泥取之堤畔，遺石搜之沙中，而繁省懸殊矣，故曰練以節費。夫費鉅，則易冒。諸工與典工者，諸料與典料者，皆冒端也。乃率以廉潔風諸僚屬，典工料者一無所冒，而浮冒清矣！故曰廉以率屬。夫工浩，則難竟，即日日而程之，人人而程之，非以身先無當也。乃公則輕舠單騎往來海上，疇敢有玩愒者乎？故曰勤以集事。自閲塘公署及鎮海廟南，抵秦駐，袤延二十餘里，圮者新之，虚者實之，闕者補之，鱗次櫛比，無蹄涔蟻穴之隙，蓋屹然稱金湯矣！其保障東南，功豈渺小哉？不習爲吏，視已成事，後之修築者，奉爲法程可也。

天啓二年，知縣樊維城以塘圮裂者二十八丈爲請，遣縣丞李筦築之，費銀二千九百，塘卒賴以不壞云。

《海鹽縣圖經》：大抵海潮，歲惟夏秋兩時，大月惟初三、十八日。大天闕、宋庄以及龍王廟，皆直潮衝最亟，閲武場以北爲差緩。先時築塘，發郡民丁築之，不足，得發之旁郡。民丁出錢代徭，始宏治中。知府徐霖議條鞭之法行，遂派爲畝税，郡七邑歲合徵銀七千。嘉靖中半之，今復故額。

敕修兩浙海塘通志卷三　列代興修下

紹興府

山陰　會稽　蕭山　餘姚　上虞

唐開元二年，會稽縣令李俊之增修防海塘。大歷十年，觀察使皇甫温，太和六年，縣令李左次又增修之。

按：會稽縣防海塘，在治東北四十里，自曹娥上虞界，西抵宋家漊山陰界，百餘里。

宋慶曆七年，餘姚縣令謝景初自餘姚縣雲柯，而西達上林，爲堤二萬八千尺。

王安石《海堤記》：自雲柯而西，有堤二萬八千尺，截然令海水之潮汐不得冒其旁田者，知縣事謝君爲之也。始堤之成，謝君以書屬余記其成之始，曰：『使來者有考焉，得卒任完之以不隳。』謝君者，陽夏人，字師厚，景初其名，以文學世其家，其爲縣不以材自負，而急其民之急。方作堤時，歲丁亥十一月也。能親以身當風霜氛霧之毒，以勉民作，而除其菑。又能令其民翕然皆驩趨之，而忘其役之勞，遂不踰時，以有成功。其仁民之心效見於事如此，而猶自以爲未也。又思有以告後之人，令嗣續而完之，以永其存善。夫仁人長慮，却顧圖民之菑如此。其至，其不可以無傳。爲書其堤事，因并書其終始而存之，以告後之人。慶曆八年秋記。

按：餘姚縣海塘，在治北四十里，東起上林，西盡蘭風七鄉一十八都之地，悉瀕於[①]海。前代作堤禦海，所從來久，文字殘缺，莫可考，功之可見者始此云。

隆興中，給事中吴芾重加築會稽縣防海塘。

慶元二年，餘姚縣令施宿重築餘姚縣石堤。

《嘉靖餘姚縣志》：堤自慶曆中縣令謝景初築，後有牛秘丞者又嘗爲石堤已。乃潰決於是歲，起六千夫役二十日，費緡錢萬有五千修之，民疲而害日甚。至是，縣令施宿乃自上林而蘭風又爲堤四萬二千尺，其中石堤五千七百尺。歲令令、丞、簿、尉分季臨視之。廟山、三山寨，官月各遣十兵，與鄉豪邏察，有缺敗輒治。仍請於朝，建海堤倉，歲刮上林、沙田及汝仇、桐木等湖廢地總二千畝，課其入，備修堤費。樓鑰《海堤記》：餘姚爲紹興壯縣，岸大海者八鄉，分東西二部，綿地一百四十餘里，舊有長堤蔽遮民田。孝義、龍泉、雲柯三鄉，沙漲土高，無風潮衝決之患。開原、東山、蘭風、梅川、上林五鄉，間有缺壞，實爲民憂。慶元二年，縣令施君宿始至，詢究利害，得其要領，選鄉豪公直强干、人所信附者十五人，分地而共圖之，尉曹趙君伯威復協次助，務爲久計，以蘇民瘼。蓋在承平時，提刑羅公適、知縣，秘書丞牛君嘗伐石爲堤，今既百年，蕩在海塗，乃按跡取之，得其故石，創業二千七百尺，用工二十萬三千六十，而東部之田，始有蔽障。其西部之謝家塘、王家塘、和尚塘，悉爲紹興五年秋濤所決，於是復度爲石堤三千尺。鄉民趙明、釋子行球董其役，約費甚重，縣不足供，列於府，監司提舉常平劉公誠之首助穀三百斛勉爲之。凡所陳請，率應如響。通守王公介、幹辦公事王君柄，左右尤力，令得展布，而堤用告成。其高一丈，石厚一尺，爲一層，用石二萬尺，縣出緡錢四千三百有奇，縣之士大夫與其鄉人助工三百萬，費猶未足也。然則兹役，亦甚重且大矣。思其重大，而慎於守護，縣之官分季臨視廟山、三山兩寨，官月遣十兵巡之，鄉豪仍同察焉，稍損缺，即白邑補治之。復議刮上林海沙田二百三十餘畝，及汝仇湖外之地六百八十三畝，桐木廢湖七百四十五畝，凡爲田一千六十八畝。又將益求曠土，以足二千畝之數。築倉於縣酒務之西，儲其歲入，以備修堤之用，歲省重費，民遂息肩。而劉公復請諸朝，乞以其田，準常平法，一毋他用，仍禁官民户之請。天子輒報可。吏民祗拜，明命刻之堅珉。竊惟令之宰劇縣者，簿書期會，日不暇給，如水利之政，趣了目前，姑以辦聞。其至誠愛民，而才智足以行，如施君者幾人哉！君，湖之長興人，司諫之子，司諫用不盡其才，君能世其家。其治縣百廢具興，銖積寸累，以成是役。庸作爲詩章，使後人歌以守之，俾勿壞。其詩曰：『舜江之爲邑兮，處越之封。八鄉瀕海兮，水浴日而吞空。古有長堤兮，庸蔽遮乎一同。人力有限兮，海濤之來無窮。濤來如山兮，駕以颶風。堤遂缺壞兮，葦不可障而泥不可封。民將爲魚兮，良田墊於馮夷之宫。歲歲勞費兮，民苦告以鞠凶。萬五千之緡錢兮，十二萬之民工。惟令之賢而才兮，有曹尉之和衷。築土累石兮，折彼巨浪之衝。矗如長城兮，繚海南之西東。部使者主之於上兮，飛章徹於九重。仰明聖之恫矜兮，朝奉而暮惟民欲之從。墾田倍於千畝兮，藏其收於廩中。禁豪右之浸漁兮，惟修堤之是供。化斥鹵兮，土膏隆隆。變歉歲兮，爲年之豐。良耜畟畟兮，多稼芃芃。穫之積之兮，將櫛比而墉崇。惟後人之勉勉兮，用心以公。視此堤之缺兮，謹顒顒其彌縫。念經始之艱難兮，尚圖功於厥終。』樓鑰《海堤後記》：景初治堤，凡二萬八千尺，王文公記之。厥後，增築視舊倍蓰，堤或罅弊不堅，受潮之嚙，隳摧頹圮，甚則蕩析民田、漂没廬舍。於是歲役夫六千人，人役二十日，率於農隙修築。更或苟且，董治不堅，役罷堤壞，徒耗財力。慶元二年，令施宿始因歲役，革具就實。既竣事，則圖所以永其存。蓋東之爲雲柯、梅川、上林在承平時，嘗有牛秘丞斫石爲堤，歲久堤移，石亦湮没，命工求之淤淖，乃具得之，爰相舊規，畢力叠纍，既壯東偏矣。西之爲蘭風、東山，特當濤勢衝突，徒恃土堤，懼不能久，則又計工採石，鼎新改築。蓋爲費者八千緡，而西偏石堤復立焉，深惟厥終，俾民蠲役，經營海塗，開墾曠土。總之，得田千六百畝有奇，乃建海堤倉，用其租入隨時補苴，力不下困，堤亦固完。自是歲，省民夫千有二萬。提舉常平劉誠之以事請於上。報可，而顯謨閣學士樓鑰爲之記。

嘉定六年，山陰縣後海塘潰決，守趙彦倓請於朝重築。

《山陰縣志②》：寧宗嘉定六年，山陰縣後海塘潰決五千餘丈，田廬漂没，轉移者二萬余户，斥鹵漸壞七萬餘畝。守趙彦倓請於朝，頒降緡錢殆十萬、米六千餘石重築並修補焉。起湯灣，迄于黄家浦，共六千一百六十丈，甃以堅石者三之一，以捍海潮之衝突。

按：山陰縣後海塘，去縣北四十里，亘清風、安昌兩鄉。

咸淳六年，蕭山縣捍海塘爲風潮所嚙，盡圮於海。越帥劉良貴移入内田築之，植柳萬余株，名曰萬柳塘。

宋通判黄震《記》：錢塘江濤之壯，名天下。其東自海門，分而入長山、龕山兩崖之間者，實趨越之新林。其地斥以曲，長風巨浪日夕舂撞其下，豈惟居民凛凛，動與天吴、海若争疆界。越，東南大都會，爲畿内輔藩，今又爲帝鄉，往來行都者，總總無不由此途出。其所關係，又豈偏州、下邑，利害止於一方者比哉！咸淳六年庚午秋，海溢，浙東新林被害爲甚，岸址蕩無存矣。太守劉公具以其狀聞，朝廷亟爲遣吏經度。議改築新塘，計費用石當緡錢三百萬，用公費十之一。公以力未及石，請用土，而故地棻爲一壑。潮汛翕忽，土立輒湍去。公親按濤之神曰：『此朝廷所加念者，願有以相之。』未幾，沙果驟漲，始得立巨松數萬如櫛爲外捍，吏民驩噪，畚鍤雲興。四閲月而工役就。其高踰丈，其廣六丈，其長千九十丈，横亘彌彌，屹若天成。公率僚吏行塘上，釃酒相賀曰：『非朝廷之賜，不及此。而川后效靈，其志亦不可忘也！』命立之祠，且植柳萬株，大書其扁曰『萬柳塘』，以冀歲久根蟠，塘以益固，既而念不可忘日葺也。復請之朝，籍新林寨兵屬之西興都巡檢，使任責焉。蓋公雖力未及石，而塘之堅緻殆不減石矣，然聞自昔帝王之建都定邑，未有不因長江大河之勝。而自昔水勢之衝横侵軼，反多見於盛帝興王之世，是豈有他哉？水之東西靡定，本其常性，世治日久則濱涯皆生聚，故水至輒易爲患，如河決然。不聞於他時，而獨聞於商周、西漢及我朝之隆，是其證已。我朝自駐驛錢塘，距水彌切，樓臺百萬，多疇昔海變桑田之地，凡司爲堤障者，蓋無所不用其極。越去行都咫尺，實共此江濤洶涌之險。水性匪西即東，害每相關，又宜何如其爲堤障哉！頃歲庚子，潮囓錢塘葺石，後奏全功。今歲在庚午，適三十年，是爲天道一小變。今日又東囓新林，即前日之西囓錢塘者也。雖賴餘福之覃，魚龍、百怪已帖息，必欲爲久安計，尚惟後之人因公之志，續公之功，葺石如錢塘耳。公名良貴，東嘉人。

按：蕭山縣有西江、北海二塘。其西江塘修築事詳江塘門，北海塘在治東北二十里許，西自長山之尾，東接龕山之首，跨由化、由夏、里仁諸鄉，横亘四十里。自翕山至新竈河塘，三百八十丈。新竈河至丁村塘，二百八十五丈。丁村至陳家塘，三百丈。巨塘至三神廟塘，三百八十丈。三神廟至横塘，三百三十丈。横塘至唐家埠塘，一百九十丈。唐家埠至莫家港塘，二百八十九丈。莫家港至金家埠塘，二百十四丈。金家埠至蔣家埠塘，二百十四丈。蔣家埠至横塘，二百四十丈。

元大德中，上虞縣海塘潰，漂没寧遠鄉田廬。縣役闔境之民植樁、畚土以捍之，費錢數千緡，完而復圮。

按：上虞縣海塘，在治西北寧遠、新興二鄉，東自餘姚蘭風鄉，而抵會稽延德鄉。

至元六年，募民出粟，築上虞縣寧遠鄉海塘。

《萬曆上虞縣志》：至元六年六月，潮大作，上虞縣寧遠鄉海塘潰成海口，陷毀官民田三千餘畝。餘姚州判葉恒相度，言：『海高於田，非石不能捍禦。』府委恒督治，適滿代去，縣尹于嗣宗募民出粟築之。

至正元年，州判葉恒築餘姚石堤。

《嘉靖餘姚縣志》：寶慶及元大德以來，海復潰決，海塓內移，八鄉之地悉漸於海。至正元年，州判葉恒乃作石堤二萬一千二百十一尺，下廣九十尺，上半之，高十有五尺，故土堤及石堤缺敗者，盡易以石。蓋沿海塓之南，東抵慈溪，西接上虞，袤一百四十里，初名蓮花塘，俗呼爲後海塘云。宋時分東西部，自雲柯以東者，號東部塘，始築於謝景初；其雲柯以西者，號西部塘。西部之內，曰謝家塘、曰王家塘、曰和尚塘，皆前人觀水勢底止，因便宜分部築之，長短高下異形。至葉恒所築，則因舊爲新，包山限海，綿亘爲一，無復部分。入明百餘年來，所以無大害者，多恒之功，然民皆習安利，排海塓而居，堤遂日削不完云。陳旅《海堤記》：餘姚北枕大海，其地曰蘭風、東山、開原、孝義、雲柯、梅川、上林者，皆潮汐之所争也。元陞餘姚爲州，州視縣得展其所爲，然未有能除民所甚病者。蓋海塓自寶慶內移，大德以來，復益衝潰，今塓去舊涯之埶海中者，十有六里，歲楗木籠竹、納土石，潮輒嚙去之。至元、再元之四年四月，方成堤。六月，復大壞。紹興路總管府檄委州判葉君恒治之。君視壞堤自開原至蘭風，見凡土爲者皆闕惡，愀然曰：『是則爲民病也，有窮已乎！』遂與其鄉老人議爲石堤宜，則又曰：『攻石費鉅，出錢大，農當煩，文書遲歲月，比得請州，其沼矣！若等能與我共爲之乎？今費雖鉅，常歲之費則省，而若與子孫奠居無虞也！』聞者咸曰：『民志則然。』白於府，府亦聽民所爲。於是有田者，願計畝出粟或輸其直；至者以力，亦喜於服役。君屬民高年與正於里者，掌出納以率作。又請於府，免民他科徭，以悉力是役。宣閫亦下書，毋以他事使。葉判官輒去，州君先使人浚河渠後，廢防蓄湖水，伐石於山，以舟致之，分衆作爲十有五所，所有程督，君往來莅之。其法：布杙爲址，前後參錯，杙長八尺，盡入土中，當其前行陷，寢木以承側石，石與杙平，乃以大衡縱横，積叠而厚密其表。堤上側置衡石若比櫛然，又以碎石傅其裏而加土築之。堤高下，視海地淺深，深則高丈餘，淺則餘七尺，長則爲尺二萬一千二百十又一也。其中舊石堤之危且闕者，亦皆治完之。至正元年三月，成是役也。用民之力，而民不知勞；賦民之粟，而民不知費。

是年，郡守泰不華又作石堤三千一十四丈，王沂紀其事。

王沂《海堤記略》：餘姚濱海，民田歲墊潮汐，判官葉君恒作石障以捍之，爲尺二萬一千二百十有一。既告成，而他土堤之差可緩而未甃以石者，則猶未暇也。時宋公文瓚守紹興，嘉葉君之功，而恤其將代，請浙江行省丞相及部使者，俾得終其役，而葉君謝事矣。未幾完者，都來代宋公，因督完者，都成之。繼宋公之後者，爲泰不華公。其督成是役，亦竊究心焉，乃又作石堤三千一十有四尺，總爲尺二萬四千二百二十有五。自是以往，民不病海而歲入倍他壤。葉君之功於是乎大矣！事有可繼，君子繼之，不必其肇於已若完者。都豈非善繼者乎？然則變因循，以就功效，俾得展其才、濟其志，亦宋公、泰不華公有以成之也。然則政之廢舉，其不繫乎人哉？

七年六月，大潮復潰。府檄吏王永議築塘成，凡一千九百四十四丈。

《萬曆上虞縣志》：永勸民田出粟一斗，以相其役，伐石於夏蓋山。其法：塘一丈，用松木徑尺長八尺者三十二，列爲四行，參差排定，深入土内，然後以石長五尺、濶半之者平置木上，復以四石縱横錯置於平石者五重，犬牙相銜，使不摇動。外沙窊窞者，叠置八重，其高逾丈，上復以側石鈐壓之，内填以碎石，厚過一尺，壅土爲塘附之，趾廣二丈，上殺四之一高，視石復加三尺，令潮不得滲入。夏泰亨《海堤記》：上虞負海爲邑，其北爲潮汐上下之地，舊壘土爲堤以障之，興作修治，歲久沿革，不能詳焉。自大德以來，水暴溢，則堤岸時有衝潰，既治輒壞。至元、又元之六年六月，風濤大作，其地曰蓮花池等處，嚙入六里許，横亘二千餘尺，並堤之田莽爲斥鹵，歲加繕完，民遂罷於築堤之役。至正六年，民招庠等群訴於縣，縣上其事於府。時餘姚州濱海諸鄉同受其病，州判官葉恒與民議以石易土，俾凡有田者畝出斗粟或輸其粟之值，鳩工伐石，更爲之。而工適成，府令上虞縣循其故實，仍檄葉恒董治之，會葉君以公故，弗及而去。明年秋，民復訴於府，郡守瓦剌沙公與幕長吴君中議，以府史王仲遠爲能，即以委之。仲遠承命，既至即與監縣偰烈圖、縣尹張叔温，集民之醇謹更事者，商究經營之，凡出粟之家，無敢有後。計其直，總爲中統鈔三十二萬九千五百貫有奇，掌以傅壽昌、盧安翁，而公其出納。採石於夏蓋山，浚溝浮舟以進，售材必良，擇匠必精。趨事者無惰，受傭者無怨。仲遠旦暮程督，食寢起處與工作同事，雖更歲時冒寒暑，卒不得以勞勩爲憚。其爲制，則錯植堅木以爲杙，入土八尺，卧護側石以爲防，高與杙等；然後叠巨石其上，縱横密比，穹厚堅固，復實剛土雜石而築平之，重復以石。堤之崇卑，視海堧爲高下焉。既成，以度計之，凡爲一萬九千二百四十尺。又即所浚溝上築土堤以爲内備，高廣過之，隱然若重城之捍蔽矣。訖工於九月之冬，而民力稍息，豈非郡守幕長愛民之切、知人之明，而委任之力與？

二十二年秋，颶風大作，土塘衝嚙殆盡。府檄斷事王芳督治，兼縣尹總理之，及度夏蓋湖所灌之田，畝出粟一升，於西偏鵲子村作石塘二百三十二丈，而海患以息。

劉仁本《海堤記》：越上虞之有海堤也，其來舊矣。西首枕江，北面大海，患夫墊溺，則壘土爲岸，以堤防之。附堤半里許，瀦爲巨湖，名曰夏蓋，世傳神禹朝會諸侯於會稽時，輪蓋所嘗駐也。湖周百有餘里，又重環以小河，灌溉田禾，通濟舟楫，厥利溥哉！然而江海之堧，潮汐往復，遲之以歲月，積之以壅閼，於是廣斥墳羂，風潮一鼓，雖高岸爲决，横流奔潰，堤且卑塌，既不克捍禦，而潮淫於陸，散入於湖，漸漬爲鹻，不可以灌，而田無有秋之望，不可以居，而廬值漂蕩之危，民乃阻饑，罔安集矣！故修治之役，無歲無之。國朝大德間，嘗屢壞屢築。至正六年，崩損爲劇，而蓮花池又劇之尤者。衆籲於郡，請得如餘姚州判官葉恒治法，以授府史王永。永潔己敏事，踰年告成，修亘一萬九千二百四十尺，其崇逾丈，其廣倍之。蓋亦規所甚害者，堅石以牢籠耳，餘則七堤猶故也。自是，海鄉之田歲穫屢登，民得奠業。既二十二年秋，海颶大作，怒濤掀簸，土堤衝嚙殆盡，衛以石者，亦爲震掉。民不堪命，又群訴之縣，會府檄斷事官經歷王侯以督制兼尹，遂與鄉之人帥閫架庫孫昭文建議，請於府，府下令如所請，俾就綜若事。大約謂海之溢害於湖，湖之害傷於稼，度受溉之田，畝出升米，工農助力，共資畚築材具之費。相維舊石堤二千三百二十尺以障之，制視舊規稍密，以帥閫史王權、儒士俞龢、潘翔分董其役，夏楊庭司其出納，錢敬主其籍算，侯則日月一至，吏不得擾，民忘其勞，繼補葺舊石之傾防者一萬九千二百四十二尺，而修築土堤、江堤之尋尺不與焉。又築復堤二千三百尺，爲鵲子村之備，而疏河、治湖之工役不與焉。直新堤之費，因米爲錢，總估三萬九千四百四十緡。而凡爲修補疏治者，用悉非在算計内也。經始於至正二十三年正月，竣事於是年十月。功成，民用和會，讙呼載野，父老攜杖，謁文刊示垂後，固請不獲辭。仁本惟鞭石捍海，治湖溉田，斯政之仁者。昔春秋時，白圭築堤，壅於隣國，孟軻氏譏以爲『仁人所惡』。今兹役也，當干戈擾攘之頃，思禦大灾患以爲經久圖。浚畝澮，距江海以爲壑，兹固仁人君子所喜聞而樂道者也。余往歲嘗兩按視上虞、餘姚境，撫神禹之古跡，感葉恒、王永之治堤。既爲歌詩，以慰民志，具載在册，今幸聞諸父老之言，安得不重其請而樂爲之書與！

明洪武四年秋，上虞縣土塘復潰。郡守唐鐸檄府史羅子真重築。

謝肅《石堤記》：洪武四年秋七月，越之上虞海堤潰，大傷田稼。民以訴于縣，縣白于府，太守唐公以爲憂，乃亟臨海上行視決堤，召縣令及父老長於里者，諭曰：『天子命我出守，以昭事境内山川之神，而爲民徼福也。今海乃肆菑於民，其咎在余。余可不禦之耶？夫禦海，莫善治堤。治堤宜先鑿渠，鑿渠得土，即壘以爲内防，然後外作石堤，則不患夫渠以通舟致石，而堤成無難者，第於吾民不能無費且勞耳。』縣令趙允文曰：『太守所以來者，將堤海以彌菑，又不忍勞費其民。然海堤於民，雖暫勞而終逸之，雖暫費而終惠之。公又何憂乎？』父老及長於里者曰：『願爲海堤也。得稔田以治粟，何費之惜？差力以共作，何勞之辭？以廉幹者爲程督之，何事之不集？惟太守所令而已。』公皤然喜曰：『凡若之言，吾之意也。吾與汝圖之。』即還，與僚佐議，無不謂便，遂以事委府史羅子真。子真奮曰：『是吾鄉邑事也。且太守所委，能不盡吾心乎？』既至，則趙令以秩滿去，子真獨蒙氛霧，觸風濤，度地合徒，穿渠一萬三千尺，爲防如渠之數。於是乎大起石堤，自纂風至於荷花池，以屬故堤。故堤者，郡史王永奉檄所築也。永見往時堤皆土累，故善崩，始易以石，凡八里餘尚累土，則今爲堤處也。堤址布杙四行，没土八尺，前行既陷，側石以護之，乃置方廣石於其上，外則叠以巨石，縱横上下，勾連參錯，以拒洪濤之衝激。内則取夫石之小者，雜以剛土，築使堅密完壯，仍包以石，而與外稱焉。其廣四十尺，其高視廣得五分之一。其長，以丈計之至一千三百；其石與杙，以枚數之至十餘萬；其用人之力，以工積之至數十萬有奇。方堤築且四之二，子真以事赴府，府檄縣主簿史文郁繼董其役，而知縣張昱、縣丞達貫道咸協相之。夫以府史暨邑之長貳，用太守命，以勸督事，宜其成之甚速也。然而，率作恐違農時，且必在水潦既乾之際，間有相故堤之缺圮者，與溝之填閼者，輒補浚之，以故越明年冬十有一月，而工始訖焉。是年，並堤之田收倍于常。民歌之曰：『彼海之菑，捍者其誰？我有賢守，作我石堤。』又歌之曰：『水既潤下，田彼海旁。甌窶汙邪，秔稌以穰。以食我于無疆。』言徭役罷，而耕種遂也。已而，邑人謀刻石以誌，以訓導黄韶所具事實，徵記于余。余辭不獲，乃爲之言曰：

『上虞縣，北據大海，海面有湖曰夏蓋。夏蓋之南，又連上妃、白馬二湖而田之，西盡江東，接陳倉，南距群山，北屬海者，皆受灌於湖也。然湖既通於海，海堤時壞，則鹹流乘湖而入，而田爲斥鹵，五穀不育，民且告饑矣，是則海堤所以衛湖，衛湖所以護田。其利害豈細故哉？今堤既成，截然潮汐不復爲羨溢之菑，故民思其惠利於永久。豈非規畫有方，在屬得人，遂底于成與？是不可以不書，故謹記之，使來者有所考云。』

二十二年，蕭山縣捍海塘壞。命工部主事張傑同司道督修。

《蕭山縣志》：洪武二十二年，蕭山縣捍海塘壞，鹹潮涌入，害民禾稼，直抵縣城。知縣王國器奏聞，命工部主事張傑同司道督修。易土以石，令衢、嚴輸椿木，本府八縣輸丁夫，本縣辦石板、石條自長山至龕山，塘成四十餘里。

三十三年，重築上虞縣西塘。

《萬曆上虞縣志》：洪武三十三年，上虞縣西塘又潰。臨山把總聞於朝，府檄主簿李彬視事。未幾，別調，乃委典史陳仕畢工。兩閱月而事竣。

永樂初，於餘姚舊塘之北築塘，以遮斥地，曰新塘。

《餘姚縣志》：先是，餘姚縣海塘未完，築土堤於内地，以防潮汐溢決。其制：隨地形上下，散漫不一，曰散塘，後皆不治。及海塘漸固，潮寖郤，沙墺日墳起，可藝。至是，始築新塘於舊塘之北，後沙墺益起，海水北隙十里許，其中益可耕牧云。

正統十四年，築蕭山縣新林、凌家港等處海塘。

《蕭山縣志》：新林、凌家港等處塘壞，潮入之。巡撫侍郎周忱具奏，仍築其塘。所費，令兩浙徒流者贖之，備木石以資成功。

宏治八年，潮嚙蕭山縣長山堤，幾圮。太守游興以聞，事下參政韓鎬議，屬同知羅璞督工，築爲石堤。

陳壯《石堤記略》：蕭山縣東北十里許，曰長山，直抵龕山，舊皆土堤。堤内皆運河，外國、日本番舶畢獻方物，浙東温、台、寧、紹等府衛所官民、商賈所必經之處。良田民居比比，緣海門以爲之障，沙漲壅恒十餘里。近因海水泛溢，濤山浪屋，雷擊霆砰，無間日日。宏治八年秋，潮嚙長山堤，幾圮。居民皇惑，將扶攜徙避。先是，紹興守三山游公興以屬縣水利聞，事下分守盧氏韓公鎬。報至，韓公疾馳視嚙處，經畫久圖，欲易以石，鳩工庀材，諏日始事。紹興貳守吉水羅公璞實專任焉。羅公夙夜憂悸，百物所須，百方營備，量地之遠近，分人以董其役。掘去浮沙，易以堅石，令行禁止，工不後期，不數月而堤迤邐垂成。當途鄒君魯來令蕭山，首曰：『此吾責也！無苦土人！』爲相度已成之功，益宏久遠之規。湫隘者，高廣之；衝突者，縈紆之；而石堤焕然一新矣。君子之作事，固貴乎始謀精審，尤貴乎規制宏遠。蓋作者未始不欲久存，而繼者常至於怠廢，使繼者有人，堤石幸久不朽，則諸君之惠利於人物者，可歲月計哉！是役也，患塘延袤五百二十五丈，價費五千七百緡，役夫七十萬工。經始於宏治八年，成於次年月。

宏治間，修會稽縣防海塘，易以石，費鉅萬。

正德七年，會稽縣石塘復爲風潮所壞，仍易以土。

嘉靖十二年，重築會稽縣土塘。

李益謙《記》：府城北，水行四十里，有塘曰防海塘。自李俊之、皇甫温、李左次躬修之，莫原所始，至今有塘如故。明宏治間，易以石，費鉅萬。正德七年七月，風潮壞之，復易以土。嘉靖十二年，居民復有以石請者。知縣王教議曰：『塘臨大海，下皆浮沙，每遇風潮，水嚙沙，沙崩，石豈能自住？

每一修築，則石費每倍於土，困詘不支。爲今之計，莫如計算丁田，仍築土塘，但令高闊堅緻，遍植榆柳、茭蘆以護之。專設圩長看守，督令水利官時往省視，即有坍潰，隨缺隨補。如此，則財無妄費，而事可以永遵矣。』

隆慶四年，蕭山縣令許承周創築北海塘，以遏潮嚙，鳳儀諸鄉賴之。

萬曆二年，山陰縣白洋口塘圮。知縣徐貞明修築之。二十四年，蕭山縣北海塘圮，協同山、會二邑修築。

《蕭山縣志》：邑人周國城捐資助築，府縣旌其義。

四十一年，復修蕭山縣北海塘。

崇正九年秋，蕭山縣潮衝瓜瀝塘壞。縣令顧棻議置石塘。

《蕭山縣志》：計二百餘丈，派里仁、鳳儀二鄉，共二十五里，歲修海塘。

寧波府

鄞　慈溪　鎮海　象山

宋慶曆中，王安石爲鄞縣令，起堤堰，決陂塘，爲水陸利，邑人便之。

按：鄞縣有定海塘，即安石所築。明時，副使楊瑄築海鹽縣陂陀塘，即彷其式，因號荆公塘云。

淳熙十年，定海縣令唐叔翰與水軍統制王彥舉、統領董珍申請築定海縣後海塘，弗績。十六年，請於朝，傚錢塘例，疊石甃塘岸六百二丈五尺，東南起招寶山，西北抵東管二都砂磧。

按：宋定海，即今鎮海縣也。其治内有後海塘，在縣西北二里，起巾子山麓，止東管二都。宋《寶慶四明志》云：『海環縣之東南北，山勢盤旋，潮泥淤積，善經之，皆可爲田。稍失堤防，風潮衝擊，則平田、高岸悉爲水鄉云。』

嘉定十五年，定海縣令施廷臣、水軍統制陳文接甃定海縣石塘五百二十丈。

《定海縣志》：塘自峻阪，捍禦甚固，又於石塘盡處，再築土塘五百六十丈以續之，建永賴、海晏二亭於塘之左右。亭後廢。洪武五年，邑丞許伯原即舊亭故址，重建永賴亭，塘於元末崩圮。

明洪武十二年，定海縣令何肅率鄞、慈、奉、定四縣民夫，修築縣西石塘。

《定海縣志》：定海縣塘，舊有破浪樁，年遠朽腐，風濤撼觸，石柵罅裂。至是，父老范仲宏等言於府，委令何肅築之。肅乃督四縣民運石伐材修補，復密用破浪樁障於堤之外，斯塘賴以不圮云。

成化十二年，副使楊瑄築定海城北捍海塘、縣西走馬堤、霩䨦所裏外海塘。

十八年，象山縣知縣凌傳築縣東北陳崑塘成。

《寧波府志》：塘在縣東北三十五里。凌令視海塗平廣可田，乃鳩民築塘以堰潮，長一千四百五十九尺，高一丈，濶五尺，甃石爲道，内復築堤，高廣如數，中濬河溝以蓄水。堤之首，鑿嶺作閘，因其旱澇，以時啓閉，得田二千五百五十八畝，均分出工力之家，俾之穡，民永利之。是年，縣令凌傳重築象山縣岳頭塘。

按：象山縣岳頭塘，在縣南十五里五都，相傳晋人陶凱所築。洪武初，曾修築，尋圮。至是，復修。宏治間，仍圮云。

十九年，象山縣令凌傳築岳頭塘成。

黄隆《記》：寧波屬邑五，惟象山極濱海。海邊之田，匪衛以塘，則斥鹵不可稼。距南十五里許，有塘曰岳頭者，傳謂晋人陶凱所築，計田二萬三百二十二畝零。未百年，爲海潮所囓，田始倍税，民甚病焉。迨今千余載，未聞一人如陶，俾民病痼久勿瘳，爲可歎耳！成化壬寅，凌侯來爲邑，首詢民隱，有以陳兆、岳頭塘告。侯愀然曰：『民事莫重於此，吾寧容緩耶？』即日躬詣二塘，而經度之。以陳兆工材廉省，於是歲冬之初，遂興役，踰月而工訖。尋及岳頭，則計工度材視陳兆十倍有奇。尤擇耆老之勤能者數人董其役，而凡經畫處置，則侯尸之。用是，民不擾，而趨役者惟恐後。邑之北，高山層叠，而其下流萬派，從邑南三河流入於海。派分有支流者，則由岳頭西流滙成海港，湍悍難爲功。侯命匠焚石鑿河，引水别流，始得於海港口立巨樁如櫛爲外捍。然後萬夫讙噪，畚鍤雲集，不數月而塘成。其高二丈，其廣六丈，其長二千五百三十五丈，東西瀰望，屹若天成。塘之内，鑿河三道，各闊六丈，各深丈餘。惟中河作三十六曲，蓋河深而曲，方緩流瀦水，可以利灌溉。河設碶三所，各甃以石，而閘以木，西曰岳頭，中曰慶豐，東曰高平，與上河三舊碶列而爲六，視水大小，時啓閉，以防旱溢。又於堤上砌官衢一十餘里，衢之兩旁，外植以柳，以冀歲久根蟠，塘以益固，且又庇行者之憩息也。塘既成，而田不病於鹵，田有收而民不病於税。父老欣忭，釃酒私相賀曰：『惟我凌侯，乃築岳頭，乃惠我良疇，俾我子孫兮庶獲有秋。不謀諸紀載，恐侯德有沉於後矣。』乃邀武寧教諭邑人應元徵，致書於予曰：『凌侯築陳兆，庠士朱鑑輩已祈夏官郎中洪君紀其事矣。兹築岳頭，願有所紀。』昔范仲淹築捍海堤於通、泰、海三州之境，以衛民田。劉良貴築萬柳塘於會稽之新林，以捍民患，其功烈在天壤間，亘古勿泯。凌侯築岳頭，其功澤固不在二公之下，且俾碌碌尸素者寧不赧然滋媿哉！此古今有志士所以不貴夫爵禄之崇厚，而惟利澤及生民，功名光汗簡之爲貴也。予觀凌侯之存心制行如此，益可見矣！夫侯築塘，力未及石而堅緻殆不減於石，然使繼之者知侯之心，恒葺之而不至於廢，則利澤及於象人也。庸有既乎！歐陽父作《偃虹堤記》有曰：『使其繼之者，知作者之心。』民到於今，受其賜，天下豈有遺利乎？《春秋》凡用民力必書，所以重民事也。凌侯之舉，民事之至重者，烏可勿書，乃爲之書。侯，諱傅，字汝弼，句容人。

正德七年，定海縣海溢。水利僉事胡觀增高土塘五尺。

按：寧波府鄞、慈、定、象四邑濱海，慈溪海塘未聞有修築事。《嘉靖寧波府志》：慈溪縣海塘，在縣西北六十里，西自白洋浦，經向頭山，東接定海縣境，凡四十里。東海塘，在縣東四十五里，長一百二十丈，濶三丈六尺，南北皆接定海縣界。《慈溪縣志》：海塘一在治西北六十里，舊有塘約三十里；一在東六十里貫鎮，塘猶存，然創自何人，築自何年，列代以來，有無修砌，志乘失傳，不敢臆爲之說。

台州府

臨海　寧海　黃巖　太平

明洪武二十四年，省祭孔良弼修築臨海縣鹹塘。

按：鹹塘在縣東北一百八十里。

成化十八年，太平縣令丁隆築凈社塘。

按：凈社塘在縣山門鄉，又有長沙塘在太平鄉，二塘皆築堤以捍海者，非如天台之塘以蓄水而灌田也。又有蕭萬户塘，在太平鄉，北起盤馬山，東抵松門，亦係濵海，俱不知創自何年，亦未聞有修築事。

成化間，寧海健陽塘決。副使楊瑄修築。

按：健陽塘，在寧海縣健跳所城外，唐僧懷玉築，堤長五百餘丈，陡門柱刻云『端平間重建』，其事未見舊志，修築之可考者始於此。

宏治間，築黃巖縣丁進塘。

按：丁進塘，在五十一都寬嶴。先是，民田苦海潮淹没，議築此塘。至是始成，約計六十餘里以捍海潮，至今賴之。

正德間，築黃巖縣洪輔塘。

按：洪輔塘，在縣六十一都，南至新河，北通海門，正德間修築，以捍海潮。又有四府塘，在洪輔塘下，正德間推官李某修築。

嘉靖二十年，台州守周志偉修築黃岩縣捍海塘。

按：捍海塘在縣東北六十三、四都。

嘉靖間，總兵戚繼光重修寧海縣健陽塘。

萬曆二十年秋，寧海縣健陽塘決。縣令曹學程修築。

按：健跳所城外，向有塘名健陽，成化以來，屢有修築。至國朝順治七年間，海寇叛據健跳所城，提督田雄攻破之，墟其地，塘亦遂遷云。

温州府

永嘉　樂清　平陽　瑞安

宋乾道二年八月，海水大溢，漂没永嘉、瑞安、樂清、平陽等縣，民田、廬舍幾盡。永嘉人鄭景豐，時爲國子監丞，以事聞，遣官賑恤。

《隆慶樂清縣志》：乾道二年夏，樂清縣海門有蛟出水，長丈餘，既而塔頭陡門水吼二日，而海上浮錢。有一老父識之，曰：『是名海錢，將鬻人也，風必作矣！』亟繫船於屋里。人咸笑之。至八月十七日，海果溢，一縣盡漂，其家獨免。

元大德元年，海大溢，温屬州縣被灾，一如乾道。事聞，遣官履視賑恤。

九年，提控都目滕天驥修築平陽外塘。

按：平陽縣外塘，自邱家埠南岸，沿海而東，至斜溪，歲久坍壞。至是修築，尋復壞云。

延祐五年，知州張仁方重築平陽縣外塘，守趙鳳儀經視其地，申命增築，扁曰『護安堤』，西至横浦江南岸，直抵樓石五十餘里。

至順三年二月，永嘉令趙大訥修築縣内大石堤，於本年十一月訖工。

黄溍《大石堤記》：温爲郡，俯瞰大海，江出郡城後，東與海合。直拱北門，枕江爲亭，榜其顔曰『四時萬象』，有候館在焉。使指所臨，長吏迎勞無虚日。亭之西，爲市區，百貨所萃。江滸故有大石堤，延袤數千尺，舍舟登陸者，阻泥淖不得前。俗於堤之旁爲石路，外出以屬於舟。次爲馬頭二，一以俟官舸，一以達商舶。先是，江水遏於沙洲，由江心寺之西，逆流而上，勢奔突莫支，堤數毀，繕治之費，公私交病。至順二年秋，水暴溢括蒼山中，被郡境，颶風激海水，相輔爲害，堤傾路夷，亭隨仆，永和鹽食倉亦圮。水怒未已，且將破廬舍，敗城郭，縣尹趙大訥謂：『是不可緩。』議興作，俾大家之役於官者分任其事，或輸以財，或薦以力，經畫勸相則身親之。以潮汐之盈縮，有時投其隙而賦功，列巨木爲柱，而設栿桅其上，内攢梟木，圍之三周，外施其芒，以潑浪吹，填以石。次積以瓦礫，而實土其中，加横木焉，備其欹仄，帖石其背，以便行者，堤若路，暨亭之址，悉如之，而亭亦復其故。始事於三年之春二月，訖役於冬十一月。費不益於舊，而功倍焉。伻來乞記其歲月，湣惟春秋之法，有直書其事，具文見意者，敢竊取斯義，叙次梗概，不敢襲近人之記，謬爲諛言，以亂其實。續郡乘者，尚有考於斯。

至正末，知州周嗣德重築平陽縣外塘。

明洪武三年，安樂侯奏稱：『樂清縣苔山之民，島處鉅海中，屢遭倭患。請於樂清縣萬安寺前沿海築塘，徙民内地，給以塘内田，俾得安業。』從之。

二十七年，重築瑞安縣沿海圩塘。

按：瑞安縣沿海圩塘，在城東沿海，東經清泉、崇泰二鄉，至梅頭圩，長四十五里。又自城南越江，東經南社鄉，沿海至平陽縣沙塘陡門，圩長二十餘里，以備沿海風濤淹没田禾之患。天順末，奏准，分派瑞安、平陽、沙園所三處民夫修築，即此南岸也。

三十五年，樂清縣人朱宗邑奏請築樂清縣蒲岐海塘，下其事於有司，築塘約千餘丈。

按：樂清縣蒲岐海塘，自縣東三十五里起十四都下堡，至十五都二里，凡七百八十二丈。又有海口塘，自縣東五十六里起十七都海口殿前，至官路邊，凡一百五丈。

永樂十年，修温州府平陽縣堤岸。

天順元年，樂清縣令周正修築邑内青嶼、江山、蒲嶴、永寧四塘。

周正《修築四塘記》：樂清，地臨海濵，田土寡少，先朝多沿海塗築捺成田，外砌以石，内壘以土，爲塘岸以捍潮水。間遇風濤猛作，塘岸衝坍，田復爲海，民既失耕種，逃徙他方者有之。天順元年，今上詔赦天下，惓惓以招流民、修水利、墾荒田爲言。臣等奉命，夙夜兢惕，承上意旨，乃沿海遍視，度其難易，於農隙之時漸次修築。是年十二月，青嶼、江山二塘成，復廢田三十余頃。又明年，蒲嶴、永寧二塘成，復廢田四十余頃。於是，流民繦負其子而歸者盈路，争先種藝，田尚鹹鹵，先藝以麥，勃然而興，日至就熟。衆民交相慶曰：『吾青嶼、江山二塘，坍於永樂二年。蒲嶴、永寧二塘，坍於洪武初年。民不得耕且食者，久矣。今而得復成田，皆我皇上之恩德、邑大夫之功力也。』不可先食，各刈麥、治飯，至能仁寺設位，前再拜稽首，呼萬歲者三，退而方食。又求前都御史李匡爲文，謝余以陳堯叟、蘇子瞻爲比，顔汗頳泚，復之曰：『塘之修築，田之復耕，皇上之命，爾民之力也。吾何與焉？』衆曰：『皇上有命，侯實奉行；衆民之力，侯實率先。民心弗忘於萬斯年，况一時之近乎？』余嘉其誠，秉筆記之，俟後之宰是邑者，續而修之，永永弗墜可也。

八年，修築平陽縣沙園北塘。

按：平陽縣沙園塘，自飛雲渡，南抵沙園所，凡十餘里，計八百餘丈，實遂安縣十六都也。其先，瑞安民築之。正統五年，以其民之訴，令平陽縣民助築南塘一百四十二丈。至是，又訴，令平陽民助築北塘一百五十餘丈，而沙園所軍弁助築北塘一百四十餘丈，遂爲定規。由是，平陽萬全鄉民有修築海塘之役。

天順間，副使朱杞重修樂清縣蒲岐海塘。

《温州府志》：塘自洪武以來，屢有修築，民以執役爲病。至是，用里民侯英議，計工以十爲率，軍三民七，永爲成規。

宏治十二年，推官何重器修築樂清縣蒲岐海塘。

朱諫《蒲岐塘記》：樂清邑，在山海、間重二嶺，而東三十里抵蒲岐所。城東面距海，不有防岸，潮汐且至城下，乃依下保山築塘，作陡門捍海，以時蓄泄。城扼縣東鄉喉鍵，間禦海上寇盜，塘抱一面，圍四之一，塘非專爲城利也。自城西北，皆平衍沃壤，廣二十里，延袤可四十里，爲田可萬余畝。東西二大河，經其中小河旁，相緯絡者數十支，水自白龍諸溪潭出，會於竹嶼、萬橋、黃灰埭諸陡門，而蒲岐半之。故蒲岐所瀦之水，可溉十萬畝，而利居多。塘之宜，謹重民也。夏秋間，雨溢水暴漲，陡門不足以泄，潮怒且不已，楗石不固，塘必潰決，率一二十年一大築，補漏塞罅，時月有之。肇自洪武三十五年，用邑人朱宗益奏，差官下其事於有司，築塘約千丈。宣德間，郡守何公文淵修其圮壞。繼後，民之執塘役者或病焉。天順間，憲副朱公杞用里民侯英告訐，工以十爲率，軍三而民七，定爲永規。成化間，又復築之，不至崩壞。至宏治戊午秋，潮溢，楗石漂去無幾存者，民未及聞於有司。是冬，推官何公重器承府檄，莅於所，見潮水浸淫郭外田，鞠爲泥淖，大懼，來歲民弗有秋且埸壘見傷，萬一城北浮動，所費益不貲矣。亟歸，白諸郡守文公宗儒，文曰：『吾土，吾責也。』偕往視之，度量既定，曰：『均吾職民者事也。累公就其緒。』何曰：『諾。』遂檄所千户何彪、魏城縣主簿李瑜，循軍民三七舊約，俾分其功，外柱以巨木，上加栿梔，内横木，木下土石實之，背施大石以通行也。次年春，始訖役，塘完門固，潮雖怒而害止矣。雄城屹屹，平疇畇畇，河水環帶，斥鹵有秋。連數年瀕海穀價不至騰踴者，非塘之力與？嗚呼！斥鹵之不宜田，疏土之不宜城也，久矣！使彼屯此農大享其利者，非良有司與？屯者曰：『記於城。』農者曰：『記於鄉。』諫曰：『春秋弗地則不志，記於塘，以俟郡乘者采焉。』

十三年，温州郡守鄧安濟、推官何重器重修樂清縣萬安寺前沿海塘堤，重徙苔山之民於内地，塘成凡七百七十丈有奇，曰『撫安塘』。

王瓚《修築撫安塘記》：温瀕海而郡，而苔山之民則島處鉅海中，倭夷時覬登掠，且有海盜自他至者。其民以有司遐阻，或縱於繩法之外，往往迄遭咎。有事，邑里輒泛蛟蚪濤波不測之險，匪惟官病之，而其民亦且自病，故常議徙内地。洪武庚戌，安樂侯奏徙於萬安寺前，沿海築塘，田其塗，以食其衆。未幾，風潮奔嚙，田復爲海，民無恒業，潛還島處。永樂甲子，倭夷肆毒，官兵難於赴救，以罪戮巡撫官。繼是而後，守土重臣雖强起遣之，已至復去，殆不知其爲幾役矣。夫徙民，而無恒業以維其心，誰肯捐其稍可資之故所，而自蹈食衣難必之野？宏治己未春，吉水鄧君安濟知郡事，政通民康，蠹剔利起，合五邑而膏施之。間念苔山之民，獨遠煦育，以爲欲徙民以安全其生，必治田以足其食，惟經理營置之咸宜，然後塘可固，田可成，而民可徙也。海道副使張君應祥，尤以澄清海徼爲事，力主其議。於是，請于巡按鄧君履方，兵備林君舜舉議以悉協。然役巨費繁，難於損下，乃借官銀八百兩，以具木、石、灰、鐵之材，及徒庸畚挶餱糧之需，期於塘成，以所餘田易銀補焉。節推何君重器，實承督理之寄，爰相度地形，區畫群務，聯木爲楗，纍石爲防，先塞浦石四處，填蓧加土，杵而實之，並甃以石，外内同制，廣與崇方，縱横深淺，因勢施工，纖悉完善，屹爲經久之規。首事於庚申七月，竣事於九月二十四日。於是，集僚吏祀海神以落之。凡爲塘七百七十丈有奇，塘内爲鹹河五百丈，以防鹹潮之内軼。又其内爲淡河七百丈，以儲水溉田，且有魚鼈以濟民用，倚枕山趾爲二斗門，以時蓄泄。凡得田七百五十余畝，所徙苔山一千三十四人，悉計口授田，總爲三百五十畝，猶有餘者，擇山水環抱之地，創構屋廬，參列街市，而畫其隙壤，析爲蔬圃，中其市爲榜亭，揭示諭戒之詞。於是老幼慰愜，歡呼溢道，始以是徙爲永安矣。夫均是民也，非昔畏徙，而今載樂也。業定，斯有可安之資；否則，峻法以驅，弗率也。嗚呼！孰謂百年難集之事，而大集於今日也哉！塘埭極鞏堅之巧，風潮免衝突之危。捍瀉鹵荒棄之場而變爲沃壤；援島寄洲息之民，而納之寧宇。蓋雖一事，而衆善萃焉！泯寇匿之釁而疆域以寧，不防之防也；因天造地遺之曠塗而恒業以足，不利之利也；民可知安，無庸迫促而自樂於徙，不威之威也；鬻餘田以償帑庚，而官田仍舊，不費之費也。撫海洲之民而安之，則塘曰『撫安』，誠亦彰闡惠民之宿志與！昔鉗盧隙、芍陂、黿塘類，奏功於内地，惟范文正築捍海而堤，遂姓之。執此程，彼果孰多孰寡哉！民茹恩懷仁，罔攸自見，求予録顛末以文諸石。予方嘉諸大夫竭誠殫慮，樹爲長利，以休吾邦民，安敢不備書以詔來者。他日河渠之書、溝洫之志，亦宜有取焉。

嘉靖二十八年，築永嘉縣海塘。

《永嘉縣志》：嘉靖十三年，邑人張孚敬入相，疏稱：『永嘉沙場，東墊於海，土不能堤，請易以石。』從之。時有司畏其難，未即興築。逾一十五年戊申，諸生張岑與里人王九慶、鄭守琳等復請於巡按御史，乃檄瑞安丞曹龍與義士王崇教、陳宗嶽、王宗德、周公祐、季承寵等，議城南起一都長沙，北至沙村寨，以丈計之，至二千六百一十九。石之長丈方尺者，十之以爲高，五之以爲厚，其費至五千四百十兩有奇。

三十一年，瑞安縣令劉畿於沿海圩塘下浚河取土，增築塘岸。

萬曆七年，瑞安縣知縣齊柯督圩長修築飛雲渡等處沿海圩塘，計八百餘丈。未幾，復壞。令章有成始用石砌築。

按：塘自城東越飛雲渡之南十四都起，至沙園所城外止，計八百餘丈，原係泥塘，潮水衝壞，至是始修。

十七年，署瑞安縣知縣歸大顯修砌，治内沿海圩塘。

按：瑞安縣沿海圩塘，自飛雲渡八百餘丈外，又自城東至十一都巡檢司止，中有廢塘五百一十三丈，至是修砌。

二十二年，瑞安縣知縣歐大成重修治内飛雲渡等處沿海石塘。

二十三年，平陽縣知縣朱邦喜修砌治内九都海塘。

按：九都海塘，去縣治二十里。萬曆二十三年，知縣朱邦喜議將預備倉穀易銀砌築，時用灰殼，無辦，忽潮水擁殼至塘所，足供資用。塘成，鄉民稱曰『朱公塘』。

校勘記

〔二〕□□　原書缺兩字。

〔三〕山陰縣志　原書『山陰縣志』作『山縣陰志』，誤，改爲『山陰縣志』。

敕修兩浙海塘通志卷四　本朝建築一

我朝列聖相承，重熙累洽，利民之政，無不興舉。如浙省塘工，易土塘爲石塘，改民修爲官修，百餘年間，鉅工累作。其所以保護海疆，體恤民隱者，至矣！盡矣！雍正年間，海水稍溢，世宗憲皇帝不惜數百萬帑金，爲一勞永逸之計。至我皇上，繼繼承承，屢敕督撫、大臣，相度機宜，圖維盡善，首尾八年，築成魚鱗大石塘一百餘里。至今長堤鞏固，海不揚波，昔之洪濤巨浸，皆易爲桑麻斥鹵。濱海生靈得以安享樂利者，無一非帝利所留遺也。志《本朝建築》。

順治五年十月，署海鹽縣事、嘉興府同知張世榮承修調、陽字號大坍石塘一十八丈。

八年二月，海鹽縣知縣郭尚信承修月字號大坍石塘二十丈，并小修張、成等號結面塘石陡門。

十二年十二月，嘉興府水利通判韓範、海鹽縣知縣毛一駿承修化、草、木等字號大坍石塘，共三十丈。

十六年十二月，禮科給事中張惟赤題請修築海鹽致、雨字號大坍石塘二十一丈，嘉興府推官尹從王督修。

《疏》曰：竊惟國家財賦，半取足於江浙，而江浙二省，尤以杭、嘉、湖、蘇、松、常、鎮七郡爲重。是七郡者，皆瀕於海，民之不爲魚鼈，田土、廬舍之不蕩爲波臣者，以海塘之捍其外也。查此塘築自唐開元中，至明始易以石，編立字號。蓋因七郡地勢窪下，易於淹没，故沿海郡縣皆有海塘。至海鹽，兩山夾峙，潮勢尤爲洶涌，昔之縣治已没海中，蓋嚙而進者已七十餘里矣。明萬曆十七年，衝決一次，則七邑之廬舍、人民盡遭湮没也。崇禎元年，又衝決一次，則七邑之廬舍、人民又遭湮没也。不惟國課無資，亦且生靈可念，此時旋即估修，已費金錢十餘萬兩。大約逐年修理，則易爲力，俟其大壞而後修，則民受其害而爲費滋大，所以前明特編海塘夫銀以事歲修。他郡無論，即就海鹽一處之塘，編銀六千九百九十九兩九錢一分，内派嘉興縣一千七百五兩一錢零，秀水縣一千二十五兩三錢三分零，嘉善縣九百三十四兩八錢一分零，海鹽縣九百二十三兩六錢三分零，崇德縣七百八十七兩一分零，桐鄉縣七百兩一錢八分零，徵貯府庫，以爲協濟，載在《賦役全書》及《海塘録》内，班班可考。自明末以及我朝十六年來，並未修築，此塘被水衝嚙，基址盡行圮壞，縣治百步外，已有坍口。倘一旦風濤大作，竟從坍口深入，則滔天之勢潰於蟻穴，將見七郡烟火之墟、財賦之地盡付之浩渺之鄉矣。伏乞皇上乾斷，嚴察數年額編銀兩作何銷算，并敕撫按勒限報竣，毋得仍前怠玩，仍定限歲修，則防患未然，東南士民呼祝於無既矣。

十七年八月，海鹽縣知縣雷騰龍承修閏、餘、成、歲四號大坍石塘共六十丈。

康熙三年八月初三日，颶風三日夜，海嘯，衝潰海寧縣海塘二千三百八十餘丈。總督趙廷臣、巡撫朱昌祚疏請發帑修築，委兵巡道熊光裕督修，至次年九月石塘成，并尖山石堤五千餘丈，共用銀二萬七千六百三十七兩零。

同日，潮由蕭山縣小金塘橋直入會稽，漂流禾稻。至四年七月初五日，狂颶又作，海潮仍復由橋貫入河，水立高數丈。孝廉石之貞籲請，三院檄縣令塞橋、捍塘、勒碑、建亭於九都樊浦思德寺内，永杜潮患，縣丞趙驥躬親督築。

四年三月，巡撫蔣國柱委嘉興府通判殷作霖修築海鹽縣露、結、盈等號大坍石塘五十三丈，土塘六百四十丈。

六年四月，海鹽縣知縣湯其升承修冬字、木字號大坍石塘共一十八丈，日字號小坍石塘四丈五尺，又小修月、盈等號結面石塘。

十一年閏七月，海鹽縣知縣張素仁承修大坍石塘日字號九丈，月字號六丈三尺，盈字號二丈，化字號一十二丈，被字號一十丈，共築三十九丈三尺。

二十四年，巡撫趙士麟委海鹽縣知縣陳鈍修築石塘一千丈。

五十年，巡撫王度昭具題，委員修築海鹽縣大坍石塘收字號一十九丈六尺，冬字號九丈六尺，藏字號七丈四尺，餘字號一十五丈四尺，歲字號一十三丈二尺，吕字號一十四丈五尺，調字號一十六丈四尺，雲字號一十六丈，露字號五丈一尺，結字號三丈，爲字號一十丈九尺，小坍塘張、陽、出、玉等字號二十三丈，共修築一百五十四丈一尺，用銀一萬六千八百三十九兩零。

五十二年八月初三、四等日，颶風大作，衝坍海鹽縣露、陽二號石塘二十四丈五尺，又坍餘、成、歲、律、吕、調、陽、雲、騰、致、雨、露等號附石土塘。巡撫王度昭題請，發帑二千四十九兩零修築。

五十四年春夏間，風潮陡發，海寧縣海塘坍陷至數千餘丈。巡撫徐元夢具題，委金衢嚴道賈擴基承修，共三千三百九十七丈五尺，實需工料銀三萬八千五百九十三兩零。至次年三月，以擴基誤工題參，改委鹽驛道裴徠度承修，隨查未完併續坍工程及擴基修完草率者，俱按段加修，共需工料銀三萬七百五十兩零，至五十七年閏八月報竣。

五十六年，海鹽縣敕海廟南北石塘裂陷。巡撫朱軾題請，發帑九百四十四兩零，修築霜、金二號大坍石塘一十二丈，來、暑、成、水、玉等號小坍石塘三十四丈七尺。

五十七年三月，巡撫朱軾題請修築海寧石塘，下用木櫃，外築坦水，再開濬備塘河，以防泛溢。

《疏》曰：寧邑海塘，自康熙五十四年前撫臣徐元夢題請修築，委鹽驛道裴徠度督修。該道於五十六年正月内赴工，至六月間，連日風潮汹涌，新工未竣，舊工復坍。經臣咨明工部，督率搶修，迄今未完工程二百餘丈，現在上緊催修，尅期報竣。查沿塘俱屬浮沙，潮水往來蕩激，日侵月削，塘脚空虚，雖有長樁、巨石，終難一勞永逸。歷考誌乘，自元明以來，屢經修築，或一二年，或五六年，以至十餘年，俱係隨坍隨築，直待塘外沙漲，然後停工。臣屢至工所相度情形，博採輿論，再四商確，惟有用前人木櫃之法，以松杉宜水之木爲櫃，長丈餘，高寬四尺，横貼塘底，實以碎石，以固塘根。乃用大石高築塘身，附塘另築坦水，高及塘身之半，斜竪四丈，亦用木櫃貯碎石爲幹，外砌巨石二三層，縱横合縫，以護塘脚。如此，雖不能永遠保固，亦不遽至坍塌。再查塘内向有河道名備塘河，潮汐往來，稍稍漫過塘面，猶恃河可稍容，不致驟溢。自明季，居民貪利，節節築壩，遂淤爲陸。今河形尚存，應去壩疏河，即以挑河之土培岸，則濬河以備塘，培岸以防河，是亦有備無患之一法也。日前已成之工，無容改築，但添修坦水以護塘根，未完之工，應如法修築，嗣後隨坍隨修，直至沙漲乃已。但查原題鹽驛道裴徠度承修塘工止二千餘丈，今石塘三十餘里均須防守，不時修築。又有東西土塘現在坍塌，更宜及時堵禦，工程浩大，非可計日告竣。裴徠度一人實難料理，應令布政司段志熙督率杭州府知府張爲政等協同修築，互相查察。其採買木石、交發錢糧，令糧儲道劉廷琛承辦。下部議行。隨於是年□[1]月開工，至五十九年正月工竣，修過石塘九百五十八丈四尺九寸，坦水三千九十七丈五尺，土塘五千一百六丈，開濬備塘河身七千七百五十六丈四尺，建閘一座。每塘一丈，用兩木櫃，每一櫃内，用塊石五十斤，共工料銀一十五萬一千三百一兩。

是年，海鹽縣落、塘、遐、邇等號石塘半卸海中。至次年八月初一日，風潮漫溢，總督滿保、巡撫朱軾會勘衣、遐、邇、率、歸、場六號大坍石塘五十一丈四尺，張、菜、重、芥、翔、龍、師、衣、國、賓等號小坍石塘九十九丈五尺，題請，發帑銀四千一百四十兩零修築。

五十九年七月，總督覺羅滿保、巡撫朱軾題請建築海寧縣老鹽倉、上虞縣夏蓋山等處大石塘，并開濬中小亹淤沙，又請專設海防同知以司歲修。下部議行。

《部議》：浙江海塘，先經福浙總督覺羅滿保、巡撫朱軾以海寧、上虞二縣修築工程上請，行令勘議確估。今稱會勘得上虞縣夏蓋山起，西至雀子村止，一帶沿海土塘，多被海潮冲坍無存，地與海平，且冲開缺口數處。其南大亹，久已淤成平陸，江海不循故道，直冲北大亹而東，并海寧之老鹽倉亦皆坍没入海，所有海寧、上虞二縣建築、開濬需用錢糧數目、調委鹽工、修築官員各事，宜臚列備陳。一議築海寧縣老鹽倉北岸石塘，以防海水内灌。查老鹽倉一帶，正當江海交彙，今土塘隨浪坍頽，現在冲開徐家壩一口，與内河支港相通，已築石壩堵塞。且老鹽倉北岸，皆係民田、廬舍，支河汊港甚多，俱與上河通聯，東即長安鎮，與下河官塘僅隔一壩。若不於此急築石塘堵禦，萬一土岸坍，盡决入上下運河，則鹽潮直注嘉、湖、蘇、松列郡，關係甚鉅。今擬於老鹽倉北岸，東自浦兒兜起，西至姚家堰止，共一千三百四十丈，砌築石塘，方可保弊杭、嘉、湖三府民田水利。除現在採買蘆葦、乾柯等料，于患口先築草壩，又就近開採武康縣大石，購買巨木，乘此春夏，運至工所，急築石塘，以防潮水泛溢。查該督撫既經勘明，關係甚鉅，應如所題購買木石，乘時建築，務期堅固。一議築石塘之式，以防潮水連根搜刷。查海寧沿海地方，俱係沙土，且潮汐往來，變遷無定，今沿海一帶漲有微沙，乘此新漲時急將石塘砌築，將來沙能漸聚，便可擁護塘根。臣與撫臣再四相度商確，因地制宜，就於塘岸用長五尺、濶二尺、厚一尺之大石，每塘一丈，砌作二十層，共高二十尺，于石之縱鋪側立、兩相交接處，上下鑿成槽筍，嵌合聯貫，使其互相牽制，難於動摇，又于每石合縫處，用油灰抿灌，鐵鑻嵌口，以免滲漏散裂。塘身之内，培築土塘，計高一丈、寬二丈，使潮汐大時不致泛溢。塘基根脚，密排梅花樁三路，用三和土堅築，使之穩固，總期一木一石皆得實用，不敢浮費錢糧，亦不敢草率修築，致貽後患。應如所題，如式建砌，以垂永久。一議開中小亹淤沙，以復江海故道。查赭山以北，河莊山以南，乃江海故道。近因淤塞，以致江水海潮盡歸北岸。今雖砌築石塘，然中小亹淤沙不開，則回潮沖刷，一日兩次，土石塘工終難穩固。今多僱民夫，將中小亹一帶淤沙，上緊挑濬，計挑過一千九十丈，大汛時，潮水亦可出入。現在將已挑者開濬深闊，未挑者兼工開浚，使江海盡歸故道，則土塘、石塘可免潮勢北冲之患。查中小亹挑濬既有成效，應行該督撫將已挑者再加深寬，未挑者速行開濬。一議築上虞縣夏蓋山石塘，以防南岸潮患。查上虞縣原有土塘五千四百一十七丈，以障蔽民田。夏蓋山之南，有夏蓋湖，周圍一百五里，蓄水注蔭上虞、餘姚二縣之田，並藉土塘捍禦。近年夏蓋山對海中流，漲有圓沙數十里，潮逼南岸。今先將患口填塞，其潮水稍緩之處，上虞之民願捐助築土塘。惟夏蓋山西邊，實爲最險要衝，非建石塘，斷難遮護。隨親勘丈量，共長一千七百九十丈。今用長五尺、寬二尺、厚一尺大石，於羊山及夏蓋山開採運用，隨地勢高下，每丈十三層以至三十四層不等，縱横叠砌，庶南岸之潮患可禦。查夏蓋山潮勢稍緩之處，土民既願捐築土塘，應令其速行建築。其西邊最險之處，既經勘明應建石塘，應如所題如式建砌。一議實需銀數，以濟巨工。查沿海塘堤，實爲各郡保障。若不及時修築，貽患無窮，即或苟簡因循，亦恐隨成隨毁。今海寧縣老鹽倉北岸新築石塘一千三百四十丈，所需工料等項約共銀九萬二千兩，可以預爲估計。惟樁木、人工難以預定，應俟工完之日，查驗另銷。上虞縣夏蓋山新築石塘一千七百九十丈，共估需用銀五萬八百兩。兩處石塘工料，共估銀一十四萬二千八百兩，除將五十七年海塘捐納案内餘剩銀六萬三千二百九十九兩現在撥用外，其不敷銀兩，一時難於措處，請將浙省各府屬現行常平倉捐監之例暫停，統於海塘案内收捐補用，俟工竣足額，即行停止，仍歸常平倉收捐。其現在不敷工料銀兩，請於藩庫先行動支，俟收捐補項可也。一議調委經理各官，以專責成。查藩司爲錢糧總匯，兩處塘工，凡收貯銀兩支領出入之數，俱令布政司傳澤淵總理稽核。其海寧縣老鹽倉北岸石塘，遴委温處道蔣敷錫親身督修，統司稽察。再委處州府知府蘇穆督修沿塘草壩。船政同知陳良策、紹協都司孟飛熊等挑濬中小亹淤沙。其上虞縣夏蓋山石塘，專委紹興府同知閻紹等各員分任督修。其雇募夫匠、儹運石料等項，仍令海寧、上虞二縣知縣專管策應。查調委官員，應如所題，怠玩侵冒，自行嚴參。至修築工程，係地方官專責，無容議叙。一議專員歲修，以保永固。查沿海潮汐，惟浙江爲最。非有專員經管，未見實效。請將南岸紹興府之上、餘、山、會、蕭五縣石塘、土塘，專交紹興府同知閻紹管理。北岸杭州府之海寧、仁和、錢塘三縣之石、土塘，專交原任金華府同知劉汝梅管理。嘉興府之海鹽、平湖二縣石、土塘，專交嘉興府同知王沛聞管理。各員銜内添入海防字樣，專任責成，小有損壞，即時修砌。其屬轄之巡檢場員，聽其調委分任，惟杭郡别無閑員可以經理塘務。查金華原非劇郡，向設同知一缺，請裁去，添設杭州府海防同知一員，專司其事，即將開復候補同知劉汝梅補授，任滿之後，此三缺即於通省同知、通判、知縣揀選調補，庶人地相宜，於塘工有益。至歲修錢糧，現在無項可動。查寧邑海塘捐監餘剩銀兩，原留藩庫爲歲修之用，今動支修築石塘，應仍於新工案内，照從前餘剩之數捐足還項，留貯藩庫，爲逐年歲修之用，亦如所題可也。

是年分海塘歲修用過銀一萬六千一百七十九兩。

按：海寧縣塘工，自康熙五十八年新修告成後，特設海防同知，逐年修補。自五十九年起，每年歲終統計用過銀兩，撫臣題銷，此歲修所由來也。

六十年

是年分海寧縣老鹽倉舊石塘新工，沙塗漸漲，水勢瀉注，舊工低處受衝，逐次修補，用過工料銀二萬二千一百七十七兩九分零。

六十一年二月，海寧縣海塘新工告竣，巡撫屠沂題請於土浮不能釘樁砌石處，趕築草塘。下部議行。

《部覆》：浙江海塘，先經督臣滿保與前撫臣朱軾題稱，東自浦兒兜起，西至姚家堰止，建築石塘。今據該撫以海潮遷徙無定，修築堤岸，必須隨時制宜，題請於土浮不能釘樁砌石之處，趕築草塘。臣部恐草塘不能永久，仍令砌築石塘。今該撫疏稱海寧縣海塘因潮頭衝激，將上年勘定實土處所，縱橫實砌石塘，其土鬆之處樁石難施者，趕築草塘五百四十丈。今春，因潮勢洶涌，急宜搶築，隨即築草塘三百丈，仍於實土處，又築石塘，連前共五百丈。并將姚家堰西續坍處所，亦築草塘二百一十五丈，次第完工。查老鹽倉等處修築草塘，原議石工，今於寔土處所砌石塘，其土浮樁木難施之處改築草塘，工程雖經報竣，但草塘究非石塘可比，其中恐係督率、承修各官希圖草率完結，亦未可定，應令督修各官保固。三年限内，如有冲塌，責令賠修。

八月，巡撫屠沂報銷海寧、上虞塘工用過銀兩，并請停止挑挖中小亹淤沙。下部議行。

《部覆》：浙江巡撫疏稱，海寧縣石塘五百丈，草塘一千五百五十五丈，共用過銀九萬一千六百五十兩，上虞縣石塘二千二百五十六丈，用過銀五萬二千兩，共應銷銀一十四萬三千六百五十兩。至中小亹沙地，因北岸冲決，甚險，題明挑挖以分水勢。今北岸塘脚現漲沙塗，塘身穩固，無容再爲挑濬。海寧、上虞兩縣石、草塘工，用過銀兩，應准開銷，其中小亹淤沙，亦如所請，停其挑挖可也。

按：老鹽倉所建大石塘，巡撫朱軾原題自浦兒兜起，至姚家堰止，共長一千三百四十丈，工未竣，陞任，嗣經巡撫屠沂奏請，改築草塘，故石塘止五百丈，此外八百四十丈，至今尚屬草塘。又自姚家堰西續坍處，亦築草塘二百五十丈，共草塘一千五百五十五丈。又中小亹引河，於康熙五十七年，巡撫朱軾委員開濬，用過銀九百兩，尋復淤塞。至五十九年，復會同總督滿保題請開濬，用過銀三千一百六十兩零。開挖未幾，又復淤塞。至是，巡撫屠沂奏明停止。

是年，分歲修海寧縣塘工共用銀二萬二千八百九十六兩。

雍正元年

是年，分海寧縣東塘新沙復洗沖決塘身，共修築三千六百一十四丈二尺，用過工料銀八千六百一兩零。

二年七月，海寧、鄞縣、慈溪、鎮海、象山、山陰、會稽、餘姚等縣海塘，多被沖決。奉旨（恭紀首卷）修築，用過工料銀六千二百五十兩零。又海鹽縣沿塘決口，嘉興府知府江承玠、署縣事富陽縣縣丞陳充禮等董修。

《海鹽縣續圖經》：雍正二年七月十八日，海潮大溢，飄溺廬舍、田禾及沿海人民。署縣事富陽縣縣丞陳充禮，率同僚佐出城救護。至十九日卯刻，潮漸平緩，沿塘潰決八十三處，大坍成、騰等號石塘一百五十丈，小坍天、地等號石塘一千四百三十八丈五尺，附石土塘坍陷一千五百四十五丈五尺。二十日，署縣先將決口計長八百四十三丈一尺搶堵，工費銀九百七十五兩六錢零，皆鹽邑紳士同署縣捐給。又查勘通塘形勢，演武場天字號石塘以北，向因潮勢稍緩，有自然土埂一條，名『太平塘』，綿亘海口，内有淤沙擁護。埂内又有官土塘堤一條，直接平湖縣界，邇年被潮將土埂淤沙刷盡，賴官土塘堤爲之屏障，奈歷久低塌，遇大汛輒漫塘面，且堤内舊有白洋河，淤塞淺窄，無從分泄。署縣詳請自劉王廟至白馬廟，在白洋河舊河身取土，將官土塘堤加高三四五六尺，幫寬一丈二三四尺不等，計長二千八百五十丈。又嘉興知府江承玠捐挑白洋河，自石屑圩至白馬廟，寬一丈二三尺，深五六七八尺不等，連白馬廟、浮圖墩、石屑圩三涇口，共長二千七百九十三丈。又石屑圩南至陡門南石堰止，挑濬白洋河一段，長二百五十七丈。

是年，分歲修海寧縣塘工，共用銀八千八百二十四兩零。

三年正月，吏部尚書朱軾奉上諭（恭紀首卷）來浙，會同巡撫法海查勘海塘，因題請修築杭、嘉、紹等府塘工。

《疏》曰：臣馳驛至浙，會同巡撫法海、布政使佟吉圖至餘姚，東自滸山鎮，西至臨山衛，六十里舊築土塘三道，最内一道爲老塘，即昔年海岸也，今離海三四十里、或十餘里不等。緣歷年沙塗淤漲，百姓陸續開墾報陞，自築土塘二道，是爲外塘。詢據土人，俱云潮水從不到塘，若加高三四尺，加厚五六尺，即遇風潮亦不致衝決漫溢。查歷年内塘係民户修築，外塘係竃户修築。今被灾之後，民竃無力，應令地方官動用公費興修。又自臨山衛起，至上虞縣交界烏盆村十五里，自烏盆村至會稽瀝海所四十五里，内石塘二千二百餘丈，係康熙五十八年題建，至今穩固。其石塘東西兩頭，共土塘七千丈，坍塌甚多，沿塘雖有沙塗數里，但海潮往來無定，不得不預爲防護。擬於塘底開深二尺，填築亂石，上鋪大石，寬六尺，高六尺，以固塘基，貼石築土，寬二丈，高一丈三四尺。塘内令居民栽種榆柳，近塘窪下坑陷，一概築平，庶可永固。又歷勘杭嘉二府，西自仁和縣翁家埠起，東至海寧縣城東陳文港七十餘里，歷年洪濤衝陷，屢經修建石塘，題報在案，今賴聖主洪福，塘外淤沙三、四十里不等，高處平塘，低處露出塘身三、四尺不等，毋容議修。自陳文港起，至尖山二十餘里，草塘七十四丈，亂石砌邊土塘三千七百二十六丈，塘外淤積沙塗尚薄，潮水猶注塘下，應將土塘加寬一丈五尺，高三尺，頂鋪條石厚一尺，以防泛溢。其草塘七十四丈，並照式改修。再塘外原有亂石子塘，寬三四尺不等，外加排樁，因年久攲斜，子塘大半零落，應修砌完固。堤前原無子塘之處，亦照式興修。如此，則海寧塘工可無衝決之患矣。又海鹽縣東自秦駐山三澗寨起，西至演武場止，石塘二千八百丈，係明時修建，塘身高闊，琢石見方，縱横合縫，通塘合爲一塊，最爲堅固，因年久水汕塘根，樁本朽壞，南頭陸續坍塌八十餘丈，今應移就實地修築。又去秋風潮，衝潰八處共七十丈，其附石土塘通身洗刷成坑，應照式重修補築。自演武場至平湖縣雅山炮臺一帶土塘，現在地方官加修，月内可以完工。以上杭、嘉、紹等府海塘，臣等逐一勘議查估。餘姚、上虞、會稽三縣應修塘工，共七千丈，每丈用長六尺、寬二尺、厚一尺五寸條石二十四塊，并亂石、價銀、夫匠、土方、雜費，共用銀十四兩，通塘共用銀九萬八千兩。海寧加修亂石塘，每丈蓋頂小條石，連價用銀一兩，共用銀三千七百二十六兩，加寬、加高土方并補修子塘約用銀四千兩，共用銀七千七百二十六兩。二處塘工，通共用銀十萬五千七百二十六兩。再海鹽縣坍塘，據地方官估計，用銀七千六百餘兩，但應否增添石料，難於懸度，將來或可節省，亦未可定。統俟工完核實造册題銷。

隨經大學士等議，准修建。至四年七月，工竣。計修過海寧縣陳文港亂石塘三千八百丈，并修補子塘海鹽縣石塘一百五十丈，餘姚縣石塘一千三百丈，會稽縣石塘二千七百丈，上虞縣石塘二千九百八十七丈，通共用過銀一十一萬二千八百二兩零。

十一月，署巡撫傅敏因紹興府知府特晋德於會稽縣條石塘内填用亂石，飭令改築，據實奏聞。奉上諭（恭紀首卷），交與新任巡撫李衛悉心查勘。

是年，分歲修海寧縣塘工，共用銀七千六百九十九兩零。

四年二月，巡撫李衛將查勘過全浙兩路海塘緣由題覆。

《疏》曰：臣查勘現在興工之塘堤，酌量修理紹興府屬之會稽、餘姚、上虞等縣一路塘工。從前陞任吏部尚書朱軾會同前撫臣法海勘議題明修築石塘共七千丈，原議塘底開深二尺，填築亂石，每丈上鋪條石高六尺、寬六尺，貼石築土，寬二丈、高一丈三四尺，庶可永固。部覆允准。後經紹興府知府特晋德因會稽縣瀝海所西滙嘴應筑塘二千七百丈，地勢卑下，恐亂石起底，難以抵禦，請改用條石起底，將原議之墊底亂石填肚，方能堅固。當經布政使佟吉圖轉詳，前撫法海批准，于署撫臣傅敏未到任之先，已築完工石塘一百五十二丈九尺。又起底并鋪砌層數不等，共一千五百七十七丈八尺，雖係變通，似屬有理，然未經題咨，而管工各官因購取條石路遠難運且並無一尺五寸厚者，又兼原估錢糧稍有未敷，定限過急，即於就近之臨山衛、夏蓋湖等處本地所産亂石採買、搭砌，其工已完五六分，頗屬草率，後經署撫傅敏親往查勘，恐不堅固，是以一面具奏，一面勒令拆毁，仍令遵照原題改正，用亂石填底二尺，上面俱用條石到頂，催促完工。及臣到時，復又改做過半，其餘尚有已完未拆，并未曾修齊者，然比從前草率完工，果屬整齊不同。但思江海工程，皆當以根脚堅固爲主，歷來多用本樁釘底，可保永遠。若止圖上面整齊，恐遇風大潮急，根脚不穩。臣細加查勘，幸此處一帶工程，底下俱係生成鐵板沙，土性堅固，毫無軟硬不同之處，即亂石在下，不用木樁，亦屬穩固，况塘外漲出沙灘離海邊二、三十里，以至十餘里不等。若非秋汛大潮，海水不致到塘，即從前土功，尚能抵當，今用石包砌在外，自必更堅。臣愚昧之見，將署撫傅敏已拆改正之工，並前撫法海任内報完石塘，擇其堅固者，似毋庸再動，其已估未修，並攙搭亂石已修未拆之工，揭去浮面蓋板，將碎小爛石檢出，下存墊底石板，每層用大條石釘鈴，以原議墊底亂石檢有稜角成塊者，牽配搭砌，隔一層再用整條石鈴制，務須横竪勾搭，壓縫連成一片，可保永久。其檢出之碎石，雖微，然棄之可惜，應令特晋德等賠修未估在内工程，倘不洗心改正，修成一勞永逸，即據實題參治罪，但限期不便過急，務令於秋汛之前趕築告竣。此紹興府屬會稽、餘姚、上虞三縣浙東海塘之情形也。臣又隨往杭、嘉二府屬之海鹽等縣海塘查勘，原題現在修築塘工，其水勢與東路迥異，而海寧、海鹽兩縣城郭，皆逼海邊，塘下亦無漲沙爲之遮護，緣數十年來，海潮不由中小亹涌入，但從北大亹往來，故此兩縣最稱潮大工險。其縣治之外，離數里許，皆有漲沙不等。查舊日所修石塘，久經告成，雖石塊碎雜，根脚俱有木樁，尚屬堅固，獨縣西有老鹽倉一處塘工五百丈，石大而堅，可保永久，緣原修價值比各工不同之故。其近今題明加幫陳文港至尖山一帶土塘，并補修子塘，俱經築完，而海鹽之秦駐山至演武場石工，亦已告竣，下用木樁釘底，石塊亦屬整大，臣查驗似可無虞。惟近城有老工三四段，各長十餘丈不等，目今稍覺歪斜，因年久根底樁木朽爛，現令拆換修整，餘工無恙。此浙西海塘一路之情形也。總之，每年秋汛甚大，必須時加防範，年年歲修，自然無害。若將石土各工，再加築高，更爲有益，但錢糧過多，無項可支。容臣續加調劑，因時奏請，不敢稍懈，以祈仰副皇上軫念海塘、有關民生至意。

下部議行。

五月，署嘉興府知府靳樹德、同知曹秉仁、海鹽縣知縣王仕正等，因海鹽縣三澗寨木字號以南官土塘日漸坍矬，接建矮塘一百丈，面寬五尺，底寬一丈，計五層高六尺。至次年，巡撫李衛以矮塘不足捍禦題請，發帑銀一千二百餘兩，再行接建一百八十丈，高寬與矮塘等。

是年，分歲修海寧縣塘工共奏銷銀一萬五千七百兩零。

五年二月，巡撫李衛題明加鑲浦兒兜草壩、老鹽倉草塘，并將姚家堰至草菴一帶土堤改建草塘，又請將歲修海寧塘工銀兩，遇各縣江海塘有坍損處，一體動給。

《疏》曰：海寧縣海塘上年自夏及秋，雨水過多，有康熙五十九年所建之浦兒兜草壩一座，老鹽倉、姚家堰草塘一千五十五丈，年久草爛塘矬，亟宜加鑲填補，以禦春潮。又姚家堰西至草庵止，計長七里，從前原係土塘，近緣沙洗日削，僅存土埂一條，必須一律改築草塘，方資捍禦。浦兒兜草壩四十丈及老鹽倉草塘一千五十五丈，需費銀六千五百八十三兩三錢。又姚家堰至草菴一帶，改建草塘八百二十六丈四尺，需費銀九千三百五兩三錢六分四釐，通共銀一萬五千八百八十七兩六錢六分零。查海寧歲修塘工，例應捐監項下動支，但此番工程需費既繁，且土堤改築草塘，事同創建，應先題明。

又海鹽縣閏字號石塘一十三丈，計一十六層，底石欹仄，拆底全修，現先給銀三百兩辦料興修。臣查海塘捐監項下，自康熙五十八、九等年大工告竣，經前陞任撫臣朱軾等會題，請將餘剩銀兩，隨捐隨修，但浙省各縣襟江濵海，自北而南則有平湖、海鹽、海寧、會稽、上虞、餘姚等縣沿海一帶塘堤，又海潮由尖山入江，自東迤西則有仁和、錢塘并紹屬之蕭山、山陰等縣沿江、近海一帶塘堤，其間潮汐冲徙不常，若每年隨坍隨補，則用費少而保固可久。倘因循不修，則圮壞漸多，工費即鉅。臣上年到任後，屢次親往各塘查勘，如海鹽縣拆築收、冬、藏、餘、歲五字號石塘共二十八丈五尺，需用工費銀七百兩，又木字號石塘以南，除先經接築一百丈外，今又接築矮塘一百八十丈，俱用石砌築，方正大石結面，估工費銀二千五百六十餘兩。又蕭山縣西江塘内堰陡孫槐樹下丫叉塘、孔家埠、談家浦等處土塘，加樁加土，增高添濶，並鎮潮菴、王家池、聞家堰一帶石塘，應拆造添築數處，共估工費銀一千五百二十兩零。又錢塘縣午山一帶葛家墳、六和塔等處坍塘二十五丈四尺，估工費銀一百一十九兩零。善利院左側三郎廟老塘冲坍五丈，估工費銀八十九兩零。轉塘上首汪家池等處坍塘一十四丈，栅外二圖小橋地方坍塘六丈，估工費銀一百二兩零。又仁和縣總管廟前矬坍江塘七丈，又應拆卸補築四丈，估工費銀六十五兩零。以上海鹽等各縣塘工，拆卸補築，共應需銀五千一百餘兩，皆係緊要工程，必須及時搶修。又錢塘縣轉至横江埠，應築坍塘三百三十三丈零，横江埠至曹家埠等處，應築坍塘七十五丈。以上共估銀六千三百餘兩。自康熙五十七年，即據地方勘詳請築，因各處塘工浩繁，此地秋汛已過，尚可緩圖，是以尚未修築。然貼近省城，民田、廬舍所關，將來亦不能再緩。似此江海各塘，延袤千有餘里，此修彼圮，歷年皆有接續之工。查捐監銀兩，從前諸臣因係海寧築塘所餘，故止題爲寧邑歲修之用，未將通省塘工聲説在内。此外，各縣之塘每年若有坍損，又另於俸工公項等内動支，遇有缺乏，即多因循苟且之弊，今俸工已經停捐，公項亦俱歸出，而江海各塘俱關緊要，且海鹽石塘更係對面頂衝，尤屬危險，此時若不陳明，將來各縣之塘，無項歲修必致日漸圮損，釀成鉅工。請嗣後凡有江海塘工應行歲修者，照例一體於此項内動給。

下部議行。計修過浦兒兜、老鹽倉草塘一千九十五丈，姚家堰草塘八百九十六丈，又接修草塘六十九丈六尺，修舊石塘一千二十四丈，動用銀一萬五千七百兩，於本年八月告竣。

七月，風潮大作，海鹽縣附石土塘，刷矬一千六百六十二丈。巡撫李衛題請，發帑銀七百三十八兩修築。

十月，巡撫李衛題請修築海寧縣錢家坂、馬牧港等處塘工，并將内最險處所舊係亂石塘者，改作條石塘坦。

《疏》曰：海寧縣沿海塘堤，東西綿長，潮汐晝夜侵嚙。前因浦兒兜、姚家堰、老鹽倉等處塘工歲修告竣之時，臣親往勘驗，查有東塘之錢家坂迤西一帶樁板，老塘護沙洗去，直射塘脚，板片年久朽爛欹斜，亂石冲卸頹廢，應行改砌加築。及西塘之馬牧港亂石土塘直至大石塘一帶，外沙漸高於塘身，大汛漫溢過塘，泥土矬陷，應加土石培築，庶免泛溢之虞。今勘得錢家坂最險工二十四丈，又亂石塘内亦有險工六丈，應改築堅厚。又錢家坂東西各段，共樁板塘身一千六十五丈，亦應改築亂石塘，以固根底。又亂石塘西七十五丈，應面加條石一層，共計應行改築東塘一千一百七十丈，再於堤身之下外加坦水一層，其西首大石塘五百丈，應加培築。馬牧港地方有五百丈，應上加條石一層，并增添亂石培土，高闊有五百丈，應止加條石培土闊厚，其餘四百八十八丈止須加土，足可捍禦。共計應修西塘一千九百八十八丈，通計東西二塘應築應修塘身三千一百五十八丈，共需工料銀二萬九千九百五十五兩九錢三分，現在行司將應修各塘動項辦料督工，趁此冬季水小潮落之際，催儹修築完工。再海塘歲修，每年於歲終報部察核，此番改築工程，非尋常歲修整補可比，理合題明。

下部議行。

是年，分歲修仁和、錢塘、海寧、海鹽、蕭山等縣塘身，統計六千三十九丈八尺長，橋一座，計長四丈，坦水一百七十丈，奏銷銀三萬九千七百三十一兩零。

六年三月，總督、管巡撫事李衛題明搶修海寧縣老鹽倉海塘。

《疏》曰：浙省江海塘堤，歷來北岸俱極險要，惟海寧縣東西各塘爲尤甚。今年正月間，春汛潮勢甚猛，將老鹽倉迤西三官堂地方草塘沖坍五丈，裂縫二三十丈。臣隨飭各員晝夜搶修堵禦，已將坍者培築加高，裂縫者鑲釘牢固，彼時塘外護沙尚有留至二三丈及十餘丈者，塘身猶可藉以捍蔽。不意二月十四日至二十二日，連朝大汛，又兼東南巨颶震撼蕩刷，護沙卸陷无存，塘身根脚搜空不能存站，先後坍裂歪斜，共計六百六十餘丈。臣以塘工關係重大，再三籌畫，擬先築迎水壩以分潮勢，或於貼塘加築石工，爲一勞永逸之計。隨於三月初四日，往海寧地方履勘，見該縣塘工從前惟南門外最爲險要，自築亂石大塘之後，俱有護沙包裹，雖不甚老，而漸次堅實，可以捍禦潮汐。惟老鹽倉西首一帶塘外沙脚刷盡，潮頭之來，直射堤身，隨後即有軟浪蕩滌，及退潮時，又因回溜將底沙嚙洗，一日之間，早晚兩次，非如黄河水性，徑直可以建壩分勢。又此地數里俱係活土浮沙，若承載鉅石，即致底陷，雖用木樁加釘，而俄頃之間，仍復拋起，不能施工，從前督撫諸臣幾經籌酌，不得不於緊要患口築草壩、草塘以爲堵禦之計。今臣相度形勢，猶幸裹塘民田地土，尚屬高阜，不致即有内灌之虞。現在動支海塘歲修銀八千兩，委員將現坍之六百六十餘丈搶築，塘身上下鋪砌堅實，以保坍陷；一面多備物料，以預防梅雨、伏秋二汛，搶修工程之用。惟是沿塘數里，沙脚日見衝洗，此外再有坍裂，難以預定，止有上緊保護，隨坍隨修。或於塘内再築一層，以固民田，或於小汛時，將裹塘挖深數尺。幫砌護塘之處，容臣因其地勢、潮汛情形，悉心籌畫，另行具題。

下部議行。

十二月，總督、管巡撫事李衛題明勘過海寧縣南門外河、安、民、阜等字號，及華岳廟平橋西楊家莊、馬牧港等處應修塘工，又海鹽、會稽、錢塘等縣應修江海塘工。

《疏》曰：海寧縣海塘，緣歷年潮汐冲決，護沙坍徙靡常，必須每歲續漸補修，方能保護。臣屢經履勘，見南門一帶向有漲沙，盡行坍卸，潮水照舊直逼塘脚。民字、阜字二號石塘，根脚年久，外樁、坦水冲洗歪斜，塘身傾矬，并有倒卸之處。又華岳廟前及平橋西小石塘，亦有塘身矬陷，坦水外卸，已飭員搶修。此段工程，除現修外，若冬月護沙不能復漲，則來歲俱成險工，應即隨坍隨修，俟秋汛過後，潮落之時，再看有無沙起，另行酌議。又楊家莊一帶亂石塘，前經議令加土培闊，但塘身原屬低窪，本年雖則保固無恙，將來再遇夏秋大汛，必致漫溢，關係非輕，應加築高。更有馬牧港一帶樁板亂石土塘一千丈，前止加條石一層，今潮水平塘，大汛皆有漫過之處，幸而搶救，未滋大害，亦應酌量再加築高。又翁家埠一帶原無官塘，其臨海月牙灣不能保固，亦應酌量地勢，接建草塘，與舊有之草塘相續。當即行司確估，去後據布政司高斌詳稱寧邑南門外河、安、民、阜等字號及華岳廟平橋西楊家莊、馬牧港等處各段工程，計勘應修築塘共四百五十三丈，坦水四千四百六十四丈三尺，估需銀二萬三千一百三十八兩。此外又有搶修海寧平橋西等處坍壞、殘缺塘身一百二十三丈，坦水一百六十三丈，用銀八十六兩七錢七分五釐零。又海鹽縣請修白馬廟等處加高土塘一千七百三十餘丈，估需銀四百九兩九錢零。又南岸會稽縣請修十三都一、四兩圖矬坍石塘四十八丈六尺，又拆修三十八丈，估需銀二百七十六兩二錢五分零。又接築錢塘縣斷塘尾江塘一百六十五丈，估需銀三千六百五兩五錢零。又諸橋一帶江塘，加築塘石一層，計長四百一丈，拆砌江塘一百六十九丈，估需銀一千一百八十三兩一錢二分零。查江海塘工，原以保護民生，而潮汐冲擊，月異歲遷，若不逐年預爲搶修培築，瞬息即成大險之工，費多勞倍。臣以有關緊要，隨於捐修海塘銀内動支八千兩給發辦料，乘此冬令潮小之候，興工儹築，委杭嘉湖道王溯維稽察錢糧、工料，總理其事。臣與布政使高斌不時親督稽察，務期堅固，以保安瀾。所有工料銀兩，完竣之日確查報銷。

下部議行。

是年，分錢塘、海寧、海鹽、會稽等縣歲修銀一萬八千一百八十五兩零。又八月風潮洶涌，搶修海寧縣塘工銀二萬二十五兩零。

七年八月，奉旨（恭紀首卷）敕建海神廟於海寧縣東門内（詳祠廟門），原任直隸布政使張适、知府蔣杲、王坦督工。十一月，總督、管巡撫事李衛題明於海寧縣荆煦廟等處草塘内另築石塘，又於陳文港、小墳前等處築盤頭草壩五座。

《疏》曰：本年九月，臣由嘉興府前往海寧查勘海塘情形。緣今歲潮汐夏秋之間，較往年更大，故先於閏七月初旬，預發銀一萬兩，着杭嘉湖道等加意搶修，設法堵禦。臣回籍之後，復經性桂、蔡仙舳親往查勘，又續發銀三萬兩趕辦物料備築。凡有冲缺、矬裂之處，多用柴草樁木，隨時搶護，晝夜堤防其潮溜頂冲地面，竭力購備土石，幫闊培高，以禦漫溢。自閏七月以及八月，猶可支持，惟九月初二日，潮勢更大，幾至過塘，甚屬危險，幸遵聖訓先事預防。舊塘土石雖大半冲削，而新經幫培之所，猶能抵禦狂瀾，不致潰決。今各處工程，有已經題報搶修甫完而續被冲卸者，有原估應須拆砌而題後即值秋潮洶涌，不敢開底砌築，暫用柴草搶堵者，有於秋汛續坍未經題報而現已修竣者，逐段間雜，參錯不齊。臣隨與性桂、蔡仙舳等傳集工員，公同確議。寧邑沿塘，東自尖山，西至翁家埠，綿亘百里，皆臨大海，非同從前工段廑止數百餘丈險塘可比。若欲盡建鉅石大塘，爲費實屬不貲，是以向來督撫諸臣俱於不用石工之次險處所，議築草塘抵禦。彼時塘外尚有護沙攔擋，潮水略有到岸，不致侵嚙根底，每年歲修加鑲，猶可恃以保護。今則南岸中間突有漲沙，阻阨潮頭直射，北岸護沙無存，岸邊深至二三十丈不等，朝冲暮擊，一線草塘，豈能捍禦全海潮勢？若非裏面添砌石工，難以保固，惟是合式鉅石採辦需時，且現在松江塘料半向浙山開採，出産一時不敷，又兼海河閘壩轉運艱難，勢必曠日持久，豈有聽其冲卸，坐待辦料齊全而后動工之理？況此時正當冬汛，若不急於設法整備，轉瞬春潮，坍卸堪虞。臣等再四籌畫，西塘除老鹽倉東原有大石塘五百丈外，自此至翁家埠一帶，俱係險工。內荆煦廟起至草菴止，向有先後修築草塘一千九百餘丈，此時俱係土塘。今就草塘之內收進二三丈，開深根脚，用大樁排钉深入沙底，儧辦巨料，砌築石工。一面多備柴草樁木，將舊日草塘根脚虛浮加樁簽釘，鑲砌高厚，其原無草塘者，酌量增添，仗此舊有草塘以護其外，使內之石工、人力可施保至三年之期，即草塘或有損壞，而石工亦已告成，沿海民生永保安瀾之慶矣！至東塘，潮頭自尖山直趨而來，勢猛溜急，在在危險。今於陳文港、小墳前薛家壩及念里亭等處，分築挑水盤頭大草壩五座，周圍簽釘排樁，中填塊石，竹簍深入軟泥之下作爲底脚，上加埽料壓蓋，堵禦頂衝，使水勢稍緩，可引漲沙漸聚，一面將東西兩塘夏秋坍損等處竭力修補。其遠年塊石各塘有不能抵禦者，酌量改砌加高培厚。其一切號段工程，現在勘估確寔，造册另報。

下部議行。

是年，督臣李衛題報海塘現在衝卸不可緩待者，應隨時搶堵。奉旨允行。

按：歲修工程，自康熙五十九年巡撫朱軾題准後，每歲加修，逐年將實修丈尺、實用工料銀兩據實報銷。雍正六年八月潮勢汹涌，沿塘護沙冲洗殆盡，工程緊要，始將丈尺情形先行題報，仍照每年加修之例辦理。至是年，督臣李衛題奏：『今歲潮汐，較往年更大，搶修甫完，續被冲卸。臣與署撫臣性桂等公同確議，將塊石各塘不能抵禦者，酌量改砌石工。』部覆：『一面上緊料理，一面勘估册報。』

奉旨：『依議速行。欽此。』嗣後，將不可緩待之工隨時搶堵，其應行改築條石、塘、坦之原坍工段，於每年秋後估計詳定，給帑辦料，次年興作，按歲報銷，此搶修、歲修之分所由來也。

是年，分海寧縣歲修銀八萬七千四十五兩零，又搶修海寧縣石、草塘工，共用銀三萬一千三百四十七兩零以上，歲搶修共奏銷銀一十一萬八千三百九十二兩零。

八年五月，總督、管巡撫事李衛請於海寧縣西塘、老鹽倉、戴家石橋、楊家莊等處，添築盤頭大壩三座，東塘自普濟菴至尖山等處修築塘身，又請將杭州捕盜同知、管糧通判二員，分管東西海塘。再設千把總二員、兵二百名，晝夜防禦。

《疏》曰：臣於雍正六年，查勘海寧城外東西一帶，漲沙盡卸，潮汐改流，誠恐次年更加危險，隨將應修石土各塘，共估銀二萬三千餘兩題請修築。彼時不過先事預防，豈意果於七年春間，南首海中漸亘巨沙，潮逼北岸，夏月沖擊更甚，坦水坍卸，塘身震撼，日有矬陷。及臣聞訃丁憂，在浙候旨之時，正值秋潮更大，塘工危於呼吸。署撫臣蔡仕舢雖經發銀備料搶修，而東西兩塘，道里遼闊，實有不敷。臣尚在地方，何敢坐視，將鹽務公項銀一萬兩發貯縣庫，交杭嘉湖道王斂福等支領辦料，先將各處塘身積土加培高厚，暫禦漫溢，一面施工，隨時搶修，以爲急則治標之計。迨臣回任，先經順途親往查勘，於九月初旬，潮勢猛急前題之外，又多續坍，當飭各工員隨坍隨築，上緊搶修，會同司、道商酌，先將草塘加厚增築，以護其外，再於草塘之內砌築石工，以備後患。又相形勢潮流湍急，於近塘往來汕刷，潮退露出低窪之處，儼若河形，非築排水大草壩以分其勢，則晝夜搜根，塘脚空虛，難以存立，不敢膠執前見，因於陳文港等處議建草盤頭五座，堵禦頂衝，一面將塊石各塘，酌量改砌條石塘坦，以期堅固。亦於十一月十五日，彙疏具題。本年四月初一等日，臣親往寧邑沿塘履勘，查東塘盤頭五座，内除白墻門、念里亭已先建大者二座，并钱家坂添一小座外，其餘三座今春築完，并於小墳前之頂大一座盤頭兩旁增築雁翅，使潮水得以兩面順勢掃出，不致壅遏冲激。前之近塘低窪河形亦得漸平，現在頗見成效。而西塘一帶塘身太直，以致溜水往來搜刷如故，春汛又多坍損，亦應照東塘之例，於老鹽倉、戴家石橋、楊家莊三處，添築草盤頭大壩三座，抵禦霉夏秋汛。所有前題草塘内請建大工石塘之處，目今貼岸雖有漸漲微沙，聚散無定，皆係必不可已之工，但一時難以並與，不得不暫爲寬期，陸續帶辦。其東塘自普濟菴至尖山，塘身共二千二百餘丈，原係遠年碎石叠砌，塘外坦水僅止一層，從前尚有漲沙擁護得以無恙，今歲春初潮汛所至，直掃塘身，報坍數段。目今東南二處會合，倒捲潮頭雖息，中沙漸徙，惟有東潮往來，誠恐將來伏秋大汛又有衝激，頓成險工，通塘逼近海邊，一時難以搶救。現在裏塘酌量簽釘樁木，幫闊塘面五六尺，窄處幫闊一丈，塘外坦水逐段修砌完備，其塘身石塊有鬆浮、殘缺并現在坍卸者，亦加拆築堅固，以防秋汛。此外有本年春汛東西兩塘陸續坍卸，矬裂各塘身及潑動坦水、樁石，刻不容緩，現在一面飭修，一面催造估册，及西塘添築盤頭大草壩，普濟菴以東修築塘身，西新倉加築土堤、草壩，并上年秋汛續坍、議改條石塘坦。又前題草塘内石工各項，工程確切估册，另咨送部。其去歲秋汛搶修，并東塘先後建築大盤頭草壩，又上年秋汛、本年春汛兩次趕築續坍無脚草塘，及西草塘等工，俱已完竣，當同本年正月内咨送原估、續估以及秋汛增添各工料，另於題修、歲修、搶護各案内，分別報銷。又海塘所設專官，止海防同知一員，即使往來奔走，而百里之遥，東坍西卸，晝夜靡寧，難以兼顧。且做工之際，人夫俱從鄉民僱覓，來則一時烏合，去則四散歸農，或值民間蠶農兩忙，或值昏暮風潮猝至，僱募不前，耽延時日，均足貽誤緊工。若多設別員，勢必另籌經費，即外屬遥制，亦恐呼應不靈。請將杭州捕盗同知、管糧通判二員派令分管東西兩塘，平時輪流赴工稽查，夏秋之時，親駐工所督率，仍帶辦本等事務。再設千、把總二員，兵二百名，分於東西兩塘常川做工，則寒暑晝夜，可以不致暫離於海塘，實有裨益，或亦善後之一策也。

下部議行。

六月風潮大作，海鹽縣演武場洪、荒等號至三澗寨矮石塘坍卸三十丈，總督李衛題，發帑銀二千二百八兩零修築。又謝家灣起，雪炎亭、秦駐山脚止，官土備塘一段，加高二三尺，幫寬一丈，計長九百一十五丈，發帑銀九百五十六兩零修築。

是年，鑄鎮海鐵牛五座，分置老鹽倉前、戴家石橋、山川壇、泥烟墩前、潮神廟前五處。

是年，分海寧縣石塘工歲修銀四萬六千一百三十二兩零，又搶修海寧縣石、草塘工，共用銀二萬五千四百四十二兩零。以上歲搶修，通共奏銷銀七萬一千五百七十四兩零。

九年十一月，總督、管巡撫事李衛題請續修海寧、海鹽、錢塘、平湖四縣江海塘工。

《疏》曰：浙省濱海各邑，海寧潮水横過，患在搜刷沙土，根脚空虚；海鹽潮來對衝，患在因風助勢，撼擊難禦；所以兩縣塘堤時有東修西塌之虞。而錢塘大江，直接海寧潮頭，阻遏江水，逆回衝突，堤岸亦與别處不同，若非逐年隨時相度，修補保護，稍有因循，即成鉅工。今詳細履勘，見海寧縣鎮海塔前等處塘身低狹，俱應幫闊增高，又念里亭等處潮勢甚猛，往回汕刷，塘脚必須加築坦水以護塘身，又普濟菴等處有應修塘坦，其海鹽縣南首三澗寨一帶爲石塘盡頭，當海中韭黄門，潮汐對衝，最稱險汛。雍正四年，捐築矮石塘一百丈，稍爲抵禦。今大塘脚下沙土，被潮洗刷一空，樁木露出，竟成𤫊瓏之象，危險異常。惟有仍照原基接建四十丈，方可保此一方民田、廬舍，又捐築之矮石塘及附石上[2]塘，底面窄狹，必須因地加闊。其北首天字號塘盡頭處，海潮直逼土塘，每遇東北風高，波浪汹涌，土塘潰決可慮，急應酌量頂次衝險加築石工。此外閏、餘二號夏汛裂縫石塘，并劉王廟起朱公寨止，及珠、稱等號低狹坍壞土塘，俱應搶修培護。又平湖縣獨山東西石土各塘，上年毛竹寨等處，已經衝坍三百五十餘丈，隨飭搶修，幸不蔓延，今各塘低陷窄狹之處，若不早爲培修，必致又費大工。勘明情形，不敢因循貽誤，隨查寧邑海塘、寧西草塘盤頭，矬坍塘身一千三十一丈八尺備料儹修外，其餘鎮海塔前等處，幫闊培高塘身共一千四十三丈。又念裡亭、草盤頭等處一百五十五丈，應加築大條石坦水一層，并舊塊石坦水三十五丈，應築大條石坦水二層。東塘七里廟等處五百餘丈，議將中條石築塘身，大條石築坦水，内有頂險之處，塘身亦用大條石砌築。又普濟菴迤東梁家地等處塘身二百二十餘丈，并西塘唐子千門前五丈，仍用塊石修築。海鹽縣南首三澗寨改築舊石塘八十丈，矮石塘一百丈，接建新石塘四十丈，北首天字號塘盡頭一帶，建築石塘共一千三百六十五丈，并小陡門一座，搶修閏、餘二號舊石塘一十一丈。又三澗寨塘盡頭，各附石土塘共四百五丈。搶修珠、稱、珍、李等號附石土塘四百一十八丈，加高幫闊劉王廟等處老塘一千三十丈。平湖縣獨山東西拆修石塘九十丈一尺，加高幫闊培厚土塘共一千二百九十一丈八尺，并乍浦、城西、石街等處，加高土塘一千一百四十丈，及錢塘縣徐村、梵村等處，修築坍裂江塘三百五十三丈六尺，均屬勘明確核應修應築工程。除飭取工料細册送部，一面動項給發工員速行辦料，乘此冬令潮小之候，預爲興工儹辦，統於完竣日同上年歲修已完鹽邑之洪、荒等字號報坍附石土塘九百一十五丈、平邑之茅竹寨、黄姑坊冲坍土塘三百五十餘丈等各工，一併分别造册請銷。

下部議行。

是年，分歲修錢塘、海寧、平湖江海石、草塘工，共銀五萬三千三百三十兩零。又搶修海寧、平湖縣石草塘工，共銀一萬一千四百四十八兩零。以上歲搶修，通共奏銷銀六萬四千七百七十九兩零，内除修江塘銀三千七百六兩零，計海塘項下實銷銀六萬一千七十三兩零。

校勘記

〔一〕□　原書缺一字。

〔二〕附石上　『上』疑爲『土』之誤。

敕修兩浙海塘通志卷五　本朝建築二

雍正十年七月，署巡撫王國棟題請：於寧邑華家衖草塘止處至仁邑沈家埠迤西之潮神廟，接築草塘二千一百二十餘丈，又報仁和、錢塘、海寧、平湖等縣石、草塘坍矬段落情形，請動帑修築。

《疏》曰：寧邑沿海塘工，外係活土浮沙，本年春夏，霪雨連綿，山水驟發，加之潮勢猛烈，護沙衝卸，以致東西草、石各塘，均多矬損。經臣嚴飭工員上緊搶築堵禦，惟華家衖以西之翁家埠，接連仁邑之沈家埠迤西，至萬家閘一帶地方，歷來原無草、石等塘。本年閏五月十三、四等日，上游山水驟發，滙注錢江，搏擊頂衝，此段舊沙日被坍進，以致危險異常。應先將舊土塘加培高闊，并接築草塘防護。寧邑自華家衖以西，至翁家埠接連仁邑之沈家埠等處，先將舊土塘加培高闊，又於華家衖、西新倉、周家壩、翁家埠等處，酌量外築土堤，圈入以護廬舍，但土堤鬆浮單薄，恐未能抵禦潮汐，且海塘形勢，遷徙靡常，原應隨時相度防護。今此地歷年因離海尚遠，外有沙地，未足爲虞，不期自今夏水發以後，晝夜衝刷，遂至逼臨内地，若不及早①捍衛，關係兩邑生靈匪淺。應再於華家衖草塘止處，接築柴草塘一帶，至仁邑沈家埠迤西之潮神廟東首止，計長二千二百二十餘丈，相度緩急，陸續開底建築，并建盘頭下埽防護。再寧邑春夏二汛矬陷草塘七百二十一丈七尺，當飭分别修築。再無脚草塘二百六十餘丈，亦并開底拆築，并於危險之草菴前一段，建貼心盤頭一座，以迎水勢，及華岳廟、錢家阪、小墳前盤頭、雁翅、浦兒兜盤頭，東西兩角、張爲三門前坍塘一十九丈，西南八圖孫家亭後坍塘二十丈，暫用草柴搶堵。又東塘、沈月明西塘、月明菴等處，坍卸塘身一百九十六丈六尺，請照前督臣李衛題定條石塘坦之式修砌，并築一二三四層條石坦水，已飭先行興工。又陸續坍卸之東塘、新菴西等處舊塊石塘身工段，共計二百一十七丈七尺，西塘、浦兒兜、盤頭、東塘身六丈，及修補坦水并堵築白墻門、秧田廟盤頭，又霉伏二汛坍矬各段草塘，共計七百二十六丈五尺，飭員相度修築，務期工有實效，保護無虞。再平湖縣獨山字號舊石塘一十四丈，現在矬裂，亦應一例拆築。再錢邑江塘定北四圖俞士品地前坍塘四十一丈，被潮冲刷，亟應添樁加層。又自徐、梵二村并诸橋起，至獅子塘頭止塘身，上下間有翻倒，蓋石拔去，石塊將來恐有衝坍，亦應亟加修築。

下部議行。

按：草塘工程，自康熙六十一年，巡撫屠沂奏稱，前撫臣朱軾題，准於浦兒兜等處建築石塘一千三百四十丈，内有土性虚浮不能安石者，請暫築草塘，以資堵禦，遂於老鹽倉五百丈石工迤西，另建草塘千餘丈，歷年加修，殆無虚日。其地皆在寧邑，故仁邑未嘗有修築草塘事。至是，署撫臣王國棟以上游水發，西塘老沙衝刷，題請接築草塘二千餘丈，其塘半屬仁和，半屬海寧，此沿及仁和修築草塘工程之原委也。

十二月，總督程元章爲查勘海塘情形入奏，奉旨：『大學士鄂爾泰、張廷玉、朱軾會同總督李衛、尹繼善詳議具奏。欽此。』

是年，分錢塘、海寧、平湖三縣歲修石塘工，銀二萬八千九百七兩零，又搶修仁、寧二縣石、草塘工，共銀一十四萬四千六百七十八兩零。以上歲搶修，通共奏銷銀一十七萬三千五百八十六兩零，内除修江塘銀二千二百五十兩零，計海塘項下實銷銀一十七萬一千三百三十六兩零。又雍正九、十兩年，分歲修海鹽縣塘工，共用銀六萬三千一十九兩零。以上九、十兩年江海塘工，通共報銷銀三十萬一千三百八十五兩零。後經部駁核減實，准銷銀二十九萬八千四兩零。

十一年正月，大學士鄂爾泰等遵旨集議，奏請欽簡大臣往浙詳細查勘。

《疏》曰：臣等會議，得浙江總督程元章奏，稱『海寧縣東西各塘，近日潮勢危險，實有倍於往昔。查各處海潮，俱係暗長，獨浙江之海寧縣，因江海相交之處，尖山入口束隘，激起潮頭，江水東來，海潮西去，席卷奔騰，逆流而上，故與他處情形迥異。歷來東西兩塘各處工程，因潮汐遷徙靡常，故修築堵禦不一。今據稱今年夏秋潮勢自東而西，竟侵入仁和縣界二十里。臣等查核檔案，寧邑東塘向有修築石草、條石、塊石各塘，西首現衝之仁和縣界内原係土塘，歷年未有石草各工，此離杭城後身僅二三十里，且與長安壩下河向北一帶低窪之處相去不遠，設有疏虞，建瓴而下，有關杭、嘉、湖、蘇、松、常六郡利害。是今日之險，以西爲急，自應速爲修築，以備春伏大汛。但各處塘工，止有土石之分，獨寧邑又有草工者，蓋緣潮勢沙性，俱與北首之海鹽、平湖，南首之蕭山、會稽、山陰、餘姚等縣不同。其地沙活土浮，根脚既不堅實，潮頭又從根脚之下，横逼深刷，來去蕩摇，晝夜兩次，快水回溜，專搜塘脚，即使大石鋪砌，塘身堅厚，而脚根一鬆，上重下虚，最易傾側。故土性堅實之處，尚可修築石塘，遇沙土浮鬆，只得修築草塘，暫爲堵禦。此三項工程，在石塘則苦於辦石艱難，河海轉運，曠日遲久；土塘又苦於取土之處遠，則工費浩繁，近則塘身單薄，且多民間農桑、廬舍，無曠土可採；草塘則止堪堵禦一時，每年必須加鑲，而潮汐、鹹水、夏秋霉黰，數年之後，易至墊朽。是三者，各有難處，而因時設法，分别緩急，隨地制宜，又皆必不可少之事。應逐一詳加查勘，趁春間潮小之時，將應行補葺修築工段，即於藩庫内酌動正項錢糧，相機儹築，多備物料，以禦潮汐。其通盤相度形勢，籌畫機宜，應作何修築，以垂久遠之處，應俟欽簡大臣前往詳細查勘，再行定議。』又據奏，稱『今歲增修添築塘工，用帑十五六萬，晝夜搶修，始保無虞。庫存捐項用完，動支歷年用存恩賞備公，現在添築草塘及補修各工，動用浩繁，莫如照從前海塘事例仍開捐納，以資經費。』查浙江海塘，從前原有捐納貢監一途，但恐捐納者少，於事無濟，應酌量許浙江、福建二省之人，就近赴捐，並於貢監之外，增添封典、加級紀録，及雜職吏員，即用等項。令該督酌定條款具題，到日再議。再查各項工程，俱應及時修築，所需經費，甚屬緊要，若俟開捐交收動用，誠恐緩不濟事，應於藩庫先動正項錢糧，一面奏聞，一面即行辦理。所動藩庫錢糧，即以捐納之項抵補。又據奏，稱『塘工尤須熟練强幹之員，現任杭捕同知李飛鯤，塘工尚屬諳練，令專管海塘，以專責成。』查西塘工程甚急，李飛鯤應令專管西塘，庶爲相宜。又據奏，稱『分撥之佐雜、千把總等員，若臨時委調者，非係熟諳，於事無益，今在工數員再加揀選，發工效力，俟有功績，另請議叙委用。』查海塘關係重大，該督身任責成，一應在工道廳、佐雜、千把等官，俱聽該督選擇、改換、委任，將來不致推卸，庶於工程有益矣。

奉旨依議。隨命内大臣海望、總督李衛赴浙查勘海塘，大理寺卿汪漋、原任内閣學士張坦麟前往承辦。

二月，内大臣海望等題明增修海鹽乍浦土備塘，現在興工。

《疏》曰：臣海望、臣李衛於二月初八日抵浙江省，會同總督程元章，由杭州南門外至海寧縣沿塘履勘，其翁家埠、尤家閘緊要塘工，已委專員搶修保護。春汛至，通盤工程應如何設法料理之處，俟將對岸形勢查勘明悉，另行確議具奏外，又查海鹽一帶塘工，自澉浦起至乍浦止，内有海鹽近城一段舊築之塘，全用大石縱横叠砌，最爲堅固，惟塘脚下間有微露樁頭之處，似應添坦石保護塘址。其上下兩頭新築石塘，石塊雖小，尚屬整齊，惟附塘之土稍覺卑薄，應行加高培闊，以護塘身。其塘内相去數十丈，有土備塘一道。臣等逐段查閲，有塘面雖闊而塘身尚低者，有塘身雖高而塘面甚窄者，俱應分別增修，其有未築土備塘之處，亦應一例補築。此項工程較之海寧、仁和，似可稍緩，而體察民情比他處爲獨。查上年海鹽、平湖等縣，偶被蟲灾，秋收歉薄，乏食窮黎，雖賑恤而米糧未能充裕，小民謀食尚屬艱難，幸而今年春苗暢茂，麥熟可期，二三月間，正值青黄不接之候，藉此工程，庶可接濟民食。臣等仰體聖懷，業經派出專員興工修築，俾窮民得以傭工餬口，不特於塘工有益，且於民食有資，所需工價銀兩，約計二萬有奇，可以敷用。又查海寧米價，每石一兩六七錢不等，今夫役畢集工所，恐致市價益昂，現將永濟倉存貯米穀二十餘萬石内，酌量撥運海塘，給工價銀兩扣除藩庫，俟秋收後買補還倉，庶米價可以漸平，而小民更沾實惠矣。

下所司知之。計海鹽土備塘，自行素菴起，至澉浦西山脚止，加高幫闊一萬四百七十九丈五尺，附石土塘北自赤家港起，南至三澗寨止，加高幫闊二千八百十七丈五尺，共用銀二萬二千三百七十二兩零。又建築石塘脚下坦水十二段，自落水寨起，南至三澗寨止，長三百六十六丈五尺。又拆修壹體字號石塘二十六丈，共用銀一萬三千三百二十兩零。又修平湖縣舊土塘，自乍關鎖鑰起，至海鹽縣交界止，共長一千五十九丈，附石土塘長一千九十七丈三尺，共用銀二千二百六兩八錢零。

三月，内大臣海望等備陳江海情形，請於尖、塔兩山間建立石壩，并請改建大石塘，又於舊塘内添築土備塘一道，又請添設道員、同知、守備、千、把總等官，增兵八百名。

《疏》曰：臣等渡江，由紹興府所屬之蕭山縣并河莊山等處，將浙省江海情形詳加查閱。看得江海之門户不同，水性各異，水道之遷徙靡常，其中有人力所能爲者，有人力所不能爲者。凡人力所能爲者，自宜分别緩急，次第興修。今將臣等管見，敬爲我皇上陳之。伏查江海之門户有三：省城東南龕、赭兩山之間，名曰南大亹；禪機、河莊兩山之間，名曰中小亹；河莊之北，寧邑海塘之南，名曰北大亹。此三亹形勢，横江截海，實爲浙省之關闌也。再查江海水性，凡海皆有潮，潮皆暗長，惟浙省之潮與他處不同。蓋緣海潮自東而西，江水自西而東。每遇春秋、朔望，潮汐盈滿、江流陡發之時，互相搏擊突起，潮頭勢甚雄捍，若再遇颶風，勢必汹涌。故歷來爲患者，雖在於潮，而所以助潮爲患者，又在於江與風也。再查江海水道，惟中小亹適當南北兩岸之中，江水海潮若由此出入，則兩岸無虞，但中小亹地面不及南北兩大亹之半，且山根餘氣，似若綿聯，潮過沙淤，偶通旋塞，所以不徙而南即徙而北。然徙南則南岸尚有龕、常等山連絡捍衛蕭山一帶，或有冲刷之處，爲患猶輕。若徙北，則北岸僅有塘堤爲之備禦，倘有潰溢，關係甚鉅。今查南大亹，早已淤爲平陸，數十年前，尚有中小亹出入，嗣後，逐漸徙至北大亹，故年來北大亹之桑田、廬舍已成滄海。若欲遏抑江海之狂瀾，使其仍歸中道，恐非人力所能爲者。臣等出京時，曾面奉諭旨『爾等到浙，詳細踏勘，如果工程永固，可保民生，即帑金千萬，不必惜費。欽此。』臣等凛遵聖訓，細加詳勘，凡於海塘有益而人力可施者，靡不悉心籌畫，以仰副聖懷。今公同看得海寧之東南，有尖山聳峙，鎮鎖海口，其西有一小山，俗名塔山，相去百有餘丈，水底根脚相連。尖、塔兩山之間，相傳向有石壩堵截水道，有此壩石，北岸護沙時坍時漲，後被修塘人役誤取其石修補塘工，北岸之沙至今有坍無漲。臣等相度情形，現在江水大溜緊貼北塘，直趨尖山、塔山之間而出，引入海潮衝激塘身，護沙日卸。伏思水來沙去，水去沙來，理固有之。若於尖、塔兩山之間，照舊堵塞，使江水海潮仍向外行，則北岸護沙可望復漲。果能北漲，自必南坍，水道亦可望其南徙。但春夏之交，潮汛正大，難以興工，俟冬初水落，擬用石塊設法填塞，似猶人力所能爲者。至於仁、寧二邑海塘所有應修、應築工程甚多，一時難於並舉，自應分别先後，逐漸興修。其自華家衖以東、尖山以西一帶塘工，有草塘并條石、塊石塘不等，内有大學士朱軾於巡撫任内修築之石塘五百丈，完固無損。又新建之條石塘，石塊雖小，尚屬整齊，均無庸修補。其餘塊石、柴草各塘，以及翁家埠、萬家閘，去年冲塌之處，有已經粘補者，有現在動工修築，加謹保護者，但草塘易於朽爛，塊石舊塘亦易坍塌，若使僅僅粘補，年年搶修，歲需錢糧盈千累萬，積至數年不可勝算，而塘工之單薄危險如故，非經久奠安之計，似應改建大石塘，庶可垂之永遠。所需工料，約銀一百八十餘萬兩，所用夫役、木石及運送船隻等項甚多，即使用力趲修，非歷數年之久不能告竣。伏查總督臣程元章業經奏准開捐以資經費，若儘其所收銀兩，按年動支修築塘工，漸次可以告竣，而國帑亦不致糜費。且臣等現議堵塞尖山水口，若既堵之後，果能沙漲護塘，則石塘可以不必改建，倘尖山既堵，仍無漲沙，再行改建，似亦未遲。惟是翁家埠一段草塘，其地脚係活土浮沙，恐難釘樁砌石，或仍用草工堵禦，雖須時加粘補，而地面不過十餘里，每年所需無多，至塘内地勢低窪及塘背附土單薄之處，現今即應培補。所需培補之工沿塘或無官地挖取，應照河工之例，交與地方官逐段確查，酌量購買民田應用，仍將所買民田額徵錢糧查明題豁。又查雍正二年，風潮偶大，海水漫溢塘面，損傷民田、廬舍。臣等切思驟雨狂風，不能預測，若僅此一層堤岸，未爲萬全，且現在石、草舊塘，一時未能改築，應請於海塘之後添築土備塘一道，比舊塘再高五六尺，務令於今年秋汛以前上緊趲築完工，萬一風潮泛溢，有此備塘抵禦，可以護衛。再查仁和至乍浦一帶海塘不下三百里，若無專管人員，將來不無廢弛之患。前經題委杭嘉湖道一員帶管工員，非其專責，所設杭嘉海防同知二員、千、把總各一員、兵二百名，亦恐照料難周，應請專設道員一員，添設同知一員、守備二員、千總三員、把總七員、兵八百名巡查照看，隨時修補，可以保固。塘工除現在搶修工程，并粘補石、草舊塘，以及萬家閘外，修築衝卸水口所用錢糧，仍令於本年歲修案内核銷外，所有堵塞尖山水口約需工料銀六萬三千五百餘兩，新築土備塘一道約需工料銀十三萬五千四十餘兩，培補舊塘土身約需工料銀二萬一百九十餘兩，三項共約需銀二十一萬七千七百三十五兩。又添設官弁，每年約需俸餉銀一萬三千七百九十八兩餘，米二千八百八十石。以上議修工程及請設官弁之處，如蒙皇上俞允，臣等另行逐細核估具奏。

奉旨（恭紀首卷）允行，并命於中小亹開挖引河，以分水勢，計新築土備塘一道，自寧邑龜山脚下起，至仁邑李家村止，共長一萬四千四十八丈五尺，塘身底寬五丈，頂寬二丈四尺，內建石閘四座，東塘聞道菴、念里亭各一座，西塘董石灰橋、荆煦廟後各一座，涵洞十七座，東塘掇轉廟二座，陳文港、車子路、尖山運河、雙叉港、蘇木港各一座，西塘楊家莊、天開河各二座，馬牧港、翁家埠、杭宅壩、三角田、曹殿壩、萬家埠各一座，木橋二十六座，東塘十一座，西塘十五座，填河池坑漊湊長一千八丈五尺。又自李家村至接塘頭老土塘加土四千九百五十六丈，內修建舊閘四座（雙潭閘、萬善閘、王家閘、潮安閘），舊涵洞三座（陸家跳涵洞、太平涵洞、青龍涵洞），共分七段：第一段温州府同知徐崑承築；第二段原任玉環同知胡啓敏承築；第三段遂昌縣知縣許藎臣承築；第四段原任永嘉縣知縣羅秉禮承築；第五段寧紹分司汪德馨承築；第六段候補同知施上治承築；第七段即培築李家村老土塘，杭州府通判張偉承築。閘座、涵洞、東塘，原任翰林院侍讀學士陳邦彥、温州府同知徐崑承築。西塘，原任翰林院檢討陳世侃、候補同知施上治承築。填塞坑漊，縣丞劉世傑、場員張蒝等委辦。於雍正十一年十月開工，十二年三月報竣，用過工料銀一十三萬六千七百二十九兩零。

四月，內大臣海望等條奏浙省塘工修築事宜，請將本省廢員及紳衿子弟情願效力者，令督臣揀選派委，一應給發工價銀兩，請採買米石，兼放其添設官兵，轄隸道廳，營弁分管分派駐扎處所，并建衙署營房，令督臣揀選諳練人員補用，又題估應築石草各工工料銀兩。下部議行。

部覆：內大臣海望等奏稱：『臣等前將浙省仁、寧二邑海塘應修工程，繕摺具奏，奉旨准行。今臣等伏思浙省海塘，工鉅費繁，關係重大，必須經理得宜，始於塘工有益。謹將修築事宜，酌議數條，恭呈睿覽。一分管工程人員，宜揀選酌派也。查浙省現任佐雜等官，各有別項差遣，即發往委用，人員亦恐不敷調派。臣等在浙時，有本地廢員及紳衿子弟，情願自備資斧請效力者，其中不無可用之人，應令總督程元章酌量派委。』應如所奏，令程元章揀選家道殷實、才堪辦事之人，酌量派委，果能實心辦事，於工竣之日，該督分别等第，出具考語，具題請旨議叙。『一給發工價銀兩，宜採買米石兼放也。上年浙省仁、寧等縣秋收歉薄，現在米價未平，今興修大工，夫匠雲集，恐致市價益昂，應令總督程元章即於臣等估計修塘工價銀内，酌量動支銀數萬兩，遴員於米賤地方採買糧食，運送工所搭放，人夫既得均沾實惠，而本地米價不致昂貴。』應如所奏，令該督作速給銀，委員採買撥放，仍將搭放銀米數目，於題銷册内分晰造報。『一添設官兵，宜專責成也。臣等現議設立道員一員，應加以海防兵備副使道職銜。凡海塘文武官兵，俱聽調用。其沿海州縣等官，亦令兼轄兵役。新設守備二員，應分左右二營，將原設、添設之千總四員、把總八員、外委十六員、兵一千名，分隸二營管轄。』應准其將新設道員一員，加以海防兵備道銜，將海塘文武官兵聽其調用，並兼轄沿海州縣等官，其官弁兵丁分管事宜，仍令造册送部查核。『一官兵駐扎，所宜分派也。查海寧爲沿海州縣適中之地，應令道員駐扎寧城，以便查閲工程。至同知三員，除管理海鹽乍浦塘工，同知一員仍照舊駐扎乍浦外，應將原設同知一員駐扎寧邑，添設同知一員駐扎仁邑，各就近經管，不時查看。左營守備一員，駐扎海寧之東；右營守備一員，駐扎海寧之西，酌量分界管理。千把總等官，各照要緊地方分段汛防。至兵丁，俱於附近海塘處所均派居住。』應准其將新設道員駐扎海寧，其餘官弁駐扎地方，兵丁派防汛界趾，仍令逐一分晰造册，咨部查核。『一官員衙署營房，宜建設也。道員、同知、守備等官衙署，應令總督程元章查明，官房撥給，如無官房之處，另行估計建造。千把總、外委、兵丁營房，共應建一千六百二十八間，再於仁寧一帶建造堡房四十間，海鹽乍浦建造堡房二十間，共需銀一萬三千三百八十四兩。着該督酌量動支蓋造，至所需器械、軍裝，應召募齊全，令該督照例料理。』應如所奏，道員、同知、守備等官衙署，令該督查明撥給，或另行估建，器械軍裝，俟召募齊全，照例製造，工完之日，一并造册題銷。『一宜揀選諳練人員，以收實效也。浙省海塘現在興工，必得熟練之員，方能辦理妥協。查杭嘉湖道王斂福題委兼管塘工已經五年，請調補海防兵備道，俾得駕輕就熟，似於工程有益。其杭州海防同知吴弘曾、乍浦海防同知盧承綸，令照舊供職。所有新設海防同知一員，查杭州捕盗同知李飛鯤，在工年久，熟諳情形，請即調補。再新設左營守備一缺，查千總尹世忠，歷練勤勞，請以陞授。所遺千總員缺，即以現在塘工之把總張明拔補。尚有右營守備一員、千總三員、把總八員并外委弁員，令該督於通省武弁内揀選。』應准其將杭嘉湖道王斂福調補。新設海防兵備道杭州總捕同知李飛鯤，准其調補。新設海防同知尹世忠、張明，並准其補授。其右營守備、千把、外委等官，俱令該督於通省内揀選。『一所用錢糧，宜核實報銷也。臣等現議修築石土塘壩所需工料、銀兩，俱係約略估計，如所估工料等費或有不敷，令該督程元章題明加增，如有餘剩，俟工程告竣，據實報銷。其應用錢糧款項，亦令該督題明動用，仍將估計工料銀兩數目另繕單恭呈御覽。查工料單内，自尖山起至萬家閘新築大石塘，共長一萬四千二百九丈，内除舊有石塘四千二百八丈六尺不築，净長一萬丈四尺，共用物料工價銀一百七十萬一千七百四十四兩九錢零。又自龜山起，至李家村，新築土備塘共長一萬四千二十七丈六尺。又李家村至斷塘頭舊有老塘四千九百五十六丈，今酌量地勢，增高加闊，新建閘四座，新建涵洞六座，新建木橋六座，以上五項共用銀十三萬五千三十九兩零。又堵塞尖山水口，自尖山至塔山約一百二十丈，俱用石塊堵砌，其塊石須用木筏裝載，共用物料工價銀六萬二千四百九十一兩零。又尖山起至萬家閘石草塘共長七千九百丈八尺，背後附土加寬增高計二百二十八段，共長一萬四千六百四十七丈五尺。其附塘各段，低薄不等，酌議加寬增高，取土買民地，共用地工價銀二萬一百七十四兩五錢九分零，通共約估銀一百九十一萬九千四百四十九兩四錢二分零。』應如所請行，令該督將浙省應修應築石土塘閘、橋座、涵洞等工，遵照所奏事理，酌量工程緩急，分别先後，照依所估銀數，一面動支給發，承修各員上緊辦料、募夫、修築，務期如式堅固，以垂永久，一面將動支錢糧款項聲明具題，如所估工料等費不敷應用，亦令將不敷銀數題明加增，倘有餘剩，於工程告竣之日，據實照例，造具清册，於題銷疏内聲明具題查核可也。

八月，内大臣海望奏請揀發旗員，協辦塘工。

《疏》曰：臣等往浙查勘海塘情形，相機修築，前經定議，覆奏：昨接浙江督臣程元章寄臣字，内稱本年六月二十一日，潮水撲上塘面，以致草石舊塘間段坍卸，現於塘身後面，加高培厚，未致冲淹。看此情形，總因從前工未堅固，監修人員每多草率所致。凡修築堤工，必須夯硪如式，樁釘長密，培石堅固，管工人員時刻不離工所，親身坐守，工程始得堅固。前臣帶往浙江監修海塘之内務府御史偏武、員外郎訥青額，因不服水土，隨臣回京，只留員外郎穆克登額一人在浙。臣思工程甚多，雖有前派官員，恐未敷用，若仍委内務府人員前去，又恐道途遥遠，耽延時日。臣前在浙時，見旗員内尚有可用之員，仰懇敕諭浙江將軍阿里衮、副都統隆昇就近選派旗員數人，與在工人員一同坐守監修，仍令將軍、副都統協同總督等不時稽查，則做工人役不致怠玩，而工程亦得永固矣。

奉旨允行。監修土備塘，自斷塘頭至李家村，滿洲鑲紅旗防禦雅森秀。李家村至翁家埠，滿洲鑲藍旗佐領佛寶。往翁家埠，至老鹽倉，漢軍正藍旗防禦董大德。老鹽倉至海寧縣西門，漢軍正白旗驍騎校富魁。海寧縣西門至九里橋，蒙古正黄旗佐領桑格。九里橋至東新倉，漢軍鑲黄旗防禦汪有言。東新倉至尖山脚下，滿洲鑲黄旗佐領巴金太監。海寧縣東至尖山石、草、土各塘，滿洲正紅旗佐領長壽。西至萬家埠石草土各塘，漢軍正藍旗防禦劉志奇。

十二月，總督、管巡撫事程元章題報本年仁和、海寧、平湖、錢塘四縣江海各塘坍矬段落情形，請動帑修築。

《疏》曰：浙省仁和、海寧等縣石草塘工，濱臨大海，潮汐江溜，晝夜冲刷，兼係浮沙活土，根脚鬆虚，最易坍陷。且海中漲有南沙一道，横亘東西，以致潮溜日迫塘身，大汛屢有坍塌工程，甚關緊要。經臣屢次會同大理寺卿汪漋、内閣學士張坦麟詳加察看，行令趕築土堤，加築柴塘、草壩，以資捍禦。查海防同知吴弘曾員下，自本年春季起，至夏季六月十八日，共報坍塌草塘七十餘段，共長三千一百九十餘丈。又盤頭、雁翅七段，共長二百餘丈，其塊石塘自本年春季起，至七月二十一日，共計坍塌一百八十餘段，共長一千二百餘丈。又潑壞坦水共長七百七十餘丈，盤頭五座，共長八十餘丈。又杭州府通判張偉員下萬家閘，冲卸水口，接築柴塘至俞爾英竹園，計長一百三十餘丈。又吴宏曾員下自六月十八日起，至秋汛九月底，續報坍塌草塘三十餘段，共長一千四百九十餘丈。又盤頭、雁翅六段，共長一百七十餘丈。又自七月二十一日起，至九月底，坍塌東塘塊石塘十段，共長五十餘丈。又殳家廟東至邢家門前，加築防風堤一帶，共長三百七十餘丈，又築土堤一道，共長二百四十餘丈。又平陷、許鳳其門前等處中條石塘六段，改築草壩，共長二百二十餘丈。又西塘海防同知李飛鯤員下，自六月二十一日起至九月底，坍塌草塘四十段，共長七千一百餘丈。又盤頭、雁翅四段，共長五十餘丈。又接築俞爾英竹園起至李家村草塘，共長二百五十餘丈，又坍石塘四十餘段，共長三百五十餘丈。報坍段落，俱遵照營造尺量算，將來估計工料，亦照營造尺估算。再平湖縣報修服字號石塘一十五丈零，又自益山脚起至獨山司城加培土塘十四段，計長七百八十餘丈。又六月二十等日，風潮冲損獨山文、乃、位、讓等各號土塘二十餘段，共長三百餘丈，俱不在欽差内大臣海估計加培土塘案内之工，應在歲修案内報銷。又仁和縣總管廟前坍塌江塘一十餘丈，錢塘縣梵村、午山地前等處，各有坍塌江塘共七十餘丈。以上各處工程俱屬緊要，嚴飭在工各員上緊修築保固，毋許疏虞浮冒，并飭取勘估確册，另行咨部。

下部議行。

十二年二月，總督程元章奏稱尖、塔兩山間，難以築壩堵塞，中小亹難以開挖。奉旨：『大學士鄂爾泰會同海望閲看。欽此。』隨經大學士鄂爾泰等議上。

《議》曰：浙省海塘，偶被潮患，仰蒙睿慮，念切海疆，特命臣海望、李衛前往浙江，會同程元章踏勘情形，相機修築。隨看得海寧之尖山水口，爲海塘致患之由，請於冬初水落，擬用石塊設法堵塞，既堵之後，如果沙漲護塘，則石塘可以不必改建。奉諭旨『石壩建後，即有漲沙，石塘仍應改建』，此誠我皇上加惠浙民，務期永遠奠安之至意。是堵塞尖山水口與改建石塘，理應詳悉籌畫，分别緩急，次第興修者也。乃該督程元章於上年水落之時，既不遵照辦理，又不預行奏明，今稱石塘現在辦運物料，即擇吉開工，其尖山水口勢難堵截。查尖山水口，既不能堵截，則江溜海潮勢必緊貼塘身，奔騰冲激，即欲改建石塘，亦難釘樁叠砌，縱使塘身建就，而塘脚之下，洪濤巨浪晝夜刷洗，又何以保固？此不塞水口，而遽議建塘，實屬先後失宜，緩急倒置，事之斷不可行者。若該督以前原估石塊六萬餘方不敷堵築之用，查原估工料本係約計之數，已於前奏聲明，該督何難再行確估，題請加增。若以塊石散抛，恐其隨波漂蕩，查原奏内原有設法堵截之語，或製造木籠竹簍，或購買舊船中貯石塊外，用鐵練聯成一片，是彙小石而成大石，亦難輕易撼摇。至該督稱堵塞之後，江海回溜，兩邊遏抑尖山之後，必有泛溢。臣海望等赴浙時查勘，尖山至塔山延長不過一百餘丈，外面即係大洋。如果堵塞此口，不獨大溜將歸中道，必不至有泛溢，而水去沙留，石壩即轉資以爲固。修建石壩原創自前人，繼毁於官役，今欲復舊制，具有成規，似較之謀始者難易猶有間也。其開挖引河之處，係奉諭旨，相度地勢，酌量辦理。今該督程元章等既稱引河難於開挖，尖山難於堵塞，則如何捍禦潮勢，保護塘工之處，是應及早商辦，以備不虞，乃漫無成見，並不置一辭，是意本畏難，遂束手無策，恐事再遲延，成功愈不易矣。臣等公同酌議，應仍令程元章等再於中小亹詳加踏勘如何施工疏濬，即令妥確定議具奏。至尖山水口，實係海塘受患之由，不獨臣海望、御史偏武、翁藻等親勘形勢，以爲應行堵塞，即訪之紳士并土着居民亦衆論僉同。若不亟爲舉行，則歷年徒費錢糧，於塘工無補，亦應交與程元章等，於今年九月以前，將應用物料購辦齊全，仍俟冬初水落，遵照原議設法堵塞。其應需工料銀兩，如原估數目不敷，即詳細確估奏明加添，毋存惜費省工之見，致誤興修堵築之期。

奉旨（恭紀首卷）依議。因命副都統隆昇、總理海塘事務、御史偏武協辦。

三月，總理海塘、副都統隆昇等題請派撥旗員、兵丁，分別段落丈尺，開挖引河，務期速爲完竣。又言南港河一道，施工較易，應并疏濬。隨經大學士鄂爾泰等議覆。

《議》曰：近據浙督程元章等奏報：『尖山水口，勢難堵截，中小亹引河，亦難開挖。』經臣等議，令程元章等再於中小亹詳加踏勘如何施工疏濬，即妥確定議具奏。至尖山水口，亦令程元章等於今年冬初水落，遵照原議設法堵塞。奉旨依議。程元章毫無確見，今將海塘一應工程，着隆昇總理，欽遵在案。今副都統隆昇等稱：『河莊等山，東首舊有南港河一道，柴滷船隻不時往來。今西首沙淤者，僅一十五里，挑濬甚易，所費甚小。當同總督商酌，游移未定，隨傳齊固山、章京等商酌，不獨各旗員情願效力，即兵丁等俱踴躍争先。如開挖成港，自應開報錢糧，倘無成效，昇等情願捐資。』查海塘工程，向係交與程元章總統料理，而程元章遲疑瞻顧，不肯擔承，是以隆昇等有議令滿兵開挖之請，今一應塘工業奉諭旨，着隆昇總理。其南港河，如果可施工疏濬，毋庸資藉駐防兵力，應令隆昇酌量僱募夫役，相機挑挖。仍令將軍阿里衮派撥弁兵督查，其所費工價錢糧，事竣核實報銷。至所稱海塘各工，惟尖塔兩山爲最險，自宜并力堵塞，與臣等原議吻合，應令仍照前議行。

奉旨允行。

五月，總理海塘、副都統隆昇題報開濬中小亹、南港兩處引河工竣。

同日，奏引河善後事宜，請造混江龍、鐵篦子等器具，並用夫撈淺，陸續疏刷。又於是年八月，請將添設海防通判一員，駐扎河莊山，專司疏濬兼資彈壓，并請撥外委千總一員、馬步兵二十四名，輪流防守疏濬，議覆准行。至次年三月，浙閩總督郝玉麟復題撥海塘兵四百名，駐扎引河常川挑濬，計開挖中小亹引河一道，西自淡水埠起，東至鹽滷埠止，共長三千七百九十餘丈，面寬十二丈，底寬二丈，深一丈至一丈四五尺不等；北大亹南港一道，西自大坍灣起，東至分金埭止，共長二千七百丈，面寬四丈至十丈不等，底寬六尺，深四五尺至六七尺不等，共用銀五萬五百五十兩三錢。

八月，總理海塘、副都統隆昇、御史偏武、監督汪漋、張坦麟等題請於尖山西首文武菴左右，先築雞嘴挑水浮壩，以擋水勢。

《疏》曰：查勘兩河工竣之後，西塘自萬家閘、翁家埠、老鹽倉至楊家莊一帶險工，貼塘沙漲五十餘里，現今霉汛大雨以來，西塘平穩，尖山水口尚未堵塞。查原奏内有設法堵塞之語，臣等預爲設法，在於貼接尖山外口，由東南而至西北，用樹木扎筏横斜，先暫築雞嘴挑水浮壩一道，以順擋潮水之入。再就尖山西首于文武菴左右，由西北而至東南，用樹木扎筏横斜，亦先暫築雞嘴挑水浮壩一道，以順擋江水之出，應用大樹掛錨，用柴捲埽，内帶石土釘砌，使兩道浮壩相對於外，尖山、塔山包羅于中，以便在尖山脚下用竹簍盛石，挨砌層層，施工堵塞。但臨期或有因時變通修用物料之處，容臣等設法料理可也。

奉旨：『辦理俱屬妥協。欽此。』計雞嘴壩一座，自雍正十二年九月開工，至本年十二月工竣，長一百十九丈，用過工料銀四千三百四十九兩零。

十月，總理海塘、副都統隆昇、御史偏武、監督汪漋、張坦麟等題報堵塞尖山水口石壩，於九月二十二日開工，并奏明江溜湍急，淺深難定，請增估石料夫工，俟工完另報。

《疏》曰：尖山之工，謹擇於九月二十二日，祀神開工，第原估自尖山脚下至塔山約長一百二十丈，内三十丈均深四丈，九十丈均深九丈，底寬俱十丈，頂寬俱三丈，上年測量係潮塞之時，從水面核算。今臣等相度水勢情形，當以滿潮尺寸爲準，再共丈量，實長一百八十二丈。其頂應加寬一丈，均深應加高二丈，其底應加寬四五丈不等，較原估石料、夫工須得增添，今儘現運石料先行堵塞。在内山水口，豎插標竿於水中，用船下石於尖山脚下，或用塊石，或用竹簍盛石，挨砌推墊。若遇急溜處，用鐵錨、鐵鏈角掛纜，酌量安放，但勢處海口，潮汐往來，江溜湍急，水口下石，淺深不一，似難按方定準，容俟催辦齊全，堵塞工完，另行奏報可也。

奉旨(恭紀首卷)允行。所築石壩於雍正十二年九月開工，至十三年十一月大學士嵇曾筠奏請停止，共堵一百二十丈，用過工料銀五萬一千五兩五錢零。

十一、二兩年，分修築仁、海、鹽、平四縣江海石草塘坦各工，共奏銷銀八萬三百六十一兩零。

十三年三月，總督銜兼管巡撫事程元章題報十二年仁和、海寧等縣石草塘工陸續坍矬段落情形，下部議行。

部覆：總督程元章疏稱：『浙省仁和、海寧等縣石草塘工，潮汐晝夜冲刷，塘脚多係活土浮沙，最易坍矬，工程甚關緊要。臣屢次親往察看，行令及時搶修鞏固以資捍禦。今據署東塘海防同知張偉等册報，雍正十一年、十二年坍矬草石塘工，又據杭州府知府秦炌册報，轉塘、上前等處坍卸江塘，除經嚴飭在工各員及時上緊搶修保固，毋許疏虞浮冒，并飭取勘估確册，另行咨部，俟工竣取造實用細册報銷外，所有江海各塘坍矬段落情形，理合先行題報。』查仁和、海寧等縣坍矬應修、應築草石、雁翅各項塘工，共長六千二百八十餘丈。該撫既稱『嚴飭在工各員及時上緊搶修保固，毋許疏虞』，應如所題，行令該撫一面將前項坍矬塘工應用工料細數先行據實確估，造册送部，一面飭令承修之員作速上緊修理堅固。工完，照例造册，具題查核可也。

五月，總督銜、管巡撫事程元章題請海塘事宜定例，以便永遠遵守。

《疏》曰：浙省海塘，關係重大，全藉塘工堅固，以資捍禦。兹據布政司張若震條議具詳，臣詳細籌酌，逐一確議，敬爲皇上陳之。一海塘錢糧，宜分案具領也。查塘工錢糧，關係國帑，而修築工程亦各有段落丈尺，若將數案銀兩任由承辦之員一總領回，通融辦料，則工程遠近不一，貯料地方不同，那東掩西，易滋弊竇。應請嗣後凡承修工程，務須專案赴司具領，不得將數案銀兩彙成一處，亦不許借通融辦料名色，任意那動。領回之後，已辦何等物料存貯通報上司，以便不時委官盤查。倘有虧空那掩情弊，立即嚴參治罪。一海塘保固，宜分別限也。查築塘捍禦潮汐，自應明立保固限期，以專責成。但近日仁和、海寧地方江海，直逼塘脚，潮汐晝夜兩次往回冲刷，又加以土鬆沙浮，坍卸靡常，實屬險要。且塘堤有土石、鑲草之不同工程，有平險、最險之各異，若不逐一分晰，止以平穩險工，定一年、二年之限，尚有疏漏。查新築之土備塘，係在石塘之内，既不擋抵潮汐，亦無江水搜刷，應照不險工程例保固三年。其新築條石、塊石各塘，皆因海潮江溜，日夜衝激，塘身坍矬，始行改築，均係險要處所，應仍照原議各保固一年。再拆底草塘，緣下係活土浮沙，不能建築石塘，而柴草非木石可比，日浸海水，易於朽爛，勢難經久。又附石土塘，緊靠塘身，每遇夏秋潮涌，加以東南風勢猛力，潮頭直潑塘面，塘身稍有矬卸，土塘亦因以坍塌，均屬險要工程，應各保固半年。至搶修之加鑲草塘，係江海急流頂衝之地，坍矬處所不及拆築，應即隨時搶堵補救，一時實爲最險工程，應保固三月，統於收工之日扣起，如限内坍塌，即着承修之員賠修，如遇異常潮汐、非人力可施者，查明工程原係堅固，錢糧俱歸實用，取具保題免其賠補，庶工程緩急攸分，工員知所遵守。一估計册籍，宜令承修官會同估造，以免推諉也。查海塘物料册籍，向來先由地方官估計，後經海防同知領銀辦料承修，原因承修之員恐有浮冒，是以責令正印官據實估計。乃不肖之員，或修築不能合式，或報竣已逾定限，一經上司駁查，非稱原估舛錯，即稱地方官造册遲延，輾轉推卸，未免遲誤。嗣後，一切塘工册籍，均令承修之員會同該地方官估計查造，由兵備道確核轉詳，既可杜浮冒之弊，而工程亦不致推卸矣。一海塘緊要處所，宜酌量預備物料，以資接濟也。查海塘數百里内，凡危險處所，若不預先購備物料、分貯待用，一遇坍矬則風濤緊急，臨期猝辦，未免措手不及。應先發銀備料，以應急需，但同知二員既有工程專責，若再委辦物料，勢難兼顧，應照例酌動銀兩，分發産柴各縣上緊購買，預期解交，塘工委員驗收，加謹分貯，遇有緊要工程，一面詳報，一面撥用，將所用物料造入搶修案内報銷，仍照依原貯之數發銀預備，俱責令兵備道不時稽查。又海寧塘工，每遇大汛，潮汐汹涌異常，所以石塘之下，復築坦水數層，以資保護。若任其坍卸，不歲爲修整，則潮溜直逼塘脚，晝夜冲刷，脚根既虚，塘身豈能堅固？是坦水，實爲保護塘身之根本。請嗣後，遇有坦水、石塊衝卸，樁木攲斜，承修官即詳報兵備道確勘估計，轉請興修，尅期完固，以護塘身。

下部議行。

六月初二、三等日，風潮大作，海寧、海鹽等縣石草各塘，所在報坍，總督銜、管巡撫事程元章具摺奏聞。

七月十九日，欽命内閣大學士朱軾總理浙江海塘工程事務。

校勘記

〔一〕若不及旱　『旱』疑爲『早』之誤。

敕修兩浙海塘通志卷六　本朝建築三

雍正十三年八月二十六日，奉旨將浙江海塘工程事務交與内閣大學士、江南河道總督嵇曾筠總理。

九月，巡撫程元章題報仁和、海寧、海鹽等縣六月中，風潮冲卸石草各塘，現在搶築完工。下部議行。

部覆：浙江巡撫程元章疏稱：『浙省仁和、海寧等縣石草各塘，於本年六月初二日夜，陡遇颶風大作，雨驟潮涌，冲潑塘堤，石草塘身并附石土塘坍卸甚多，兼之冲有缺口。臣據報即會同督臣郝玉麟等星夜前赴塘工，逐一詳加察勘，一面繕摺奏聞，一面動支銀兩，飛飭在工各員，多集人夫，撈取舊石，上緊搶修堵禦，又飛調道府、知縣、標員及佐雜各員會同旗員分段趕辦柴椿料物，上緊搶修，晝夜趕辦。查仁和、海寧二縣共坍草塘三千九百五十一丈零，盤頭一百二十四丈，東西石塘五千六百五十六丈零。又海鹽縣共坍附石土塘二千五百六十丈零，冲卸大石塘面並裹外攔水石二百四十八塊，土備塘坍卸涵洞一個，小坍二十五丈。仁、錢二縣江塘間有坍卸，多寡不等，亦隨飭辦料搶修。又仁和、海寧二縣海塘，自雍正十三年正月起，至六月初二日，陸續坍矬草塘并盤頭、雁翅共二千三百八十八丈零，石塘五百六十七丈零，潮溝作壩三丈三尺，今俱搶築完工。但日下正當秋汛，防護不容稍懈，除現在復又派委佐雜等二十餘員相度形勢，幫築高濶，加謹保護，并多備物料，分貯緊要處所，以資濟用外，所有仁和、海寧、海鹽等縣石草各塘坍卸段落丈尺情形，理合具題。查仁和、海寧等縣風潮坍卸石草各塘，共一萬二千二百九十七丈，并雍正十三年正月起至六月初二日以前陸續坍矬草塘等工，共二千九百五十八丈五尺。該撫既稱『搶築完工。但目下正當秋汛，防護不容稍懈』，應如所題，行令該撫將前項工程飭令在工派委各員上緊幫築，并多備物料，運貯濟用，工完之日，造册具題查核可也。

十一月，大學士總理海塘嵇曾筠奏請於舊塘之後，相度基址，次第建築魚鱗石塘，并請先將舊塘幫築裹戧，修補坦水，擇險搶修塘身，再於草塘加鑲高厚，南門外先築石工五百餘丈。

《疏》曰：臣欽遵恩命，總理浙江海塘事務，周歷上下各工，詳加查勘，間於本年九月二十八日接到大學士朱軾寄字，内開雍正十三年八月初八日面奉諭旨『浙江海塘，關係民生最爲緊要。因隆昇與程元章意見不合，以致遲誤工程，特差爾前往督率之，隆昇等聽爾節制。如何修築之處，爾做過浙江巡撫，自必諳練，但工程浩大，需用錢糧斷斷不可吝惜。舊塘先須修築完固，以資捍禦。切不可因塘身臨水那動尺寸，那移一步，即衝塌一步，何時是已？至修魚鱗大石塘，乃一勞永逸之計，不可因塘外沙漲停止修築。縱使沙漲數十、百里，民人居處耕種，亦不可恃，必須大工完竣，方可垂之久遠，於地方有益。其石料、夫工價值，照時給發，若扣尅留難，則利民之事，反以病民。如有此等情弊，務嚴參重處，毋得姑容。欽此。』仰見聖謨廣運，洞悉機宜。伏查海寧東西兩塘，延袤一百餘里，多係海潮江溜，縈洄衝激，搜刷塘根，在在險要。雍正十一年間，仰蒙欽差内大臣海望等赴浙會勘，奏請改建大石塘坦，永垂利賴，而經始維艱，尚未舉行。本年六月内，風大水涌，舊塘坍卸，雖撫臣、督臣等分頭搶築堵禦，一時但纍石鑲柴，暫爲粘補。現今塘外坦水工程，潑卸歪斜，比比皆然，塘身卑矮單薄，背後盡係湊坑，内外空虛，實屬可虞。杭嘉各府，襟海帶江，所恃以禦水患者，惟一線殘塘，若不速爲修治，恐轉瞬春潮踵至，關係匪輕。查從前估築魚鱗石塘，原議將舊塘坍卸之處，逐段改建，今海潮直逼塘根，往來衝刷，萬難拆去舊工，開槽改築，且臨水做工，一日兩潮，油灰漿汗，無所施用，斷不能如式堅固。臣再四思維，惟有照歲修之例，速將舊塘工程上緊勘估修築，以固外面籓籬，另於舊塘背後，相度基址，建築魚鱗石塘，方可垂之久遠。其新塘未竣以前，數年之内，全資舊塘抵禦海潮，以便施工砌石，即新塘既成之後，留作重門外障，更屬有備無患。除建築魚鱗石塘工程，容臣詳勘塘基，確估工料，酌定章程，另行條晰奏陳，請旨訓示遵行，謹將修築舊塘事宜，敬爲皇上陳之。一塘身卑薄，宜帮築裹戧也。查海寧縣迤西浦兒兜至迤東念里亭一帶塘工，悉係海潮頂衝，必須塘身寬厚，方可藉資捍禦。雍正十一年，奏請加高附土，歷今兩載，風雨淋漓，漸次塌卸。今年，又被風潮冲漫，現在通身单薄，内外受險，倘再遇風浪衝擊，難免潰決之虞。臣請通盤查丈，於塘身裏面，帮築土戧，增卑培薄，一律高寬。所需帮戧土方，沿塘現無官地，且多係坑溇，不能取用，應照河工例交與地方官按段確查，離塘數十丈外酌量可以取土之處，購買民地應用，即將所買民地額徵錢糧題請豁免。一坦水工程，宜修補完整也。查海寧塘工，多屬活土浮沙，潮水搜嚙脚根，易致空虚。從前於塘身外面，每歲補釘排樁，修砌石塊二三四五層不等，名曰坦水，賴以擋浪護塘，立法甚善，其如年久樁木損折，石塊潑卸，近今又乏歲修，猝遇風浪撞擊，殘圮殆盡，憑何保護塘根？臣請購辦粗大樁石，將東西兩塘坦水，逐段修補完整，以資護衛。至需用木石等料，移催撫臣，多募夫匠船隻，公平給價，星赴各山産地上緊採運，以便儹修。一塘身石工，應擇險修砌也。查塊石壘塘，既無灰漿灌砌，又無錠鋦鈎聯，率用零星碎石逐層堆垛，一經雨水淋漓，處處滲漏脹裂。設遇風潮抽擊，必致通身矬塌，殊屬危險。臣請多方購運條塊大石，將現在頂衝首險地方所有坍卸塘工，分別段落，陸續改砌整齊，方保無虞。又查石工坍裂之後，多於塘身上面用柴鑲築，雖層土層柴加鑲鋪墊，而鹽箭枝幹粗浮，難於壓實，容易漏縫。且因下有石土，未便簽樁，全不聯絡結實，勢難經久，亟須擇險拆修，仍用大石塊逐層鋪砌，庶爲穩固。一柴草工程，宜加鑲高厚也。查海寧迤西翁家埠一帶塘根，沙土虚浮，雖以釘樁砌石，從前修做埽工，用柴堵禦，綿亘二十餘里，隨修隨蟄，危險異常。現今潮平之時，埽工出水僅有一二尺不等，設遇伏秋大汛，勢必漫埽潰塘，甚爲可慮。臣請購運柴料，普例加鑲，務與附土塘身一律高平，外用長樁簽釘堅實，再於險要處所，多貯柴束土方，豫備搶修，以資保護。一南門石工，應早爲建築也。查海寧縣南門外塘工五百餘丈，俯臨江海，貼近城垣，當首險之地，受全海之衝，工程殘缺，難資保障，設有疏虞，水勢建瓴而下，關係甚大。現在三冬水減，亟宜及時建築。臣請上緊購辦料物，即貼近舊塘先築魚鱗石塘五百餘丈，遴委幹員，分段承辦，預爲指示做法，俾令如式甃砌，儹築完竣，庶可保固城池。以上舊塘工程，必須乘此水落潮平、頂底畢露之時，逐段查勘，通盤修築，以禦來春潮汛，勢難再爲遲緩，致滋貽誤。臣相度情形，會同在工諸臣詳悉商酌，指示機宜，現在逐一飭估辦料鳩工，次第興修，務期帑不虚糜，工收實效。臣欽承恩命，竭力督催，倘有木石、柴草、船隻不齊，并給發夫價虚冒、扣尅等弊，臣不時查察嚴參，斷不敢稍有容隱。至動用錢糧，容臣會同撫臣等核實確估，造册題銷。

下王大臣等議覆。奉旨允行。

十二月初八日，大學士嵇曾筠敬陳海塘事宜，請於南岸沙洲梳挖陡岸，并請將需用條石、樁木、柴土各項，俱立章程，給發工價，效力官員、兵弁勤加訓飭，俾知勸懲。

《疏》曰：浙省海塘，辦料鳩工，從前漫無章程紀律，以致因循貽誤上廑天心，不但工程辦理不善，而習氣錮蔽亦復難除，誠如上諭，至聖至明。臣到工以來，仰遵聖訓，剔弊釐奸，不敢纖毫瞻顧，審海潮、江溜之勢，酌緩急、先後之宜，核定章程，申明紀律，務期洗除習氣，有裨鉅工。謹將現在辦理工務，敬爲皇上陳之。一寧邑塘工之患，雖在北岸，而致患之源，則在於南岸，長有沙灘綿亘百餘里，又有沙嘴挑溜，遂至江海水勢全向北趨，塘工日加危險。是欲治北岸之水患，必先治南岸致患之源，無如所開引河與地勢不合，兩年以來，並無裨益。臣再三相度，惟有借水攻沙之法，在於南岸沙洲用鐵器具梳挖陡崖，俾沙岸根脚空虛，乘冬季西北風多，海潮往來，使之自爲冲刷，隨勢坍卸，已有數十里之遠。查江湖河海，形勢雖殊，而東坍西漲，理無二致，且海灘沙性虛鬆，因勢利導，費少功多。現今自仁和至海寧翁家埠、老鹽倉一帶，日夕漲沙亦有數十里。仰賴皇上福德隆盛，水勢已向南趨，北岸漸臻平穩，新舊塘堤可以次第施工。

一塘工需用條石甚多，非一山一宕所能採辦足用，必須於江浙兩省産石地方廣爲開採，方能有濟工程，而道里遠近不一，運費多寡不同，從前所定價銀不能斟酌合宜，宕户苦於賠累，以致年來並無一人承應採辦者。臣悉心察訪，山陰、武康二縣，距海寧就近，蘇州、洞庭等處路程較遠，所有應給山價、水脚，分别道里，量爲增減，自七錢三釐至七錢七分三釐不等，俱用部頒銅尺一律量收，檄飭布政司發帑委員前往各産地方，將所需條石上緊辦運。其修理坦水所需大塊石，多募工匠於就近尖山各宕開採儹運。又督令塘兵，并僱募人夫，將沿塘外灘冲潑石塊儘數揀撈湊用，現在一面釘樁，一面鋪砌，可無遲誤。

一浙省從前辦理樁木，雖經分别等次定價，而圍圓不循則例，任意高下，易於作弊，且奸商蠹胥中飽居奇，每至辦運稽遲，不能應手濟用。臣酌量修理塘身坦水需用樁木自一尺二寸起至一尺六寸止，循照舊例給發價值，其查量之處，核定於二尺以下圍圓，不得高下其手，多委幹員秉公量收。臣仍不時查察，毋許侵漁滋弊，咨會撫臣動支帑銀，就近發交。仁、錢二縣，於江口内河一帶，計照圍圓，星速運工。又委員賫銀，分頭前往産木之上游嚴州、衢州以及下游蘇州、常州、江寧等處，廣爲購辦，可得樁木二十餘萬株，源源接濟，現在修理塘坦工程所需料木，可以足用無虞。

一翁家埠一帶草塘，需用加鑲柴束於富陽、分水、建德、桐廬等四縣地方購辦交工，向例責成沿塘殷户經管收支，既非經制人役，又無額給工食。守法者，包賠；頑詐者，舞弊。柴販縣胥串同殷户，朋比作奸，或任意短少斤兩，侵蝕價銀，或攙雜嫩幹青枝，不適工用，種種弊竇不一而足。臣抵工之始，查閲各塘所貯柴束，零星數堆，全無儲備，隨咨會撫臣，動支帑銀飭發各該縣實力辦運，所有舊設管柴殷户，盡行革除，遴委旗漢幹員，分住東西兩塘，秉公查收。又於沿塘建造板房三十餘間，派撥塘兵看管柴廠，責令廳營文武員弁典守稽查。現今運柴船隻啣尾到塘，酌量工程平險，分別堆垛，鱗次櫛比，一□崇墉，足以有備無患。一塘身帮築裹戗一萬三千餘丈，需土浩繁，舊塘之外，遍係坑漊，不便就近開挖。惟土塘塘河以北壤地平衍，但取土較遠，小民畚鍤維難。臣酌量每方價銀，自一錢三分五釐至一錢八分不等，定爲規則，檄調仁和、蕭山、諸暨、海寧等縣印官，分段承修，業經發帑鳩工，上緊儹築，務期增卑培薄，一律高堅，以資捍禦。一尖山採辦磈石，應給工價銀兩，向緣扣除雜費，夫匠人等所領工食，不能餬口，相繼逃亡，各處匠役聞風遠避，裹足不前，又派撥商竈船户裝運石料，所給脚價不敷，舵工、水手日用之資，兩年以來，沿海船户拖累難支。臣訪查既確，嚴飭該管員弁將應給夫匠工價，照依庫平紋銀實數支發，毋許仍前扣尅絲毫，所撥商竈船隻，公同酌議，量添傭值，并飭令於海潮大汛，聽其載滷燒鹽，小汛俱赴各山運石，公私兩便，小民樂於從事，可濟要工。一海防經制官兵，原爲修守塘工而設，自應勤加訓飭，分派兩塘巡查照管，遇有應修工程，督令兵丁常川力作，隨時粘補，方爲有益。乃從前該管道員不能實力整頓，積久罷玩，相習成風，以致備弁不諳修防，兵丁不事畚鍤，且廳營岐視，呼應不靈，廢弛已極。臣飭令兵備道將兩營塘兵詳加甄别，汰其老弱，募補壯丁，責令該營守備會同海防同知嚴行督率，照管料物，巡防險工。其揀撈石磈滿一百方者，賞給銀十兩，以示鼓勵。其行走懈怠，辦事不前者，遞行降革，以昭懲戒，庶不致虚糜俸餉，有名無實。一修築舊塘身並坦水工程，甚爲喫緊，必須遴委幹員，分工搶築，庶幾衆擎易舉。臣會同撫臣、選調本省同知、通判、知縣等官，並移咨江南督撫揀調松江海塘練習工員，及浙江本地殷實紳士在工效力者，將舊塘身應擇險拆砌之處，分委領帑承修，更於江南河工內挑選熟諳工務之河官三十員，咨調來浙，委令監工，如式修理。至兵備道經管料物、錢糧，事務殷繁，隨調嘉湖道、金衢道協同辦理催工，又南河學習部郎完顔偉，臣看其行走勤力，實心學習，因隨帶到寧，一并委令赴塘催儹工程，復咨會撫臣程元章、都統隆昇，分管東西兩塘，不時赴工督催，臣每日往來指示機宜，董率查辦，務期協力共濟，早竣要工，以仰副聖主軫念海塘、奠安億兆至意。所有應行事宜，酌定章程并江海水勢情形，條晰具奏。

奉旨（恭紀首卷）允行。

同日，又奏開挖引河無裨塘工，請停疏濬。

《疏》曰：開挖引河，必須看河頭有吸川之形，河尾有建瓴之勢，因高就下，一氣貫注，方能掣溜成功。今浙省所開引河，於中小亹外灘淡水埠安設河頭，並非頂沖，不能吸引江溜，中段黄山廟一帶，界於河莊、禪機兩山之間，北河頭地面較高，江水豈能自下而上挽流注海，而河尾又在茅草堰地方，一派沮洳，全無建瓴之勢。每日海潮夾帶流沙漫入河頭、河尾，中高溜緩，潮退沙存，日漸湮塞，雖復疏通山水，開挖南港一河，又當北大亹之中挑溜，仍歸海寧對面，是不能引之使去，而乃導之使來，有損無益。查開挖引河，兼陸續疏濬，計用過銀五萬五百五十兩，隨濬隨淤，迄無成效。臣由錢塘渡江，周歷河道，詳細查勘，現在三千餘丈間段淤淺，江溜不通，即使再動帑銀，大加挑濬，而潮汐往來，流沙仍復漲滿，實係無裨塘工，相應請旨將引河工程停止疏濬，庶有用之金錢，不致糜費於無用之地矣。再引河地方，原設通判一員，經管疏濬事宜。今引河既無裨益，通判應宜裁汰。查仁、寧二邑海塘，延袤一百餘里，向設東西海防同知二員，分段管轄，工多汛險，不無鞭長莫及之虞。現今修舊建新，二工並舉，正在需員辦理，請將引河通判調駐海寧，查明華家衖以東、浦兒兜以西所有柴、草塘工，分交該通判管理修防，以專責成，實爲有益。其調撥引河塘兵四百名，應請一并撤回仍歸塘工，以供力作。

下部議行。

同日，又奏請暫停堵塞尖山水口工程，將採買堵壩之塊石移修塘坦。

《疏》曰：海寧東南尖、塔兩山，鎮鎖海口，相去二百餘丈，從前原係接聯，嗣後水勢冲開，海潮江溜出入其中。附近尖山一帶海塘，未免當冲受險。查河工建築挑水大壩，每長一丈，挑溜十丈。今尖山壩工，若能照舊堵塞，約長二百餘丈，計算挑水二千餘丈，則依山一二十里之内可望沙漲，於就近工程尚爲有益。或言堵築尖山，通工沙漲，不用修塘者，固屬虚張之語。或言因尖山既堵，致令海塘受累者，亦非持平之論。惟是口門溜緊，必須多備料物堆貯現成。誠如世宗憲皇帝諭旨，一舉而就，方能合龍收效。查該工自上年九月迄今，一載有餘，雖經築完一百餘丈，而未堵之處尚寬七十餘丈，潮汐往來，溜勢日加湍激，合龍甚是艱難。零星抛擲磈石，隨波漂淌，所積者少，所坍者多，曠日持久，告竣無期。現在修築舊塘坦水所用塊石，又須於尖山各宕内就近分撥運用，以濟急需。採辦石料不能兩工兼顧，緣坦水工程必當乘此冬季水落潮平、底灘畢露之時，上緊修築，稍有遲延，春潮一長，底灘俱在水中，難以措手施工，則百里危塘，無所捍衛，關係甚大。況尖山水口，一時不堵，猶可留爲後圖。俟臣悉心相度情形，酌量緩急，請將尖山採辦堵壩之塊石，擇其大者，儘數運赴東西兩塘，儹修坦水。俟坦水工竣之後，再爲廣貯石料，預備齊全，另行設法堵截尖山，務期一舉合龍，庶塘壩工程先後得宜，兩無貽誤。臣因坦水工程緊要，除移行在工諸臣撥運尖山大塊石上緊修砌外，謹將尖山壩工暫緩緣由，繕摺奏明。

下部議行。

是年，分修補仁、寧二邑草塘，共用銀八千五百兩零，又搶修仁、寧等縣風潮案内石、草塘工，共用銀九萬五千七百九十餘兩。以上通共報銷銀一十萬四千二十九兩零。又歲修仁、錢二縣江塘，共用銀二千一百九十兩零。

乾隆元年正月，大學士、總理海塘兼總督巡撫事嵇曾筠以舊塘帮築土戧、修補坦水、擇險搶築塘身等工程業將告竣，春汛水勢必得平穩，具疏報聞。

《疏》曰：臣欽奉恩命，總理浙江海塘，相度機宜，前築坦水，後帮土戧，並將塘身擇險興修，當令庀材鳩工，趁此水落潮平，并日儹築，以便抵禦春汛。業經恭疏奏明，惟是時届嚴冬，誠恐海濱風雪易致水凍，則物料、夫匠濡滯不前。荷蒙皇上德敷宇宙，仁政流行海澨山陬，陽和廣被，自興工迄今，經歷隆冬，天氣晴和，今萬餘丈之坦水已築七分，計於二月初告竣。其通塘土戧，以及擇險重修之塘身，晝夜催趲，期於三月内一律完工，庶伏秋大汛，得資保護。其應需歲修保固之處，亦預爲籌畫、儲備。總之，舊塘工程如營室之第一層門户，必得高其閈閎，厚其垣墻，以爲外禦，斷不可畏難苟簡。臣惟有恪遵聖諭，督率工員，愈加勉勵，勤事修防，務期補偏救弊，先將塘工首險工程趕築完竣，然後將次險各工逐漸修整。舊塘固，而新塘方可創建，統容次第辦理，所有現在江海水勢工程、平穩情形，理合具題。

二月，大學士嵇曾筠以南岸切沙漸已冲刷，北護沙日漲，具疏報聞。

《疏》曰：切思海寧一帶塘身，坐當險要，致被連年冲刷，受患固在海寧地方，而致患之由必須窮源探本。臣於二月初八日，由錢塘渡江，至蕭山、山陰、會稽、上虞等縣閲勘江塘，又從曹娥江至瀝海所、夏蓋山，閲勘海塘，周環遍歷，悉心相度，益知海寧之險要，實緣上游紹興地方皆長有寬濶沙灘，是以海潮奔注，海寧地方遂成頂衝。但此坍彼漲，江海之情形無定，惟有將海寧新舊塘工，次第修築，一律高堅，藉資捍禦，并於沿江沿海严飭各員加謹修防，疏通港汊，分泄水勢，而於海寧對面南岸沙洲竭力挑切，因勢利導大溜日向南趨，北岸自臻平穩。現在東西兩塘漲沙，更加寬廣，雖春潮浩瀚而江海安瀾，塘堤鞏固，可以保護無虞矣。

八月，大學士嵇曾筠題報帮築沿塘土戧、修補坦水、擇險搶築石塘工料銀兩。部覆准行。

部覆：大學士克曾筠疏稱：『仁和、海寧二縣東西兩塘，捍禦海潮江溜，保護七郡民生，攸關緊要。臣抵浙後，目擊塘身坦水傾矬潑卸、卑矮殘缺，在在受險。查舊塘工程，逼臨江海，風浪易於衝擊，必得高寬堅厚以爲外禦。臣即董率文武員弁，鳩工購料，分段搶築，指示做法，上緊儹辦。本年五六月間，霉雨連綿，上游山水驟漲，海潮洶涌，舊塘一律高厚，足資捍衛。除應築魚鱗大石塘，容臣保固，秋汛後詳審水勢，通盤酌估，次第興舉外，所有修築舊塘土石各工，應用工料、銀兩，帮築沿塘土戧，共長一萬三千九百九丈，計用土方掃料銀八萬七千三百六十兩三錢七分三釐零，修補坦水共長八千四百四十四丈二尺，計用工料銀七萬一千五百二兩一錢七分六釐零，擇險搶築石塘共長一千一十二丈三尺五寸，計用工料銀五萬七千八百四十六兩五錢九釐零，通共工料銀二十一萬六千七百九兩六分零。内塘坦各工塊石一項，需用繁多，採自各山，路途遠近不等，運脚多寡不一，統俟報銷時查明數目，分别報造。至於加帮土戧，需用土方，酌量宜於取土之處購買民田應用，仍將所買民田額徵錢糧照例查明題豁。再查沿塘民舍緊貼塘身，其有佔碍加帮土戧之處，照例給銀移建，所用錢糧與購買民田價值，一并確核題銷。除寧邑南門外，貼近城垣之石塘五百餘丈，并翁家埠一帶加鑲柴草工程需用物料銀兩，現在另行確估詳報外，再查東西石塘内擇險搶築外，凡尚可支撑之處，一時不能全行甃砌，伏秋大汛屆臨，督飭東西兩塘同知、暨在工文武人員，分段防護，遇有椿朽石矬處所，查勘明白，彙入歲搶案内，相機修守，隨時粘補，以禦汛水。』應如所奏行，令該督將前項應修、應築各工，照數動支銀兩，發給承修各員，上緊辦料修築，務期如式堅固，工完將用過銀兩照例造册題銷。至所需塊石，應於題銷册内將路途遠近、運脚多寡詳晰聲註，以憑查核。其加帮土戧需用土方，應令該督酌量於取土之處購買民田應用，其所買民田應徵錢糧，照例題請豁免。至於沿塘民舍，有碍加帮土戧處所，照例給與銀兩，令其遷移，其給過銀兩數目及購買民田價值，一併入於題銷册内據實核銷。其東西石塘内，凡可支撑之處，該督飭令東西兩塘同知并在工文武人員速行分段防護，遇有樁朽石矬之處，立即查勘明確，相機修守，隨時粘補，以禦汛水，仍將修過工段，彙入該年歲搶册内聲明具題。所有寧邑南門外石塘并翁家埠一帶加鑲柴草工程，需用物料銀兩，應俟該督造册題估，到日再議可也。

計仁、寧二邑沿塘土戧，自寧邑念里亭迤西至浦儿兜止，又自浦儿兜迤西至仁邑李家村止，又自念里亭迤東至尖山石塘馬頭下坡往南止，共長一萬三千九百九丈，東防同知林緒光等九十八員承築，用過工料銀八萬七千三百六十兩零。修砌坦水，自九里橋分工界牌起至浦兒兜大草盤頭止，共長八千四百四十四丈二尺，内除三十四丈四尺改建盤頭，毋庸修砌外，餘長八千四百九丈八尺，同知林緒光等二十七員承築，用過工料銀七萬五百三十三兩零，擇險修砌石塘共長一千十二丈三尺五寸，同知林緒光等三十一員承築，用過工料銀五萬八千二百四十六兩零。以上三項，通共用過工料銀二十一萬六千一百三十九兩零。於雍正十三年十月開工，乾隆元年五、六月一律報竣。又乾隆二年九月，大學士嵇曾筠題請續帮李家村、沈家盤頭、九里橋等處土戧，共長四千六百一十丈五尺，效力州同章起穎等承築，用過工料銀三萬四千二百一十七兩零。

八月，大學士嵇曾筠題奏建築魚鱗大石塘請即於舊塘基址甃砌，不必擇基另建。

《疏》曰：舊塘坦水及塘身傾圮、卑薄之處，臣業經勘修堅固，又全塘建築土戧，以爲倚靠，以資捍禦，亦於本年四月間儹築完竣，現在伏秋大汛，藉以護衛。至大魚鱗石塘，乃經久保固之工，自應於霜降後次第興工，以垂永遠。臣於上年九月間抵工之始，目擊江海形勢，奔趨北岸，日夜冲刷，危險異常，實難臨水施工。再四思維，議於舊塘背後，另度基址，建築魚鱗石塘，業經奏明，但查舊塘之後，越築大塘，需帑浩繁，曠日持久。如果水勢仍前危險，萬不得已必須擇基另建，自不敢惜費因循。今春夏以來，仰賴我皇上德福隆盛，精誠昭格，江海形勢漸向南趨，海寧東西兩塘，日夕漲沙，較上年情形，已不啻逕庭之別。辦理工程，貴在審度形勢，因地制宜，庶幾帑不虚糜，工收實效。今水勢既巳條順，塘根又漲護沙，則所議魚鱗大石塘，應即在於舊塘基址，清槽釘樁，如式甃砌，不必於舊塘之後擇基另建，更覺費省功倍。謹遵世宗憲皇帝『不可那移寸步』之諭旨，以成一勞永逸之鉅工，實爲萬全無弊。臣往來仁、寧二邑塘工，悉心相度，衝要之地暨海寧南門外遶城險工，共應改建魚鱗大石塘六千餘丈。查蘇州、紹興各山宕一年内所採條石，可供塘工二千餘丈之需。每年於伏秋潮大之時，購備木石料物，鳩工鏨鑿合式，乘冬春水落之際開工儹築，通計六千餘丈塘工，三年之内可以全竣，從此長塘堅厚，永資保衛沿海民生，永慶平成於億萬斯年矣。

下部議行。

九月，大學士嵇曾筠題報寧邑南門外遶城魚鱗大石塘五百五丈二尺，共約估工料銀八萬一千四十四兩五錢零。下部議行。

十二月，大學士嵇曾筠題明建造運石海船五十隻採辦石料。

《疏》曰：修築塘坦工程所用條塊石料甚多，必由海洋轉運，需船緊要。從前，俱係僱調商民船隻撥發應用，無如沿海漁船板片卑薄，難以撑禦風潮，每有漂失之虞。各場滷船，長年在工運石，不能回場載滷，多致煎辦稽遲，既苦累民間，又貽誤鹽務，究於大工石料仍不能應手接濟，實無裨益。將來修建魚鱗大石塘，約用條石五六十萬丈，需船更殷。與其僱調維艱，滋弊誤工，不如建造船隻，便宜適用。且採辦石料原定有水脚銀兩，如用官船載運，則前項水脚即可按數扣存，除支給舵水工食并更换篷索、修艌船隻等費外，餘剩銀兩儘數存公，將來塘工告竣，仍可撥發各場變價運滷，庶帑不虚糜，工收實效。臣因海塘運石急需船隻，檄行五十隻，每隻估需工料銀二百六十八兩九錢二分零，業經先後報竣，動支銀一萬三千四百四十六兩三錢零，陸續給發，合行題明。

下部議行。

是年，分仁、寧二縣歲修石草塘，并加鑲盤頭、雁翅，共報銷銀四萬七千六百五十三兩零。又海鹽縣修筑石塘，平湖縣修築衣字號石塘，又修補舊塘，加帮獨山等處土塘，又錢塘縣修築徐村橋等處江塘，共奏銷銀九千九百二十二兩零。

二年三月，大學士、總理海塘兼總督巡撫事嵇曾筠咨部請將仁、海、鹽、平四縣石草各塘，照千文編立字號。部覆准行。

按：石草各塘向遇坍矬，以某家东西起，至某家东西止开报。沿海居民，疏密不齐，每多弊混。雍正十三年，海塘監督汪漋、張坦麟等議，將各塘編立字號。至是，大學士嵇曾筠咨部，將各塘照千文編立號次，統以二十丈爲一號，建竪碑碣，免移邱、换段之弊。計仁和縣塘工長一千四百二十三丈五尺，編七十二號；海寧縣塘工長一萬二千七百九十四丈，編六百四十號；海鹽縣塘工長四千六百七十三丈五尺，編二百三十四號；平湖縣塘工長二千九丈八尺，編一百號。

六月，大學士嵇曾筠題明續估魚鱗大石塘丈尺及工料銀兩。部覆准行。

部覆：大學士嵇曾筠疏稱：『浙省海塘，自浦兒兜大石工尾起，至尖山段塘頭止，共應建築魚鱗大石塘五千九百三十丈二尺。內自寧邑遶城石塘迤西，地勢稍爲卑下，應估用條石一十七層，計砌高一丈七尺。內首險工一千四百二十丈一尺，估需工料銀二十五萬三千二百五十三兩九錢七分五釐零，次險工九百八十三丈九尺，估需工料銀一十七萬五千七百六十兩六釐零。自寧邑遶城石塘迤東，地勢更爲卑下，應估用條石一十八層，計砌高一丈八尺。內首險工二百九十一丈五尺，估需工料銀五萬二千九百六十二兩一錢九分四釐零，次險工三千二百三十四丈七尺，估需工料銀五十八萬七千七百七兩七錢一分七釐零。通核料物夫工，總共估用銀一百六萬九千六百八十三兩八錢九分三釐零。查估建工程，雖經陸續委員承築，一時未能普例完竣，并未經派委承築各工，如伏秋大汛，石上鑲柴，不無矬墊之處，關係緊要。隨遴委廳印效力等官三十一員，先行分修大石塘二千九百七十四丈一尺，其餘應修大石塘二千九百五十六丈一尺，容臣次第興舉，以垂久遠』。應如所奏，將先修大石塘二千九百七十四丈一尺上緊儹修，其餘應修大石塘二千九百五十六丈一尺，陸續次第興舉可也。

閏九月，大學士嵇曾筠題請改建遶城條石坦水。

《疏》曰：海寧縣南門外一帶塘堤，保護城垣，攸關綦重。經臣奏請，建築魚鱗大石塘五百五丈二尺，委員領帑承辦，於本年五六月内陸續告竣。但遶城石塘，捍禦潮汐，全賴坦水相爲保護。查雍正十二年冬底，歲修磈石坦水，潮汐往來，易於潑卸，必須加築條石坦水，庶能捍禦海潮。兹據布政司張若震等詳估，除將坦水舊有條石抵用外，共需工料等銀一萬五千三百三十兩三錢零，已飭委原築石塘各員領銀承辦，理合具題。

下部議行。計南門外遶城魚鱗大石塘，自西土備塘頭起，至東土備塘頭止，共長五百五丈二尺。自元年九、十月開工，至次年四、六月陸續報竣。至是，又外加護塘大條石坦水五百五丈二尺，内工員西海防同知張永熹、會稽縣知縣楊沛東、海防同知林緒光、海寧縣知縣崔雲龍、石門縣知縣倪瑄、蕭山縣知縣潘重庚、平湖縣知縣王之琪、金華府通判張在浚、原任翰林院侍讀學士陳邦彦、原任翰林院檢討陳世倌、候補光禄寺署正陳琜等，分段承築遶城石塘，共用工料銀八萬二千七百二十四兩七錢三分零，坦水共用工料銀一萬五千五百九十二兩八錢三分零，又帮築鎮海廟塔根圍墻并馬頭踏步一座，工料銀五百二十九兩一錢零。以上共報銷銀九萬八千四百四十六兩六錢七分零。

是年，分搶修仁、海、鹽、平四縣土石草塘、土戧各工，共奏銷銀三萬九千七百五十三兩零。又歲修仁、錢二縣江塘，共奏銷銀三千八百四兩零。

三年正月，大學士、總理海塘兼總督巡撫事嵇曾筠咨稱蕭山縣所轄西江塘之洪家庄、汪家堰、荷花池、談家浦、天開池等五段，塘堤卑薄，俱係緊要險患，當飭縣趕築。又鮑家池塘、裏陳廟、西塘新塘口、雙潭灣、陳家埠、墩上陳（另見江塘門）、北海塘之富家池等七處塘堤，俱有坍削，請僨修以資捍禦。經部議准，共奏销銀三百九十六兩零。

十月，大學士嵇曾筠題請改築山陰縣新城村等處石塘，并加帮土戧及修丁家堰等處土塘，填補洞缺。下部議行。共用過銀一萬二百二十八兩零。

是年，分歲修海寧縣圖字等號石塘一千四百二十五丈二尺，改字號石塘并戴家石橋盤頭共三百七丈七尺五寸，仁、寧二縣藏字等號柴塘一千五百六十二丈一寸，又建築海鹽縣三澗寨堂字等號條石坦水五十四丈五尺，修砌聽、因二號石塘九丈四尺，又修築仁、錢二縣江塘，報銷銀三萬四千七百二兩零。

四年正月，巡撫盧焯題請停止草塘歲修。

《疏》曰：臣自乍浦至杭州，相度江海情形，原估建石塘五千九百三十餘丈，已完工者一千餘丈，未完工者二千八百餘丈，未經派築者二千三十餘丈，臣親履各工逐細查勘，石塘高寬堅固，足以垂諸久遠。惟仁和、海寧二縣交接地方草塘一帶，通共四千二百一十八丈零，經大學士嵇曾筠移駐通判一員，專管草塘工程。每年約費歲搶修銀一、二萬兩不等，所用夫工銀兩，通判支給。應需柴薪，派定仁和、錢塘、富陽、建德、桐廬、分水等縣分辦，歲以爲常。切思水勢之遷徙，隨時更易；工程之緩急，亦隨時變通。從前，潮水貼塘而來，自應築堤攔阻。今水勢日南，漲沙綿亘數十里，刮滷煎鹽，已成原野，每年猶事歲修，殊屬糜費，似應將草塘歲修暫行停止。

下部議行。

四月，巡撫盧焯題請將浦兒兜、馬牧港等處草盤頭九座改建石工。

《疏》曰：海寧縣濵臨大海，向係土塘，於潮汐頂冲之處，建築柴草盤頭，以挑大溜，暫爲抵禦，原非經久之圖，而水鹹草朽，修補所在不免。迨乾隆二年，改建石塘以資保障，萬年鞏固，民慶更生。其時潮水尚激，塘身猶藉草盤頭挑溜，是以水緩之地，皆改建石塘，其有草盤頭處所，仍是土塘，未在題估之内。今水勢南遷，漲沙日遠，塘根之外，皆成平陸，則無溜可挑，草盤頭已屬無用，而每年於旱地之上鑲填柴草，殊屬無謂。臣之愚見，草盤頭不必加鑲，其後身土塘，一律改建石塘。不但柴草工程停止，節省浮費，而東西兩塘大工，可以接連，愈加堅固，可以一勞永逸。查草盤頭原設十座，除陳文港一座已於查勘江海等事案内搶築石塘外，尚有浦兒兜、馬牧港、戴家石橋、秧田廟、賣魚橋、小墳前、鄭九皋門前、白墻門、念里亭等九座，通計塘身共一百六十八丈六尺。倘蒙俞允，飭令兵備道確估修築，則錢糧俱歸實用，大工始得一律完竣矣。

下部議行。

八月，巡撫盧焯題請改築山陰縣四十四都一、二、三圖江海塘堤。

《疏》曰：山陰縣四十四都一、二、三圖地方江海塘堤，先年原有老沙外護，近因仁、寧二縣北沙遠漲，海潮日漸南徙，老沙悉坍盡，潮溜頂衝，以致危險。内除二、三圖最要之新城村、丁家堰等處塘堤，已經易石改築加帮上戧，業經完工外，其一圖塘堤，上年春潮暴漲，日漸坍塌，較二、三圖更爲險要。自小石橋起至寺直河夾棚村廢臺基止一帶，塘外護沙冲刷殆盡，目下沙脚一、二丈不等，舊塘卑薄，頻多坍陷，兼值北潮南趨，直射塘岸，應請改建石塘帮戧，以資保護。四十四都一圖石塘六段，凑長三百四十五丈，估需工料銀一萬三千一十九兩三錢六分三釐。又修建童家塔石塘工一百七十七丈，估需工料銀六千八百九兩五錢二分。又自馬鞍山西首舊炮臺起至新石工西頭止計十段，加帮土戧，凑長五百二十丈，估需工料銀一千五百一十四兩二錢六分八釐。通共估需工料銀二萬一千三百四十三兩一錢五分一釐，俟工竣取造册，結核銷。

下部議行。共奏銷銀二萬八百六十三兩零。

十月，巡撫盧焯請將尖山未堵工程八十丈續行接築。

《疏》曰：尖山壩口，爲江海出入之處，有未竣工程數十丈，原因其險不能堵塞，故前大學士嵇曾筠奏稱請暫行停止。第查尖、塔兩山之間，原有石壩爲前人拆壞，以致潮浪洶涌，直衝東西兩塘。今水勢南趨，經由父子山外，壩口僅通洄溜，已化險爲平矣。但水性何常，前之北走者，今可南趨，則今日南趨者，安知不仍北走。以今日觀之，堵塞尖山，在所可緩。以善後計之，實在所急也。大學士嵇曾筠議請暫停者，以溜勢日加湍激，合龍①甚艱，所用塊石兩工不能兼顧，儘數運至東西兩塘儹修坦水，俟工竣之後，另行設法堵截，原未嘗以尖山壩工可以竟置不議。今湍激之勢已平，坦水工程已竣，一舉合龍似在此時。查尖、塔兩山，相去二百丈，已築壩工一百二十丈，未竣者僅有八十丈，從前原深九丈至一十二、三丈不等，今現在中泓深一丈九尺，近壩頭深一丈六尺，近塔山深一丈三尺，則寬處僅有三分之一，深處僅有十分之一，遵照原議，以塊石裝入竹簍，由淺至深，可免飄流之患，築高五丈，即足以資捍禦。臣謹繪圖恭奏。

下部議行。

十二月巡撫盧焯題請開濬備塘河，以便工程，以利商民。

《疏》曰：浙省魚鱗大石塘，現在建築，惟是築塘全資石料，向由海運直達工所。今漲沙一望無垠，石船不能攏塘，擡運艱難，人皆束手，不但工費浩繁，亦且耽延時日，不得不熟籌挽運之法，以濟鉅工。查尖山迤東海鹽縣境内三澗寨高矮石塘之外，海船可以抵塘，塘内舊有河形，計長一千五百三十六丈，可達海寧縣，而寧邑之東西土備塘内外，從前取土築塘，已挖成河形。自尖山以至天開河，計長一萬四千三百七十餘丈，即達仁和縣之范家木橋，又自范家木橋至殊勝橋，皆有舊河，計長六千五百六十丈，即達省城。若循故道一律深通，舟楫往來，風濤無阻，不特到工石料可免沙地損壕，一應柴草木植皆可由内河轉運，誠屬至便。且在工官弁夫匠人等，需用米糧、食物甚多，水路易行，可以聚集商賈，四野田連阡陌，宣泄有地，灌溉有資，可以利益田疇，附近許村、西路等場，柴滷鹽艘遄行不滯，可以有裨鹽務。除東塘段内各工員已捐濬一千七百一十三丈，又現在深通二千七百四十五丈，西塘段内有原任大學士臣嵇曾筠動用塘工餘平銀兩，已經開濬二千八百六十七丈外，通計仁、寧、海三縣共應開一萬五千一百四十丈，築壩、車戽、挑濬夫工，需銀九千四百一十五兩零。議撥乾隆二年咨報節存鹽務引費一項，原係留充海塘工用，此河乃海塘所必需，實爲緊要工用，隨即派委弁員乘農隙之候，分股開濬，遴選大員，督催儹竣，將見大工物料挽運，便益商竈兵民，永資利賴矣。

奉旨：『知道了。此應行之事也！欽此。』

是月又題請興築仁和、錢塘、山陰、會稽、蕭山、上虞等縣江海塘埭。

《疏》曰：仁、錢、山、蕭等縣江海塘埭，均爲民生捍衛。今仁、寧二縣海塘，水勢南趨，漲沙日遠，北塘一帶，已如磐石之安。現在嚴督催趕，以竣巨工，但海沙北漲，潮汐南趨，以致仁、錢等縣江海塘工，在在險要，惟在先事圖維，以期有備無患，業將飭行確估，分別緩急，次第修築，緣由具摺奏明。欽奉硃批：『先事預防，正當及早圖維者也。欽此。』又經飭行勘估，仁和縣自總管廟起至化支廟等處江塘七段，共長七十六丈；錢塘縣自流芳嶺起至獅子口、張介凡等門首江塘二十一段，共長九百二十丈，坍矬脹裂，俱係險工，共估需工料銀五萬九千七百六十六兩九錢九分五釐零。又山陰縣大林村之大樋樹、新城村等四段，湊長石塘六百一十五丈；小石橋等十六段，湊長土塘一千四百七十六丈；會稽縣蟶浦等五段，湊長石塘三百九十六丈；宋家漊等六段，湊長一千四十八丈；蕭山縣了义塘等三段，湊長石塘二百九十四丈；上虞縣潭村、吕家埠等十段，湊長土塘一千四百三十九丈；又貼建防風掃工二段，計長一百四十一丈；又蕭山、山陰二縣所轄之麻溪壩一座，矬裂坍卸，有關啓閉，俱屬險工。共估需工料銀七萬三十兩七錢四分八釐零，亟應乘時上緊興築，請於撥存乾隆四年地丁等款内動支，陸續給發各員辦料，趕築完固，以禦潮汛。

下部議行。共估需銀一十二萬九千七百九十七兩零，内仁、錢二縣江塘，估需銀五萬九千七百六十六兩零，山、會、蕭、上四縣石土塘，奏銷銀六萬七千六百五十二兩零，紹興府通判張鐸等十五員承築。

是年，分歲搶修海寧縣韓家池等處柴塘三百三十二丈一尺，尖山大盤頭四十八丈，平湖縣獨、山、冬、藏字號石塘一十七丈五尺，共報銷銀六千二百四十兩零。又開濬塘河，報銷銀九千二百一十二兩零。

五年二月，巡撫盧焯咨稱海寧縣東塘小墳前盤頭改建石工，内讓出錢氏祖墓，計應添修石塘二丈三尺，應添工料銀四百二十九兩零。部覆准行。

閏六月，巡撫盧焯題報續堵尖山水口，於乾隆五年二月開工，至閏六月工竣，共堵工程八十丈，用過銀一萬六千一十三兩零，并請將承辦各員交部議叙。奉旨（恭紀首卷）允行。巡撫盧焯以下暨效力文武員弁，議叙各有差。

九月，巡撫盧焯奏江海大溜，往來叵測，尖山填壩，雖有漲沙環護，善後之計，當先事預圖，請將此項修築節省銀兩，留存縣庫，爲久遠歲修計。部覆准行。

是月，巡撫盧焯題請將緩修工内舊塘六十九丈五尺，一律改建大石塘。下部議行。

部覆：巡撫盧焯疏稱：『海寧縣一帶海塘，殘缺卑矮、難資捍禦者，通行改建魚鱗大石塘，先後委員承築。今查東塘緩修工内，有潘介山屋前舊塘三十九丈五尺，又洪文舍西舊塘三十丈，現在樁朽石卸，塘身矬墊，亟須一律建築魚鱗石塘，以垂永久。照例砌石一十八層，計高一丈八尺，共估需工料銀一萬三千九十一兩八錢三分零。查浙省海寧縣東西一帶塘工，先據前任總督嵇曾筠分別緩急，先後興工，其塘身殘缺卑矮者，題請改建魚鱗大石塘五千九百餘丈，委員陸續派築。』經臣部於乾隆二年八月内覆，令次第興舉，今東塘緩修案内有潘介山屋前并洪文舍西舊塘等處共六十九丈五尺，該撫既稱現在樁朽石卸，塘身矬墊，亟需建築魚鱗石塘，應如所題，准其動支工料銀兩，建築魚鱗石塘，以資捍禦可也。

是月巡撫盧焯咨稱寧邑東塘李富祥門前等處，應建魚鱗石工一百一十二丈，乃當日坍塘之所接修柴塘，原坐灣曲必須取直，開槽先帮土戧，以便釘樁建砌，應加帮築新土五千三百方八分，增工料銀七百九十五兩零，原估越壩毋庸建砌，節省工料銀二百二十四兩。部覆准行。

十一月，閩浙總督、宗室德沛題請寧邑老鹽倉以西至仁邑章家菴一帶柴塘，共四千二百餘丈，改建石工，先試築樣塘二十丈。部覆俟大石塘工竣日再議。

部覆：閩浙總督、鎮國將軍、宗室德沛疏稱：『仁、寧二縣東西兩塘，既已改建魚鱗大石塘，而寧邑之老鹽倉以西至仁邑之章家菴止一帶，仍係柴塘，未經議改。蓋柴塘之設，因康熙五十六、七年間，潮水冲刷，外沙坍塌，報險頻仍，欲建石工，迫不及待，經原任撫臣朱軾用柴搶築一千餘丈，暫爲保護，原止堵禦一時，並非一勞永逸之計。是以雍正十年、十三年及乾隆元年，風潮大汛，易於坍墊，分頭搶堵，始獲平安。今雖外沙復漲，竊恐海潮南北不常，浮沙去來無定，伏讀世宗憲皇帝諭旨「海塘雖漲沙數百里，亦不足恃。惟堅築大石塘，始可經久。」聖明論定，誠爲不易之良規也。從前東西兩塘改建石工，而柴塘仍舊者，彼時潮勢汹涌，塘外水深，難以釘樁建石，是以未經議改。今則沿塘沙漲，人力易施，此誠時不可失，千載修築之良會也。臣等悉心相度，必得一律改建石塘，方可永久。又恐土性虛浮，難於釘樁甃石，未敢冒昧舉行，先於海龍洋等處最爲險要之地，遴員試築樣工二十丈，以覘地勢，完工數月，堅固特立，是柴塘之可改石，已有明驗。臣等細矚情形，公同集議，應自寧邑老鹽倉石塘至仁邑章家菴止，照依現在試塘式樣，改築石塘，計長四千二百餘丈，約需工料銀九十餘萬兩。此項工程自應趕竣，但各山所採石料，除浙江各工需用外，所餘無幾，應請分限五年內，庶得從容辦理。至應動庫項，查浙江鹽課、正課之外，有公費一項，每年徵解銀二十餘萬兩，請以此項銀兩撥充改築石塘之用。如蒙俞允，容臣等督率司道將一切物料價值，如有不敷，酌核加增，確估題報。其餘因時審勢以及經修、經管人員，分隸兼轄，調遣委用之處，臣等另行奏聞。』查浙省海塘工程，先於雍正十一年正月內，荷蒙世宗憲皇帝欽命，內大臣海望等前往浙江，會同總督程元章，將海塘工程通盤相度形勢，籌畫事宜，應作何修築之處詳細查勘，悉心定議具奏，隨經內大臣海等欽遵確勘，將應修、應築石土塘閘等工，共約估銀一百九十餘萬兩，經工部覆准，酌量工程緩急，先後興修。續於乾隆四年正月，該撫盧焯奏稱：『仁和、海寧二縣交界地方草塘一帶，通計四千二百一十八丈，今水勢日南，漲沙綿亘數十里，刮滷煎鹽已成原野，每年猶事歲修，殊屬糜費。況塘在平陸，不用搶修，應將草塘歲修暫行停止。』今該督德沛等勘得仁、寧二縣百里塘堤，修防盡善，惟老鹽倉以西至章家菴止一帶，仍係柴塘，一遇風潮，易於坍墊，勢難保固久遠，必得改建石塘四千二百餘丈，約需工料銀九十餘萬兩，以垂永久。臣等伏思，水勢之遷徙，原係隨時更易，而工程之緩急，亦宜隨時變通。今仁、寧二縣一帶柴塘，該督等奏請改建石工，固屬圖維經久之計，但查先經該撫盧焯以現在水勢日南，前項塘工漲沙，綿亘數十里，歲加修補，殊屬糜費，業經奏請停止，是柴塘之歲修，猶且可停，而石工之改建，尤非急務。且查内大臣海望勘估之石塘一萬餘丈，現在陸續興修，未據完工，所需各山石料，江浙兩省塘工購買，出産不能充裕，未獲剋期完竣。臣等再四酌議，沿塘沙漲，已成平陸，又有柴塘捍禦，工似可緩。應將該督等所奏老鹽倉以西一帶改建石塘之處，俟現今已估應建石塘各工修築完竣後，該督等再行詳勘形勢，相度機宜，應否改建具奏，到日再議可也。

奉旨依議。

十二月，護浙江巡撫張若震咨稱温州府玉環江北十四都等處塘外，漲塗一片，堪以墾田，請先建塘閘。部議准行。共奏销工料银三千一百二十六两零，食米二百四十八石零。

是年，尖山壩工告成，鑄鎮海鐵牛四座，分置福寧宫前、大塔山各一座，新築石壩中二座。

是年，分搶修仁、寧二縣露、結等號草塘四百八十丈，又寧邑擇險搶修之石塘及緩修舊塘，高止一丈四尺至一丈一、二尺不等，比新建魚鱗石塘形勢卑矮，巡撫盧焯題請一律改建，復於歲修案内題請外用條石加高，内加頂土，共長一千三百三十五丈八尺，又於舊石塘加築子堰，長一千三百五十二丈一尺，修過海鹽縣附石土塘自落水寨至三澗寨，共長一千三百六十三丈五尺。以上仁、寧、鹽三縣共修石、草、土塘四千二百三十一丈四尺，報銷銀四千七百三十一兩零。

六年三月，閩浙總督、宗室德沛續題請將老鹽倉以西一帶柴塘改建石工，不必俟魚鱗石塘完工後舉行。下部議准。

部覆：閩浙總督、宗室德沛奏稱：『寧邑之老鹽倉迤西至仁邑之章家菴一帶塘堤，前因被潮冲刷，異常危險，斯時欲建石工，緩不可待，隨經陞任撫臣朱軾用柴搶築，原爲保護一時，並非一勞永逸之計。年來仰荷皇上敬誠昭格，海不揚波，通塘漲沙，綿亘數十里，石草各塘悉屬平穩，是以撫臣盧焯奏請暫停歲修草塘，蓋就目前情形而論也。但海潮南北不常，浮沙坍漲無定，臣悉心相度，必得一律改建石塘，方可垂諸永久，又慮土性虛浮，難於釘樁甃石，先將險要之地，遴員試築樣塘二十丈，完工數月，堅固特立。隨公同集議，應自老鹽倉起至章家菴止，改建石塘四千二百餘丈，約估工料銀九十餘萬兩，動支鹽務公費銀兩，分限五年從容辦理，會摺具奏。廷議以應俟現今估建石塘各工修築完竣，再行勘議。伏思浙省海塘，攸關七郡生民，東西兩塘俱經改建石工，不因漲沙停止，獨草塘仍循其舊，萬一風潮不測，衝去護沙，水勢由此直趨，浸灌内地，不但臨時搶堵不及，爲患匪淺，即使費盡周章，恐所費更無算矣。前此撫臣盧焯但請暫停歲修，乃一時之節省。臣請改建石工，實萬世之利賴。臣因目擊柴塘之歲修，固應暫停，石土之改建，斷不宜緩。今不支正項，而動鹽務公費，於國帑無損。現在東西兩塘魚鱗大工，漸次興築，陸續報竣，石料日見充裕。況原議分年辦理，已分別緩急，並行無礙。乘此沙漲，則人力易施；蚤爲經營，則事半功倍。』查海塘綿亘百有餘里，原以抵禦潮汐、捍衛城社田廬，倘一處潮水灌入，則全塘工程俱屬虛設。應如所請，准其自老鹽倉以西一帶草塘，改建石工四千二百餘丈，分限五年完竣。其所需工料銀九十餘萬兩，亦准其在於鹽務公費銀内動支，給發辦理可也。

奉旨：『着傅森、伊拉齊公同監修，餘依議。欽此』。尋因左都御史劉統勳奏稱改建石工，不必過急，廷議請欽差大臣一員親往確勘。十二月二十日，奉旨：『查勘浙江海塘，着劉統勳去會同總督德沛、新任巡撫常安詳議具奏。德沛俟此案定議之後，再起身來京。欽此。』嗣於乾隆七年四月，左都御史劉統勳等覆奏：『臣等親履南北兩岸，逐一查勘，知柴塘改建石工，誠經久之圖，但須寬以時日，周詳辦理。請將料物預期備辦，俟水緩沙停、可以施工之候，乘機興築，每年先以三百丈爲率。』部議以新任督臣那蘇圖將次到任，應令一并查勘明確，如果意見相同，自應准其改建。是年六月，督臣那蘇圖奏請先於老鹽倉汛至東石塘界最險處間段排築石簍，外捍潮汐，内護塘基，俟石簍根脚堅實，再照原議建築石塘。部覆准行。又於乾隆九年，吏部尚書公訥親奉命來浙勘視海塘，奏稱：『仁、寧二邑柴塘外護沙寬廣，實屬穩固，石工不必改建。若慮護沙坍漲無常，第將中小亹故道開濬，俾潮水循規出入，上下塘俱可安堵。』經部議覆，事遂寢。

十二月閩浙總督、署巡撫、宗室德沛題請修築山陰縣夾竃、大林村、宋家溇柴土各工，又會稽縣車家浦等處加幫土塘，又蕭山縣潭頭等處修培土石塘工。下部議行。共奏銷銀五千五百二十四兩零。

是年，分搶修仁、寧二縣柴石塘一千一百九十五丈一尺，海鹽縣石塘攔水面石九百一塊，平湖縣石土塘五百八十丈四尺。共報銷銀五百七十三兩零。

校勘記

〔一〕龍　疑『龍』爲『攏』字之誤。

敕修兩浙海塘通志卷七　本朝建築四

乾隆七年三月，閩浙總督、宗室德沛題請將海塘效力人員，照河工例按員缺多寡、工程多少酌量需用人數，著爲定額。下部議行，准将效力知州吴三復等五十七員留工委用，即將五十七員之數著爲定額，此外不准收録。

四月左都御史劉統勲於會勘海塘情形事疏，内請將柴薪價值照時價每百斤九分報銷。下部議行。

部覆：左都御史劉統勲奏稱：『搶修柴工，需柴正殷，柴價時值九分，部定則例止准六分。前大學士嵇曾筠行令據實造報，每百斤給價九分，緣較部價不符，屢奉駁減，今次購辦柴薪，商民觀望不前，若不照時價給發，誠恐貽誤要工。請准照實價九分報銷，庶緊要工需辦運不致遲誤，於修防實有裨益。』應如所請，浙省塘工所需柴薪准照每百斤給銀九分，但柴薪價值時有低昂，今因價昂貴每百斤加至九分，原不得著爲成例。嗣後，如遇柴薪充裕之年，即行嚴飭承辦之員減價購買，據實估銷，毋得以少報多，任意加增，致滋浮冒。

十二月，巡撫常安疏稱紹興府屬山、會二縣交界之宋家漊土塘，地處兜灣，江水逼溜，潮汐冲刷，以致護沙坍卸，土塘卑薄危險，應建築護塘埽工一百四十丈，以衛正塘。下部議行。奏銷銀二千五百二兩零。

是年，分搶修海寧縣老鹽倉、觀音堂二汛草塘一千八百三十丈，并塞毛洞，共報銷銀一萬九千七百九十二兩零。又搶修馬牧港等處大石塘外條塊石、坦水，遶城石塘外坦水，并築土牛一道，共報銷銀五千八百三兩零。

是年正月，閩浙總督那蘇圖奏請，於海寧縣觀音堂等處柴塘外，間段築竹簍石壩於浙塘基。先是，前督臣德沛先後奏請將仁、寧交界地方柴塘改建石工。至是，督臣那蘇圖等覆奏自仁和縣章家菴起，至海寧縣之華家衖止，約計二千四百餘丈舊築柴塘外，俱已漲有老沙，綿亘數里，並非海潮頂衝，無煩改建石塘。華家衖迤東至浦兒兜石塘交界一千八百餘丈，本年伏秋二汛，潮水臨塘，加鑲完固。惟老鹽倉汛至東石塘界四五百丈，地居頂衝，修防宜加嚴密，今擇其最險之觀音堂汛坐字號一十丈，老鹽倉汛伏字號共一百二十丈，又及字等號共四十七丈，蓋字等號共一千八丈七尺，通計建築竹簍壩四段，工長一百七十七丈七尺，又伏字等號一段工長一百二丈，中段用鳳尾順簍毗連，接笋斜釘，關攔順簍椿木。部覆准行。工竣，報銷工料銀三千六十八兩零。

是年，分修築海寧縣金家木橋緩修工內舊石塘二十一丈，報銷銀一百八十二兩零。又搶修海寧縣觀音堂老鹽倉一帶柴塘，共長七百二丈一尺，并塞毛洞五十個，報銷銀五千二百二十六兩。

九年正月，巡撫常安咨稱山、會二縣交界之宋家漊護塘掃工東西兩頭坍矬三十四丈，急應搶修。部覆准行。奏銷銀五百七十四兩零。

二月，巡撫常安疏報海寧縣魚鱗大石塘，於乾隆二年四月初七日開工，至八年六月初九日一律告竣，通共建築大石塘計長六千九十七丈六尺八寸，加幫土戧計長一百一十二丈，應銷銀一百一十二萬七千一百一十兩有零。督撫、群臣及紳衿、士民，具表奏謝。

巡撫常安等《謝表》：看得海濱城社，全藉堤防，澤國田廬，恒資塘岸。惟杭城當江海交會，而寧邑尤潮汐頂衝。雪浪排山，民有沮洳之患；銀濤激齧，人多陷溺之虞。七郡徬徨，三吴震恐。蒙世宗憲皇帝痌瘝在抱，屢敕興修。我皇上繼述爲懷，發帑建築，特簡大臣以資區算，廣選群吏以效趨蹌，擇險搶修，隨宜補築。既竭一時之碩畫，復籌久遠之良圖。爰允廷議，創建石工築塘六千餘丈，計里一百有奇。排樁若馬齒之毗連，叠石似鱗魚之櫛比。根基鞏固，儼若長城；表裏堅凝，直同峭壁。大工全竣，遠邇歡呼；鉅績告成，兵民忭舞。此實睿謨廣運，聿昭奠定之功；聖澤覃敷，丕著平成之績。從兹，閭閻康阜，永沐雨露洪仁，宜其兆庶歡歌，共切高深，頌戴深荷，一人有慶，願祈萬壽無疆。兹據紳衿士民陳世倕等呈請，代題恭謝天恩，臣謹會同閩浙總督臣那蘇圖恭疏代題。又紳衿士民陳世倕、趙殿最等《謝表》：竊惟仁、寧、鹽、平四邑，大海汪洋，非築塘豈能捍禦；長堤綿遠，惟壘石庶固根基。前蒙世宗憲皇帝『念切民生，雖千萬帑金不惜』，恭惟我皇上德隆繼述，至八年鉅工告成。一百里浪擊潮衝，盡荷金城之固；六千丈蟬聯櫛比，皆成鐵塹之堅。排樁若馬齒之齊，叠石似魚鱗之次。大僚持籌運算帑不虛糜，執事竭力殫心工多堅實。衆夫應募，窮黎藉力役以贍其家；庶職投工，多士共馳驅而襄厥事。兹者欣歌底定，不煩挽弩以射潮；快覩成功，何用囊沙而壅水。萬姓頌安瀾之慶，聖德聞天；千秋懷已溺之恩，神功奠定。白馬息銀濤之浪，黄龍卧錦漲之波。世倕等世隸編氓，永戴皇圖，鞏固情殷，桑梓倍欣，闔澤覃敷，爲此群抒誠悃，籲請代題。

效力人員，分别等第，議叙給咨。赴部引見三員，原任知府吕大雲、原任同知潘銓、胡士圻。留浙委用十員，知縣惲良瀚、羅守仁、何昇，州判黄宜載、吕明，縣丞熊安，通判黄鳳，州同施行義、張治、戴椿。又題請留浙補用裁缺官一員，原任同知田勳。發往南河委用二員，州同張廷樂、程光賓。比照高堰石工三等議叙之例，准於補官日加一級，給咨赴部，各歸原班。補用三十六員，原任知府徐崑、知州吴三復、知縣蔡錦、主簿李慧、州同朱騰龍、仲尚瑛、沈如駿、沈昌宸、張廷鏞、章繼倫、汪之淞、王昆、汪文鳳、李昌樟、張銘渭、程式、馮旭、楊兆正、陳鈞、楊策、楊詮、周元禮、徐淵、宋正元、蔡洪垂、唐治、蔣君錫、韓世業、金永錫、方錫稷、李世球、程師孔，縣丞楊謹、賈科斗、楊炳，咸正八品。吴熙咸，又原題案内未经入額，照額内人員減等議叙。准於補官日紀録二次十九員，州同趙駿烈、鄒廷楫、杜鄒祁、尹琦、范選、章起穎、湯紹宗、林炳、南應魁，州判葉而恭，縣丞胡方恒、伍銓，光禄寺署正陳琜，光禄寺典簿保培基，從九品蔡昭銘、沈永乾，監生錢振德、王箴寅。

按：海寧大石塘，自康熙五十九年大學士朱軾撫浙時題准，於浦兒兜至姚家堰等處建築一千三百四十丈，工未竣，陞任。巡撫屠沂奏稱『老鹽倉迤西，不能釘樁砌石』，改築草塘，故惟老鹽倉所築五百丈係石工。厥後風潮屢作，塊石、條石、柴土等塘日漸坍矬，而五百丈之大石塘獨完。雍正七年，總督李衛題請於草塘内一律改建石塘，復因鉅石採辦需時，至雍正十一年塘身坍矬益甚。世宗憲皇帝命内大臣海望、直督李衛來浙查勘塘工，請將全塘一律改建大石，庶可垂之永遠，并聲明現議堵塞尖山水口，倘既堵之後，漲有護沙，石工或可不必改建。欽此。隨奉世宗憲皇帝諭旨（恭紀首卷）：『石壩建後，即有漲沙，石塘亦當漸次改建。欽此。』至雍正十三年八月，大學士朱軾復面奉世宗憲皇帝上諭（恭紀首卷）：『修建魚鱗大石塘，乃一勞永逸之計，不可因塘外沙漲停止修築。欽此。』我皇上御極之初，命大學士嵇曾筠總理海塘事務，奏請於寧邑南門外先築遶城大石塘五百五丈二尺。至乾隆元年八月，奏建大石塘五千九百三十丈二尺。四年九月，巡撫盧焯請將小墳前、浦兒兜等處草盤頭九座，一律改築石塘，共增一百六十八丈六尺。五年二月，因小墳前盤頭改建石工，内讓出民塚，添築石塘二丈三尺。九月，因緩修工内舊塘矬墊六十九丈五尺，一律改建石塘，又舊係柴塘，今改石工，其逢灣取直，節省丈尺共七十二丈九尺二寸，又爲酌增海運等事。羊大兩山石料，每丈原估山價水脚銀七錢三釐，嗣因海運艱難，不敷採辦，奏請加增。又爲飭知事尺五圍圓樁木，照原估核減，每根二分。歷年題咨事件，塘身丈尺，工料價值，各有增減，原計應築石塘五千九百三十丈二尺，實建六千九十七丈六尺八寸，原估工料銀一百六萬九千六百八十三兩，實銷一百一十二萬七千一百一十兩零。先後題奏，編年備列，兹復彙述，以備稽考。

八月，巡撫常安咨請修築山陰縣新城村等處沿海石土塘堤，奏銷銀二百九十九兩零。

十一月，巡撫常安咨稱山、會二縣交界之宋家漊土塘外海内池，現在矬墊最爲險要，貼塘内池，應需填築堅實，中段矬掃，亟應加鑲，俾内外寬厚，方無搜刷之虞，奏銷銀六百六十兩零。又題准修築蕭山縣北海塘之瓜瀝塘二處石塘一百九丈。又新林周塘缺鑲築柴工五丈，并修張神殿等處土塘三百六十一丈二尺，奏銷銀七百五十四兩零。

是年，分加高海寧縣念里亭汛舊石塘一百五丈五尺，尖山壩西舊石塘九十五丈，鑲築浦兒兜舊石塘一丈五尺，又加修西塘眉土三百三十九丈一尺，加築大小山圩土堤七百七十四丈六尺，搶修海鹽縣行素菴、舊陳圩等處土塘三百五十六丈九尺，鹽、澉二汛附石土塘三百六十三丈五尺，修補攔水面石七千九百二十五塊，又修過大坍、中坍石塘二百丈五尺，又歲修平湖縣金山土堤一條長三千一百六十五丈五尺，挑填龍王堂石塘後尾土長三百五十丈，又搶修茅竹寨等處附石土塘五百二十丈，天后宫、乍闌鎖等處土塘一千三十九丈，通共報銷銀三千七百六十九兩零。

十年五月，巡撫常安題請修築山陰、蕭山、諸暨三縣石土堤埂，以工代賑。

《疏》曰：浙省各屬，乾隆九年秋初被水冲壞塘堰、堤壩，經臣題報，分别動項興修，又經大學士陳世倕將衝損堰壩酌量修建。今查山陰、蕭山、諸暨三縣堤埂，所關緊要，向來雖係民修，但偶被偏灾，民力未免艱難。請照以工代賑之例，將衝決險要及坍卸卑薄之處，動帑堵築。嗣後，仍責里民歲加修補。所有應修堤埂，共需石土、工料，銀二萬三千五百二十五兩五錢零，在司庫存剩備公項内動辦，俾少壯貧民傭工趁食，並委署紹興府同知田勳、效力州同戴椿、州判吕明等分段督修，俟工竣核實題銷。

下部議行。共奏銷銀二萬三千三百八十八兩零。

又巡撫常安疏稱山陰、會稽、蕭山三縣江海塘堤，於乾隆九年七月初三、四等日，風雨狂驟，潮水漫溢，以致石土各塘間段衝裂，題請興修。下部議行，奏銷銀三千五百六十七兩。

是年，分搶築海寧縣浦兒兜、秧田廟柴盤頭二座，又搶築將軍殿前柴塘一道，長九丈，殿東搶築柴盤頭一座，搶築浦兒兜東塊石塘二丈五尺，池家墳前塊石塘五丈五尺，萬家衖前石塘鋪釘排樁一十丈，復建將軍殿前石塘九丈三尺，搶修海鹽縣舊陳圩土備塘二百二十七丈五尺，敕海廟問、道等字號附石土塘一百一十五丈，又羽、翔等號攔水面石二千七百六十九塊，又修過平湖縣天后宫等處附石土塘，獨山脚至茅竹寨等處土塘共一千二百丈。共報銷銀五千五百三十六兩零。又搶修海寧縣觀音堂、老鹽倉二汛柴塘共長八百五丈，報銷銀八千九百八十七兩零。

十二年二月，護巡撫唐綏祖咨報中小亹引河故道開挖工竣。先是，乾隆九年，吏部尚書公訥親來浙查勘情形，奏請將中小亹故道開濬深通，隨經部議『中小亹原有故道，不可因淤塞已久，難以施工，即行停止。應令該撫隨時斟酌辦理。』是年，巡撫常安委員設法疏濬，因於蜀山一帶用切沙之法相機疏刷，於蜀山南挑溝引溜以順水勢，於北岸安放竹簍石壩挑溜掛淤。至乾隆十一年春夏間，蜀山已經落水，潮汐漸向南趨，北岸漲沙日見寬廣，但偃鳳山尚未落水，河莊、巖峰等山積沙尚厚，而蜀山之南原有舊時引水河道，本年挑挖工長一千二百四十七丈五尺，面寬三、四、五、六丈，底寬二、三、四丈，深六、七尺不等，實用民夫、兵丁、工價、飯食等銀一千一百七十七兩零。又以河身雖已開成，應隨時挑切疏濬，咨部於引費項下動支銀兩爲逐年疏濬工費，照例造册報銷。

是年，分搶修海鹽縣朱公寨南戻、宿等號并帝字號石塘四丈，塘面攔水石共九千五百七十九塊，平湖縣乍關鎖頭踏步等處土塘二百九十九丈，修補茅竹寨等處石塘陷洞二百三十五丈，茅竹寨石塘頭加土一百九十八丈，又修補天字等號石塘二十四丈五尺，又於土塘内秆柯塞縫共二百三十五丈。兩縣共報銷銀八百七十三兩零。又爲引河善後事宜，挑挖中小亹淤沙工長九百四十丈，并開濬東口沙嘴，共銷銀二百九十八兩零。

十三年正月，大學士高斌題請於東西柴石各塘後身，加築土堰，擋護潮頭，爲經久善後之計。《疏》曰：錢塘江中小亹引河，冲刷深通。臣等查勘海塘南岸情形，俱屬完整，實可不費修築。其北岸塘工，仁和、海寧二縣自章家菴至尖山脚止，新舊大石、塊石、柴草、土塘共長一萬九千數百餘丈，並皆鞏固整齊。塘外向日洪濤巨浪之區，今則遍成場竈。遥望新漲淤灘，綿亘四五十里，而中小亹引河導引江溜暢流直下，全塘得保無虞。臣等覩江海之安瀾，遡成功之匪易，善後之策誠宜審慎。恐偶遇大潮上灘，或值颶風涌起，潮頭濺水上塘，不可不慮，但得塘後土堰擋護周匝，則坡土不傷，即無妨碍。除八仙石起至章家菴老土塘四千七百餘丈另有外護土堰，現議加高原塘無須加築土堰。今應自章家菴起至尖山脚下凡石、柴草塘頂上後邊，一律加築土堰，底寬一丈二尺，頂寬八尺，高四尺，共長一萬四千數百餘丈，將舊有存塘土牛抵用外，約估爲銀六千六百餘兩，係善後緩工，限以二年爲期，於農隙之時陸續築成，以資保衛。再自仁和縣江塘迤東至章家菴，民築土堰量長六千二百餘丈，原爲八仙石迤東老土塘之外護，惟是堰身原有高下厚薄不齊，不足禦異常潮患，必須統體加培高厚，與東西兩頭塘身平接，包裹老塘在内，庶爲有恃無恐。但若派民工作，力有難齊，約估需土方銀一萬二千八百餘兩，亦限二年完竣，連前項通塘加堰，約共估需銀一萬九千四百餘兩，毋庸動銷正帑，並請在於節省引費留備海塘工用項下動支。其間或有盈縮，工完核實另題。

經大學士會同工部議准施行。

是月，巡撫顧琮咨稱餘姚縣臨山西門外石塘，於乾隆十二年秋汛被潮冲坍，請加修築。經部准行。用過工料銀一百二兩零。

二月，巡撫顧琮題奏餘姚縣榆柳、利濟兩塘向係民竈修築者，今風潮冲卸，請以工代賑，官給半價代修。

《疏》曰：浙省沿海縣場，上秋偶被風潮，乏食貧民經臣題明分别賑恤，并聲明冲損城垣、衙署、墩臺、營房、塘堤等項，另行勘估興舉。臣查餘姚縣之鳴鶴、石堰二場，逼近海濵，大塘之外，復有榆柳、利濟二塘，外禦海潮，内衛田廬，實爲緊要工程，向係有業民竈自行分段興修，自乾隆九年以來，三被風潮，民力拮据。上年秋間，風潮驟起，兩塘在在冲決，以致田禾被淹，即未經坍卸之處，亦被潮冲浪擊，悉皆低陷，亟宜興修堅固，以資捍衛，而灾祲之後，民力未遑。伏查餘姚二場，灾黎仰邀賑恤，冬春之交，雖得稍資生計，第二、三月間，麥秋尚遠，未免乏食。臣再四思維，若將前項塘工循照舊案，官爲代修，則力役窮民皆得藉以接濟，實於堤工、民食，兩有裨益。據勘榆柳塘計長一萬六千二百六十四丈零，坍損應修者四千五百二十七丈零，利濟塘計長一萬一千四百八丈零，坍損應修者二千三百五十二丈零，其餘九千五十五丈零，俱皆低薄，應行加築，照以工代賑例，給發半價，共估需銀一萬七千五百八十五兩零。查有歷年存剩備公銀兩，足敷動用，應請照例委員督修，工竣之後，責令民竈業户隨時自行修葺。所有辦理緣由，理合奏明。

經部議准，奉旨：『依議速行』。

三月，巡撫顧琮奏稱自乾隆十二年十一月初一日以後，中小亹冲開引河，大溜經由故道，南北兩岸皆成坦途，其附近村庄、民田猝被冲坍者，於冬底查明户口，給以口糧。

《疏》曰：中小亹引河故道，於十一月初一日以後，江流直趨，大溜今歸，衝刷河身甚爲深寬，沙地居民有拆屋移徙者。經臣等酌照灾賑坍房給修之例，按户給發銀兩，以資遷費，并飭加意撫恤寬裕，俾各得所。伏念中小亹暢流，則南北兩岸水遠沙長，塘堤鞏固，實可慶幸。惟是沙地居住之民田，驟被衝坍，雖已給與遷徙之費，而時届歲暮，不無因拆屋搬移致有拮据。臣等仰體皇上子惠元元至意，擬查無力之户，給與口糧，以資卒歲。現查明無力者六百五十户，每户酌給米五斗，如動穀碾米，未免羈遲，今以銀兩按照時價折給，約需銀五百兩，動支公項散給。除已飭行查實給發，俾無失所外，所有辦理緣由，臣謹會同閩浙總督喀爾吉善恭摺奏明。

計遷拆民房共七百八十户，瓦房、草舍共二千二百七十間，給銀一千三百四十五兩五錢，内除一百三十户稍可度日、毋庸給與口糧外，共發口糧六百五十户，每户給米五斗，准折銀七錢七分五釐，用過銀五百三兩七錢五分。奉旨：『覽奏。俱悉。欽此。』

四月，大學士公訥親具題海塘善後事宜，請於北塘設竹簍滾壩，堵禦潮溝，南塘設專司塘汛員弁兵丁，以資防護，再派兵弁於中小亹北之河莊山巡視水勢。其仁和縣迤東至章家菴所築土堰，再展年限，陸續修理。

《疏》曰：臣同巡撫顧琮於本月初一日渡江，由白鶴浦登陸，前至新開引河，又回舟往紹興應宿閘至姚家埠宋家漊一帶，看閱海塘南岸。復由杭城起，查看北岸一應土石塘工。至海寧尖山等處，臣看得現在江水大溜，悉歸中小亹，暢流直下，北大亹漲沙已成平陸。臣等從翁家埠下堤，前往相對葛嶴山北沿水之處，約計二十餘里皆係老嫩沙灘。老鹽倉堤外老嫩淤沙約二十里，直接蜀山北面，自葛嶴山至蜀山，約長二十餘里。其山北一帶，西通江水，東接海潮，雖非大溜經由，其水面尚寬八九里許，大汛水深五六尺，小汛水深二三尺不等，附近載滷、運柴小船可以乘汛往來。其海寧南門石塘外，亦漲有老嫩沙灘，約寬一十五里。大、小尖山脚老沙約寬一十三里至十五六里不等。以上老沙，多有生草者。較之乾隆九年，臣閲視北塘溜經蜀山之北沙護塘根之勢迥不相同。又勘得南大亹老沙，綿亘自塘至水，近者六七里，遠者至二十餘里，現在亦無險慮。至中小亹引河自上年十一月内冲開以來，初寬二十餘丈，今已至四百五十餘丈。是年至四五月内，已冲刷三里之寬，合之江海形勢。若至大汛，北岸仍不能無臨塘之水，南岸文堂山脚現已落水，其勢已向南趨。文堂、禪機山以南，應相機利導，使兩山全落水中，則中亹寬展，經臨大汛，庶可分北岸之潮水。至于錢江大溜，雖行葛嶴山以南，而逼近山脚之水仍復從山後一帶漫流，現在刷有堰溝，長五六里，深五六尺不等。江溜初向南行，當防其仍復故道，此處應設一竹簍碎石滚壩，以禦冲刷，使江水仍由壩漫流，不致奪流且可殺江海泛漲之水。其蜀山至尖山一帶，中有堰溝數道，尚有乘潮汛行舟往海寧者，亦不便任潮水冲刷深長，應酌看形勢，或於水口，或於中段溝尾，稍加堵禦，預防直抵塘根，以期潮退沙淤漸成灘地。又南岸會稽縣屬宋家漊地方，東有曹娥江，西有三江，閘水俱滙歸北流入海，而海潮汛發，阻遏江流，從前錢塘江走北亹相去尚遠，今江水改由中亹，較前已近，遇潮水長發遏抑，曹娥、江水二水并長，難免堤岸不致漫溢，亦應加意防護。臣與顧琮俱詳悉指示海防道鄂敏，令其相機辦理。再查南岸一帶海塘，因安瀾已久，並未設有專司塘汛之員弁兵丁，今江水雖離塘遠近不等，然既向南趨，當派官兵駐宿，不時查勘全岸塘工。應移駐官弁，相度沙之坍漲有無裨益，並潮水長落情形，一一熟知，隨時調劑，可免興修大工，兩岸數部居民共受安瀾之益。應請敕交該撫於海防兩營内派撥官兵，於南岸塘工及附近臨河一帶駐宿，隨時查看，再分派兵弁於中亹北之河莊山居住，就近在葛嶴山、蜀山一帶上下巡視江海水勢，以便先事預防，俟今年六、七、八月大汛過後，水勢全局已定，於南塘工所酌量分建營房，以爲官兵駐宿之所。查前經大學士高斌奏准，將仁和縣江塘迤東至章家菴民築土堰，動支舊存塘工銀兩，加培高厚，此原係防禦異常潮患，所以分作二年修理，今奏請營造官兵房屋，應需工料即移此項先爲動用，其修築民堰銀兩，再展年限，陸續修理。

奉旨：『大學士公訥親所奏勘過海塘善後事，一一摺着抄寄巡撫方觀承，令其悉心查辦。欽此。』

九月，巡撫方觀承遵旨覆奏，請於北塘北大亹故道，及三里橋掇轉廟等處，設竹簍滚壩，堵禦潮溝，大小山圩改建塊石塘工，以資捍禦。南塘石土各工，分別緩急，預籌防護。請將右營員弁、兵丁調派南塘，分汛防駐，其南岸江、海塘各工，歸紹興府水利通判管理。

《疏》曰：臣恪遵聖訓，覆查原奏，悉心辦理，謹將善後事宜各條詳加籌酌，並有應類及者，逐一開陳，恭呈聖鑒。一北塘大小潮溝，宜分別堵禦，以防冲刷也。查北塘外漲出老嫩沙塗，直接河莊、巖峰、蜀山，乃江海經由之北大亹舊道。今自五月以來，日漸淤墊，河莊山後有沙南北横亘如脊，細看此處，因潮以爲長落，其江身正溜由引河直下，已深五尺有餘，似不至虞其改溜，但江海之冲刷靡定，若設竹簍碎石滚壩以殺汛勢，俾水退沙留，易於淤積，更屬有益。緣在秋汛水勢方盛，且新漲子沙未實，時有潮水淹浸，工力難施，應請俟冬月後，酌勘水勢及沙漲情形，再行相機辦理。又查北塘八仙石汛起至尖山一帶，共有堰溝六道，其在馬界塘、將軍殿二處，潮溝均隔扶基圩民堰，不能到塘，似可無庸築堵。其在曹將軍殿、小墳前等處潮溝，祇係小水漫流，未至冲刷深長，亦可暫緩堵禦。惟三里橋塘外潮溝一道，長二千二百丈，口門寬一百八十丈，迎引潮汐，應於口門進内阨要處所，設立竹簍碎石滚壩一道，長四十丈，以禦汛水冲刷，約估需銀五百五十一兩零。又掇轉廟塘外，潮溝一道，長二千一百丈，口門寬衍，遠出大尖山外，順迎潮汐，溝尾仍寬十五六丈、深二三尺不等，今於口門進内七百丈之小尖山潮神廟前，就其地勢坌起處所，建築竹簍碎石滚壩一道，以截内灌之水，並可爲尖山石壩之外護，壩外寬濶平衍，潮勢回轉甚順，壩長二百三十丈，内一百三十丈，應築土壩，兩面用柴鑲墊，上加頂土迎水簽樁，其横截溝身之一百丈，應先用柴墊高，再排築竹簍碎石滚壩，共約估需銀一千一百四十餘兩。又小尖山至大尖山，大尖山至石宕山二處，逼近海濱，各有民築土堤一道，保護田廬，共長一千一百五十六丈，每于秋潮、大汛，輒多漫溢。乾隆九年，曾經動帑修築，又復兩被潮灾，屢蒙賑恤，民力未敷，難以修竣。臣詳加看閱，非建石塘不足以資捍禦而垂永久。且現議於潮神廟前，截築竹簍滚壩，其不過壩之潮水，回溜趨東，則大小山圩正當其衝。應請於二處各建碎石塘一道，與滚壩工程同時並舉，約估需工料銀二千八百二十餘兩。但此處原屬民工，應照民堤民埝，如民力實有不敷，應照給發半價之例，就近交尖山汛弁員稽查管理。如有殘缺，即令民竈各户，隨時修補，以資保障。一南塘石土各工，宜分别緩急，預籌防護也。查南塘地勢較高於北，數十年來水行北亹，是以均無險患。今江海全溜，政由中亹東南，掠近雷山，過三江口，會曹娥江，誠恐潮遏江流，致虞漫溢。其石土各工之在山陰、會稽境内者，自應一律加高培厚，以資防護，仍令相度平險，分别辦理。查山邑各工，自李玉如屋後起，至四十五都交界牌止，石塘五十六丈，眉土淋卸；又自趙爾達滷地起，至石塘頭止，土塘五十八丈，邊坡殘缺；又自夾竈起，至夾棚止，石塘五百四十八丈，塘頂面石歪斜，均應加工修整；又宋家漊亞出土塘，圍長三十五丈，適當潮汐之衝，將低缺處酌加培築，再於塘内取直，添築堅厚土塘一道，計長十六丈，新舊二層，以爲重門保障；又會邑各工，自大團交接外圍竈塘起，至宣港樓底止，土塘六百九丈四尺，塘身高下不平，邊坡殘缺；又接前工至七都舊石塘止，計四段，二長三百九十七丈，塘身俱甚單薄，應行加幫；又自章神殿起，至沈則明田止，石塘四十五丈，塘身矬陷，應加石二層，俾成一律，並培尾土；又接前工三十八丈，塘身臌裂歪斜，應行折修；又接前工三十八丈，塘身低矮，應加石二層，並加面土；又接前工至塘灣止，二百三十四丈，塘身單薄應幫；又自徐家堰起，至青山止，土塘五百一十丈，内二百丈塘身單薄應幫。以上山、會二邑各工，通共約估需銀六千四百八十七兩零，内急工銀三千三百一十八兩零，緩工銀三千一百六十八兩零，應請分年辦理。一南塘應派駐防員弁兵丁，分汛巡防，隨時經理也。查南塘各工，因安瀾日久，並未設有專員。今議分派員弁兵丁，駐宿其地，專司巡防，實爲因時制宜之要務。應請即於北塘各緩工内，量行調撥。查海防兵備道管轄守備二員、千總四員、把總八員、外委十六名、兵丁一千名，列爲左右二營，分防十二汛。除左營之海鹽澉浦、平湖尖山、鎮海五汛，右營之老鹽倉、翁家埠二汛，或係要工，或當衝道，未便抽撥外，其餘左營之念里亭，右營之八仙石、章家菴、觀音堂，靖海五汛，現在塘外沙塗遠漲，工程穩固，應即將此五汛弁兵全行撤撥南塘，按汛分防。計撥八仙石汛把總一員、外委一名、兵丁五十名，章家菴汛千總一員、外委一名、兵丁八十一名，觀音堂汛把總一員、外委一名、兵丁七十八名，靖海汛把總一員、外委二名、兵丁六十八名，念里亭汛千總一員、外委一名、兵丁六十七名，令右營守備一員移駐管轄。設立專汛，五處分防，五處自蕭山縣西興關起，至航塢山西瓜壢，爲第一汛，派把總一員、外委一名；自航塢山西瓜壢至山陰縣夾棚，爲第二汛，派千總一員、外委一名；自夾棚至會稽縣宋家漊宣港，爲第三汛，派把總一員、外委二名；自宣港至小金，爲第四汛，派千總一員、外委一名；自小金至曹娥江文昌閣，爲第五汛，派把總一員、外委一名。通共實在兵丁三百名，其守備一員，應於會稽縣之三江城駐扎，東西兩路塘工，巡查俱便，其餘弁兵，各按本界巡防。又北塘各汛，除調撥外，念里亭汛尚餘外委把總一名，並養廉守餉一名，應請歸入尖山汛協防、差操。又餘各汛馬兵五名，應歸入鎮海汛内管轄。又餘戰兵五名、守兵一十名，共兵十五名，公糧守餉一名。查平湖汛工，長四十四里，在在險要，原設兵五十一名，不敷應用，請俱撥入該汛操防、力作。又議於河莊山分駐弁兵，巡視中小亹水勢情形，應即於對岸之翁家埠汛内，分派外委一名、帶兵一十五名，前往駐扎。將河莊、葛嶴、蜀山一帶上下水勢，按日摺報，如當夏秋大汛，水勢盛漲，仍即隨時摺報，海防道不時稽查、巡閲，至撤撥弁兵之北塘五汛，就近分歸各汛管理之處。查八仙石、章家菴二汛工程，應歸於翁家埠汛經管；觀音堂汛工程，應歸於老鹽倉汛經管；請海汛工程，應歸於鎮海汛經管；念里亭汛工程，應歸於尖山汛經管。均令汛弁按工巡防，其右營守備既已調撥南塘，所有原管之北塘柴石工程，均應統歸左營守備管轄，以專責成。一調撥南塘官兵，應請建給衙署、營房，以便棲止也。查北塘弁兵，既議抽撥南塘，分汛防駐，自應就地建造衙署、營堡各房，分給棲止。守備衙署二十二間，千把、外委住房共五十二間，合共估需銀九百九十二兩零。又馬、步、戰、守實兵三百名，共需營房五百一十六間。沿海堡房四十座，每座三間，共一百二十間。二共營堡房六百三十六間，共估需銀五千七十五兩二錢八分。其營堡各房，應令地方官查明建造，如無就近官基，即買民地建造。至守備衙署應需之項，查有北塘所遺衙署營房，應飭令據實估變克用，毋庸另請動項，或需移用舊料，核實開除。一移駐右營守備，請鑄給關防，以昭信守也。右營守備向駐北塘，一應支給錢糧，俱用左營關防。今既移駐南塘，專司防護蕭、會、山等縣工程，以及兵馬、錢糧俱爲該備專責，應請飭部鑄給浙江海防道標右營守備關防，以重職守。一南塘應照北塘之制，并歸廳員管轄，以昭畫一也。南岸紹屬江海塘工，因海防道駐扎海寧，懸隔大江，歷係各該縣經管經收，由布政司衙門查核請銷。今既議撥海防道標營弁防守，不可無專管之廳員互相稽查。查有紹興府水利通判，會稽、山陰、蕭山三縣皆其所屬，應即將紹屬南岸海塘、江塘各工，專令該通判管理。遇有一切應修工程，地方官報明，該倅會同營備確勘，報明海防道轉詳請修，工竣造册，由道核銷。所有紹興府水利通判關防，并請添海防字樣，敕部鑄給，以昭信守。以上堵塞潮溝二處，建築竹簍碎石滚壩。又南塘修築石土各工，又調撥備弁、兵丁添建衙署、營堡各房，又改建大小山圩、塊石塘工，通共需銀一萬六千六百五十餘兩，内除守備、千總、外委衙署住房銀九百九十二兩零，即以北塘所遺衙署、營房估變抵項外，實需銀一萬五千六百六十兩零，内竹簍滚壩、兵丁營堡各房、大小山圩、塊石塘工，共估需銀九千一百七十餘兩，均須同時並舉。其南塘修築石土各工，共估需銀六千四百八十餘兩，應請按其平險分作二年次第興修。又部覆大學士高斌條奏，仁和縣江塘迤東，至章家菴民築土堤，加培高厚，並自章家菴起，至尖山脚下，石柴草塘，頂上加築子堰等工，共實需銀一萬三千餘兩。臣查藩庫舊存塘工引費銀八千一百八十餘兩，又現據鹽驛道詳解司庫共實存引費銀一萬八千六百五十餘兩，堪以動用。今將現在應辦兩案工程，揆度情形，酌分緩急。現在引費已敷動支，其以後分年各工應需錢糧，均於每年節省引費銀兩動支。所有兩案應修分年各工，統行造具估册，送部查核，仍按已竣之工分年題銷。如分二年、三年之工，届期水勢、堤工情形，或有改異，應行增修之處，容按年勘估確實，奏請。至各工除竹簍碎石滚壩，係于海内水沙之上施工，例無保固外，其石土塘工並營堡房間，仍按照工竣，分别年限，照例保固。再移駐官弁、兵丁分管事宜，俟覆准後，另行造册，送部查核。

隨經大學士等會議准行。

十四年四月，巡撫方觀承咨准拆修蕭山縣洪家庄舊石塘，并先搶築孔家埠漁浦街柴塘等工，用過銀一千二百五十兩零。

敕修兩浙海塘通志卷八　工程

興大工者，必有章程；垂永遠者，宜昭法守。前代修築海塘之法，歷久失傳。宋有王安石所築定海塘，著稱志乘。明楊暄、黄光昇承修海鹽塘工，遵其法而神明之，名爲樣塘。我朝制度，超軼前朝，至魚鱗大石塘之建，則未嘗不參酌往制，而工尤加倍，法益加詳。苟不詳爲記載，後將靡稽。他若坦水、木櫃、截沙、土戧，皆築塘所必需，事宜附列。至盤頭、竹簍，雖止權宜之計，而倉卒抵禦，亦備費經營，因并録之。志《工程》。

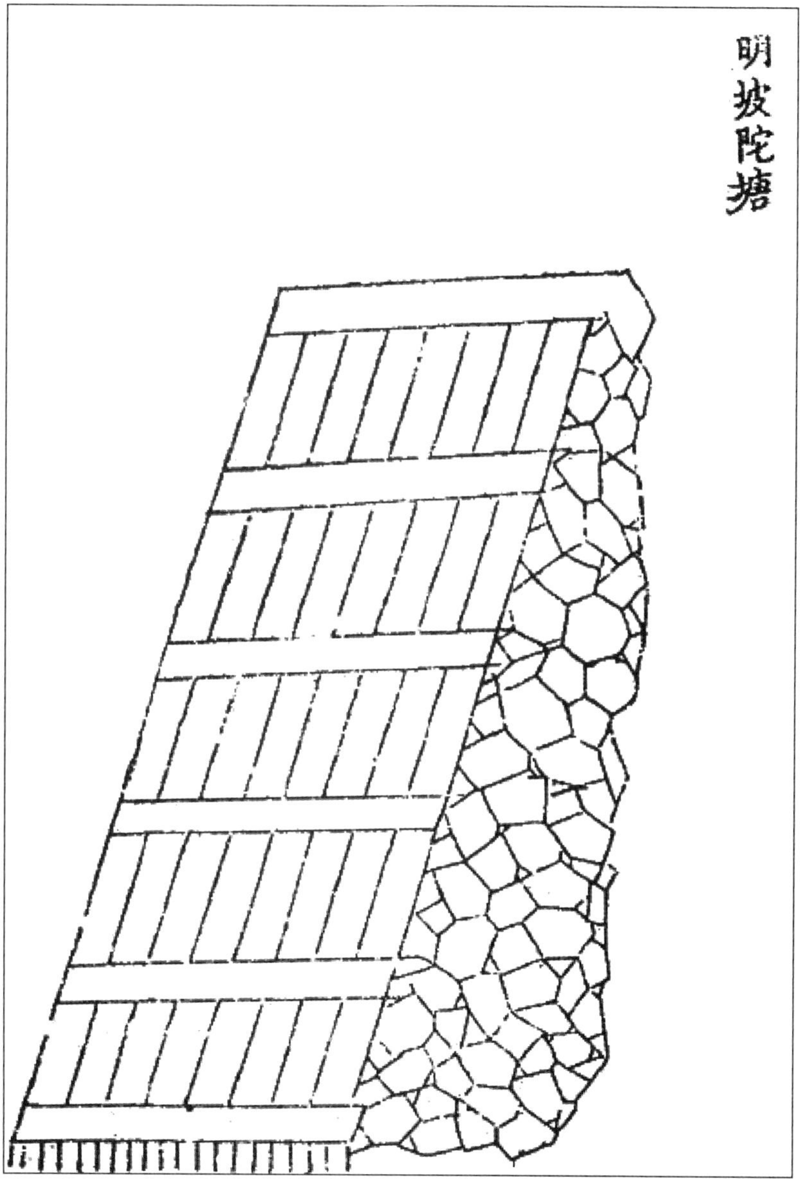
明坡陀塘

明成化十三年，副使楊瑄修築海鹽縣石塘，以意改爲坡陀形，因名坡陀塘。先是，塘石皆叠砌勢陡孑，瑄以爲潮激之生怒易潰，乃彷宋王安石居鄞修築定海塘式①，砌法如斜坡，用殺潮勢，石底之外俱用木樁以固其基②，初下石塊用一横石爲枕③，循次竪砌，裏用小石填心，外用厚土堅築。今鄞塘砌法不可考，瑄之坡陀塘具載《海鹽圖經》。

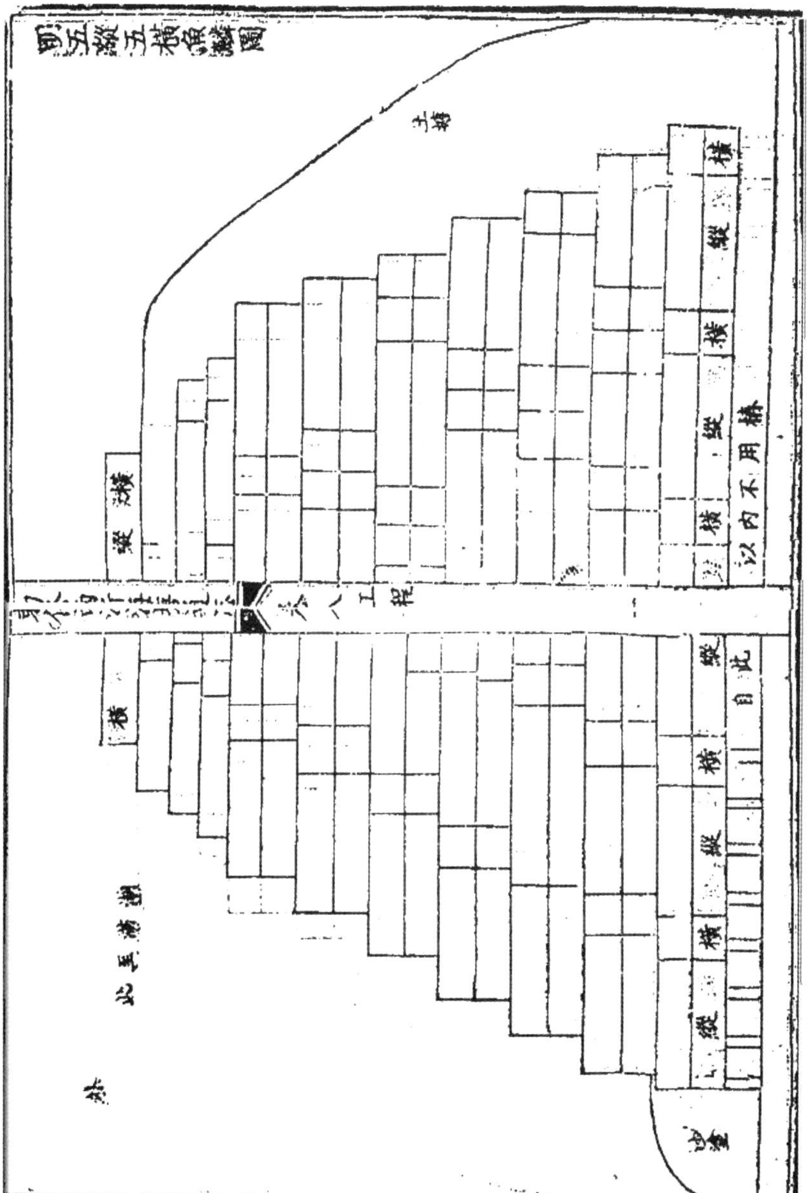

明嘉靖二十一年，僉事黄光昇修築坡陀塘，歲久仄壓。宏治中，巡撫侍郎彭韶委知府徐霖、通判蹇霆，偕邑令譚秀重築，仍疊石如舊法，而略彷坡陀，意内横外縱，以漸減縮令斜。十三年，知縣王璽繼之，備講縱横之法，其有一縱一横、二縱二横，下闊上縮，内齊而外陂，因名様塘。至嘉靖二十一年，僉事黄光昇築法尤備，先去沙塗之浮者四尺許，見實土，乃入樁與土平，仍旁築令實，乃置石爲層者二。是二層者，必縱横各五，令廣擁以土，使沙塗出於上。令深層之三若四，則縱五之，横四之；層之五若六，縱四之，横五之；層之七若八，縱横並四之；層九、十，縱三之，横五之；層十一、層十二，縱横又並三之；層十三、層十四，縱三之，横二之；層十五，縱二，横三；層十六，縱横並二；層十七，縱二横一；層十八，是爲塘面，以一縱二横終焉。石之長以六尺，廣厚以二尺，琢必方，砥必平，層表裏必互縱横作丁字形，以彌直罅之水。層中横，必稍低昂作幞頭形，以彌横罅之水。層相架，必跨縫而置，作品字形以自相制，使不解散，層必漸縮，而上作階級形，使順潮勢，無壁立之危，又堅築内土培之。塘成一丈，率用銀三百兩。

工朝魚鱗大石塘總圖

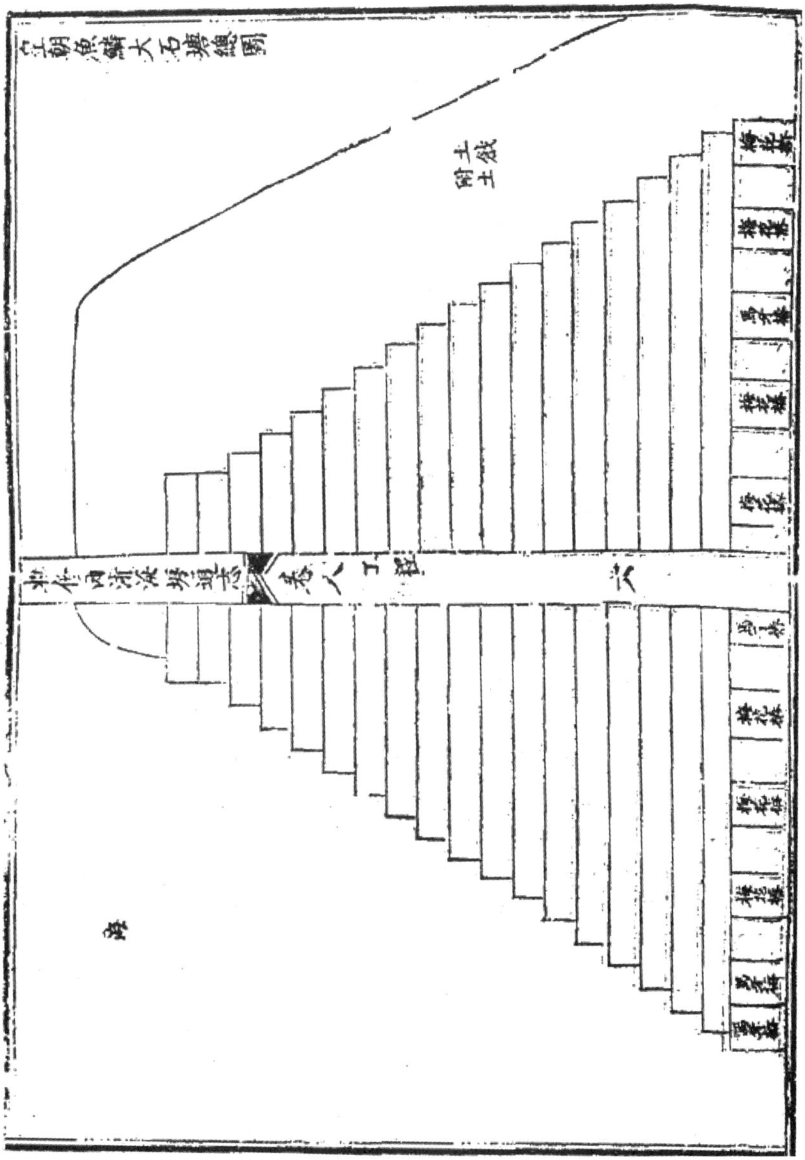

雍正十年，潮勢洶涌，加以上游江水驟長，老沙洗刷，潮頭直逼内地。世宗憲皇帝特命内大臣、户部侍郎海望，直隸總督李衛赴浙，相度機宜，議於尖山起，至萬家閙，統建大石塘叠。奉恩綸『雖帑金千萬不惜，不可因塘外漲沙停止修築』煌煌天語，所以爲海隅生民計者，至周且密，至恩渥也。我皇上御極，特命大學士嵇曾筠總理修築，於乾隆元年先築海寧遶城魚鱗大石塘五百五丈二尺。寧城迤東、迤西二處，測量地勢高下，分别首險、次險，於乾隆二年開工，八年告成，計長六千九十七丈六尺八寸，合前巡撫朱軾所建老鹽倉五百丈大石塘，共七千一百二丈八尺八寸。其築法：塘身高十八層者，每丈用厚一尺、寬一尺二寸條石一百一十八丈三尺三寸三分，石有厚薄不等，以丁順間砌，參差壓縫，計高一丈八尺爲準，頂寬四尺五寸，底寬一丈二尺。内除收頂蓋面石，以及鋪底蓋樁石各一層，不留收分外，自底上第二層至十二層，每層外留收分四寸，内留收分一寸。又自十三層至十七層，每層外留收分三寸，内留收分一寸，共留收分七尺五寸，底寬一丈二尺。外口釘馬牙樁二路，以禦潮刷。樁縫中心，重石之下，擔負全力，釘馬牙樁一路及後一路，共四路。每路用樁二十根，共樁八十根，尚餘底空，釘梅花樁七路，每路用樁一十根，共樁七十根。二共樁一百五十根，俱一木一樁。馬牙樁用圍圓一尺五寸，長一丈九尺之木。梅花樁用圍圓一尺四寸，長一丈八尺之木。塘身九層以下，外砌坦水保護，不扣錠鍋外，自第十層、十二層、十四層、十六層，每層每丈扣砌生鐵錠二個，熟鐵鍋二個。又收頂蓋面石一層，前後扣砌生鐵錠一十六個。每條石一丈，用砌灰五斗，每砌灰一石，用汁米五升。其餘應需筑壩器具，以及匠夫工價，備載《物料門》。

寧城迤東，地勢卑下，建築魚鱗大石塘四千六百二十丈一尺七寸，俱頂寬四尺五寸，底寬一丈二尺，統高一丈八尺，每丈估需料工銀一百八十一兩六錢八分八釐。寧城迤西地勢稍卑，建築十七層魚鱗大石塘一千四百七十七丈五尺一寸，俱頂寬四尺五寸，底寬一丈二尺，統高一丈七尺，每丈估需料工銀一百七十六兩二錢九分一釐。遶城地勢稍平，建築十六層魚鱗大石塘五百五丈二尺，俱頂寬四尺，底寬一丈二尺，統高一丈六尺，每丈估需料工銀一百六十二兩三分八釐。內條石產處不一，或採自江南洞庭等山，有過壩之費，或採自紹郡羊大等山，過沙塗遠，漲船難抵，工均於定價七錢三釐之外，每丈加給運脚銀七分。

大石塘底樁式

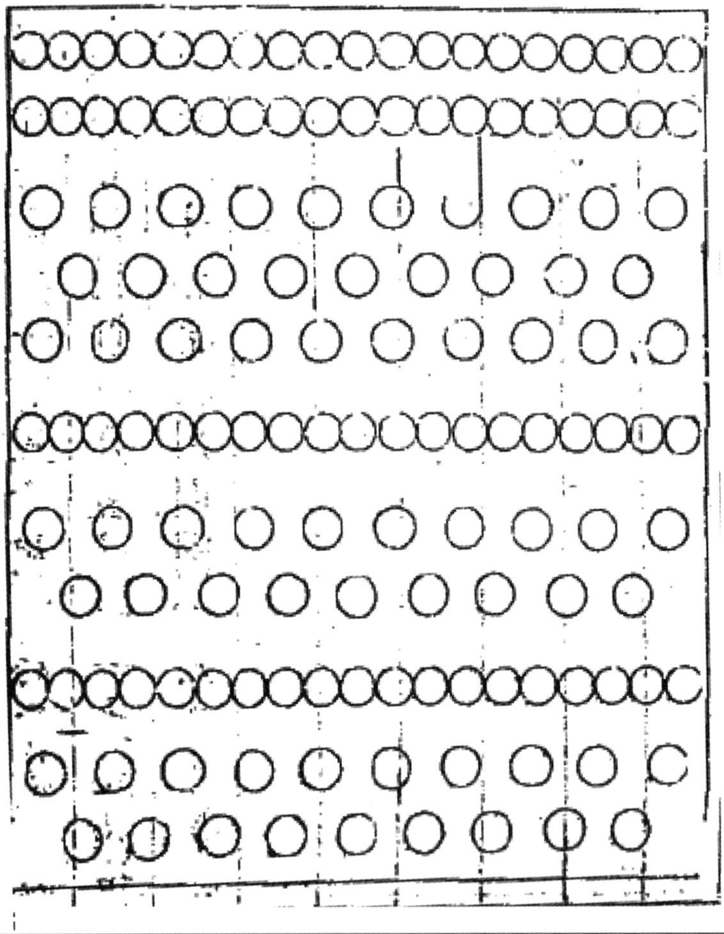

右底樁一十一路，共一百五十根，内馬牙樁四路，計八十根，每根用圍圓一尺五寸，長一丈九尺。

梅花樁七路，計七十根，每根用圍圓一尺四寸，長一丈八尺。

大石塘第一層砌式

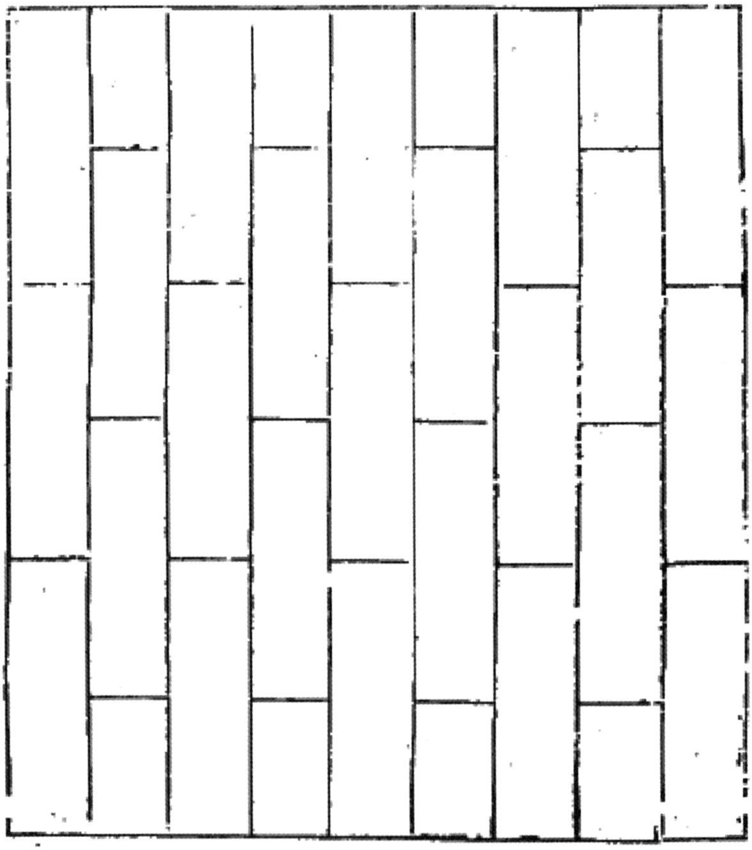

右第一層寬一丈二尺，俱丁砌蓋於底樁之上，計用折正厚一尺、寬一尺二寸條石一十丈，外砌做細丁石二丈五尺，裹砌做粗丁石七丈五尺，砌灰五石，汁米二斗五升。

大石塘第二層砌式

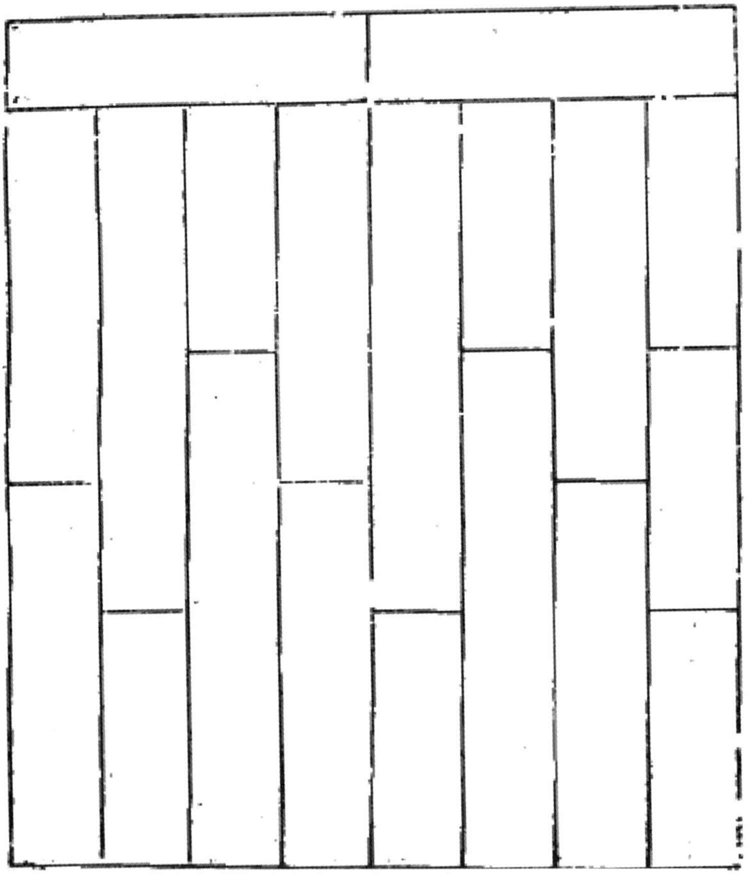

右第二層寬一丈一尺五寸，外順砌，内丁砌，外收分四寸，内收分一寸，計用折正厚一尺、寬一尺二寸條石九丈五尺八寸三分三釐，外砌做細順石一丈，裏砌做粗丁石八丈五尺八寸三分三釐，砌灰四石七斗九升一合六勺，汁米二斗三升九合六勺。

大石塘第三層砌式

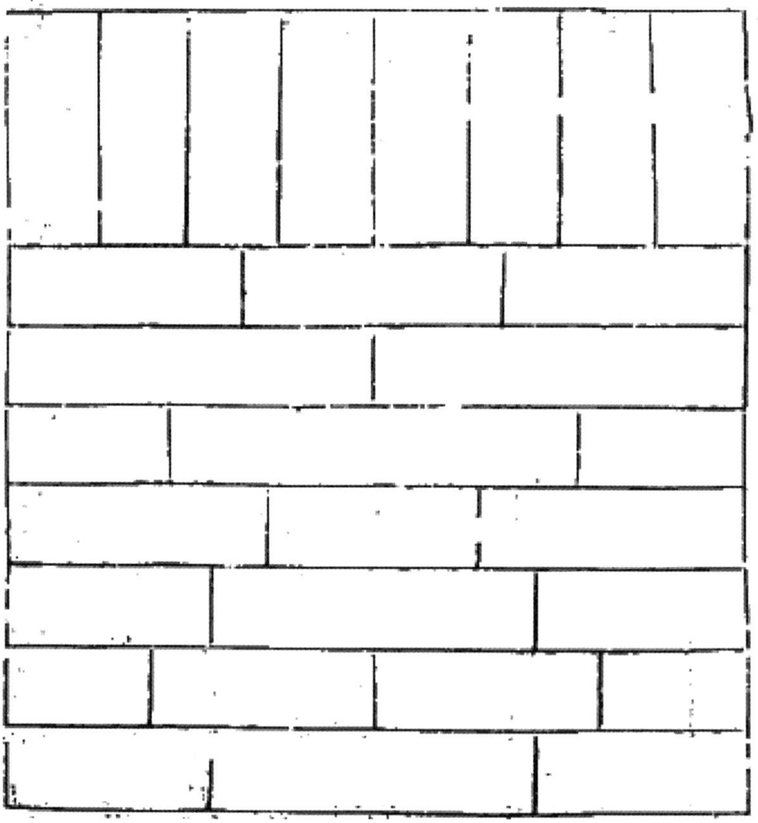

右第三層寬一丈一尺，外丁砌，内順砌，外收分四寸，内收分一寸，計用折正厚一尺、寬一尺二寸條石九丈一尺六寸六分七釐，外砌做細丁石二丈五尺，裏砌做粗順石六丈六尺六寸六分七釐，砌灰四石五斗八升三合三勺，汁米二斗二升九合一勺。

大石塘第四層砌式

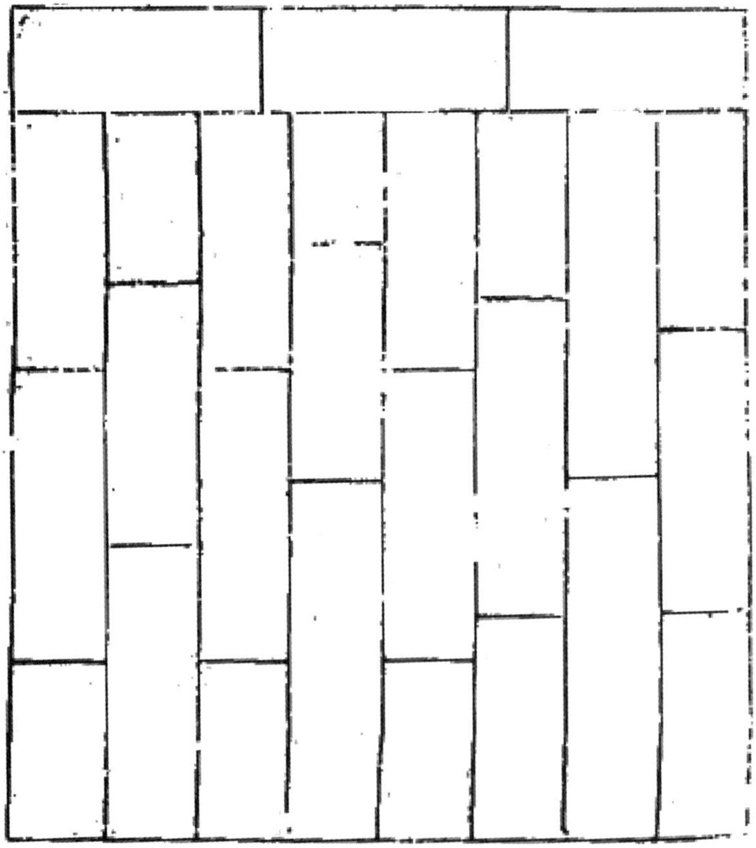

右第四層寬一丈五寸，外順砌，内丁砌，外收分四寸，内收分一寸，計用折正厚一尺、寬一尺二寸條石八丈七尺五寸，外砌做細順石一丈，裏砌做粗丁石七丈七尺五寸，砌灰四石二斗七升五合，汁米二斗一升八合七勺。

大石塘第五層砌式

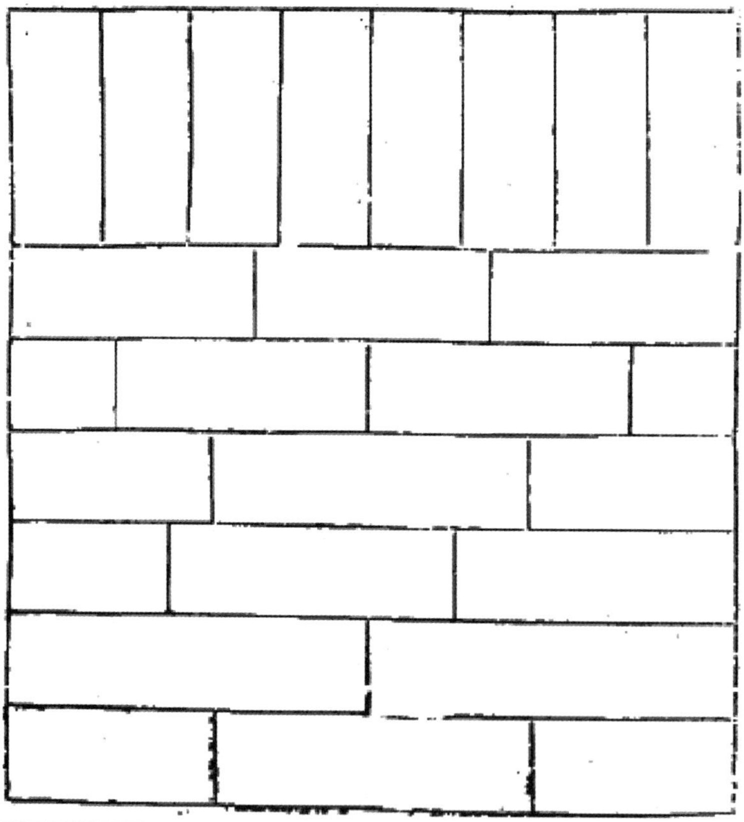

右第五層寬一丈，外丁砌，內順砌，外收分四寸，內收分一寸，計用折正厚一尺、寬一尺二寸條石八丈三尺三寸三分三釐三毫，外砌做細丁石二丈五尺，裏砌做粗順石五丈八尺三寸三分三釐三毫，砌灰四石一斗六升六合七勺，汁米二斗八合三勺。

大石塘第六層砌式

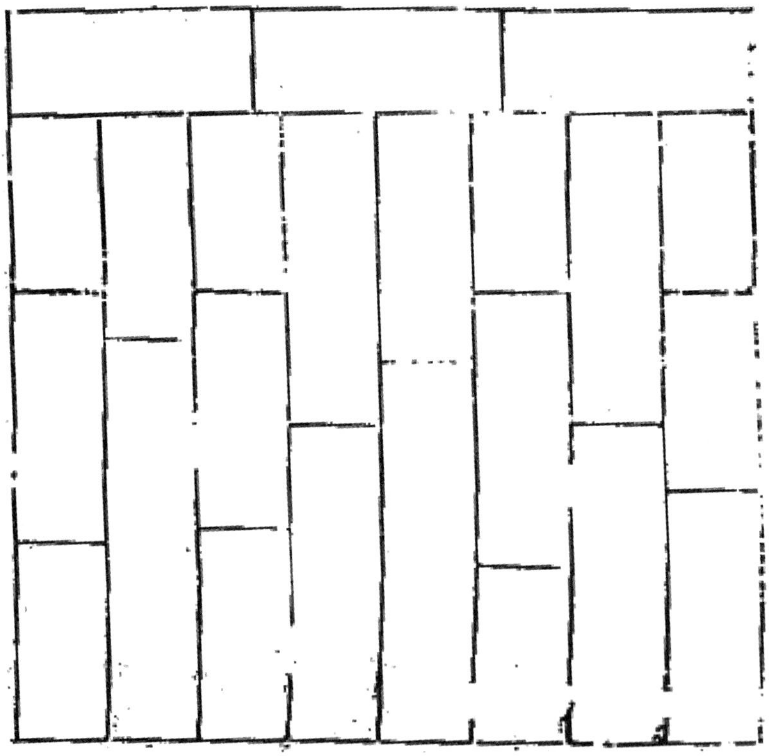

右第六層寬九尺五寸，外順砌，内丁砌，外收分四寸，内收分一寸，計用折正厚一尺、寬一尺二寸條石七丈九尺一寸六分六釐七毫，外砌做細順石一丈，裹砌做粗丁石六丈九尺一寸六分六釐七毫，砌灰三石九斗五升八合三勺，汁米一斗九升七合九勺。

大石塘第七層砌式

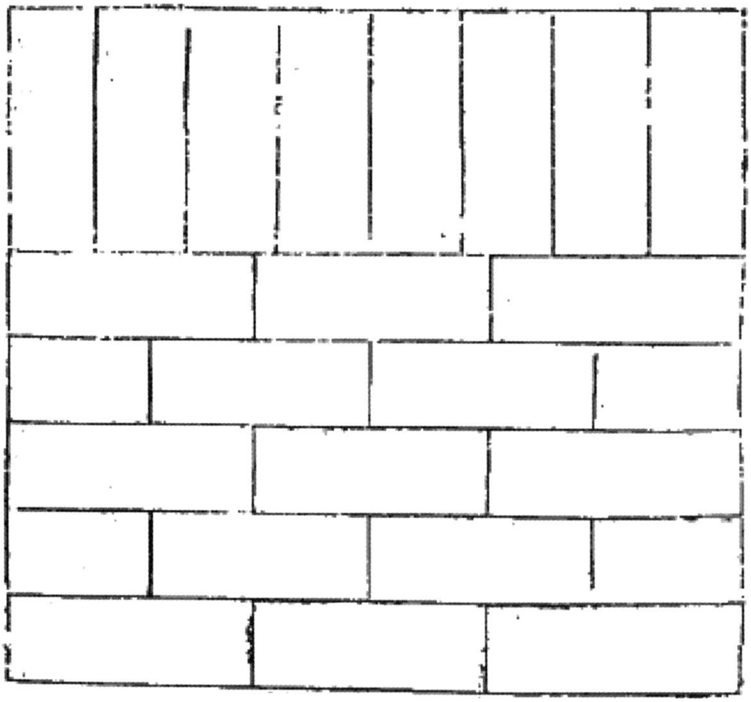

右第七層寬九尺，外丁砌，内順砌，外收分四寸，内收分一寸，計用折正厚一尺、寬一尺二寸條石七丈五尺，外砌做細丁石二丈五尺，裏砌做粗順石五丈，砌灰三石七斗五升，汁米一斗八升七合五勺。

大石塘第八層砌式

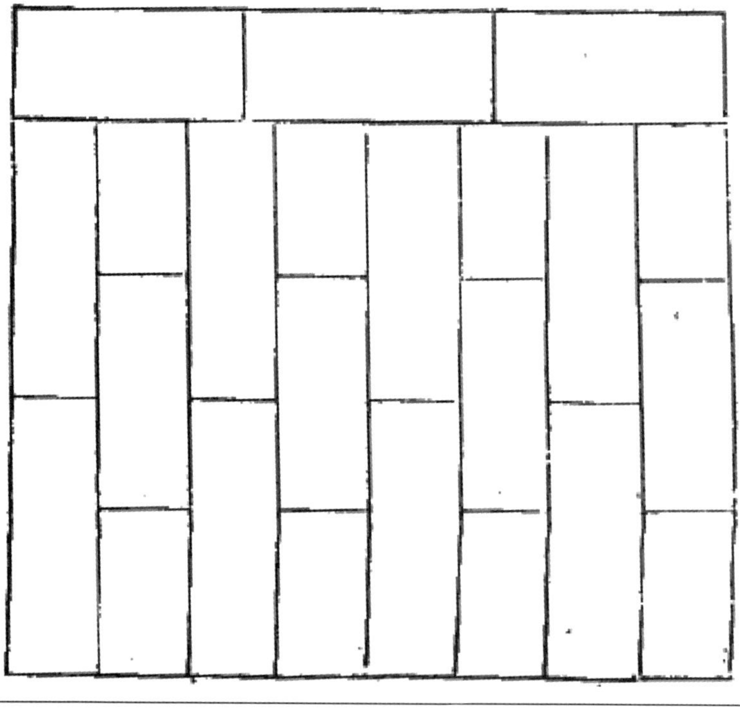

右第八層寬八尺五寸，外順砌，内丁砌，外收分四寸，内收分一寸，計用折正厚一尺、寬一尺二寸條石七丈八寸三分三釐四毫，外砌做細順石一丈，裏砌做粗丁石六丈八寸三分三釐四毫，砌灰二石五斗四升一合七勺，汁米一斗七升七合一勺。

大石塘第九層砌式

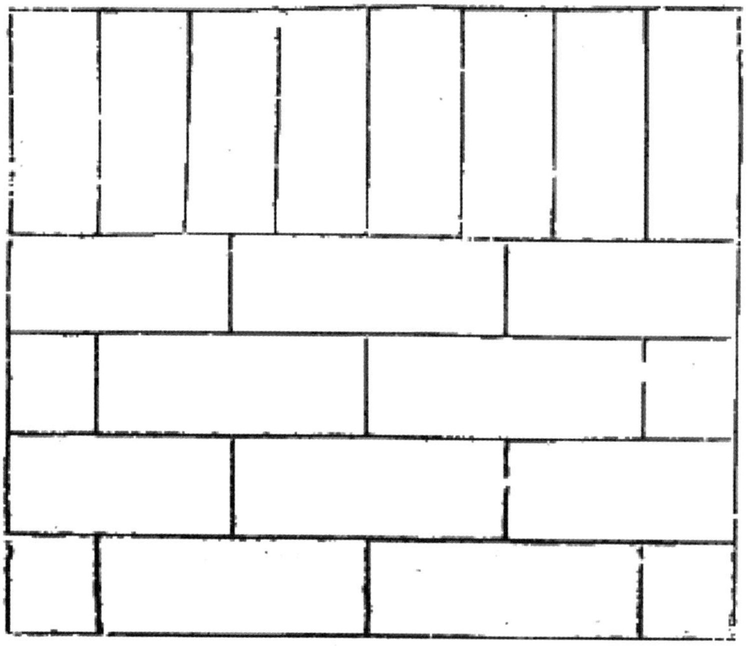

右第九層寬八尺，外丁砌，内順砌，外收分四寸，内收分一寸，計用折正厚一尺、寬一尺二寸條石六丈六尺六寸六分六釐六毫，外砌做細丁石二丈五尺，内砌做粗順石四丈一尺六寸六分六釐六毫，砌灰三石三斗三升三合三勺，汁米一斗六升六合六勺。

大石塘第十層砌式

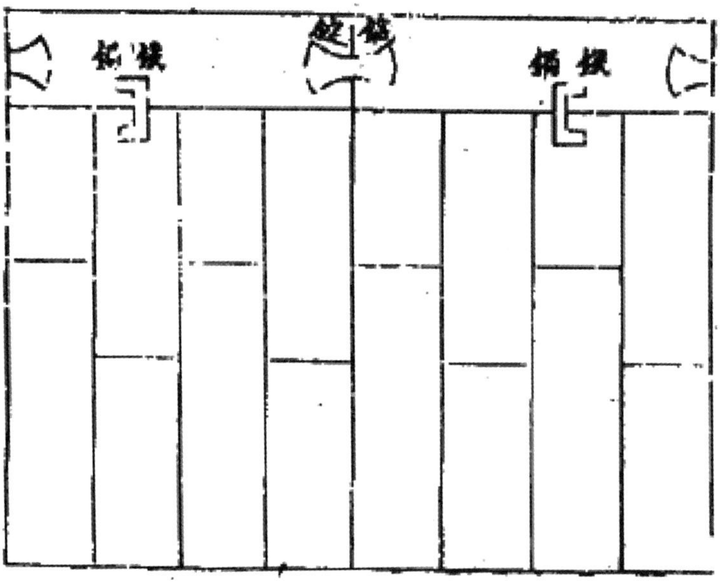

右第十層寬七尺五寸，外順砌，內丁砌，外收分四寸，內收分一寸，計用折正厚一尺、寬一尺二寸條石六丈二尺五寸，外砌做細順石一丈，裏砌做粗丁石五丈二尺五寸，砌灰三石一斗二升五合，汁米一斗五升六合二勺，鑿嵌生鐵錠兩個，熟鐵鋦兩個。

大石塘第十一層砌式

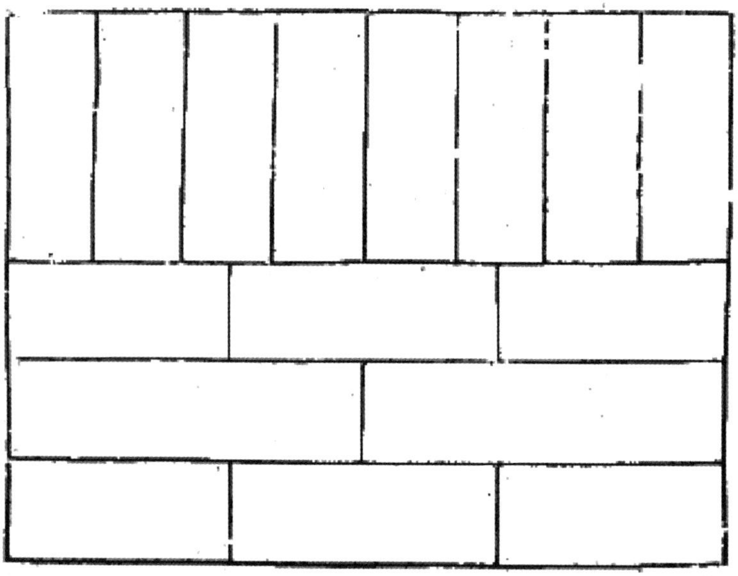

右第十一層寬七尺，外丁砌，内順砌，外收分四寸，内收分一寸，計用折正厚一尺、寬一尺二寸條石五丈八尺三寸三分三釐三毫，外砌做細丁石二丈五尺，裏砌做粗順石三丈三尺三寸三分三釐三毫，砌灰二石九斗一升六合六勺，汁米一斗四升五合八勺。

大石塘第十二層砌式

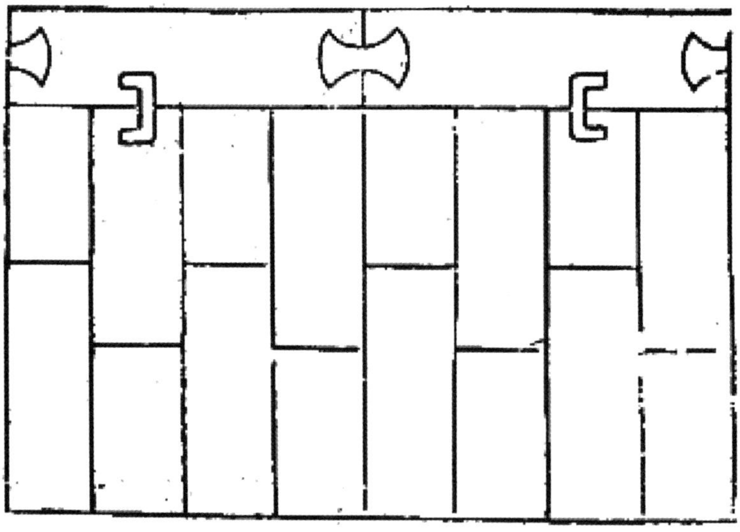

右第十二層寬六尺五寸，外順砌，內丁砌，外收分四寸，內收分一寸，計用折正厚一尺、寬一尺二寸條石五丈四尺一寸六分六釐六毫，外砌做細順石一丈，裏砌做粗丁石四丈四尺一寸六分六釐六毫，砌灰二石七斗八合三勺，汁米一斗三升五合四勺，鑿嵌生鐵錠兩個，熟鐵鋦兩個。

八石塘
第十三
層砌式

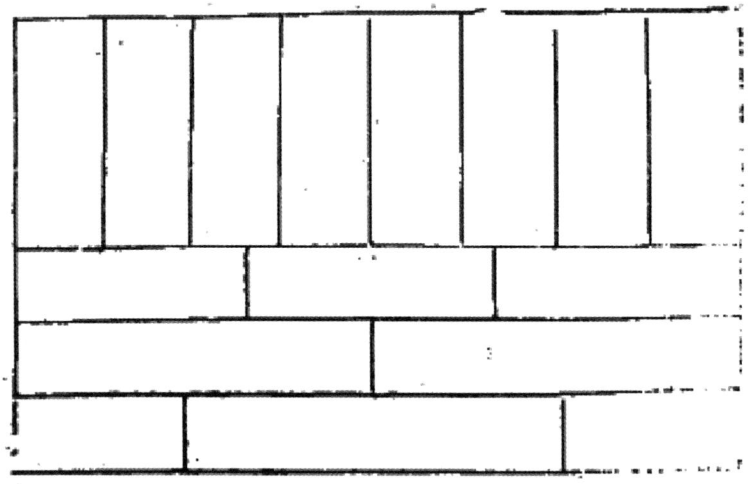

右第十三層寬六尺，外丁砌，内順砌，外收分三寸，内收分一寸，計用折正厚一尺、寬一尺二寸條石五丈八寸三分三釐三毫，外砌做細丁石二丈五尺，裏砌做粗順石二丈五尺八寸三分三釐三毫，砌灰二石五斗四升一合七勺，汁米一斗二升七合一勺。

大石塘第十四層砌式

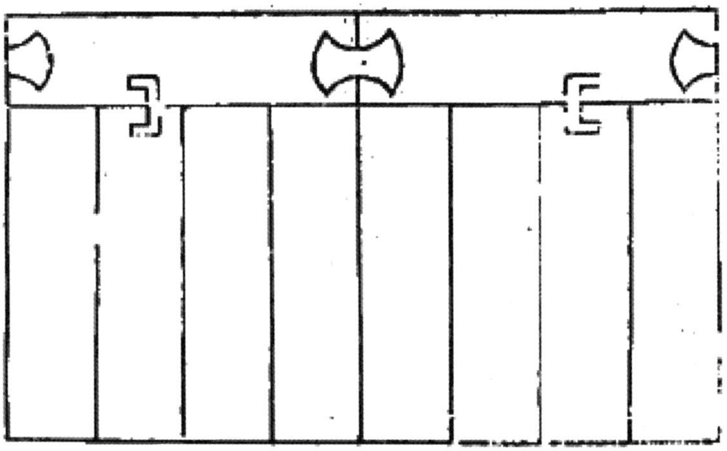

右第十四層寬五尺七寸，外順砌，内丁砌，外收分三寸，内收分一寸，計用折正厚一尺、寬一尺二寸條石四丈七尺五寸，外砌做細順石一丈，裏砌做粗丁石三丈七尺五寸，砌灰二石三斗七升五合，汁米一斗一升八合八勺，鑿嵌生鐵錠兩個，熟鐵鋦兩個。

大石塘第十五層砌式

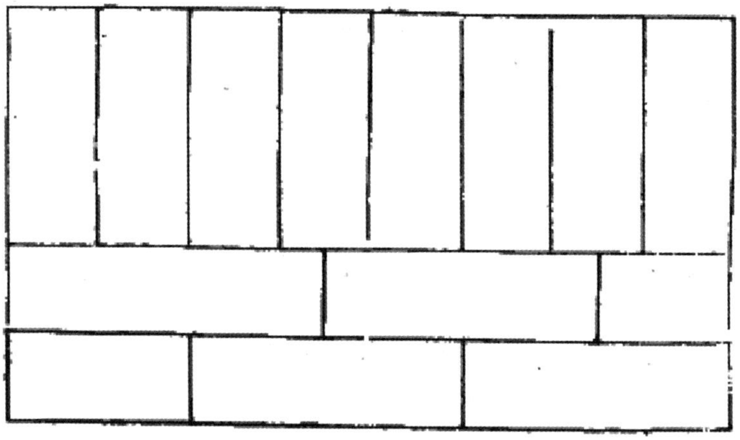

右第十五層寬五尺三寸，外丁砌，内順砌，外收分三寸，内收分一寸，計用折正厚一尺、寬一尺二寸條石四丈四尺一寸六分六釐六毫，外砌做細丁石二丈五尺，裏砌做粗順石一丈九尺一寸六分六釐六毫，砌灰二石二斗八合三勺，汁米一斗一升四勺。

大石塘第十六層砌式

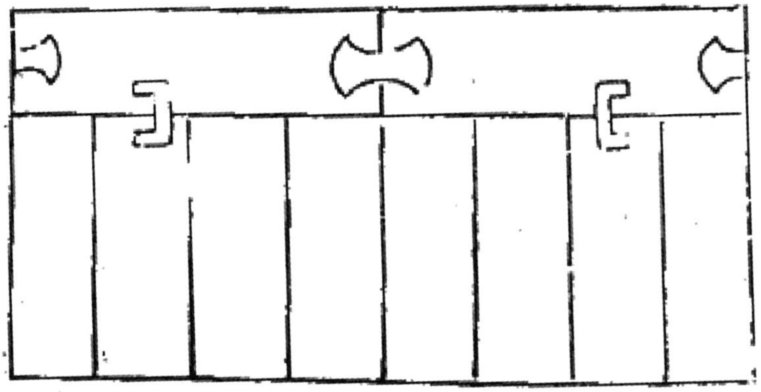

右第十六層寬四尺九寸，外順砌，内丁砌，外收分三寸，内收分一寸，計用折正厚一尺、寬一尺二寸條石四丈八寸三分三釐三毫，外砌做細順石一丈，裏砌做粗丁石三丈八寸三分三釐三毫，砌灰二石四升一合七勺，汁米一斗二合一勺，鑿嵌生鐵錠兩個，熟鐵鋦兩個。

大石塘第十七層砌式

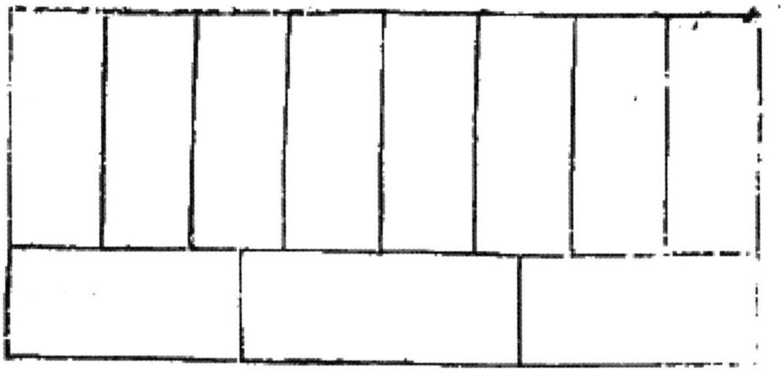

右第十七層寬四尺五寸，外丁砌，内順砌，外收分三寸，内收分一寸，計用折正厚一尺、寬一尺二寸條石三丈七尺五寸，外砌做細丁石二丈五尺，裏砌做粗順石一丈二尺五寸，砌灰一石八斗七升五合，汁米九升三合七勺。

大石塘疊十八層砌式

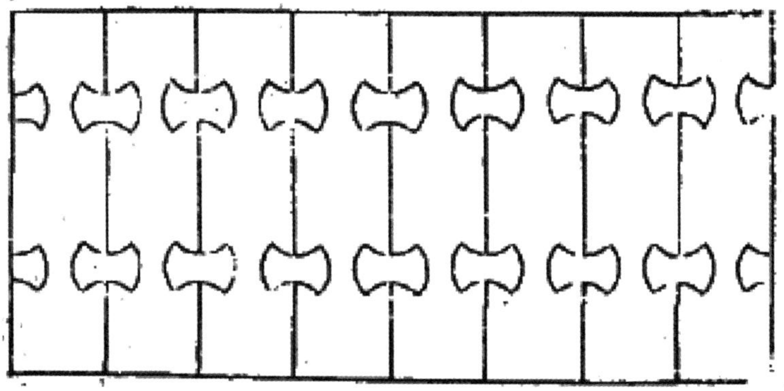

右第十八層寬四尺五寸，此層收頂，蓋面俱用做細丁砌，内外不收分，計用折正厚一尺、寬一尺二寸條石三丈七尺五寸，砌灰一石八斗七升五合，汁米九升三合七勺，石縫前後鑿嵌生鐵錠兩路，計一十六個。

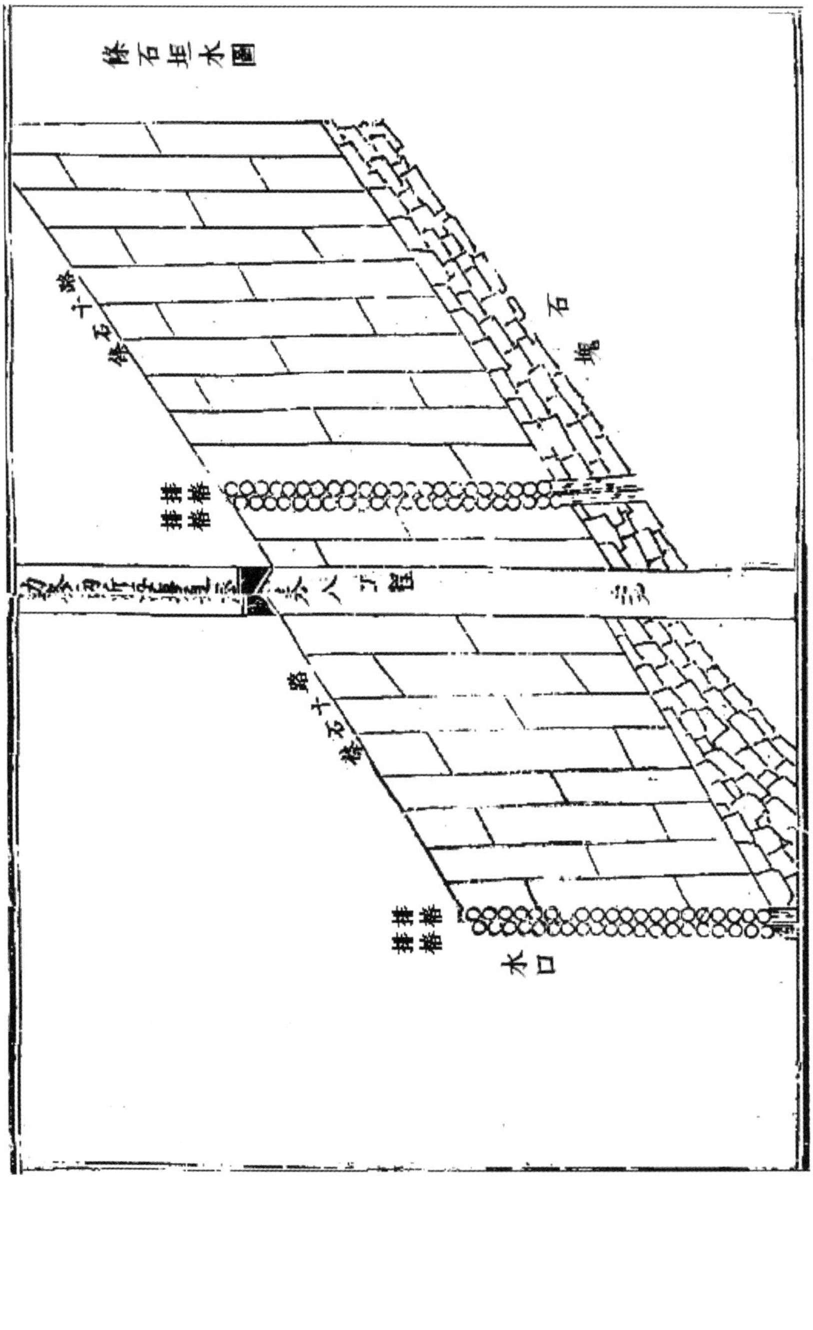
條石柜水圖
條石十路
排樁
排樁
石塘
條石十路
排樁
排樁
水口

海鹽潮水暗長，沿塘一帶，又間有鐵板沙，但令塘身堅固，足資抵禦。惟海寧東自尖山，一束江水，又從上順下，潮與江鬭，激而使高，遂起潮頭，斜搜横囓，勢莫可當。又潮退之時，江水順勢汕刷，苟非根脚堅厚，難保無虞。是以寧塘歷來修築，既重塘身，更重塘脚坦水，但從前用塊石鋪砌，雖多至三、四、五層不等，易於潑卸，以致修補頻仍，終非經久之策。大學士嵇曾筠建築大石塘於繞城五百五丈二尺，塘脚外鋪砌條石坦水二層，裏高外低，斜披而下，每丈每層寬一丈二尺，下用塊石砌高，上用條石蓋面，每層石口各釘排樁二路，每路用樁二十根，以圍圓尺四、五、六之長木間釘，下砌塊石，每層牽高三尺，計石三方六分，每方重一萬四千斤，二層共一十萬八百斤。上蓋條石，每層寬一丈二尺，用厚七寸、寬一尺二寸條石十路，計折正石七丈，二層共一十四丈。或有舊存合式之樁石，酌量添用，委西防同知張永熹等如式砌築。乾隆八年，大工告成，議請一律鋪砌，會塘外沙漲停止。所有坦水應需物件以及新舊石料、匠夫工價，備載《物料門》。

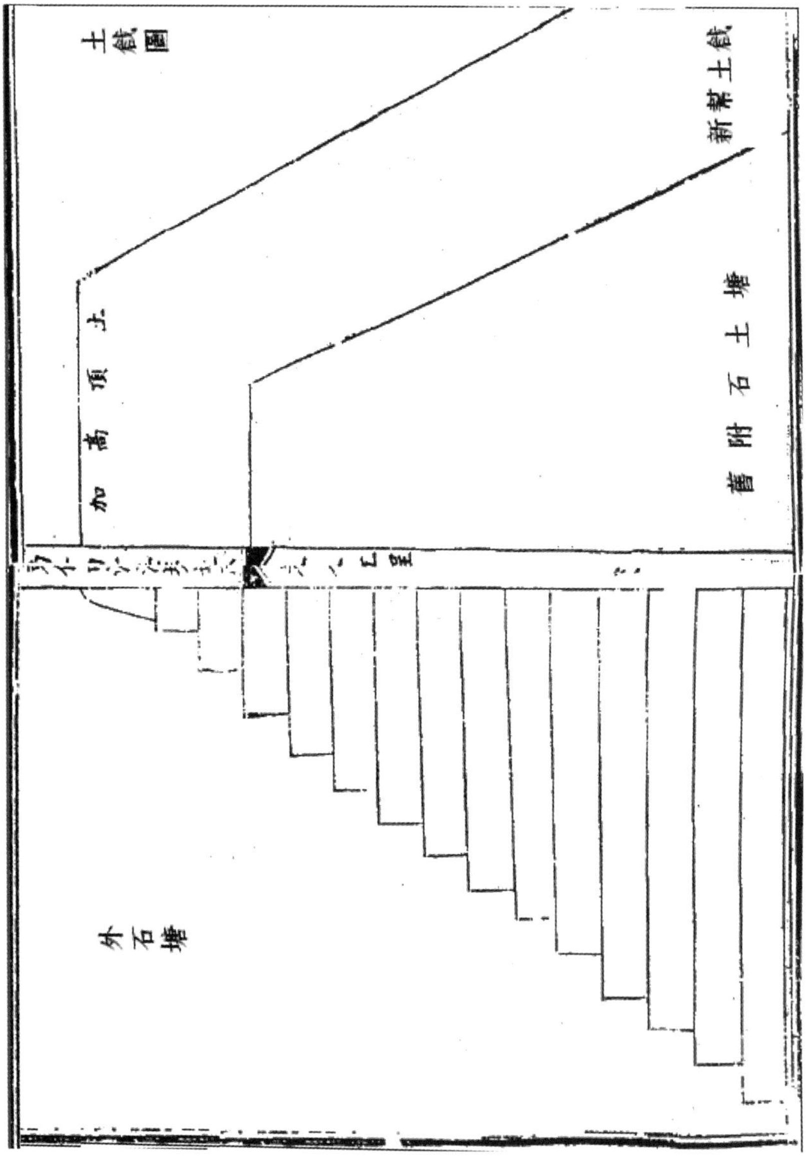
土戧圖
加高頂土
新幫土戧
舊附石土塘
外石塘

海寧石工之後，舊有附石土塘，高低寬窄不一，又經風雨淋漓，漸次塌卸。大學士嵇曾筠題請幫築土戧，增卑培薄，務使一律高寬，所需土方購買備塘迤北民田挑取，按畝給價豁糧，塘内水坑用柴樁幫護，民房佔礙，給價遷移。其土分别遠近乾濘，計方授價，復慮泥土硬燥，夯硪不實，潑水堅築。東自寧邑尖山石塘馬頭起，西至仁邑李家村止，工長一萬三千九百九丈，委東防同知林緒光等九十八員分段承築。塘後幫寬，自一丈以内至三、四丈以外，高自一丈以内至一丈以外。塘頂之上，普例加高三尺，總以新舊頂寬三丈、底寬六丈爲準。後建大石塘，開槽築壩，亦賴土戧衛護，不患海潮内溢。其土方工價以及柴樁埽料，備載《物料門》。

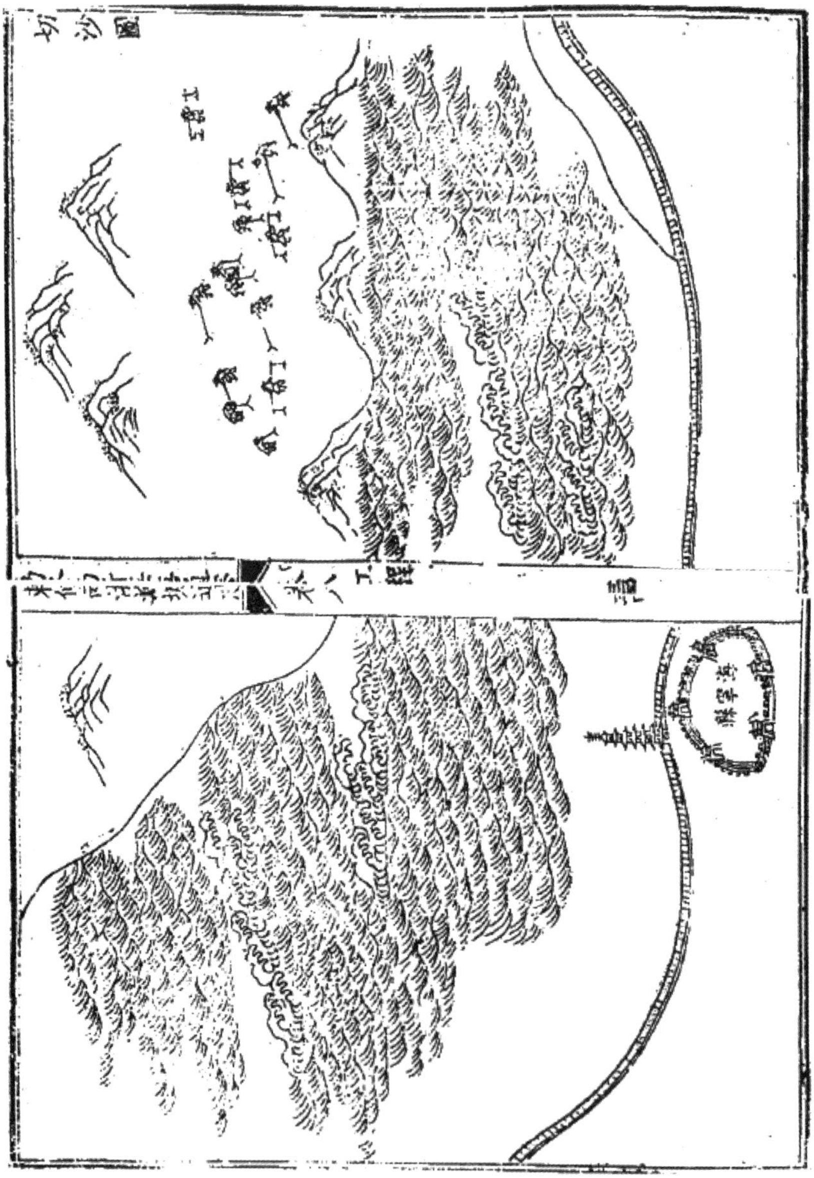
切沙圖

寧邑塘工之患，雖在北岸，而致患之由則在南岸。緣南岸常有沙灘漲起，挑溜北趨，塘工日加危險。江河湖海形勢雖殊，而東坍西漲，理無二致。大學士嵇曾筠創爲借水攻沙之法，於南岸沙洲用鐵器隨勢挑挖，或順溜截根，或迎潮挑溝，使江水海潮晝夜往來，自爲冲刷，江溜日趨南岸，北岸淤沙日漲，大工得以告成。至乾隆十一年，重疏中小亹，仍用切沙法，內則疏挖，外則挑切。十二年，中小亹大通，未必非切沙法相與有成也。

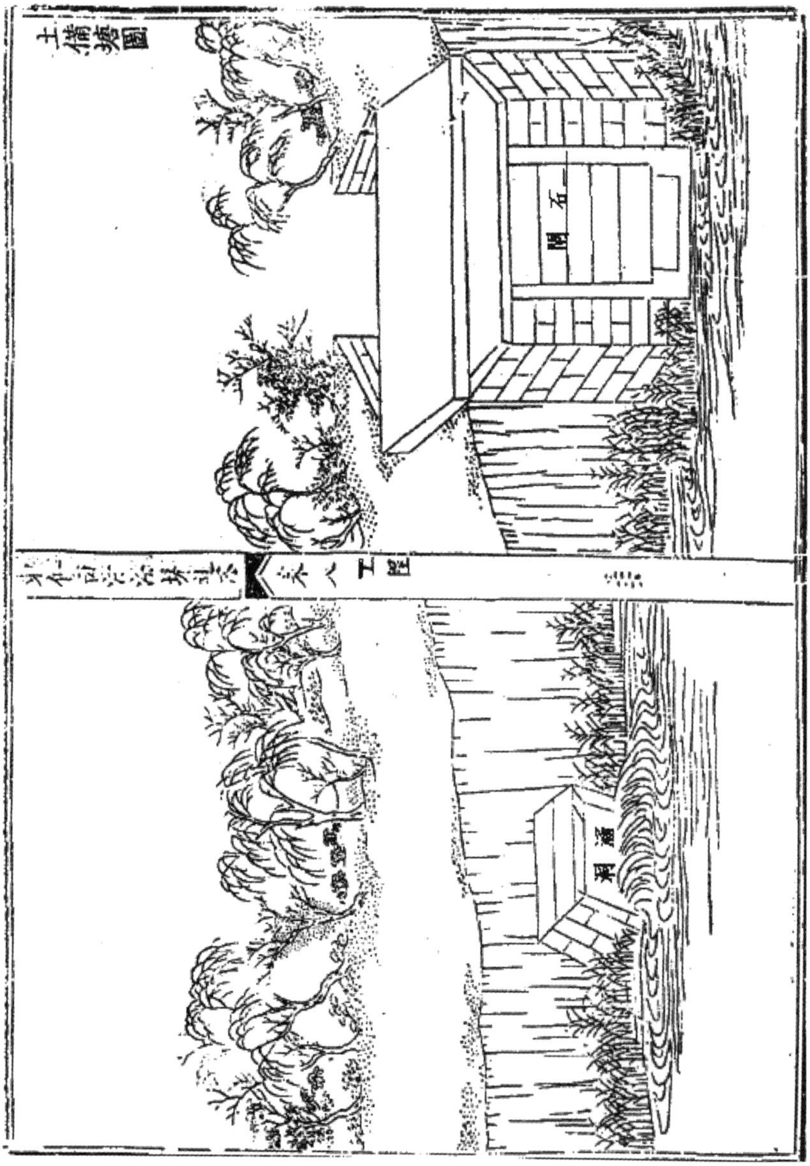
土備塘圖
石閘
涵洞

仁和、海鹽、平湖舊有土塘，惟海寧從前未建。雍正十一年，内大臣、户部侍郎海望、直隸總督李衛，議建魚鱗大石塘，但大工畢數年不成，舊塘又到處坍損，請先築土備塘一道，離外塘或一里、半里不等，間遇潮大，稍稍漫過外塘，藉以攔阻，不致内灌民田。計東自海寧之龜山南麓起，西至仁和之李家村止，長一萬四千四十八丈五尺，購買民地取土築塘，按畝給價豁糧，如遇神祠、古墓，皆讓出繞築。塘底水坑三百一處，用樁柴幫護，塘長百里，地勢高下不齊，原估築高一丈二尺，實築高自一丈二尺以外至一丈二尺以内，塘頂通寬二丈四尺，塘底通寬五丈，如築實高一丈二尺者，每丈需虚土五十五方五分，水三旱七，按方給工，委同知徐昆等六員承築。於本年十月開工，至十二年三月告竣。凡築塘、填坑及買民田、地蕩，共銀一十萬六千三百三十九兩有奇。又恐土塘既築，外有石塘，内有備塘，民居其間，雨水無從瀉泄，因於東塘最低積水之閘道菴後、念里亭東二處，各築石閘一座；蘇木港、陳文港、車子路、掇轉廟、尖山河、雙汊港等七處各築涵洞一座；又於西塘之董石灰橋、荆煦廟二處，各築石閘一座；楊家莊、馬牧港、杭宅壩、三角田、翁家埠、曹殿壩、天開河、萬家埠等十處，各築涵洞一座。共築石閘四座，涵洞十七座，涵洞所以泄水，石閘兼通船隻。又於備塘河内建木橋二十六座，東塘十一座，西塘十五座，以通行人。每石閘一座，金門闊八尺、高一丈四尺，兩邊金剛墻并前後雁翅各長四丈，上鋪大石爲橋，下砌墊底瀉水石閘，下釘梅花樁一百一十一根。墻背搯砌塊石寬四尺，共用寬厚一尺條石二百三十五丈三尺五寸二分，塊石二十三方七分六釐，灰漿抿縫，鍋片墊擡，嵌鐵錠四層，以聯絡墻石，置閘板十六塊，以備啓閉。每座料工銀四百四十兩三錢三分四釐二毫六絲二忽四微，共築石閘銀一千七百六十一兩三錢三分七釐四絲九忽六微。每涵洞一座，長五丈、高三尺五寸，寬四尺六寸，洞身過路寬厚一尺條石六十一丈二尺五寸，釘梅花、抱石二樁二百九十九根，前後雁翅洞身、墻背，共塊石七十塊，每座料工銀七十一兩一錢九釐二毫二絲，如洞身高二尺五寸，寬長同前者，每座料工銀六十五兩六錢九分六釐四毫二絲，共築涵洞銀一千一百六十兩一錢四分一釐五毫四絲。每木橋一座，高一丈二尺、闊四丈八尺，計五空用長三丈五六尺、徑六七寸大木十株，連運夫、木匠、鐵釘，工銀二十二兩九錢三分七釐二毫，共建木橋銀五百九十六兩三錢六分七釐二毫。以上海寧新築土備塘，并新建石閘、涵洞、木橋及地價，共銀一十萬九千八百五十七兩有奇。

長方木櫃式

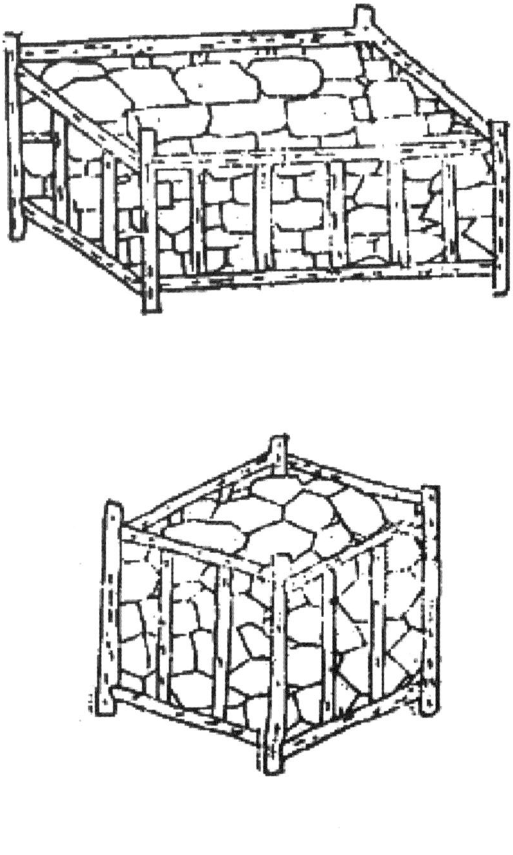

木櫃之法，用徑大五六寸之圓木，製成櫃形，高五六尺、長七八尺、寬四五尺不等，四面爲柵，其柱木上留七八寸，加砌蓋石，下留四五寸，插入沙土中，用塊石填塞緊密，加以整株長木，聯絡如一，遇頂冲險要之處，釘樁甃石不及，或用實塘底，或用爲坦水，隨宜安放，乃聚小石爲大石之法。潮落後，即搶釘關櫃排樁，加砌蓋櫃條石，其體既重，其坐自穩，潮頭汹涌，可免捲拔之患，回溜汕刷，更無外淌之虞，此前人修築工程中良法也。故歷久倣而科之。

長方竹絡式

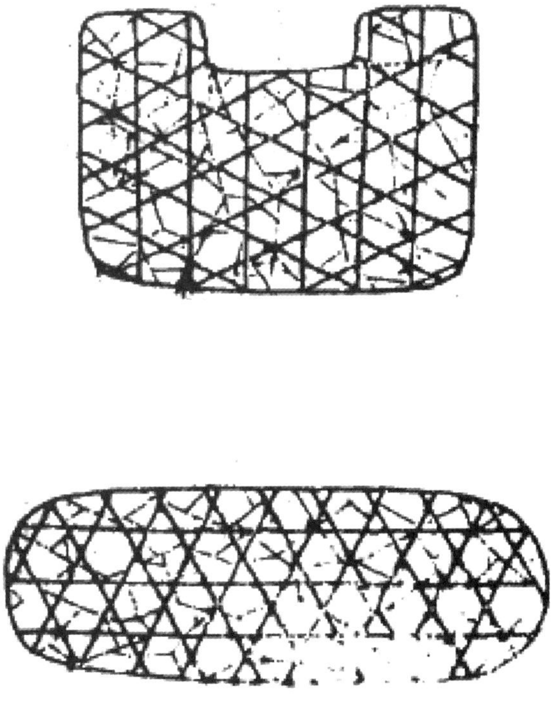

竹絡，又名石簍，以篾編造，内貯塊石，外用竹箍，有方、長二式。如壘高者，用方竹絡；平鋪者，用長竹絡。前代修築，相沿用之。雍正十二年，都統隆昇於海寧尖山西築雞嘴壩，編造方竹絡，壘高兩邊爲墻，每個高三、四、五尺，寬六、七、八尺不等。乾隆八年，浙閩總督那蘇圖以海寧觀音堂諸處草塘衝刷成險塘，外編造長竹絡，丁順鋪放，以作坦水挑溜掛淤，每個高寬各五尺、長一丈四五尺不等，絡外密釘長樁關鍵，并釘東西裹頭樁，迎潮抵溜，又紹郡、山陰縣之荷花池，亦用竹絡爲塘，現在遵行。

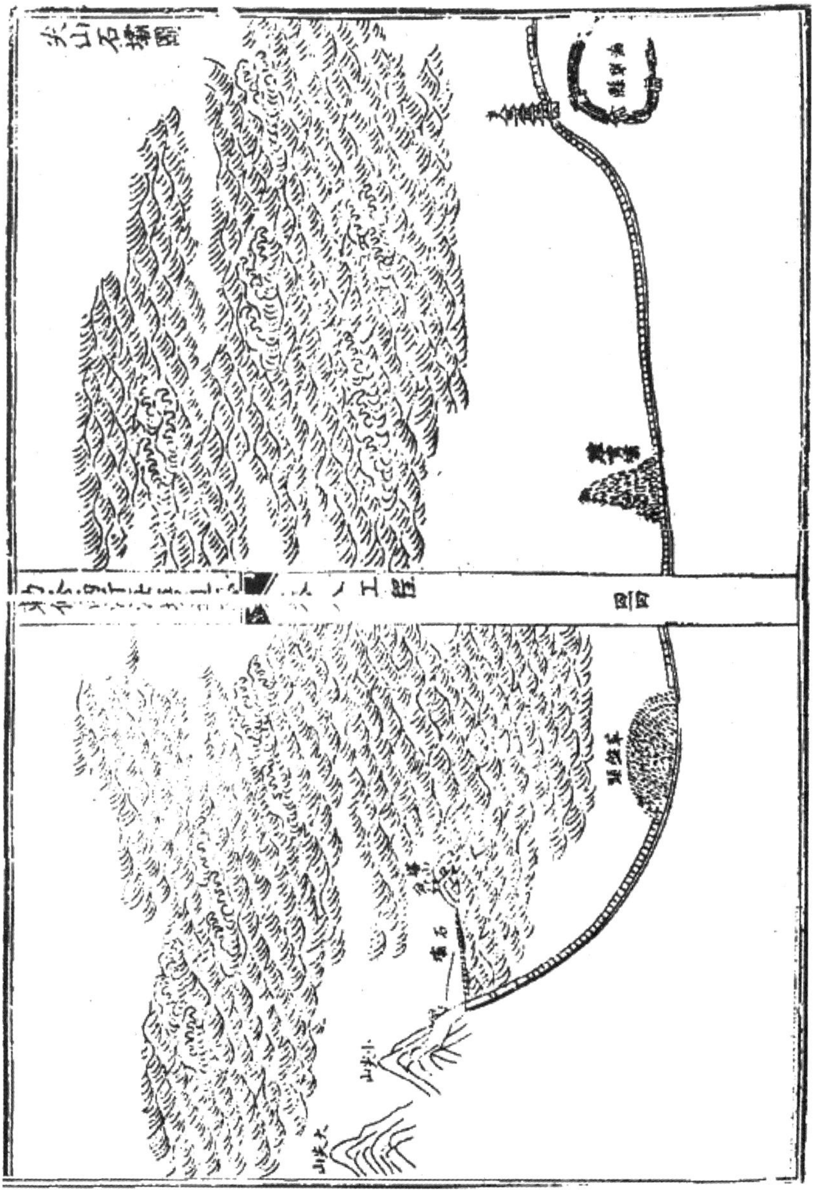
尖山石塘圖

雍正十一年，内大臣、户部侍郎海望、直隸總督李衛，請於海寧迤東尖、塔兩山之間，築石壩一道分殺水勢，俾潮勢南趨，北岸護沙可望復漲。〔副〕都統隆昇等於潮平時，測量應築石壩長一百八十二丈，淺處深四、五、六丈，中流深一十二、三丈不等，調撥滿漢員弁採辦石塊，水陸並運，編篾爲絡，裝石沉放。又於尖山之西、文武菴前，築雞嘴壩一座，以挑回溜，而波濤汹涌，難於合龍。十三年，大學士嵇曾筠奏請停工，計堵過石壩四段，共長一百二十丈，用銀五萬一千五百兩零。乾隆四年，巡撫盧焯閱視未堵口門，八十丈已經積有浮沙，最深之處不過丈八、九尺，與從前測量迥别，疏請仍用竹絡裝石，乘勢接築，一舉合龍。於五年二月開工，至閏六月告竣，用銀一萬七千三百三十一兩零。所有前後堵築料工，備載《物料門》。

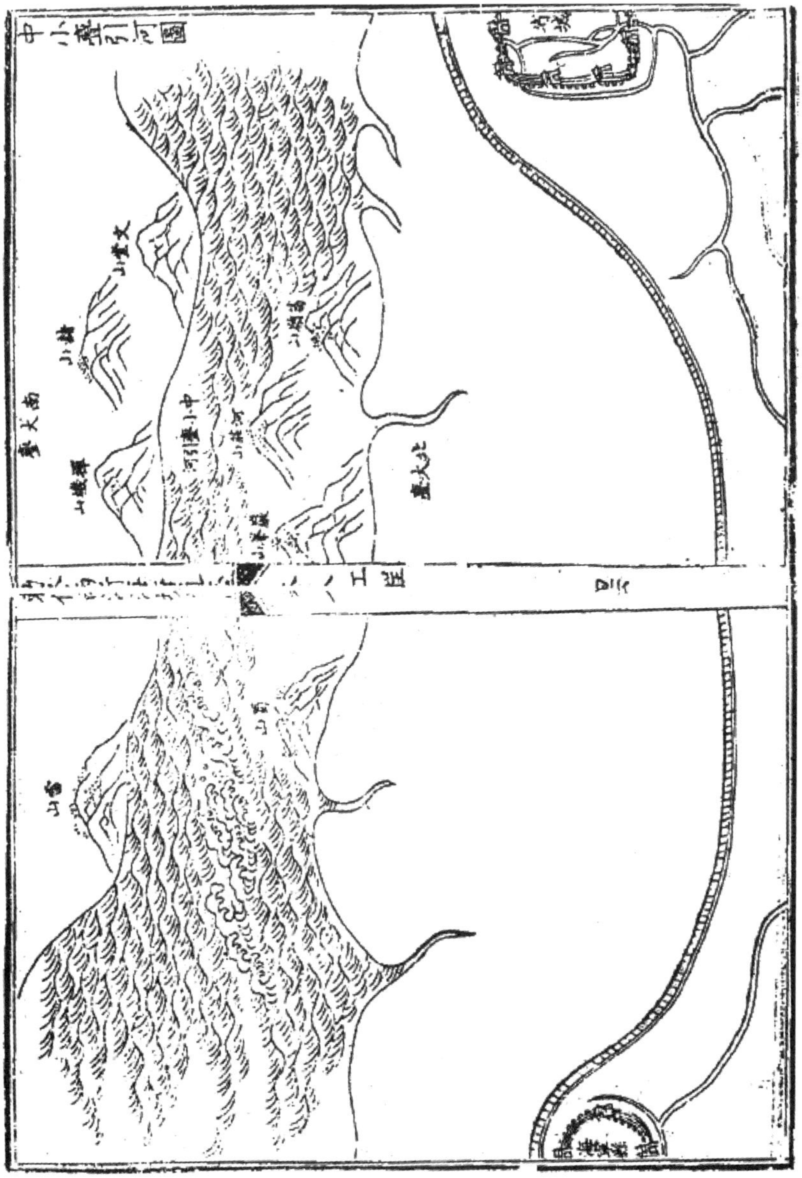
中小亹引河圖
南大亹
北大亹
文堂山
赭山
中小亹引河
河莊山

引河，即中小亹中間所濬之河也。江海之門户有三：在龕、赭兩山之間者爲南大亹；在禪機山之北、河莊山之南者，爲中小亹；河莊山之北、海寧海塘之南，爲北大亹。水勢南徙，賴有紹郡龕、常諸山捍衛，其患猶輕；水勢北徙，則直逼仁和、海寧塘身，爲害最劇。惟中小亹適當南北兩岸之中，江水海潮若由此出入，兩岸得資鞏固。前總督滿保、巡撫朱軾會勘開濬，潮過即淤，迄無成效。雍正十一年，副都統隆昇等調撥滿漢員弁，分段攢挖，又設立專員隨時疏濬，未幾復塞。大學士嵇曾筠因有請停開濬之奏。我皇上旰食宵衣，廑念海隅黎庶，特命大臣詳加閲視，准令隨時斟酌，相機挑挖，并用切沙之法，於蜀山之南開溝引溜，以順水勢，又於北岸安放竹簍，挑溜掛淤。至乾隆十二年十一月朔，江流直趨，大溜全歸，衝刷河身通暢，此皆我皇上睿慮精詳、至誠昭格之所致。從此，江海效靈，南北兩亹漲沙日積，濵海億萬生靈，永無驚濤駭浪之虞矣！

草盤頭圖

草盤頭，即挑水壩，靠出海中，形如半月，蓋因其處塘堤，原屬平穩，一經對岸沙漲，或海中沙灘陰積，水勢直射，受沖平即成險，故築草盤頭以挑溜。其法下捆掃牛鋪底，或以竹簍盛石爲脚，周圍密釘排樁，加鑲柴土，并用塊石貼樁填砌，以固根脚，仍如柴塘按丈簽釘，底面腰樁，再於頂上用雲梯蜻蜓架釘長樁，深貫其底，計高三四丈，外圍長三四十丈，内直長一二十丈不等，築法亦不一，謹摘大略，以備稽考。

草塘圖

草塘始自康熙六十一年，巡撫屠沂奏請，於海寧老鹽倉西築草塘千餘丈，歷年接築至仁和章家菴止，共四千二百一十八丈零。其築法：先捆埽牛鋪底，上以柴土間層加鑲，頂上加培厚土，高二、三、四丈，寬三、四、五丈不等，每長寬一丈，釘底樁二根，腰樁二根，面樁二根，於樁頭上削尖簽插柴土，若地值頂衝，難免抽掣之虞，復於内地深釘橛樁，用篾纜帶住，此搶險權宜之法，歲需修費，非若石塘之一勞永逸也。

校勘記

〔一〕乃彷宋王安石居鄞修築定海塘式　原書缺『定』字，據《海塘録》補。

〔二〕石底之外俱用木樁以固其基　原書缺『木樁』二字，據《海塘録》補。

〔三〕初下石塊用一横石爲枕　原書缺『枕』字，據《海塘録》補。

敕修兩浙海塘通志卷九　物料

海塘修築，歷代不同，惟明時五縱五横塘木石價值，略備志乘。迨皇朝，鉅工屢建，其講於堤防捍禦之法，進而益精，石必長短、厚薄之合宜，木必圍圓、尺寸之中度。盈丈之塘，樁木幾何，十層之築，夫工有數，大小工程，犁然在目，詳紀之，以備稽考。志《物料》。

明五縱五横魚鱗塘

五縱五横石塘，高二丈八尺八寸，計十八層，底寬二丈八尺九寸，面寬九尺三寸，每丈需用物料如左：

樁木三百二十個，用長三丈木一百六十株，每株銀七分，共銀一十一兩二錢。

條石四百八塊，每塊長五尺、闊厚一尺六寸，價銀五錢，共銀二百四兩。

拽石蔴索五十斤，每斤銀一分，共銀五錢。

擡石扛索一副，價銀六錢二分。

鐵孔一根，用熟鐵八斤，價銀一錢六分。

鐵鍬、山鎚各一把，用熟鐵六斤，價銀一錢二分。

竹揁二根，每根銀二分，共銀四分。

木孔二根，每根銀五釐，共銀一分。

做樁，每個銀五毫，共銀一錢六分。

下樁，每根銀一分，共銀三兩二錢（連砌底石四十塊）。

砌手，砌十七層，塘石計三百六十八塊，每塊工銀二分，共銀七兩三錢六分。

琢洗條石，每塊工銀五分，共銀二十兩零四錢。

擡運條石四百八塊，每塊牽銀一錢二分二釐，共銀四十九兩七錢七分六釐。

扒沙清脚，工銀三兩。

漁户絞索五十斤，工銀一分五釐。

以上每塘一丈，用銀三百兩五錢六分一釐。

四縱四横叠砌十五層者，較十八層省用樁六十四個，條石一百十八塊，并匠夫等銀八十四兩八錢一分一釐，每丈用銀二百一十五兩七錢五分。

皇朝魚鱗大石塘

魚鱗大石塘，築高十八層，計高一丈八尺，塘頂石寬四尺五寸，塘底石寬一丈二尺，每塘一丈，需用物料如左：

馬牙樁八十根，每根圍圓一尺五寸，長一丈九尺，價銀二錢六分，共銀二十兩八錢。

梅花樁七十根，每根圍圓一尺四寸，長一丈八尺，價銀二錢三分，共銀一十六兩一錢。

大條石一百一十八丈三尺三寸三分（折正厚一尺、寬一尺二寸爲準），每石一丈，價脚銀七錢三釐，共銀八十三兩一錢八分八釐九絲九忽（如採自江南，并沙塗遠涨，每丈加運脚銀七分）。

砌灰每條石一丈，用灰五斗，共五十九石一斗六升六合五勺，每灰一石價銀一錢五分，共銀八兩八錢七分四釐九毫七絲五忽。

汁米每灰一石，用米五升，共米二石九斗五升八合三勺二杪五撮，每米一石價銀一兩二錢，共銀三兩五錢四分九釐九毫九絲。

生鐵錠二十四個，每個重四斤，共重九十六斤，每斤銀一分五釐，共銀一兩四錢四分。

熟鐵鋦八個，每個重一斤，共重八斤，每斤銀四分，共銀三錢二分。

雜料，凡塘十丈，搭廠二座；塘五丈，用鐵繩一條；塘二丈，用汁鍋一口，汁缸一隻，石礮一部，礮肘一副，灰籮五隻，灰篩三面；塘一丈，用汁桶二隻，樁箍鐵四斤，高凳一架，木楸一把，鈴鐺一個，竹箆三斤，煤炭二斗，蔴皮五十斤。計每塘一丈，用銀二兩四錢七分一釐三毫。

釘馬牙樁八十根，每根樁手銀五分，梅花樁七十根，每根樁手銀三分，共銀六兩一錢。

刓樁，每根給工匠銀一釐，計馬牙梅花樁一百二十根，共銀一錢五分。

鑿細各層墻面丁順條石三十四丈二尺五寸，每丈用石匠三名，又鑿粗丁順裏石八十四丈八寸三分，每丈用石匠一名六分二，共二百三十七名二分八釐二毫八絲，每名銀五分，共銀一十一兩八錢六分四釐一毫四絲。

運砌條石，毋論粗細，每丈用夫三名，計石一百一十八丈三尺三寸三分，共夫三百五十四名九分九釐九毫，又擡灰、擡汁、灌漿夫三十五名，每名銀四分，共銀一十五兩五錢九分九釐九毫六絲。

鏨錠眼二十四個，每個工銀五釐，鏨鋦眼八個，每個工銀三釐，共銀一錢四分四釐。

煊團接鐵，用鐵匠六名，每名銀三分，共銀一錢八分。

箍缸、箍桶，用圓作匠三名五分，每名銀三分，共銀一錢五釐。

開挖槽底，深一丈八尺，面寬三丈六尺，底寬一丈六尺，計挖土四十六方八分，每方給挑夫銀九分，共銀四兩二錢一分二釐。

開挖槽底，先於塘外築攔水草土壩一道，高寬各八尺，用軟草八層，與土搭鑲釘梢樁十四根，其樁土二項，本工措用不計錢糧，用軟草一千七百六十斤，每百斤銀九分，釘梢樁十四根，每根銀四釐，運鑲夫九名，每名銀四分三釐，共銀二兩。

填還尾土，深一丈八尺，面寬二丈五尺六寸，底寬四尺，計還土二十六方六分四釐，每方運、夯、杵給銀一錢一分一釐六毫，共銀二兩九錢七分三釐二絲四忽。

祭禮、開工、完工，計每丈用銀一分六釐。

以上石塘一丈，用銀一百八十兩八分八釐四毫八絲八忽。

十七層魚鱗大石塘，計高一丈七尺，塘頂石寬四尺五寸，塘底石寬一丈二尺，較十八層工料省用條石四丈五尺八寸三分，并灰漿、汁米、土方、匠夫銀五兩三錢九分七釐六絲三忽。每塘一丈，用銀一百七十四兩六錢九分一釐四毫二絲五忽。

十六層魚鱗大石塘，計高一丈六尺，塘頂石寬四尺，塘底石寬一丈二尺，較十七層工料省用條石一十二丈八寸四分，并灰漿、汁米、土方、匠夫銀一十四兩二錢五分二釐七毫八絲九忽，每塘一丈，用銀一百六十兩四錢三分八釐六毫三絲六忽。

坦水

大條石坦水二層，每層寬一丈二尺，共寬二丈四尺，各深三尺七寸，每長一丈，需用物料如左：

關石排樁，上層二路，下層二路，共四路，每路用樁二十根，共樁八十根，用圍圓尺四、尺五、尺六木，内尺四木長一丈八尺者二十七根，每根銀二錢三分，尺五木長一丈九尺者二十七根，每根銀二錢六分，尺六木長二丈者二十六根，每根銀二錢九分，蓋面條石上層一十丈，下層一十丈，共二十丈（折正厚七寸、寬一尺一寸爲準），每丈價脚銀四錢九分二釐一毫（如採自江南者，每丈加運脚銀四分九釐）。

墊底塊石，上層深三尺，下層深三尺，每層砌石三方六分，一層共石七方二分，每方重一萬四千斤，共重一十八萬八百斤，山宕遠近不同，定價多寡不一，按實給價。

竹鐵、蔴皮、雜料，銀二錢四分。

釘樁，每根銀五分。

刳樁，每根銀一釐。

石料新舊兼用匠夫不同，每新條石一丈，用鏨鑿石匠七分、運砌夫七分；舊條石一丈，用安砌石匠一分四釐、運砌夫一分四釐；新塊石一萬斤，用安砌沙匠三名、擡運夫三名；舊塊石一萬斤，用安砌沙匠一名、擡運夫一名。

以上坦水一丈，如全用新料，計需銀五十二兩零。海寧遶城坦水，有舊樁、舊石添用，約用銀二十兩零。

土戧

加幫土戧，在附石土塘之後，務取一律寬平，緣附石土塘低窄不齊，幫寬加高，需土多寡不一。今以頂寬三丈、底寬六丈、裏高一丈爲準，需用物料如左①：

每丈除舊有附土，牽寬一丈五尺、高一丈，計土一十五方，外幫新土三十方，底有水坑，牽寬一丈、牽深五尺，應先補土與地相平，計補土五方，共土三十五方。其取土在土備塘河北，離工自數十丈至一百餘丈，照河工成例，按出土遠近計方給價，并給潑水、夯硪夫工銀每方自一錢一分、一錢二分五釐至一錢三分六釐不等。

填塞水坑，用柴扎埽，每丈埽高二尺，用柴四百斤，釘樁五根，將圍圓一尺木截用。

以上土戧，一丈約計用銀六兩零。

土備塘

土備塘，築高一丈二尺，頂寬二丈四尺，底寬五丈，每丈用虛土五十五方五分，築實四十四方四分，需用物料如左：

旱土三十八方八分五釐，每方用刨運夫一名五分、築打夫一名、平墊夫一分，計夫二名六分，共夫一百一名一釐，每名銀三分六釐，共銀三兩六錢三分六釐三毫六絲。

水土一十六方六分五釐，每方用刨運夫一名五分、車水夫五分、築打夫一名、平墊夫一分，計夫三名一分，共夫五十一名六分一釐五毫，每名銀三分六釐，共銀一兩八錢五分八釐一毫四絲。

石硪、木夯、蔴皮、雜料，銀六分。

以上土塘一丈，用銀五兩五錢五分四釐五毫。

附填築河漊

凡跨河築塘，必於南北兩面釘樁鑲柴衛護，但河漊水坑寬深不一，今以寬五丈、深五尺爲準，每丈需用物料如左：

每面釘三號樁一十根，兩面共二十根，每根長一丈五、六尺，價銀一錢六分，共銀三兩二錢。

每面鑲柴五百斤，兩面共一千斤，每百斤銀六分，共銀六錢。（海塘需用柴薪，乾隆七年以前每百斤銷銀六分，後經左都御史劉統勳奏准，每百斤銷銀九分，此項工程與後雞嘴壩皆在雍正十一年、十二年興築，故仍舊例。）

蔴竹雜料，銀六分。

河面寬五丈，河底寬三丈，匀寬四丈，深五尺，填實土二十方，按虛土二十五方，每方照水方例，用夫三名一分，共夫七十七名五分，每名銀三分六釐，共銀二兩七錢九分。

釘樁一根，給銀一分五釐，共銀三錢。

刯樁二十根，給銀一分九釐四毫。

鑲柴夫一名，給銀三分六釐。

以上填築水坑一丈，用銀七兩六釐。

附石閘

石閘金門闊八尺、進深一丈、高一丈四尺，迎水雁翅長二丈，瀉水雁翅長一丈，上鋪石橋，每座需用物料如左：

近水樁一百五十根，用徑大四五寸、長二丈七八尺木七十五根，每根銀三錢二釐四毫，共銀二十二兩六錢八分。

梅花樁一千一百八十三根，用徑大三四寸、長一丈五六尺木五百九十一根半，每根銀一錢三分九釐四毫四絲，共銀八十二兩四錢七分八釐七毫六絲。

金剛墻十七層，并墊底、蓋樁、橋面等石，共用寬厚一尺條石二百三十五丈三尺五寸二分，每丈價銀六錢三分九釐二毫，共銀一百五十兩四錢三分六釐九毫九絲八忽四微。

墻背裏石，并摺砌丁擋，共用塊石二十三方七分六釐，每方價銀八錢九分四釐六毫，共銀二十一兩二錢五分五釐六毫九絲六忽。

金剛墻、雁翅，共條石一百九十丈四尺，每丈用白灰六十斤，江米七合五勺，白礬十二兩，塊石二十三方七分六釐，每方用白灰六百斤，地脚刨槽計長二十一丈三尺二寸，每丈用白灰六百斤，共用白灰三萬八千四百七十二斤，每百斤銀一錢五分，江米一石四斗二升八合，每斗銀一錢八分，白礬一百四十二斤十二兩八錢，每斤銀一分五釐。三共銀六十二兩四錢二分四毫。

生鐵錠四層，共五十六個，重八百四十斤，每斤銀三分，共銀二十五兩二錢。

搯墻鍋片二十一斤，每斤銀五釐，共銀一錢五釐。

閘板十六塊，釘提環三十二個，每塊銀三錢五分，共銀五兩六錢。

大蔴索四百斤，扎縛繩二百斤，共六百斤，每斤銀一分四釐六毫，共銀八兩七錢六分。

釘近水樁，每五根用夫一名，計夫三十名。梅花樁，每六根用夫一名，計夫一百九十七名。二共夫二百二十七名，每名銀三分六釐，共銀八兩一錢七分二釐。

刳樁，一百根用木匠一名，共一十三名五分，每名銀三分八釐八毫，共銀五錢二分三釐八毫。

做細條石二百一十丈七尺五分，每丈用石匠三名五分，共七百四十一名，每名銀五分，共銀三十七兩五分。

做糙條石二十三丈六尺四寸七分，每丈用石匠二名，共二十七名三分，每名銀三分八釐八毫，共銀一兩八錢三分五釐二毫四絲。

砌塊石，每方用砌匠一名，共二十三名七分六釐，每名銀三分八釐八毫，共銀九錢二分一釐八毫八絲八忽。

拽運寬窄條石一百五十六丈，每二丈用運夫一名五分、灌漿夫五分，共夫一百五十六名。塊石每方用運夫二名，共夫四十七名五分二釐。地脚刨槽，每丈用夯硪夫七名，共夫一百四十九名二分。墻背還土一十八方二分，每方用築打夫三分，共夫五名四分六釐。四共夫三百五十八名一分八釐，每名銀三分六釐，共銀一十二兩八錢九分四釐四毫八絲。

以上石閘一座，用銀四百四十兩三錢三分四釐二毫六絲二忽四微。

附涵洞

涵洞高三尺五寸，寬四尺六寸，長五丈，每座需用物料如左：

抱石樁七十二根，用徑大四五寸、長二丈七八尺木三十六根，每根銀三錢二釐四毫，共銀一十兩八錢八分六釐四毫。

梅花樁二百二十七根，用徑大三四寸、長一丈五六尺木一百一十三根半，每根銀一錢三分九釐四毫四絲，共銀一十五兩八錢二分六釐四毫四絲。

底面墻、過路，共用寬厚一尺條石六十一丈二尺五寸，每丈價銀六錢三分九釐二毫，共銀三十九兩一錢五分一釐。

雁翅、墻背塊石，共七十塊，每塊價銀一分二釐，共銀八錢四分。

扎縛繩四十六斤八兩，每斤銀一錢四分六釐，共銀六錢七分八釐九毫。

釘抱石樁每五根用夫一名，梅花樁每六根用夫一名，共夫五十二名，每名銀三分六釐，共銀一兩八錢七分二釐。

刓樁用木匠三名，每名銀三分八釐八毫，共銀一錢一分六釐四毫。

砌條石每二丈用石匠一名，共三十名六分，每名銀三分八釐八毫，共銀一兩一錢八分七釐二毫八絲。

運條石每二丈用夫半名，共夫一十五名三分，每名銀三分六釐，共銀五錢五分八毫。

以上涵洞一座，用銀七十一兩一錢九釐二毫二絲。

高二尺五寸涵洞，較高三尺五寸者，省用條石八丈，并匠夫等銀五兩四錢零，計每座用銀六十五兩六錢九分六釐四毫二絲。

附木橋

木橋高一丈二尺，長四丈八尺，計五空，中空寬一丈二尺，餘空寬九尺，橋面寬四尺，每座需用物料如左：

橋柱十二根，内八根各長三丈五尺，四根各長二丈。箍頭穿擋十二根，各長八尺。橋面四十根，内八根長一丈三尺，三十二根長一丈一尺。計用徑大六七寸、長三丈五、六尺木十根，每根銀八錢三分；又用徑大五六寸、長二丈六七尺木四根，每根銀六錢一分六釐；又用徑大四五寸、長一丈八九尺木二十四根，每根銀三錢。三共銀一十七兩九錢六分四釐。

摺頭釘二百八十八根，重二十八斤，每斤銀二分八釐，共銀七錢八分四釐。

釘橋柱十二根，每根牽用夫八名，共九十六名，每名銀三分六釐，共銀三兩四錢五分六釐。

鋸刨木匠一十五名，每名銀三分八釐八毫，共銀五錢八分二釐。

運木小夫四名二分，每名銀三分六釐，共銀一錢五分一釐二毫。

以上木橋一座，用銀二十二兩九錢三分七釐二毫。

木櫃

木櫃之式，長寬不一，今以長八尺、寬五尺、高五尺者爲準，需用物料如左：

柱木四根，各長六尺五寸；長檔木四根，各長九尺；短檔木四根，各長六尺；柵木二十六根，各長五尺五寸。共單長二十二丈九尺，用圍圓一尺五寸、長一丈九尺木八株半，每株銀二錢六分，共銀二兩二錢一分。

塊石二方，計重二萬八千斤，每萬斤牽價銀一兩二錢，共銀三兩三錢六分。

關櫃排樁八根，穿銷木一根，用圍圓一尺六寸、長二丈木九根，每根銀二錢九分，共銀二兩六錢一分。

做櫃木匠二名，每名銀五分，共銀一錢。

運石安櫃夫四名，每名銀四分，共銀一錢六分。

釘排樁八根，每根樁手銀五分，共銀四錢。

以上木櫃，每個用銀八兩八錢四分。如木櫃内用舊塊石填塞，并櫃身長無八尺者，按數減價。

□□於櫃面加蓋條石者②，亦另加添料工銀。

竹簍

竹簍之式，方長不同，今以長六尺、寬五尺、高五尺者爲準，需用物料如左：

篾八十斤，每斤篾價并匠工銀五釐，共銀四錢。

塊石一方五分，每方重一萬四千斤，共重二萬一千斤，每萬斤牽價銀一兩二錢，共銀二兩五錢二分。

關簍排樁每長一丈，寬二三丈，釘排樁二十根，每個牽樁二根，用圍圓一五寸、長一丈九尺木，每根銀二錢六分，共銀五錢二分。

運石裝簍每方用夫二名，計夫三名，每名銀四分，共銀一錢二分。

釘樁二根，每根給銀五分，共銀一錢。

劃樁二根，每根給銀一釐，共銀二釐。

以上竹簍，每個用銀三兩六錢六分二釐。

尖山石壩③

尖山石壩，先後堵築需用物料如左：

初堵尖山石壩長一百二十丈，内第一段長三十丈，頂闊四丈，底闊十四丈，深四丈，填塊石一萬八百方；第二段長二十丈，頂闊三丈，底闊一十丈，深四丈七尺，填塊石六千一百一十方；第三段長五十丈，頂闊三丈，底闊八丈，深六丈八尺，填塊石一萬八千七百方；第四段長二十丈，頂闊三丈，底闊八丈，深一十一丈，填塊石一萬三千一百方。共用塊石四萬七千七百一十方，内四萬三千九百二方三分六釐，每方價銀八錢九分四釐六毫；三千八百七方六分四釐，每方於八錢九分四釐六毫之外，奉特旨加增銀六分，共銀四萬二千九百九兩八錢二分四釐四毫。

竹簍三千五百二十個，每個長九尺、寬五尺、高三尺，價銀四錢六分，共銀一千六百一十九兩二錢。

木筏三十架，每架長四丈、寬二丈。扎木三層，每層用直木八十根，横木六十根，共一萬二千六百根。在於塘工樁木内，措用不計錢糧。每架每層用扎縛篾纜九條，共八百一十條，每條銀八錢四分五釐。又每架用掛鐵貓四個，鐵鹿角兩個，共一百八十個，每個重八十斤，共重一萬四千四百斤，每斤銀三分二釐。又每架用掛貓扯簍大篾纜六條，共一百八十條，每條銀一兩。計鐵器、篾纜，共銀一千三百二十五兩二錢五分。

搭篷設廠，并蔴皮、竹損、杂料，银一百六十六两零。

运石堆堵每方用夫二名八分，共夫一十三萬三千五百八十八名，内十二萬二千九百二十六名六分八釐，每名給銀三分六釐；一萬六百六十一名三分九釐二毫，每名於三分六釐之外，奉特旨加給銀一分四釐。共銀四千九百五十八兩四錢二分七釐四毫八絲八忽。

扎筏運木每架用夫二十四名，共夫七百二十名，每名銀三分六釐，共銀二十五兩九錢二分。

以上初次築堵，用銀五萬一千五兩五錢三分六釐七毫六絲六忽一微九渺一漠三埃七纖。

接堵石壩合龍長八十丈，内接出一段長六十丈，頂闊三丈、底闊六丈、深四丈二尺，填塊石一萬一千三百四十方；又一段長二十丈，頂寬三丈、底寬六丈、深三丈四尺，填塊石三千六十方。共用塊石一萬四千四百方，每方價銀九錢五分四釐六毫，共銀一萬三千七百四十六兩二錢四分。

搭篷設廠，并蔴皮、竹損雜料，銀四十兩零。

運石堆堵每方用夫二名八分，共夫四萬三百二十名，每名銀五分，共銀二千一十六兩。

鎮壩鐵牛四座，内三座各重三千斤，一座重三千五百斤，共重一萬二千五百斤，每斤銀一分五釐，每座做塑并油漆銀五兩五錢七分三釐七毫五絲，共銀二百九兩七錢九分五釐。

附雞嘴壩

雞嘴壩長一十九丈，壩根十四丈，用樁埽釘鑲水口五丈，用樹筏、竹簍填築，需用物料如左：

壩根十四丈，底寬一十七丈五尺，面寬一十三丈，匀深二丈五尺，計單長五千三百三十七丈五尺，每丈用柴六百斤，挑土夫三名，釘底樁三十五根，腰樁一十七根，每寬一丈，釘面樁一根。

柴三百二十萬二千五百斤，每百斤銀六分，共銀一千九百二十一兩五錢。

夫一萬六千一十二名半，每名銀三分六釐，共銀五百七十六兩四錢五分。

樁八百五十四根，内底樁四百九十根，用圍圓一尺四寸、長一丈八尺之木，每根銀二錢三分；腰樁二百三十八根，用圍圓一尺五寸、長一丈九尺之木，每根銀二錢八分；面樁一百二十六根，用圍圓二尺、長二丈四尺之木，每根銀五錢六分。三共銀二百四十九兩九錢。

釘底腰樁七百二十八根，每根樁手銀五分。面樁一百二十六根，每根樁手銀一錢五分。共銀五十五兩三錢。

刯樁每根銀一釐，共銀八錢五分六釐。

水口五丈，底寬八丈、面寬七丈、高二丈六尺，下用大樹扎筏，上用竹簍盛石築高。

樹筏八架，每架用大樹三十株，共樹二百四十株，每株圍圓三尺、長一丈六七尺，價銀一兩二錢。

又龍骨木十路，每路五根，共木五十根，每根圍圓一尺六寸、長二丈，價銀二錢九分。又扎筏中篾纜十路，每路二條，共二十條，每條銀八錢四分五釐。又絆筏大篾纜一十六條，每條銀一兩。又勾纜樁三十二根，每根圍圓二尺、長二丈四尺，價銀五錢六分。五共銀三百五十三兩三錢二分。

竹簍六百個，每個裝塊石一方，共石六百方。每五個用絆簍小篾纜一條，共纜一百二十條。每纜一條用勾纜樁二根，共樁二百四十根。竹簍每個銀四錢六分，塊石每方銀八錢九分四釐六毫，小篾纜每條銀三錢二分，勾纜樁尺四木每根銀二錢三分。五共銀九百六兩三錢六分。

擡運大樹二百四十株，每株夫一十二名，裝運塊石六百方，每方夫六名。二共夫六千四百八十名，每名銀三分六釐，共銀二百三十三兩二錢八分。

釘勾纜大樁三十二根，每根樁手銀一錢五分。小樁二百四十根，每根樁手銀五分。二共銀一十六兩八錢。

刓樁二百四十根，給銀二錢四分。

篷廠、蔴皮、土箕、竹損、雜料，銀一十五兩二錢零。

以上築雞嘴壩，用銀四千三百二十九兩二錢八分七釐三毫九絲五忽。

開挖引河、南港

引河長三千七百九十丈，南港長二千七百丈。開挖引河面寬十二丈、底寬二丈、深自八九尺至一丈四五尺不等。開挖南港，面寬五丈、底寬六尺、深自二三尺至五六尺不等。需用物料如左：

挖土一方，用夫二名，共挖土三十二萬四千四百二十方五分，共夫六十四萬八千八百四十一名，每名給銀六分，共銀三萬八千九百三十兩四錢六分。

搭蓋夫廠六百座，每座五間，闊六丈二尺、進深八尺、脊高九尺，用架木三十七根、蘆席一百五十一張、毛竹一十三株、蔴皮一十二斤、木棍一十三斤、搭匠八名、開溝小夫二名。共用長木一萬四千四百根，每根稅銀一分，運脚銀五釐；短木七千八百根，每根稅銀八釐，運脚銀四釐；蘆席九萬六百張，每張價脚銀一分五釐；毛竹七千八百株，每株價銀三分；蔴皮七千二百斤，每斤價銀一分三釐八毫；木棍七千八百斤，每百斤價銀九分；搭匠四千八百名，每名銀五分；小夫一千名，每名銀三分八釐。計銀二千二百九十四兩五錢八分。

土箕四萬二千隻，每隻銀八釐，共銀三百三十六兩。箕繩四萬二千根，用蔴皮二萬一千斤，每斤銀一分三釐八毫，共銀二百八十九兩八錢。

匾挑二萬一千根，每根銀五釐，共銀一百五兩。

鐵鈀二千四百把，每把重四斤。鐵鍬、鐵鍗各一千六百六十六把，每把重三斤。共用熟鐵一萬四千五百九十八斤，每斤銀三分二釐，共銀六百二十七兩七分二釐。

號旗四百七面，内大號旗三十七面，每面布四尺；小號旗三百七十面，每面布二尺。共用布八十八丈八尺，每尺價工銀一分二釐，共銀一十兩八錢五分六釐。

號燈六百盞，每盞銀一分五釐，共銀九兩。

賞給各廠官兵銀，共五百二十八兩。

開工、祀神，銀四兩七錢零。

以上開挖引河、南港，用銀四萬三千一百三十五兩四錢八分二釐零。

附疏　挑淤

引河、南港既開以後，恐潮汐往來，沙土停壅，撥兵募夫，疏濬挑淤，需用物料如左：

鐵篦子二十八具，每具重一百八十九斤八兩。鐵齒混江龍十具，每具重四十一斤。鐮刀混江龍二十五具，每具重五十一斤八兩。風車混江龍二十具，每具重一百三十五斤。如意鐵輪車一座，計重一千四百三十三斤。龍爪鈀一百五個，每個重一十三斤。杏葉鈀一百一十個，每個重六斤。道冠鈀九十一個，每個重三斤。共用熟鐵一萬三千四百三十四斤半，每斤銀三分二釐，共銀四百二十九兩九錢四釐。

八花篾纜四十四根，每根圍圓五寸、長一十六丈、重一百五斤十兩。六花篾纜四十根，每根圍圓三寸二分、長一十丈、重四十斤。每斤篾價并匠工銀八釐，共銀四十九兩九錢八分。

繂索蔴皮一百斤，每斤銀一分三釐八毫，共銀一兩三錢八分。

篷廠、草苫、測水竹竿，共銀四兩七錢二分三釐五毫。挑夫每名日給銀三分八釐，舵水每名日給銀三分六釐。共銀六千九百二十八兩八錢五分四釐。

以上疏濬挑淤，用銀七千四百一十四兩八錢四分一釐五毫。

草　塘

草塘相度平險，高寬不齊，今以面寬二丈、底寬三丈、高一丈一尺爲準，每塘一丈需用物料如左：

五錢。

鑲柴十層，每層高五寸、寬一丈，用柴六百斤，共柴一萬五千斤，每百斤銀九分，共銀一十三兩

壓柴土十層，每層高五寸、寬一丈，用土五分，共土一十二方五分。又壓頂土高一尺，係寬二丈，計土二方。二共土一十四方五分，取土離工一百餘丈不加夯硪，每方銀一錢二分，共銀一兩七錢四分。

底樁五根，用圍圓一尺四寸、長一丈八尺木，每根銀二錢三分。腰樁五根，用圍圓一尺五寸、長一丈九尺木，每根銀二錢六分。面樁五根，用圍圓一尺六寸、長二丈木，每根銀二錢九分。三共銀三兩九錢。

土箕、匾挑、蔴皮、雜料，銀五分。

運柴六千斤，用夫十名，計柴一萬五千斤，共夫二十五名，每名銀四分，共銀一兩。

鑲柴係塘兵力作，不計錢糧。

釘底腰樁十根，搭屏風架每根樁手銀五分，面樁五根。搭雲梯架，每根樁手銀一錢五分。二共銀一兩二錢五分。

刨樁，每根給銀一釐，共銀一分五釐。

以上草塘一丈，用銀二十一兩四錢五分五釐。

草盤頭

草盤頭大小不一，其按層鑲填柴土以及加蓋頂土、簽釘、底面腰樁、料物、工價，均與柴塘無異，不復重載。

校勘記

〔一〕需用物料如左　原書「料如」二字缺，補。

〔二〕□□於櫃面加蓋條石者　原書「於櫃面加蓋條石者」前兩字不清晰。

〔三〕尖山石廟　「廟」字疑爲「壩」字之誤。

敕修兩浙海塘通志卷十　坍漲上　陞除附

刮沙瀝滷，煮海成鹽，東南財賦之所出，亦海濱人民生計之所藉也。然其性，東坍西漲，遷徙不常，争奪隱漏，弊即隨之。聖朝定爲以漲抵坍，而賦不加增，民間惟知食府海之利，良法度越千古矣。志《坍漲》，附志《陞除》。

仁和場

仁和倉　錢塘倉

仁和倉，原額課蕩六萬一千八百八十六畝九分零。

徵丁課銀三千三百六十兩四錢二分零。

各則税蕩，共四千八百二畝八分零，内除官塘、牛路、水浦九十八畝六分，例不陞科外，徵税銀二百五十九兩七錢二分零。

各則備荒税蕩，共九千五百一十畝六分零，共徵備荒税銀四百四兩五錢五分零。

按：各場有課蕩，有税蕩，有備荒蕩三項分徵。灘場、沙蕩可以刮鹵、煎鹽者，爲課蕩，徵丁課。各則蕩地、塗田、倉圍、基地堪種植者，爲税蕩，徵商税，皆係解京正課。備荒蕩地，爲税最寡，存留鹽庫，爲閑款撥餉等用，此原額定例然也。各場課蕩，原係分給竈丁煎辦，因每年坍漲靡常，分給不等，故歷來計丁徵課。後灘場被潮冲没，而丁數仍存。雍正四年，撫臣李衛遂題准將丁課銀按畝均攤，以免光丁苦累。其各場攤場計畝徵銀，足符原徵丁課之數者。後有新陞課税，撥補附近各場坍課。至如清泉、大嵩等場，雖有灘場，係荒沙、磽地，攤派無幾；又如穿山、杜瀆等場，但有竈丁，原無給丁蕩地。俱議於本場各則税田、地蕩之上，均攤完納。第税田、地蕩業已按則完税，復加攤丁課，出於一時權宜，題明嗣後如有漲墾地畝，仍行抵除。税田、地蕩及備荒蕩，其報陞在雍正四年前者，俱歸本蕩額徵；在雍正四年後者，遇有本場及各場坍課，即行撥補。如本場有坍無漲，將别場新陞地畝，互相抵除。至如仁和、許村等場坍没過多，别場漲陞抵補不敷者，始題明豁除，俟有新漲沙塗，再行展復。今將各場原額，備列於前。坍漲、陞除互相撥抵者，按年列載，而以乾隆十四年各場現存蕩地、現徵額數，詳記于後，以便稽覽。

康熙六年，丈陞各則蕩共八百七十八畝三分零，徵税銀一十八兩四錢四分零。

康熙十六年，丈陞蕩一十七畝零，徵税銀三錢五分零。

康熙十九年至四十二年，報陞各則沙蕩共四千四十八畝八分零，陞税銀五十三兩三錢五分零。

康熙三十二年，報陞中下則蕩三千九百二十九畝五分零，陞税銀八十二兩五錢二分零。

康熙三十八年，報陞新墾車路八畝三分零，陞税銀五錢四分零。

以上通共銀四千一百七十九兩九錢二分零。内蕩税銀四百一十四兩九錢四分零，備荒銀四百四兩五錢五分零，丁課銀三千三百六十兩四錢二分零。雍正四年，丁歸地徵，計本倉課蕩共攤丁課銀三千三百六十兩四錢二分零，符合原徵課丁之數。

雍正四年，被坍課蕩一千三十四畝二分零，缺課銀五十六兩一錢五分零。被坍税蕩九十畝六分，缺税銀四兩四錢六分零。共缺課税銀六十兩六錢一分零，議以新陞蕩地税銀抵補。是年，報陞下下則沙蕩共七千一百五十三畝一分零，陞税銀一百二十四兩二錢四分零。除抵補前項坍缺課税外，尚存新陞税銀六十三兩六錢二分零，撥補錢塘倉坍課。是年，又被坍課蕩一萬七千七百六十八畝三分零，缺課銀九百六十四兩八錢零；被坍税蕩七百四十二畝九分零，缺税銀三十四兩三錢四分零。共缺課税銀九百九十九兩一錢五分零。

雍正七年，報陞備荒蕩六百六十三畝零，陞税銀二兩六分零，撥抵前項坍課外，實坍缺課税銀九百九十七兩九分零，將雍正八年西興場丈陞税銀二千五百三十六兩二分數内撥補本場，課税銀九百九十七兩九分零。

雍正十年，被坍課蕩四千六百四十二畝七分零，缺課銀二百五十二兩九分零；被坍税蕩共三百九十畝七分零，缺税銀一十八兩七錢六分零。又被坍剩地減則銀七兩三錢五分零。共被坍課税蕩五千三十三畝五分零，共缺課税銀二百七十八兩二錢二分零。將各則存蕩加則銀十兩九錢八分零抵補外，又本年丈陞各則蕩共三千九百四十二畝一分零，陞税銀七十九兩七錢五分零，再抵前項坍缺，實缺課税銀一百八十七兩四錢八分零。是年，又坍備荒税蕩共二千一百三十六畝一分零，計缺備荒税銀一百三十七兩二錢四分零。又坍剩備荒蕩減則銀七錢六分零。共坍缺減則備荒税銀一百三十八兩零，將備荒存蕩加則銀三兩九錢五分零抵補外，實坍缺備荒税銀一百三十四兩五分零。計正備通共坍缺銀三百二十一兩五錢三分零于，雍正十年爲始，停其徵追。

雍正十二年，被坍築塘掘廢課蕩共三千四百七十八畝五分零，計缺課銀一百八十一兩七錢六分零。又被坍掘廢税蕩一百六十一畝七分零，缺税銀一十兩五錢一分零。又被坍掘廢備荒税蕩五百六十三畝八分零，缺備荒税銀三十六兩六錢四分零。計正備通共坍缺銀二百二十八兩九錢二分零，于雍正十二年爲始，停其徵追。

乾隆元年至乾隆六年，掘廢課蕩六十八畝四分，缺課銀三兩七錢四分零，先後掘廢稅地共二百七十七畝四分零，缺稅銀一十八兩四分零。共缺課稅銀二十一兩七錢五分零，統于乾隆六年豁免。以上自雍正十年至乾隆六年，被坍掘廢正備課稅蕩共一萬一千七百一十九畝五分零，先後豁免正備課稅銀共五百七十二兩二錢一分零。

乾隆八年報陞沙蕩共三千四百四十五畝二分零，陞稅銀六十七兩九錢四分零。報陞備荒蕩三千五百九十七畝三分零，陞稅銀一十一兩五錢一分零。抵補前項坍課外，其尚未抵銀四百九十二兩七錢六分，俟各場續報新陞蕩地稅銀，另行撥抵。

乾隆十一年，報陞刮淋地二萬六千二十八畝九分零，陞稅銀二百二十一兩二錢四分零。浮沙地六萬六百七十一畝二分零，陞稅銀一百九十四兩一錢四分零。通共徵銀四百一十五兩三錢九分零，撥補東江、三江兩場坍課。

錢塘倉原額課蕩一萬六千七百二十五畝八分零，徵丁課銀一千五百三十七兩三錢五分零。

各則稅蕩共八千一百六十五畝三分零，徵稅銀三百七十一兩五錢九分零。

各則備荒蕩共一萬一千六百一十三畝七分零，實徵備荒稅銀二百七十五兩三錢二分零。

康熙六年，丈陞中下則蕩四百六十九畝八分零，陞稅銀九兩八錢六分零。

康熙十六年，丈陞沙蕩一千五百五十二畝一分零，陞稅銀二十七兩一錢六分零。

康熙十九年至六十年，報陞新漲下下則沙蕩共九千二百三十八畝七分零，陞稅銀一百六十一兩六錢七分零。

康熙十九、二十兩年，報陞下下則蕩塗共六百二十畝七分零，陞稅銀一十兩五錢五分零。

康熙三十二年，報陞中則沙蕩一十四畝一分零，陞税銀五錢四分零。

康熙三十二年至四十九年，報陞下則沙蕩共三百五十六畝三分零，陞税銀一十兩一錢五分零。

以上通共徵銀二千四百四兩一錢二分七釐零，内蕩税銀五百九十一兩五錢五分零，備荒銀二百七十五兩三錢二分零，丁課銀一千五百三十七兩三錢五分零。雍正四年，丁歸地徵，計本倉課蕩應攤銀一千五百三十七兩三錢五分零，嗣因課蕩屢經坍卸，議將坍缺丁課加攤税蕩之上，復以税蕩亦多被坍，前項坍課俟有各場新陞税銀撥抵。

雍正四年，被坍課蕩四千四百三十畝七分零，計缺丁課銀四百七兩二錢五分零。坍缺税蕩四百六十九畝八分零，計缺税銀九兩八錢六分零。又坍缺各則備荒蕩二千一百九十六畝零，計缺備荒税銀三十五兩二錢六分零。共坍缺正備課税銀四百五十二兩三錢八分零。是年，報陞各則沙蕩一千七百一十八畝七分零，陞税銀二十三兩七錢六分零，抵補前項坍課外，尚缺課税銀四百二十八兩六錢二分零，將仁和倉、許村、鮑郎、横浦、西興、錢清、石堰、鳴鶴各場抵剩新陞税銀共三百六十一兩三錢七分零抵補，再有未抵坍課銀六十七兩二錢四分零仍于本倉現存税蕩之上按則均攤。

雍正七年，報陞各則沙蕩共二千二百一十六畝六分零，陞税銀四十九兩四錢九分零。

雍正八年，報陞荒沙一千二百一十六畝四分零，陞税銀三兩七錢八分零。

計雍正七、八兩年，共新陞税銀五十三兩二錢七分零，再抵前項坍課外，其未抵攤缺税銀一十三兩九錢六分，仍于現存税蕩之上按則均攤。

雍正十年，被坍課蕩一千八百六十五畝二分零，缺丁課銀一百七十一兩四錢四分零，坍缺各則税蕩三千九百九十六畝六分零，缺税銀七十四兩四錢五分零。共坍缺課税銀二百四十五兩八錢九分零。

雍正十年，丈陞各則蕩共一千七百一十畝八分零，陞税銀六十兩八錢七分零，撥抵前項坍缺，其未抵銀一百八十五兩一分零于雍正十年爲始，停其徵追。

雍正十二年，被坍課蕩二百二十五畝二分零，計缺丁課銀二十兩七錢零。被坍税蕩九百八十六畝九分零，缺税銀一十七兩三錢七分零。共缺課税銀三十八兩八錢零，于雍正十二年爲始，停其徵追。

以上自雍正四年後，未抵坍課共二百三十七兩八分零。

雍正十二年，報陞下下則蕩五百三十九畝四分零，陞税銀九兩四錢四分零，報陞備荒蕩一百八十三畝五分零，陞税銀五錢七分零。

雍正十三年，報陞下下則漲沙四百五十畝，陞税銀七兩八錢七分零，報陞影沙三百九十七畝五分，陞税銀一兩二錢七分零。

以上雍正十二、三兩年，共新陞税銀十九兩一錢五分零，抵補前項坍□□□缺課税銀二百一十七兩七分零①。

乾隆元年，被坍課蕩二千九十八畝九分零，缺課銀一百九十二兩九錢二分零。坍缺各則税蕩二千六百八十一畝一分零，計缺税銀五十九兩二錢九分零。共缺課税銀二百五十二兩一錢九分零。

乾隆四年，被坍課蕩八百五十三畝五分零，計缺丁課銀七十八兩四錢五分零。又被坍各則税蕩共二千一百二十八畝二分零，缺税銀五十兩一錢六分零。共缺課税銀一百二十八兩六錢一分零。將石堰、鮑郎、鳴鶴、黄巖各場新陞税銀一百九兩七錢一分撥抵外，計本倉先後坍缺課税未經抵補者四百八十八兩九分零。

乾隆四年，潮淹、沙蓋、荒廢各則課税蕩共一萬六千七百二十四畝零，減徵銀七百九兩一分零。

乾隆十年、十一年，報坍各則沙蕩、影沙共八千四百六十二畝三分零，坍税銀五十一兩五錢四分零。丈坍備荒荒沙一千二百六十九畝四分零，坍税銀四兩六分零。又墾復各則蕩二千一百九十畝，徵復税銀三十二兩五錢一分零。共新坍墾復、正備蕩税一萬一千九百二十一畝六分，坍復税銀八十七兩五錢七分零，撥抵本倉坍課。

乾隆十一年，奉准部覆，修築江塘挑廢錢塘倉永清圍竈地二畝九分零，應免銀八分零，自乾隆九年爲始，照數豁除。

乾隆十二年，報坍影沙一千四百五十三畝二分零，坍税銀四兩六錢五分零。又下下則蕩一千五百一十二畝七分零，坍税銀二十六兩四錢七分零。

乾隆十三年，新坍影沙一千二十畝八分零，坍税銀三兩二錢六分零。

以上乾隆十二、三兩年，共新坍税銀三十四兩三錢九分零，再抵前項其未抵坍缺銀三百六十六兩一錢二分零，俟各場續報新坍税銀，另行撥抵。

仁和倉現存課税備荒蕩共十五萬八千二百二十七畝七分零，現徵正備課税銀三千一百六十九兩一錢零，内六十三兩六錢一分零，撥補錢塘倉坍課。

錢塘倉現存課税備荒蕩共三萬四千三百三十九畝二分零，現徵課税銀九百二十四兩三錢二分零。

許村場

東倉　西倉

東倉原額城東西沙蕩共六千四百五十八丈九尺九寸零，徵丁課銀三百七十四兩一錢零，後因旋坍旋漲，已失故址，將現在漲沙積弓計算，共得沙地五萬三千七百六十畝，丁課按畝均攤，仍如前額。今沙地全坍，課項全缺，内城西三則沙蕩二百二十八丈，係元大德間撥給張九成瞻墳祭祀，例不陞科。

西倉原額各則沙蕩共二千八百五十二丈零，内丈實沙蕩三萬三千四百四十二畝零，分叚短沙垛四千五百七十八丈三尺零，徵丁課銀一千八百八十九兩七錢四分零。

各則税地蕩共四千三百七十二畝七分零，徵税銀二百四兩九錢零。

備荒税地二千七百三十二畝九分零，徵備荒銀一百四十三兩七錢五分零。

康熙十六年，報陞沙蕩七十四畝九分，陞税銀二兩四錢七分。

康熙十九年，報陞水漊二畝一分，陞税銀七分零。

康熙四十年，報陞新墾沙蕩三十三畝，陞税銀九錢二分零。

康熙四十年、四十一年，報陞荒蕩沙地共四百八十六畝，陞税銀八兩二錢六分零。

以上西倉通共徵銀一千四百五十一兩錢九分零，内蕩税銀二百一十六兩六錢九分零，備荒銀四十三兩七錢五分零，丁課銀一千八十九兩七錢四分零。　雍正四年，丁歸地徵，因本場課蕩坍後復漲，已失故址，將現在漲沙丈實得沙地三萬九千九百六十畝，按畝均攤，符合本場原徵丁課之數。　嗣因被坍沙地三萬八千九百三十四畝八分零，計缺課銀一千六十一兩七錢零，又坍缺蕩税銀一百七兩零，備荒税地全坍，課項亦缺。

雍正四年，報陞地二萬九千七十八畝二分零，徵銀四百九十四兩三錢三分零，撥補西路、仁和兩場坍課。

以上東西兩倉，原額新陞課税各蕩共一十三萬五百畝七分零，共徵銀二千三百一十八兩六錢八分零，内康熙四十年、四十一年、雍正四年新陞沙地共二萬九千五百九十七畝一分零，因係錢塘江南漲沙本非場地，經督臣題明改歸杭同知經收，扣撥歸還前項陞科外，其東西二倉先後被坍各則課税地蕩共九萬八千一百八十六畝三分零，缺課税銀一千六百八十六兩六錢九分零，隨經題明將鮑郎、西興、錢清各場新陞税銀撥抵外，尚缺課税銀一百三十九兩四錢零。其兩倉存剩蕩地二千七百一十七畝一分零，又于雍正十年盡數被坍，停其徵追

乾隆五年，西倉報陞漲沙儘西歸民三分，地六百七十八丈三尺零，計地一萬四千八百三十九畝四分零，迤東歸竈七分，地二千一百七十三丈六尺八寸零，除留護塘沙一百丈，計地三萬四千六百二十五畝四分零，内除車路、團基及影沙暫停輸租外，實存地一萬九千五百九十九畝二分零，徵銀一百六十六兩五錢九分零。乾隆五年，按數徵收，旋即報坍，經撫臣題准，于六年爲始，照數豁免西路場。

原額沙塗四千八百六十五丈八尺，徵丁課銀八百二十九兩五錢五分零。

倉基地二十二畝六分，徵銀三兩。

康熙五十四年，報陞地二畝，徵銀一錢八分八釐零。以上通共徵銀八百三十二兩七錢四分零，内倉基地税銀共三兩一錢八分零，丁課銀八百二十九兩五錢五分零。查該場向設九圍，有東三圍、西六圍之分，西六圍沙塗三千二百三十三丈九尺，又陞地二畝，共課税銀五百五十一兩五錢零，後沙地被坍。康熙六十一年，鹽臣題請攤同所之海沙、蘆瀝二場代納銀三百八十六兩三錢零，餘銀一百六十五

兩一錢零，虚懸無補。東三圍沙塗一千六百三十一丈九尺，丈地一萬二十三畝六分零，徵銀二百七十八兩二錢零，因後日漸冲坍，現存地一千三百四十八畝六分零，徵銀三十七兩四錢零，東西九圍共坍缺課銀四百五兩九錢零，將雍正四年許村場新陞銀四百九十四兩三錢零扣如坍額抵補。又海沙、蘆瀝二場代納課銀，于乾隆五年籲請題豁，攤課事案内照數豁除。

乾隆五年，分西路場東三圍、并尖山以内之四圍及五圍之一二三四五六團，爲黄灣場。西路场額存沙塗向已坍卸，應徵課銀，係許村場新陞税銀撥補。

乾隆十一年，漲復沙塗二千六百三十九丈八尺零，徵復課銀四百五十兩六分零，漲復地二畝，徵復税銀一錢八分八釐零。共徵復課税銀四百五十兩二錢五分零。

黄灣場

乾隆五年西路場新分

額分現存沙地一千三百四十八畝零，徵銀三十七兩四錢一分零，倉基地二十二畝六分，徵銀三兩。

乾隆十一年，二三兩圍，共漲復沙地一千四百七十三畝五分零，徵銀四十兩九錢零。又四圍起，至五圍止，漲復横潤沙塗五百九十四丈三寸，徵復課銀一百一兩二錢五分。

現存沙地二千八百二十一畝五分，又沙塗五百九十四丈三寸，現共徵銀一百八十二兩五錢九分零。

天漲沙塗

按：沿海沙田、蕩地，俱分隸各場，給竈徵課。乾隆七年，督臣德沛陳奏沿海有天漲沙塗，乃國家之公地，非竈户之原産。除孤懸海外、向係封禁者不准墾種外，其餘附内地不論民竈，准其開墾，竈則移場經理，民則歸縣管辦，編列字號，分别高下，計年陞科。

乾隆十四年，仁和縣民竈認墾沙地共七百一十七頃四十九畝八分零，内民、安、物、阜四字號，開墾沙地四百八十九頃九十八畝五分零，每年應徵銀二千五百二兩五錢一分零，本係荒沙，題定六年後起科。海、宴、河、清、茶、槽、扶、基等字號，開墾沙地共二百八十七頃五十一畝三分零，每年應徵銀一千六百七十三兩三錢二分零，其地稍高，題定三年後起科。

海寧縣民竈認、墾、時、和、年、豐、風、調、雨、順、恩、施、普、遍等字號沙地，共二千八百三十頃六十六畝五分零，每年應徵銀一萬六千四百七十四兩四錢七分零，均係荒沙，題定六年後起科。

鮑郎場

原額灘場四千三百五十弓一尺二寸，草蕩、塗坍、倉團基、竈山、蘆薪共一萬五千九百七畝一分零，共徵丁課銀三百五十兩八錢零。

熟蕩、塗坍、蘆薪、倉團基五千四十畝二分零，父子山四十二畝，共徵税銀一百十兩二錢零。

備荒塗坍五百三十四畝五分零，徵備荒銀三十一兩六錢四分零。

康熙六年，丈出熟草蕩、塗坍共二百一十七畝零，陞税銀六兩六錢四分零。

康熙十八年，丈出新漲蘆薪二百七十三畝七分零，陞税銀二兩七錢三分零。

康熙十九年，報陞新墾舍基五畝三分零，陞稅銀三錢九分零，又報陞各則埻垛共五十四畝九分，陞稅銀一兩八錢二分零。

康熙十九年至四十一年，報陞上則埻垛共二十七畝一分零，陞稅銀一兩六錢二分零。

康熙十九年至六十一年，報陞下則埻垛、熟草蕩沙地共一千一百五十三畝七分零，陞稅銀三十四兩六錢一分零。

康熙十九年至四十四年，報陞下則蘆薪草蕩共二百四十一畝八分零，陞稅銀二兩四錢一分零。

康熙二十四年至五十年，報陞熟蕩地共二十二畝四分零，陞稅銀四錢六分零。

雍正二年，報陞墳山埻垛一十四畝八分，陞稅銀四錢四分零。

以上通共徵銀五百四十三兩九錢二分零，内蕩稅銀一百六十一兩四錢零，備荒銀三十一兩六錢四分零，丁課銀三百五十兩八錢七分零。 雍正四年，將丁課銀按畝均攤，計海灘、竃山、草蕩共攤丁課銀三百五十兩八錢七分零，符合原徵丁課之數。

雍正四年，報陞熟蕩六十四畝二分零，陞稅銀一兩三錢二分零，撥抵仁和場錢塘倉坍課。

雍正七年，報陞次下則埻垛五十三畝零，陞稅銀一兩五錢九分零，撥補許村場坍課。

雍正九年，報陞下則埻垛、墳山共一百九十六畝二分零，陞稅銀五兩八錢八分零，又報陞蘆薪二畝，陞稅銀二分，撥補許村場坍課。

乾隆二年，報陞熟蕩一十五畝一分零，又報陞次下則埻垛、墳山共三畝五分零。 又報陞乾隆三年爲始，新生熟蕩一百四十九畝六分零。 又報陞上則埻垛一畝二分，共陞稅銀三兩五錢八分零，撥補仁和場坍課。

乾隆三年，報陞南澤墳山一畝，稅銀三分，撥補仁和場錢塘倉坍課，自乾隆四年爲始。

乾隆五年，報陞各則草蕩改墾熟蕩一百九十二畝二分零，又報陞墳山一畝五分，共陞税銀四兩二分零，撥補仁和場錢塘倉坍課。

乾隆七年，報陞各則草蕩改墾熟蕩一百六畝三分零，又報陞墳山三畝，共陞税銀二兩二錢九分零，撥補仁和場錢塘倉坍課。

乾隆八年，報陞草蕩改墾熟蕩三十四畝九分零，陞税銀七錢二分零，撥補仁和場錢塘倉坍課。

乾隆九年，報陞草蕩改墾熟蕩八畝八分零，又報陞墳山一畝，共陞税銀二錢一分零，撥補仁和場錢塘倉坍課。

乾隆十年，報陞墳山二畝，陞税銀六分，撥補仁和場錢塘倉坍課。

乾隆十一年，報陞草蕩改墾熟蕩一百一十三畝九分零，又報陞各則埣垛、墳山、墳地共七畝五分，通共陞税銀二兩六錢四分零，撥補三江、東江兩場坍課。

乾隆十一年，報陞草蕩改墾熟蕩二十三畝九分零，又報陞各則埣垛四畝，共陞税銀六錢七分零，撥補三江、東江兩場坍課。

現存灘塲四千三百五十弓一尺二寸，課税備荒蕩共一萬九千四百九十一畝七分零，現徵正備課税銀共五百六十七兩零，内二十三兩七分零撥補仁和、許村、三江、東江等場坍課。

海沙場

原額課蕩地、倉團、方柴、灰場共六萬三千九百八十五畝三分零，除海灘一萬三百九十四弓四寸，衙署、場基一十畝八分零例不陞科外，實徵丁課銀一千二百五十六兩九錢零。

各則税蕩三萬二千七十五畝五分，徵税銀七百九十一兩六錢零，又原額丈陞各則税蕩三千三百畝六分，陞稅銀五十二兩六錢零。

備荒下則蕩三千九百一十七畝五分，徵備荒銀五十八兩七錢零。

康熙六年，丈陞稅蕩四百五畝二分零，徵銀三兩六錢零。

康熙十九年、二十六年，報陞存荒上則蕩一百五畝九分零，陞稅銀三兩一錢七分零。

康熙十九年，報陞存荒中則蕩一百七十七畝一分，陞稅銀三兩九錢八分零，又報陞新墾倉基八畝七分，徵銀一兩六錢。

康熙十九年、三十五年，報陞新墾團基三十六畝一分零，徵銀一兩二錢七分零。

康熙十九年至六十一年，報陞下則埂路、荒草蕩、灰場、海灘共七千一百五十九畝零，陞稅銀一百七兩三錢八分零。

康熙二十二年、三十年，報陞中則蕩、油草墩蕩共一百三十三畝四分零，陞稅銀三兩八錢零。

康熙三十三年，報陞中則水灘蕩地三畝九分零，陞稅銀八分八釐零。

雍正三年，報陞蕩一百一十五畝四分零，陞稅銀一兩七錢三分零。

以上通共徵銀一千二百八十六兩六錢四分零，內蕩稅銀九百七十兩九錢七分零，備荒銀五十八兩七錢六分零，丁課銀一千二百五十六兩九錢零。雍正四年，將丁課銀按畝均攤，計舊熟課蕩弓柴存荒草蕩、海灘，共攤丁課銀三百五十兩二錢零，各則稅蕩暫攤丁課銀九百六兩六錢九分零，俟有新漲地畝，即行抵除。

雍正四年，報陞草蕩一千三百七十五畝四分零，陞稅銀二十兩六錢三分零。

雍正九年，報陞蕩地海場共三百五十四畝零，陞稅銀五兩三錢零。

雍正十一年，報陞灰場草蕩共八十四畝一分零，陞稅銀一兩二錢六分零。

雍正十二年，報陞草蕩七十七畝四百零，陞税銀一兩一錢六分零。
乾隆四年，報陞草蕩四十六畝零，陞税銀六錢九分零。
乾隆七年，報陞草蕩九十二畝六分零，陞税銀一兩三錢八分零。
乾隆八年，報陞草蕩一十三畝八分零，陞税銀二錢零。
乾隆十年，報陞草蕩一百六畝零，陞税銀一兩五錢九分零。
乾隆十年，報陞草蕩六十七畝二分零，陞税銀一兩零。
乾隆十三年，報陞草蕩三分九十七畝七分零，陞税銀五兩九錢零。
乾隆十四年，報陞草蕩五十二畝五分，陞税銀七錢八分零。又報陞草蕩四十二畝零，陞税銀六錢三分零。
以上雍正四年以後，共陞税銀四十四兩七錢三分零，抵除前項暫攤丁課外，各則税蕩實攤丁課銀八百六十五兩八錢零，符合本場原徵丁課之數。
康熙六十一年，代納西路場坍課一百二十四兩六錢，于乾隆五年豁免。
現存課存備荒蕩共一十一萬四千一百三十二畝八分零，除海灘場基例不陞科外，現徵正備課税銀共二千二百八十六兩六錢四分零。

蘆瀝場

原額各則蕩地共九萬九千一百八十七畝六分零，徵丁課商税銀共四千六百四十九兩四錢八分零。
按：本場丁課，先于明萬曆間，因竈户逃亡殆盡，歸蕩地徵輸。

備荒蕩四千六百五十四畝一分零，徵備荒銀三百七兩八錢三分零。
康熙六年，丈陞海灘蕩地共二百二十一畝零，陞税銀一十兩五錢。
康熙十六年，丈陞沙蕩六十九畝四分零，陞税銀一兩七錢八分零。
康熙十八年，報陞沙蕩一畝，陞税銀一錢。
康熙十九年，報陞新墾沙蕩共二百三十六畝一分零，陞税銀六兩四錢七分零。
康熙五十一年，報陞灰蕩四畝七分零，陞税銀六分零。
康熙五十八年，報陞基蕩五畝，陞税銀二錢。
康熙五十九年，報陞灰蕩四十一畝，陞税銀一兩八錢零。
康熙六十一年，報陞灰蕩九十九弓，陞税銀二兩一錢五分零。
康熙六十一年，代納西路場坍課銀二百六十一兩六錢九分零，於乾隆五年豁除。
現存正備蕩地，共十萬四千四百四十一畝三分零，又新陞蕩九十九弓，現共徵正備課税銀四千九百八十兩六錢三分零。

校勘記

〔二〕□□□課税銀二百一十七兩七分零　原書『課税銀二百一十七兩七分零』前三字不清晰。

敕修兩浙海塘通志卷十一　坍漲下　陞除附

西興場

原額灘場七千六百六十九畝三分，徵丁課銀一千五兩二錢二分零。各則蕩田九千六百一畝四分零，徵税銀一百七十八兩八錢六分零。備荒中下則塗田一千二百一十四畝五分，徵備荒銀一十二兩一錢四分零。

康熙六年，報陞下則塗田六千六百二畝一分零，徵税銀三十三兩一分零。

康熙十六年，報陞中下則塗田六千五百八十六畝一分零，徵税銀六十五兩八錢零。

康熙十八年，報陞續墾蕩地一十六畝二分零，陞税銀一錢六分零。

康熙十九年，丈陞各則蕩田、地池共三百九十九畝六分零，陞税銀七兩二分零。

康熙十九年至三十六年，丈陞下則蕩田、地池、塗田共四萬一千九百畝九分零，陞税銀二百九兩五錢零。

康熙二十二年至四十六年，丈陞下則蕩田、地池、塗田沙地共二百二畝九分零，陞税銀二兩二分零。

雍正元年，報陞下下則地七百七十畝，陞税銀三兩八錢五分。

雍正二年，報陞下下則地二百三畝九分零，陞税銀一兩一分零。

以上通共徵銀一千五百一十九兩二錢五分零，内蕩税銀五百一兩八錢九分零，備荒銀一十二兩一錢四分零，丁課銀一千五兩二錢二分零。雍正四年，將丁課銀按畝均攤，計原額攤場共攤丁課銀一千五兩二錢二分零，符合原徵丁課之數。

雍正四年，報陞下則、下下則蕩田七千五百五十六畝三分零，陞税銀四十五兩四錢一分零，撥補仁和場錢塘倉坍課。

雍正六年，報陞下下則蕩地二千四百九十一畝五分零，共陞税銀一十二兩四錢五分零，撥補仁和場錢塘倉坍課。

雍正八年，查丈西興場竈地，實在丈實各則田地、草蕩共十九萬九千八百七十畝零，應徵銀四千一百一十三兩一錢五分零，内除原額新陞正備課税銀一千五百七十七兩一錢三分零外，實丈陞税銀二千五百三十六兩二分零，撥補仁和、許村兩場坍課。

雍正九年，報陞上則蕩地八畝六分，陞税銀二錢五分零，撥抵長亭場無地丁課。

乾隆六年，被坍各則田地共三萬七千五百九十七畝三分，缺課銀五百三十九兩七錢四分零，於乾隆六年照數豁除，俟有各場新漲蕩地抵補。

乾隆十二年，報陞下則沙田二百二十一畝九分零，陞税銀二兩二錢一分零。

乾隆九年，被坍各則田地一千五百三十八畝八分零，缺課銀五十九兩四錢六分零，又乾隆十一年被坍上則田地一百六十一畝六分零，缺課銀六兩四錢一分零。以本蕩新陞銀二兩二錢一分零，又杜瀆場新陞銀六十三兩六錢六分零抵補。

乾隆十一年，被坍上則田地六百一十七畝一分零，缺課銀二十四兩五錢零，以杜瀆場抵剩新陞課銀照數。

現存課税備荒蕩地共一十六萬一百八十六畝零，現徵正備課税銀三千四百八十五兩四錢九分零，内二千五百九十四兩一錢四分零，撥補仁和、許村、長亭等場坍課。

錢清場

原額灘場七千五百三十二弓六寸，徵丁課銀一千七百六十七兩四錢七分零。

各則蕩地共一萬三千九百三十七畝八分零，徵税銀一百二十三兩三錢四分零。

備荒蕩地一千五百五十畝三分，徵備荒銀五十兩二錢一分零。

康熙六年，丈陞各則蕩地共一百二十一畝一分零，陞税銀一兩五錢二分零。

康熙十六年，報陞沙地共三百七十一畝三分零，陞税銀四兩二錢九分零。

康熙十八年，報陞沙蕩一百二十二畝零，陞税銀七錢零。

康熙十九年，報陞新墾減地水溝并地共三十三畝七分零，陞税銀一錢四分零。

康熙三十一年，報陞沙地二千一畝二分零，陞税銀一十一兩六錢九分零。

康熙三十二年，報陞沙田一千九百三十畝一分零，陞税銀一十一兩六錢七分零。

康熙三十四年，報陞下下則沙田四百畝，陞税銀二兩三錢二分零。

康熙三十九年，報陞下下則沙地一千二百二畝二分零，陞税銀六兩九錢八分零。

康熙四十二年，報陞荒地三十九畝三分零，陞税銀二錢九分零。

康熙四十三年，報陞荒墩地沙田共三十畝四分零，陞税銀四錢二分零。

以上通共徵銀一千九百五十一兩一錢零，内蕩税銀一百六十三兩四錢一分零，備荒銀二十兩二錢一分零，丁課銀一千七百六十七兩四錢七分零。雍正四年，將丁課銀按畝均攤，計原額灘場共攤丁課銀一千七百六十七兩四錢七分零，符合原徵丁課之數。

雍正四年，報陞各則地共三萬二千八百二十一畝一分零，陞稅銀四百五十三兩八錢五分零，撥補長亭場無地丁課并仁和場錢塘倉坍課。

雍正八年，報陞上則地四十三畝七分零，陞稅銀七錢八分零，撥補許村場坍課。

現存課蕩七千五百三十二弓六寸，稅蕩、備荒蕩共五萬四千六百五畝零，現徵正備課稅銀共二千四百五兩七錢四分零，内四百五十四兩六錢三分零，撥補仁和、許村、長亭等場坍課。

三江場

原額灘場一萬六千四百六十六弓，草蕩一萬七千一百六十七畝八分零，共徵丁課銀一千九百六十二兩二錢零，各則蕩稅田地共七千六十六畝五分零，徵稅銀四百二十一兩六錢八分零。

備荒下則稅地共二千九百四畝九分零，徵備荒銀六十三兩一錢五分零。

康熙六年，丈陞各則田地共四百五十畝一分零，陞稅銀一十二兩一錢八分零。

康熙十六年至五十二年，報陞稅蕩地二千五十六畝二分零，陞稅銀二十兩五錢六分零。

康熙十九年至四十七年，報陞稅蕩地四百二十八畝二分零，陞稅銀八兩五錢六分零。

以上通共徵銀二千四百八十八兩三錢五分零，内蕩稅銀四百六十三兩零，備荒銀六十三兩一錢五分零，丁課銀一千九百六十二兩二錢零。雍正四年，將丁課銀按畝均攤，計灘場、草蕩共攤丁課銀一千九百六十二兩二錢零，符合原徵丁課之數。

乾隆五年，分三江場東隅爲東江場。

三江場額存灘場八千七百四十□弓①，草蕩九千二百八十一畝七分零，共徵丁課銀一千五十一兩八錢五分零。

各則蕩税田地共三千六百一十七畝零，共徵税銀二百一十五兩四分零。

備荒税地一千四百五十二畝四分零，徵備荒銀三十一兩五錢七分零。

乾隆五年，被坍灘場六千六十八弓九尺二寸零，被坍草蕩六千三百二十七畝六分零，共缺課銀七百二十三兩二錢一分零，乾隆五年爲始，照數豁除。

乾隆八年，被坍灘場二千七百三十七弓五尺一寸零，被坍草蕩二千八百五十四畝一分零，共缺課銀三百二十六兩二錢二分零，將曹娥、金山、鳴鶴、鮑郎、清泉、仁和場、仁和倉、黄巖場、正鑑等倉新陞課銀抵補外，尚未抵銀二十七兩七錢二分零，俟各場續漲沙塗税銀撥抵。

現存草蕩税地共五千一百七十畝一分零，現共徵正備課税銀二百四十九兩四分零。

東江場

乾隆五年，三江場新分。

額分灘場七千七百一十八弓，草蕩七千八百八十六畝一分零，共徵丁課銀九百一十兩三錢四分零。

原額各則課税田地共三千四百四十九畝五分零，徵税銀二百六兩六錢三分零。又康熙六年，丈陞税地并康熙十六年以後陸續報陞税地共二千九百三十四畝五分零，共徵税銀四十一兩三錢零。

備荒税地共一千四百五十二畝四分零，徵備荒銀三十一兩五錢七分零。

乾隆八年，被坍灘場一千九百五弓二尺八寸零，被坍草蕩一千九百八十六畝四分零，共缺課銀二百二十七兩四分零，以曹娥、金山、鳴鶴、鮑郎、清泉、仁和場、仁和倉各場新陞銀照數分抵。

現存灘場五千八百一十二弓零，存税地、備荒地共五千八百五十畝零，現共徵正備課税銀九百六十二兩八錢二分零。

曹娥場

東扇　西扇

東西兩扇，原額灘場一萬八千九百七十八弓，徵丁課銀一千三十六兩三錢五分零。

各則蕩田、地池共二萬四千二百三十六畝八分零，徵税銀三百二十五兩三錢七分零，又車輛、木棱、拖船徵税銀一十六兩五錢五分，共徵税銀三百四十一兩九錢二分零。

備荒塗田四百三畝一分零，徵銀八兩五錢九分零，又備荒車輛、木棱税銀五十一兩，共備荒銀五十九兩五錢九分零。

康熙六年，丈陞下則蕩地四百四十四畝零，徵税銀三兩三分零。

康熙十六年，報陞各則塗田、地池共三千四百一畝三分零，陞税銀五十一兩九錢零。

以上通共徵銀一千四百九十三兩二錢一分零，内蕩税銀三百九十七兩三錢二分零，備荒銀五十九兩五錢九分零，丁課銀一千三十六兩三錢五分零。雍正四年，將丁課銀按畝均攤，計東西兩扇灘場共攤丁課銀一千三十六兩三錢五分零，符合原徵丁課之數。

乾隆五年，分曹娥場東扇爲金山場。

曹娥場額存西扇灘場一萬三百五十弓二寸零，徵銀五百三十四兩八錢五分零。

各則蕩塗、田地共八千五畝三分零，徵銀一百二十八兩八分零。又存康熙六年丈陞稅地并康熙十六年以後，陸續報陞塗田、地池共三千九百一十二畝一分零，徵銀五十五兩三錢九分零。

備荒塗田四百三畝一分零，徵銀八兩五錢九分零。

乾隆九年，報陞下則塗地一千三百一十四畝一分零，陞稅銀九兩一錢九分零，又原報下則蕩地三百六十一畝六分零，今改上則，陞稅銀四兩零，共新陞稅銀一十三兩二錢零，撥補三江、東江兩場坍課。

乾隆十一年，報陞下則塗地五百五十八畝，陞稅銀三兩九錢零，撥補三江、東江兩場坍課。

現存灘場一萬三百五十弓二寸，現存稅地備荒蕩共一萬四千一百九十二畝六分零，現徵正備課稅銀七百五十三兩二錢二分零，內一十七兩一錢零，撥補三江、東江兩場坍課。

金山場

乾隆五年，曹娥場新分。

額分曹娥場東扇灘場八千七百二十七弓九尺七寸零，徵丁課銀五百一兩四錢九分零。

各則蕩田、塗地共一萬六千二百三十一畝四分零，徵銀一百九十七兩二錢八分零，又車輛、木棱、拖船稅銀一十六兩五錢五分，共徵稅銀二百十三兩八錢三分零。

備荒車輛、木棱稅銀五十一兩。

乾隆九年，報陞下則塗地二千三百七十六畝七分零，陞稅銀一十六兩六錢三分零，撥補三江、東江兩場坍課。

現存灘場八千七百二十七弓九尺七寸零，現存蕩田、塗地共一萬八千六百八畝一分零，現徵正備課稅銀共七百八十二兩九錢六分零，内一十六兩六錢三分，撥補三江、東江兩場坍課。

石堰場

原額各則蕩地共七萬七千八百五十五畝七分零，徵丁課銀四千一百四十八兩三錢九分零，裁冗公費徵銀一十六兩四錢二分零，共徵丁課銀四千一百六十四兩八錢一分零。

蕩田、塗地，并先後報墾蕩塗，共五萬七千七百八十五畝七分零，徵稅銀六百五十四兩一錢六分零。

備荒沙塗共四萬二千三百五十九畝二分零，徵備荒銀一千四百二十五兩四錢三分零。

康熙六年，丈陞新漲浮塗共一萬五千三百六十畝六分零，陞稅銀一百五十三兩六錢零。

康熙十八年，報陞荒蕩三十六畝，陞稅銀一兩二錢三分零。

康熙十九年至四十四年，報陞下則沙地、草蕩共一千一百八十八畝三分零，陞稅銀三十五兩六錢五分零。

康熙二十二年至二十四年，報陞下則荒蕩共三十畝二分零，陞稅銀一兩三分零。

康熙二十六年，報陞各則蕩地五畝，陞稅銀二錢一分零。

康熙二十七年至四十七年，報陞新漲浮塗共四千二百六十四畝七分零，陞稅銀四十二兩六錢四分。

康熙二十八年至四十七年，報陞各則蕩地八十一畝六分，陞丁課銀四兩一錢七分零。

康熙二十八年至四十七年，報陞新墾地塗共三千六百四十八畝一分零，陞稅銀五十四兩七錢二分零。

以上通共徵銀六千五百三十七兩七錢零，内蕩稅銀九百四十三兩二錢七分零，備荒銀一千四百二十五兩四錢三分零，原額新陞丁課并裁冗公費共四千一百六十八兩九錢九分零。雍正四年，將丁課銀按畝均攤，計各則蕩地共攤銀四千一百六十八兩九錢九分零，符合原徵丁課之數。

雍正四年，報陞蕩塗、沙地共三千六百三十六畝零，陞税銀五十五兩九錢六分零，撥補仁和場錢塘倉坍課。

乾隆元年，報陞漲墾蕩塗共一萬三千六百三畝九分零，陞税銀一百三十六兩六錢五分，撥補長亭場無地丁課及仁和場錢塘倉坍課。

現存課税備荒蕩共二十一萬二千八百五十五畝八分，現徵正備課税銀共六千七百三十十兩三錢一分零，内一百九十二兩六錢一分零，撥補仁和場錢塘倉坍課。

清泉場

原額灘場二萬二千二百四十六弓，海灘三千四百八十七畝七分零，徵丁課銀一千三百六十七兩九錢零。

竈田各則蕩倉基共四萬一千三百九十九畝六分零，徵税銀六百七十八兩七錢三分零。中則備荒蕩二十八畝九分零，徵備荒銀六錢六分零。

康熙六年，丈陞蕩地四十四畝二分零，陞税銀八錢二分零。

康熙十六年，丈陞各則沙蕩四十六畝八分零，陞税銀一兩五分零。

康熙二十三年，展復竈田二百八十一畝七分零，展復各則蕩一百五十六畝九分零，共展復税銀七兩一錢三分零。

康熙四十七年至五十七年，報陞新墾、新漲蕩二十二畝二分零，陞税銀三錢六分零。

雍正四年，報陞下則蕩一百五畝，陞税銀一兩七錢四分零。

以上通共徵銀二千五十八兩四錢零，内蕩税銀六百八十九兩八錢四分零，備荒銀六錢六分零，丁課銀一千三百六十七兩九錢零。雍正四年，將丁課銀按畝均攤，計灘場海灘攤丁課銀六百一十七兩五錢三分零。又竈田各則税蕩共攤丁課銀七百五十兩三錢六分零。共攤銀一千三百六十七兩九錢，符合原徵丁課之數。

乾隆十年，報陞各則蕩一千四十八畝四分零，陞税銀三十八兩七錢五分零，撥補三江、東江兩場坍課。

現存灘場二萬二千二百四十六弓，海灘竈田備荒蕩共四萬六千六百二十一畝四分零，現徵正備課税銀二千九十七兩一錢五分零，内三十八兩七錢五分零，撥補三江、東江兩場坍課。

鳴鶴場

原額各則蕩地共二萬六千一百二十三畝一分零，徵丁課銀二千六十二兩七錢四分零。塗地、柴灘、團基共四千畝零，徵商税銀八十四兩九錢七分零。備荒塗蕩、團沙、圩灘共七千七百八十六畝九分零，徵備荒銀一百五十五兩一錢八分零，又徵商税銀四十八兩九錢一分零。

康熙六年，丈陞沙地六百四十八畝四分零，陞税銀七兩三分零。

康熙十六年，報陞塗地六百九十五畝六分零，陞税銀六兩九錢五分零。

康熙十九年至六十一年，共報陞新漲灘塗五千三百四畝八分零，陞税銀五十三兩四分零。

康熙三十二年至五十七年，報陞沙蕩漲地共四十畝九分，陞税銀一兩二錢二分零。

康熙四十三年，報陞沙蕩一千一百三十五畝八分零，陞税銀一十一兩三錢五分零。

康熙四十四年，報陞荒地共五百七十七畝二分，陞税銀五兩七錢七分零。

雍正元年，報陞沙地二百四十九畝四分，陞税銀二兩四錢九分零。

以上通共徵銀二千四百三十九兩七錢二分零，内蕩税銀二百二十一兩七錢九分零，備荒銀一百五十五兩一錢八分零，丁課銀二千六十二兩七錢四分零。雍正四年，將丁課銀按畝均攤，計各則蕩地共攤丁課銀二千六十二兩七錢四分零，符合原徵丁課之數。

雍正四年，報陞沙蕩、備荒蕩共二千二百三十畝四分零，陞商税銀、備荒銀共二十八兩八分零，撥補長亭場無地丁課及仁和場坍課。

雍正九年，報陞蕩三千一百六十三畝九分零，陞税銀三十一兩六錢三分零，撥補長亭場無地丁課。

雍正十二年，報陞沙地一萬四千三百八十七畝二分，陞税銀一百四十三兩八錢七分零，撥補長亭場坍課。

乾隆三年，報陞地四百五十畝，陞税銀四兩五錢，撥補仁和場錢塘倉坍課。

乾隆十年，報陞地一千九百七十四畝，陞税銀一十九兩七錢四分，撥補三江、東江兩場坍課。

乾隆十一年，報陞地三百九十一畝二分，陞税銀三兩九錢一分零，撥補三江、東江兩場坍課。

現存課税備荒蕩共四萬八千一百三十七畝零，現徵正備課税銀共二千六百七十一兩四錢五分零，内二百三十一兩七錢三分零，撥補仁和、三江、東江、長亭等場坍課。

龍頭場

原額攤場一萬二千九百五十六弓，徵丁課銀五百六十一兩一錢八分零。

各則竈田、蕩地、倉基共一萬八千八畝九分零，徵税銀六百三十二兩九錢七分零。

石塘山籽粒徵備荒銀六錢八分零。

康熙十六年至二十二年，報陞中則蕩一百二畝零，陞税銀二兩二錢七分零。

康熙十六年至四十四年，報陞下則蕩二百七十四畝七分零，陞税銀一兩六錢五分零。

康熙二十二年至五十七年，報陞下則蕩五百一十七畝九分零，陞税銀三兩三錢一分零。

以上通共徵銀一千二百二兩一錢七分零，内蕩税銀六百四十兩二錢零，備荒銀六錢八分零，丁課銀五百六十一兩一錢八分零。雍正四年，丁歸地徵，計本場灘場攤丁課銀七十九兩七錢一分零，尚餘丁課銀四百八十兩四錢六分零，暫攤各則税蕩之上，俟有新陞地畝抵除。

雍正四年，報陞下則蕩一百三十九畝七分零，陞税銀一兩四錢四分零，抵補前項暫攤丁課外，餘存丁課，仍俟續漲抵除。

現存灘場一萬三千九百五十六弓，税蕩地一萬八千九百三畝六分零，現徵正備課税銀一千二百二兩一錢七分零。

穿山場

原額丁課銀四百一十五兩八錢八分零。

竈田八千九百九十七畝三分零，徵税銀一百四十三兩九錢五分零。

康熙二十一年至五十一年，展復丁課銀一百四十九兩六錢一分零。

康熙二十一年至五十四年，展復竈田地五千九百四十五畝一分零，陞税銀九十五兩一錢二分零。

康熙二十一年至五十一年，展復下則老蕩一千八百八十九畝六分零，陞税銀二十七兩四錢零。

雍正二年，展復竈田地八畝，陞税銀一錢一分九釐零。

以上通共徵銀八百三十二兩一錢零，内蕩税銀二百六十六兩六錢零，丁課銀五百六十五兩五錢零。

按：穿山等場，按丁徵課原無給丁蕩地。雍正四年，丁歸地徵，將丁課銀加攤於各則税蕩之上，復題明税蕩業經按則完税，今再攤加丁課，終出一時權宜，俟有漲陞地畝，即與抵除。

雍正四年，丈陞蕩六十畝九分，徵税銀八錢八分零。

雍正八年，報陞蕩地一百九十畝一分零，徵税銀二兩七錢五分零。

乾隆十一年，報陞灘場三千五百六十一畝七分零，徵銀五十一兩六錢四分零。

各年展復竈田共一萬四千九百四十五畝零，展復銀三百七十三兩六錢二分零。又各年展復下則老蕩共一千八百九十五畝一分零，展復銀一百三十六兩五錢八分零。

以上自雍正四年以後，報陞展復竈田、蕩地共一萬六百五十三畝一分零，徵銀五百六十五兩五錢零，符合原徵丁課之數，按數抵補，將税蕩所攤丁課豁除。

現存竈田、蕩地，共三萬七千四百九十二畝八分零，現徵課税銀八百三十二兩一錢零。

長山場

原額灘塗一千九百六弓九分，徵丁課銀四百五十五兩一錢六分零。

竈田、蕩地共一萬七千四百六十一畝六分零，徵税銀二百八十一兩九分零。

備荒蕩六千五百二十六畝五分零，徵備荒銀二百三十六兩零。

康熙六年，丈陞蕩田七百二十二畝七分零，陞税銀二十二兩六錢七分零。

康熙十七年，報陞沙蕩三百六十五畝三分零，陞税銀一十一兩一錢一分零。

康熙二十三年，展復竈丁徵丁課銀一十四兩二錢三分零，展復各則蕩八十七畝四分零，展復税銀二兩八錢一分零。

康熙三十五年，報陞蕩地水池一十五畝三分，陞税銀三錢三分零。

康熙六十一年，報陞蕩一畝一分，陞税銀三分零。

雍正二年，報陞蕩三畝二分零，陞税銀八分零。

以上通共徵銀一千二十三兩五錢六分零，内蕩税銀三百一十八兩一錢五分零，備荒銀二百三十六兩零，丁課銀四百六十九兩四錢零。

雍正四年，丁歸地徵，計本場灘塗攤丁課銀一百六兩七錢八分零，尚餘丁課銀三百六十二兩六錢一分零，分攤各則竈田、蕩地之上，俟有新陞地畝抵除。

雍正四年，報陞各則蕩六十八畝二分零，徵税銀二兩三錢八分零，抵補前項暫攤丁課外，餘存丁課仍俟續漲抵除。

現存灘塗一千九百六弓九分，各則竈田、蕩地、備荒蕩共二萬五千二百五十六畝九分零，現共徵正備課税銀一千二十三兩五錢六分零。

大嵩場

原額灘塗草蕩六百五十二弓二分，徵丁課銀二百四十兩九錢一分零。

各則免田共二萬五千一百五十六畝三分零，倉基地一十二畝一分零，徵税銀四百八十二兩八錢六分零。

備荒塗田地一千五百一十畝七分零，徵備荒銀四十八兩三錢七分零。

康熙六年，丈陞塗地七百四十六畝二分零，陞税銀二十三兩七錢零。

康熙十九年，報陞新墾税地一百二十五畝，陞税銀二兩八錢四分零。

康熙二十二年，報陞塗田一百五十七畝零，陞税銀五兩一錢八分零。

康熙二十二年至四十年，報陞新墾地三千九百三十三畝四分零，陞税銀九十四兩四錢零。

康熙二十三年，展復丁課銀七十三兩七錢九分零。

康熙二十三年至三十五年，展復中則鹽田、墾荒蕩地共六千七百六十九畝六分零，陞税銀一百三十兩六錢九分零。

康熙二十五年至三十五年，報陞新墾塗田二千二百六十二畝五分零，陞税銀六十九兩九錢一分零。

康熙二十七年至五十四年，報陞蕩田、浮沙共八百九十七畝三分零，陞税銀一十七兩九錢四分零。

以上通共徵銀一千一百五十四兩六錢五分零，内蕩税銀八百二十七兩五錢六分零，備荒銀四十八兩三錢七分零，丁課銀二百七十八兩七錢一分零。雍正四年，將丁課銀按畝均攤，計灘塗、草蕩攤丁課銀五兩三錢八分零。又於各則税田、地蕩攤丁課銀二百七十三兩三錢三分零，俟有墾漲地畝抵補丁課，仍將税地所攤豁除。

雍正四年，報陞塗田、蕩地共二百七十二畝三分零，陞税銀五兩四錢四分零。

雍正十一年，報陞塗田、蕩地五百五十九畝九分零，陞税銀一十一兩一錢九分零。

以上新陞税銀共一十六兩六錢三分零，抵除前項暫攤丁銀外，各則税田、地蕩實攤丁課銀二百五十六兩六錢八分零，符合原徵丁課之數。

現存課蕩六百五十二弓，税地、備荒蕩地共四萬二千四百二兩三錢零，現徵正備課税銀共一千一百五十四兩六錢五分零。

玉泉場

原額丁課銀五十八兩二分零。

竈田、老蕩共四千六百三十七畝三分零，徵税銀九十二兩七錢三分零。

康熙六年，報陞蕩地一百六十九畝一分，陞税銀三兩三錢八分零。

康熙二十二年至三十四年，報陞新墾荒田三千三百七十畝零，陞税銀三十三兩七錢零。

康熙二十三年至四十四年，展復丁課銀五十兩八錢九分零。

康熙二十三年至五十六年，展復竈田地一萬四百二畝六分零，展復税銀二百八兩五分零。

康熙五十五年，展復竈田地九畝四分，展復税銀二錢八分零。

以上通共徵銀四百五十九兩一錢八分零，内蕩税銀三百五十兩二錢六分零，丁課銀一百八兩九錢二分零。雍正四年，丁歸地徵，將丁課銀攤於各則税蕩之上，俟有漲墾地畝抵除。

雍正四年，報陞地五十一畝六分，徵銀一兩三分零。
雍正十一年，報陞新墾地一百六十五畝九分零，徵銀三兩三錢一分零。
雍正十三年，報陞海墩蕩地三百五十二畝一分零，徵銀七兩四分零。
以上自雍正四年後，新陞稅銀一十一兩三錢九分零，抵除前項暫攤丁課外，各則稅蕩實攤丁課銀九十七兩五錢二分零，符合應徵丁課之數。
現存各則竈田、蕩地共一萬九千七百六十三畝二分零，現徵課稅銀共四百五十九兩一錢八分零。

長亭場

原額丁課銀三百三十九兩六錢五分零。
康熙二十三年至五十七年，展復竈丁，徵丁課銀三百五十二兩二錢九分零，展復倉基一所，各則沙蕩地共二千一百五十七畝二分零，展復稅銀二十一兩九錢六分零。
以上通共徵銀七百一十三兩九錢零，内蕩稅銀二十一兩九錢六分零，丁課銀六百九十一兩九錢四分零。雍正四年，丁歸地徵，緣本場並無蕩地可攤，將鄰近鳴鶴、錢清、西興、石堰等場逐年新陞稅銀撥補，符合本場原徵丁課之數。
乾隆十四年，報陞田一百三十一畝五分零，陞稅銀二兩六錢三分零，撥補三江場坍課。
現存蕩田、沙地共二千二百八十八畝七分零，現徵稅銀二十四兩五錢九分零。

黄巖場

原額無地丁課銀一千四百四十八兩九錢八分零。

各則備荒地二百二十三畝七分零，徵備荒銀七兩一錢九分零。

附徵杜瀆場税銀九十一兩七錢七分零。

按：康熙三年，杜瀆場場界遷棄海外，額課無徵，借墾黄巖場南北兩岸民地、丁坦徵課税銀九十一兩七錢七分零。康熙二十年，杜瀆場題明展復此項税銀，歸本場徵解。

順治十四年，丈出各則蕩二百八畝，徵税銀一十七兩四錢二分零。

康熙六年，丈出中則地一百畝二分零，徵税銀二兩零。

康熙二十三年，展復竈丁徵丁課銀五百二兩八錢五分零，展復各則老蕩七千九十八畝零，下則山二百畝，倉基二十畝，共展復税銀一百三十五兩二錢零。

康熙五十四年，報陞各則蕩山一百一十畝八分零，陞税銀一兩五錢九分零。

康熙五十四年至五十七年，報陞下則荒蕩一千三百四十六畝四分零，陞税銀一十三兩四錢六分零。

以上通共徵銀一千七百二十八兩七錢二分零，内蕩税銀一百六十九兩六錢八分零，備荒銀七兩一錢九分零，丁課銀一千五百五十一兩八錢四分零。雍正四年，丁歸地徵，因本場原無給丁蕩地，止有種植税蕩，又屬丁多蕩少，難以攤派，仍令照舊輸納，俟有新漲地畝即行抵除。

雍正六年，報陞中則新蕩共二萬四千六百七畝零，陞税銀七百三十八兩二錢零。

雍正四年，報陞下則新蕩一千一百二十三畝三分，陞税銀一十一兩二錢三分零。

以上雍正四、六兩年，新陞税銀共七百四十九兩四錢四分零，抵補前項無地丁課外，尚餘無抵丁課銀八百二兩三錢九分零，議攤民買竈田項下徵收。

乾隆六年，報陞塗蕩四千二百八十九畝二分零，陞税銀八十五兩七錢八分零，撥補仁和場仁和倉坍課。

乾隆七年，報陞新墾竃田、蕩地、坦灘、墩塘共三萬二千六百二十二畝六分零，陞稅銀六百七兩二錢一分零，撥補下砂一二三場坍課。

乾隆十三年，報陞下則竃蕩田地塘共六百七十九畝三分零，陞稅銀一十兩六錢七分零，撥補三江場坍課。

現存稅蕩、備荒蕩共七萬二千七百二十八畝五分零，現徵課稅備荒銀共二千四百三十二兩三錢八分零，内七百三兩六錢六分零，撥補仁和、下砂、三江等場坍課。

杜瀆場

原徵無地丁課銀三百一十三兩三錢九分零。

各則蕩田、坦地共七千三百二十三畝六分零，稅銀二百一十三兩七錢零。

又包補借墾黄巖場民地徵丁稅銀九十一兩七錢七分零，歸黄巖場徵解。

康熙二十三年，招徠竃丁，展復丁課銀一十一兩三錢三分零，展復各則蕩田、倉基地共三千七百六十八畝零，展復稅銀九十一兩四錢八分零。

康熙二十四、五兩年，招徠竃丁，展復丁課銀共一百一十九兩五錢零。

康熙五十九年，報陞新蕩三百四畝六分零，陞稅銀六兩五分零。

以上通共徵銀八百四十七兩一錢五分零，内蕩稅銀三百二十四兩四錢二分零，丁課銀五百二十二兩八錢二分零。　雍正四年，丁歸地徵，因本場稅蕩地少丁多，不能承攤，暫行照舊輸納，俟有漲墾地畝抵除。

雍正四年，報陞新蕩三百四十六畝五分，陞稅銀六兩八錢九分零。
雍正七年，新陞各則蕩田、竈地共一萬四千七十二畝六分零，陞稅銀五百二十一兩零。
以上雍正四、七兩年，新陞稅銀共五百二十七兩八錢九分零，抵除前項丁銀，符合原徵丁課之數。
乾隆十二年，新陞竈田地共七千六百五十九畝八分零，陞稅銀一百七十七兩一錢七分零，撥抵西興、下砂三場坍課。
現存蕩稅田地共三萬三千四百七十六畝五分零，現徵課稅銀共一千二十四兩四錢三分零，內一百七十七兩一錢七分，撥補西興、下砂等場坍課。

雙穗場

原額丁課銀一千八十五兩二錢六分零。
康熙四年，會同永嘉場，於瑞安縣飛雲渡内地開煎，計地九百八十畝，分辦課銀七十七兩七錢四分零，續經展復，故址内地各竈俱行犂毁，地已還民，原認飛雲渡課銀，現在認納。
康熙六年，丈出沙地七分七釐零，徵稅銀五分零。
康熙二十三年至三十三年，展復各則蕩地共一萬二千九百三十九畝九分零，展復稅銀二百八十一兩三分零。
康熙二十三年至三十八年，展復下則蕩塗地四百八十三畝零，展復稅銀八兩八錢三分零。
康熙二十三年至六十一年，招徠竈丁，陞丁課銀六百二十五兩一錢三分零。
雍正元年至雍正三年，招徠竈丁，陞丁課銀一十七兩六錢六分零。
以上通共徵銀二千九十五兩七錢三分零，内蕩稅銀二百八十九兩九錢二分，丁課銀一千八百五兩八錢一分零。雍正四年，丁歸地徵，將丁課銀暫攤各則税蕩之上，俟有新陞蕩地税銀抵除。

雍正四年，報陞各則蕩田地共一萬五千六百九十四畝四分零，陞税銀一千二十一兩八錢三分零。

雍正十一年，報陞坦地四十六畝二分零，陞税銀九兩二錢二分零。

雍正十三年，報陞坦地二十九畝三分零，陞税銀五兩八錢四分零。

乾隆二年，報陞坦地二十畝八分五釐零，陞税銀四兩一錢五分零。

乾隆三年，報陞坦地三十一畝三分零，陞税銀六兩二錢三分零。

以上自雍正四年後，新陞税銀共一千四十七兩二錢九分零，抵除前項暫攤税蕩丁課外，又長林場自雍正十一年至乾隆四年，展復新陞税銀共三十兩二錢二分零，再行抵除前項，其各則税蕩實攤丁課銀七百二十八兩二錢七分零，符合應徵丁課之數。

現在各則蕩田、坦地共二萬九千二百四十五畝五分零，現徵課税銀共二千六十五兩五錢一分零。

長林場

原徵無地丁課銀六十六兩九錢九分零。

康熙四年，展復坦地一百五十六畝零，徵税銀一十兩三錢六分零。

康熙六年至二十年，展復坦地六百五十八畝七分零，徵税銀四十三兩七錢四分零。

康熙二十三年至雍正元年，招徠竈丁，陞丁課銀一百二十二兩三錢五分零。

以上通共徵銀二百四十三兩四錢四分零，内蕩税銀五十四兩一錢零，丁課銀一百八十九兩三錢四分零。雍正四年，丁歸地徵，將原徵丁課於辦税蕩上，加攤其新陞丁課，俟有新漲抵除。查本場實無新漲可抵，照南監場丁課，攤歸民條統徵。

康熙二十三年至五十八年，共展復坦地四百五十三畝九分，陞税銀三十兩一錢六分零。

雍正元年、二年，展復坦地共四十五畝三分，陞税銀三兩三分零。

雍正十一年、十三年，展復坦地共二百八十七畝五分零，陞税銀一十九兩一錢零，撥補雙穗場税蕩加攤丁課。

乾隆二年、四年，展復坦地共一百六十七畝六分零，陞税銀十一兩一錢三分零，撥補雙穗場税蕩加攤丁課。

現存坦地共一千二百六十九畝零，現徵課税銀共三百六兩八錢七分零，内一百二十二兩三錢五分零，攤歸民條徵納三十兩二錢四分零，撥補雙穗場無地丁課。

永嘉場

本場原額丁地，順治十八年遷棄無存。

康熙四年，會同雙穗場，於瑞安縣飛雲渡内地開煎，計地九百八十畝，分辦課銀九十三兩六錢五分零，嗣因展復故址，内地各竈俱犂毁，原認飛雲渡課銀現在認納。又茅竹嶺内地開煎坦地一百一畝五分[②]，徵丁課銀一十兩九錢五分零。

康熙二十年，展復坦地七百畝，徵課税銀八十八兩二錢三分零。

康熙二十三年，展復蕩地五十畝，徵丁課銀六兩三錢零。

康熙二十四年至六十年，招徠竈丁，展復丁課銀四百八十六兩八分零。

康熙二十九年至四十五年，展復税蕩八百九十三畝六分零，徵税銀二十三兩六錢八分零。

康熙四十二年，招徠竈丁，展復丁課銀二兩九錢七分零。

雍正元年，招徠竈丁，展復丁課銀二兩三錢九分零。

以上通共徵銀七百一十四兩二錢九分零，内蕩税銀二十三兩六錢八分，丁課銀六百九十兩六錢一分零。雍正四年，丁歸地徵，計坦地、蕩地共攤丁課銀一百九十九兩一錢五分零，再於原徵各則税蕩之上加攤二十三兩九分零，餘尚存無地丁課四百六十八兩三錢六分，俟有漲陞蕩地抵補。

雍正四年，報陞蕩地共八千一百一十三畝七分零，陞税銀四百三十五兩六錢九分零。

雍正十三年，報陞末則蕩地八百二十五畝三分零，陞税銀三十兩四錢四分零。

乾隆三年，報陞末則坦地三十畝，陞税銀一兩一錢零。

乾隆四年，報陞末則坦地三十畝零，陞税銀一兩一錢零。

乾隆十一年，報陞蕩地六千四十五畝四分零，陞税銀一百六十兩二錢零。

以上自雍正四年後，共報陞税銀六百二十八兩五錢三分零，抵補前項無地丁課外，尚存新陞税銀一百六十兩二錢零。

現存課税蕩共一萬六千六百八十八畝零，現徵課税銀共八百七十四兩五錢零。

南監場

本場並無場地，止納丁課。雍正四年，丁歸地徵，將本場丁課攤歸民條統徵。

北監場

白沙倉原徵丁課銀一十九兩四錢，備荒銀八兩二錢。

本場並無場地，備荒銀亦係按丁徵課。

康熙二十三年，展復竈丁，徵丁課九兩五錢四分零。
康熙二十六年，展復竈丁，徵丁課銀二兩九錢一分零。
岳頭倉原徵丁課銀一十二兩九錢零，備荒銀五兩三分零。
康熙二十三年至五十二年，展復竈丁，徵丁課銀七兩九分零。
康熙二十七年至三十四年，展復竈丁，徵丁課銀二兩六錢五分零。
以上白、岳二倉共徵銀六十七兩七錢五分零，内備荒銀一十三兩二錢三分零，丁課銀五十四兩五錢一分零。雍正四年，丁歸地徵，二倉原無給丁蕩地，亦無種植稅蕩，議將丁課攤歸民條統徵。
峽門倉原徵丁課銀九錢一分零。
康熙二十三年至六十一年，展復竈丁，徵丁課銀二十兩九錢七分零。
雍正元年，展復竈丁，徵丁課銀三錢零。
康熙二十七年至三十五年，展復蕩田四百四十五畝八分零，徵稅銀一十九兩七錢九分零。
康熙二十七年至四十八年，展復蕩地二百二十六畝五分零，徵稅銀五兩八錢九分零。
華巖倉原徵丁課銀七錢零。
康熙三十三年至六十一年，展復竈丁，徵丁課銀八兩六錢五分零。
雍正元年，展復竈丁，徵丁課銀二錢二分零。
以上華、峽二倉，共徵銀五十七兩四錢六分零，内蕩稅銀二十五兩六錢八分零，丁課銀三十一兩七錢七分零。華巖原無給丁蕩地，亦無種植稅蕩。峽門止有稅蕩，亦無給丁蕩地。二倉無着丁課，俱改攤民買竈田項下徵收。
現存稅蕩六百七十二畝四分零，現徵稅銀二十五兩六錢八分零外，應徵丁課備荒銀共九十九兩五錢二分零，歸民條並民買竈田項下完納。

校勘記

［一］三江場額存灘場八千七百四十□弓　原書『三江場額存灘場八千七百四十』後一字不清晰。

［二］又茅竹嶺内地開煎坦地一百一畝五分　原書『又茅竹嶺内地開煎坦地一百一』後兩字不清晰。

敕修兩浙海塘通志卷十二　場竈

鹽務本司鹺專掌，無與海塘，而亭場、蕩竈介塘内外，潮水衝刷，沙塗涌漲，遷移改併，勢所不免，故志海塘不得不兼及場竈。至袁浦、青村等場界，隸江南，鹺志備載，兹不闌入。志《場竈》。

杭州府

仁和場　許村場　西路場　黄灣場

仁和場，在仁和縣臨江鄉東北二十都，距運司一十五里。場有三塘，北爲石範官塘，自浮山迤逦而東至海寧，武肅王錢鏐建，外有護水塘。嘉熙二年，築以護塘者南又有范公塘。塘以外，即錢塘江也。場設仁和、錢塘二倉，因縣分土。本場税課，各爲徵輸，舊額團扇二十有三，錯處塘之内外，易於集私。雍正三年，巡鹽都御史謝賜履題請，聚團并圍爲五，竈舍八十有三。

舊倉團扇額

仁和倉

茶槽倉　一團　二團

三團　四團　五團

六團　東扇　西扇

水鄉　無基　新扇

錢塘倉

一團　二團　三團上扇

三團下扇　四團上扇　四團中扇

四團下扇　五團　新上扇

新下扇　山鄉　水鄉

新聚團額　共五團，煎竈八十三座。

觀音堂團六十七竈

二團四竈

三團三竈

五團海豐庵西三竈

五團海豐庵東六竈

許村場，在海寧縣安化坊，去運司五十五里。宋太平興國四年，以舊臨平監，置買納官，總八場鹽課之出入，如上管、下管、蜀山、巖門、南路、袁花、黄灣、新興皆隸於此。元時，兩浙鹽場凡三百一十四所，海寧居其二，曰許村、曰西路。許村者，並蜀山巖門上管、下管爲一場者也。明初因之。洪武時，設場於時和鄉徐家壩南，置東西二倉，廨宇一所。永樂九年，毁於海患，復建西倉於場之西南，東倉則在縣南鎮海門外。場署移置安國寺東，即今縣治之北寺巷也。南瀕海有塘，距城百武東抵海鹽，西接錢塘。舊制團額一十有八，今聚爲十六團，竈舍一百九十有二，東西倉廒共五百一十五間。

東　倉

一圍　二圍　三圍

四圍　五圍　六圍

七圍　八圍

西倉

一圍　二圍　三圍

四圍　五圍　六圍

七圍　八圍　九圍

十圍　水鄉

新聚團額　共十六團，煎竈一百九十五座。

天字保墻裏南一團十一竈

墻裏北一團十八竈

元字保老鹽倉南一團九竈

老鹽倉前一團十三竈

黄字保忠盛倉一團二十二竈
龍舌嘴一團八竈
地字保海慧庵一團十七竈
石橋倉一團十六竈
孫家亭一團二十一竈
宇字保謝家倉一團十四竈
楊家東昇倉中一團五竈
大金倉一團五竈
老相公殿西一團四竈
丫义塘一團四竈
宙字保南門倉一團六竈
九里橋一團二十一竈

西路場，在海寧縣東六十里，去運司一百五十里，即宋淳祐間所置南路場也。元併袁花、黄灣、新興、南路四場，立今名。明初，設於海寧縣東六十里之黄灣寺，置東西二倉，廒宇一所。萬曆三十九年，移置新倉，今仍之。貯鹽倉有黄灣廟、新倉、舊倉四所，其南爲捍海塘，即唐之太平塘，宋曰海晏。自宋迄今，屢有興廢。本朝修建完固，百倍往昔，團舍列處，塘北蟬聯，保聚無衝溺之患矣。場内舊設東西二倉。乾隆五年，分設黄灣場，自黄灣倉一二三圍起，并尖山以内之四圍及五圍之一二三四五六團，共計煎竈一百三十八，連劃歸新場管轄。其五圍内之七團起并六七八圍，共計煎竈一百九十八，連仍歸西路舊場管理。

舊倉團額

東　倉

一團　二團　三團

西　倉

四團　五團　六團

七團　八團　九團

新聚團額　共三十九團，煎竈三百三十六座。乾隆五年，分設黄灣場，本場新分二十二團，煎竈一百九十三座。

五團七團十四竈

八團九竈

九團六竈

十團九竈

十一團九竈

六團一團十六竈

二團八竈

三團十四竈

四團四竈

五團五竈

七圍一團九竈
二團十竈
三團十五竈
四團八竈
五團九竈
六團三竈
七團六竈
八團四竈
八圍一團五竈
二團六竈
三團十八竈
四團六竈

黄灣場，乾隆五年西路場新分。場東三十里，有黄灣浦，《圖經》有黄灣閘建鹽倉，即舊時之黄灣倉也。

新分團額　共十七團，煎竈一百四十三座。

一圍一團十一竈
二團五竈
三圍一團六竈
二團六竈

四圍一團八竈
二團五竈
三團十一竈
四團九竈
五團十一竈
六團六竈
七團十二竈
五圍一團五竈
二團八竈
三團七竈
四團十竈
五團十竈
六團十三竈

嘉興府

鮑郎場　海沙場　蘆　場

鮑郎場，在海鹽縣南澉浦地方，去運司一百九十六里。按《宋地里志》，海鹽止載沙腰、蘆瀝二場，而不載鮑郎。《元史》三場具載。今澉浦城内通江橋側，有宋時廨址、碑記可考，是場非始於元矣。又按其地有鮑郎浦，《宋志》云：『故老言，昔鹽場初開於此，有鮑姓者鑿浦煮鹽，因名其浦。』又《宋志》：『東浦，在澉浦鎮東，海水透入，東北至礵頭門，汲之煮鹽，場東爲秦駐山，相傳始皇駐此。』團基原額五十五畝，今視地勢之便，移竈以少就多，聚爲一十九團，竈舍一百五十有九，貯鹽倉廒一百五十四間，南至海洋，北至運河水塘。

舊團額

南團　北團　東團

西　團

新聚團額　共一十九團，煎竈一百五十九座。

東團正東團四竈

東寨圩團四竈

北團北正團十一竈

北備團十竈

新團六竈

常川團六竈

頭團六竈

西團小海團五竈

湯家團十三竈

顧家團九竈

周家團七竈
軍團七竈
南團長山團五竈
總寨團六竈
老舍團六竈
中立團十竈
金家塘缺團十四竈
南寨前團十一竈
李家團十四竈

海沙場，在海鹽縣十六都沙腰村，去運司一百五十里。按《漢志》：『海鹽有鹽官』。三國，吴設校尉於海鹽，司鹽。唐置十監，嘉興居其一，領海鹽。是設官置場，惟海鹽爲最古。宋立場於沙腰村，明道時罷。景祐間，復置。又分爲海鹽場，在縣東一里，元并爲一，因名海沙場。東爲乍浦，城自明初築，屬平湖縣界，西接秦駐山，山下爲長川壩，南至海僅里許，沿海爲石塘，塘連秦駐山二十里，内有土塘，正統間築，以備不測者，故名備塘，又名複塘。竈舍皆聚於塘之内外，團額二十有一，煎舍一百九十九，倉廒七十八間。

舊團額

一團　二團　三團
南四團　北四團　五團
六團　七團　八團

九團　十團　轉塘團
九里團
新聚團額　共二十一團，煎竈一百九十九座。
南四團五竈
南四團五竈
北四團四竈
北四中坊團八竈
北四中北團四竈
北四北坊團九竈
五團七竈
轉塘團五竈
九里團十五竈
六團九竈
八團二十二竈
一團十三竈
東一團三竈
西七團十三竈
二團十三竈
東七團五竈

西九團十五竈
東九團十一竈
西十團十三竈
東十團五竈
三團十五竈

蘆瀝場，在平湖新倉鎮，去運司三百二十里，南至海塘一十八里。宋元皆以蘆瀝場隸海鹽縣，明初裁併獨山場。洪武元年，復置。宣德五年，始以蘆瀝屬平湖。南爲捍海塘，竈聚於塘外。宋置榷場於廣陳，明改置蘆瀝，故有運鹽河十二里。後土積水淤，農商俱病。嘉靖間，郡倅陳守義修復之，有蘆瀝浦。宋元祐八年，本路提刑羅適開地中得古尼寺碑，移置松江白牛寺，後於此地立鹽場。又熙寧六年，土人傅肱欲導海寧之蘆瀝浦，以分吴淞入海即此。團額一十有三，竈舍一百十七，廒房三十二間。

舊團額
東正　泹一　泹二
中上　中正　南備
西下　南正　江門
南中　山東　山西
新聚團額　共十三團，煎竈一百一十七座。
山西團六竈
山東團八竈
中正團十四竈

江門團八竈
南正團十四竈
西下團十一竈
南備團十三竈
南二團七竈
中上團七竈
泹二團八竈
泹三團六竈
泹一團十竈
東正團五竈

紹興府

西興場　錢清場　三江場　東江場　曹娥場　金山場　石堰場

西興場，在蕭山縣西興鎮，去運司三十里。洪武初設鹽課司，竈額六團。雍正二年，據兩浙巡鹽御史題稱西興場竈舍無幾，止配蕭邑，肩引星散，海濱不能聚甲，不能詰私售販，應將竈舍犁毁，其丁蕩由單歸附近之錢清場辦理。

舊團額

永昌團　永泰團　永豐團

永寧團　永盛團　永盈團

本場煎竈，雍正二年奉裁，故無新聚團額。

錢清場，在蕭山縣鳳儀二十四都，與山陰界接壤，北至海塘十里。元至正間，以蕭山縣興善寺爲運米倉。明初，以寺基爲鹽場，近錢清江，故名。距山陰縣五十里，初隸蕭山，後屬山陰。自龜山至西興，皆海塘，塘曰瀝。外有鼈子山，與海寧之赭山對峙，名鼈子亹是也。場舊額十一團，今聚爲八，竈舍五十二，廒房一百六十八間。

舊團額

梅仙一團　梅仙二團　二四一團

瓜西一團　瓜西二團　屬南團

屬北團　上扇團　下扇團

東團

新聚團額　共八團，煎竈五十二座。

龕山一團六竈

中插一團五竈

瓜瀝一團九竈

九墩一團五竈

盛陵一團六竈

安昌一團八竈

湖門一團四竈

戴家橋一團九竈

三江場，在山陰縣陡亹鎮地方，南至鹿山運鹽河一十里，北至大海十里。鎮舊建閘，以蓄泄鑑湖之水。明郡守湯紹恩建閘於三江，以時啓閉陡門，閘遂廢，因呼爲老閘云。閘口有三江城，城西北隅爲海口，西連浙江，通瀲浦。舊十二團，竈舍散漫，今聚爲八，煎竈二百五十有一，廒房四所，又後續建四倉。乾隆五年，分設東江場，將姚宋、新安、新寧、偁浦四團，分屬新場管轄。計竈舍九十七條，其新鳳、陳顧、寶盆、童家四團，計竈舍一百五十三條，仍歸三江場管轄。

舊團額

孫家團　嵩灣團　宋家團

姚家團　周家團　任巖團

蟶浦團　璜顧團　朱柘團

寶盆團　甲馬團　童家團

新聚團額　共八團，煎竈二百五十一座。乾隆五年，分設東江場，本場新分四團，煎竈一百四十五座。

新鳳團二十一竈

陳顧團十八竈

寶盆團六十四竈

童家團四十二竈

東江場，乾隆五年三江場新分，在會稽縣姚家埭，以地處三江場東隅，故名東江。

新分團額　共四團，煎竈一百六座。
姚宋團三十七竈。
新安團十五竈
俩浦團十四竈
新寧團四十竈
曹娥場，在會稽縣曹娥鎮，東至曹娥江百官渡一里。按《十道志》，曹娥江即浦陽江也，以孝女曹娥溺于此，故易今名。江中有落星石，江上有埭，去縣治八十里上有孝女廟，漢置。迤東臨江爲鹽課司，場東爲百官渡，北通大海，海口纂風鎮有瀝海所城。江左右皆鹽場，近場者惟本倉團及屠家埠團，其西扇諸團，皆會稽地，與三江場接。乾隆五年，分設金山場，將百官、雁步、南團、屠家埠等四團，歸新場管轄。計竈舍二十四條，其塘角、賀東、小金三團，計竈五十條，乃歸曹娥場管轄。

舊團額

東上團　東下團　南上團
南下團　雁步團　前江團
後廊團　百官團　梁湖團
本倉團　屠家埠團　塘角團
賀東團　小西團　賀西團
小金團

新聚團額　共七團，煎竈六十五座。乾隆五年，分設金山場，本場新分三團，煎竈五十五座。
塘角團四竈

賀東團二竈
小金團四十九竈
金山場，乾隆五年，曹娥場新分，在上虞縣百官鎮，其地有金雞山，故名。
新山團額　共四團，煎竈十四座。
百官團二竈
雁步團二竈
南團三竈
屠家步團三竈
石堰場，在餘姚縣龍泉一都二保地方，去運司三百七十里，北至海三十五里，舊名買納場。宋分石堰爲東西場。慶元初，置倉設官監後，并東場於鳴鶴，而西場獨存。元至正十四年，置鹽課司於流亭山。明仍其舊，北爲大塘，築於宋，已而潰決。至正元年，州判葉恒作石堤，東抵慈溪，西接上虞，綿亘一百四十里，名莲花塘。成化间，復於海口築禦潮塘。天順間，分司胡琳請以新塘至海口之地，盡給於竈辦、鹽辦、輸課。宏治初，推官周進隆於新塘之下，築塘界之塘，以南與軍民共利，北惟竈是業，竈舍向無定額。今聚爲五團二十八舍。
舊倉額
埋馬上倉　埋馬下倉　柏山上倉
柏山下倉　梁堰上倉　梁堰下倉
新聚團額　共五團，煎竈二十八座。
埋上團六竈

埋下團四竈
梁上團五竈
梁下東團七竈
梁下西團六竈

寧波府

鳴鶴場　清泉場　龍頭場　穿山場　長山場　大嵩場　玉泉場

鳴鶴場，在慈溪縣市鎮地方，去運司四百一十里。宋咸平間，置場於慈溪縣西北六十里之鳴鶴鄉。明洪武二十五年，重置。宏治時，侍郎彭韶題改折鹽倉。上倉基在市中，天啓二年縣令李逢甲請納價助建學宫。中倉基，募民納價爲民廛。下倉基，即建祠以祀彭公，餘給鄉兵、哨官俸。場界廣三十里、袤二十里，場内有松浦、古窑浦、淹浦、洋浦四水通官河，注大海，置四閘於官塘内，以障杜湖之水，以捍海潮之勢，鹽丁載滷，悉由於此。以地皆在塘外，額聚六團，煎竈四十舍。

舊團額

杜家團　蘆澤團　新浦團
淹浦團　附場管　古窑團
松浦團　雙廟管　賈嶴管

新聚團額　　共六團，煎竈四十座。

杜家團六竈

蘆澤團三竈

新浦團三竈

淹浦團五竈

古窑團十七竈

松浦團六竈

清泉場，在鎮海縣崇邱鄉，去運司五百二十里，宋崇寧三年置。去縣治十里，南至布陣嶺及青峙之孔墅嶺，東皆際海，北有招寶、金雞二山，對峙海口，水勢紆回旋繞，直抵寧波場界。因海波衝溢，遷內地煎燒，聚額十五團，竈舍二百五十有七。後裁龍頭，歸併清泉，改名清龍。乾隆五年，復設爲二。

舊團額

王家南團　王家北團　翁浦東團

翁浦西團　後沙團　戴家團

葫蘆團　渡頭團　司後團

洪橋南團　洪橋東團　洪橋西團

石橋團　清浦團　新鹽團

漲浦東團　漲浦中團　銀新團

新聚團額　共十五團，煎竈二百五十七座。

王北團五十一竈
葫蘆團二十五竈
後沙團二十五竈
戴家團四竈
翁家團十二竈
渡頭團九竈
石橋團六竈
洪東團三十四竈
洪西團六十九竈
清浦團八竈
新鹽團一竈
漲東團二竈
漲中團四竈
洪南團二竈
司後團五竈

龍頭場，在鎮海縣靈緒鄉。宋開熙間置，明天啓時併入清泉。乾隆五年，題請復設。場廨在九龍山之東山左右及施公山下，皆有倉，俱毁。西連松浦司，爲鳴鶴場界。自松浦至蟹浦，官塘綿亘，名靈緒。塘北又有護塘，回繞龍山城，城即石塘團舊址，洪武間，湯和築。北逾伏龍山臺爲大海場中。團額今聚爲十三，竈舍七十有七。

舊團額

山居管團　中甲東團　中甲西團

施公山東管團　施公山東管團①　施公山西管團

齊家埠上管團　齊家埠下管團　石埠東中團

石埠中團　梅林大團　梅林中團

梅林西團　梅林小團　新中北管東團

新中北管西團

新聚團額　共十三團，煎竈七十七座。

中甲西團五竈

山居管團三竈

中甲東團五竈

施公山西管團五竈

施公山中管團四竈

施公山東管團二竈

齊家埠上管團十三竈

齊家埠下管團十竈

石塘西團七竈

石塘東團三竈

梅林團五竈
北管西團二竈
北管東團十三竈

穿山場，在鎮海縣海宴二都地方，去運司五百九十六里，北至海一里，即宋乾道中所立清泉子場，開禧二年，易今場名。竈舍向已遷棄，今聚爲四團，竈三十有二。東有霩霩城，洪武間築。後又城穿山，駐兵守之，即今後千户所是也。

舊團額

山門團　傅東團　傅西團
廒東團　庲頭團

新聚團額　共四團，煎竈三十三座。

傅東團十五竈
山門團五竈
廒東團六竈
庲頭團七竈

長山場，在鎮海縣東南羅山城，去運司五百六十里，洪武時設。天啓二年，裁併於場東之穿山，舊址遷棄，今惟内地可以煎煮。團聚爲七，竈舍六十有七，場内有五龍汊、蛇浦、横浦、算山浦諸水，皆海水分流，各置碶以時堵禦。浦之左右，即爲團舍。

舊團額

楊清團　妙林團　槎舊團
槎大團　槎東團　槎上團
丁西團　宋塘團
新聚團額　共七團，煎竈六十七座。
楊清團七竈
妙林團六竈
槎舊團十竈
槎大團二十四竈
槎上團八竈
丁西團六竈
朱塘團六竈

大嵩場，在鄞縣十一都一圖，去運司六百六十里，東至大海。按：宋王應麟《七觀》云：『漢郡設官三十有六，會稽海鹽居一。句章三縣猶未置也。考諸唐志，鄮始有鹽，晏巽管榷法寖以嚴②，亭監棋布，牢盆歲增，負塗山積，熬素雪凝。』是鄞、鄮魚鹽之利，實始於唐。迨宋，置明州監。明洪武三年，置大嵩場於鄞之十一都，去縣治八十里。我朝因之，設大使以董場事，又設甬東巡司，以緝私煮私販。康熙三十九年，裁巡司，場竈自遷徙後，鬻鹽甚少。今聚爲四團，煎舍二十有九。

舊團額

一團　二團　三團

四團　五團　六團
新聚團額　共四團，煎竈二十九座
大嵩港南團十竈
黄口港南團五竈
蔡家港北團五竈
大嵩港北團九竈
玉泉場，在象山縣十六都二圖，去運司七百八十里。康熙十八年，巡鹽御史孫必振題併大嵩場兼轄。乾隆五年，復設玉泉團團、竈舍，照舊分理。按：象山縣環邑皆山，山外三面際海，惟西壤與台之寧海接壤，縣治東南十里置鹽場，東爵溪城，西昌國城，皆依山瀕海，竈舍十六，聚爲三團。

舊團額

一團　二團　三團
四團　木瓜團　下莊團
廠一團　廠二團　浦東團
浦西團　馬岡團　定山團
前洋　後峻　番頭
新聚團額　共三團，煎竈一十六座。
浦東倉千門團五竈
下三倉番頭團三竈

浦西倉仇家山東團八竈

台州府

長亭場　黃巖場　杜瀆場

長亭場，在寧海縣東一百三十里，去運司九百三十里。宋時，本場在縣之港頭。大觀三年，徙於長亭。明洪武初，設鹽課司，竈户編定里甲，場分八團，外有五小團附焉。本朝順治年間，鹽場遷徙，僅存小竈。康熙九年，遷復竈丁，今聚爲四團十六竈。

舊團額

楓林團　東團　東井團

靈嶼團　東浦團　東粤團

青嶼團　塗下團　義粤團

西團　衺嶼團

新聚團額　共四團，煎竈一十六座。

東井團四竈

青嶼團四竈

楓林團四竈

靈嶼團四竈

黄巖場，在太平縣十都，去運司一千二百九十里，東至海十里。宋熙寧五年，置迂浦監於太平縣之南，監衙去黄巖縣六十里。元改爲黄巖場。元貞元年，陞鹽司。大德三年，設團竈、團户。明洪武初，置百夫長，掌鹽課。二十二年，始給銅記。凡九倉，黄巖、太平二縣各隸其四，惟赤山團倉屬臨海。今場屬於黄巖，而舊址則仍在太平縣之十都。場廨倉廒，自遷徙以來盡廢。康熙四十一年，建大使署。而遷場棄沙後，地不産鹽，止存一十八竈，在内地沿港開煎，配黄太二千二百餘引。今展復久，竈舍遞增。雍正三年，聚爲十一團，五十七竈，加舊額不啻三倍。

舊倉團額

高浦倉　　青林倉　　平溪倉

第四倉　　正監監　　鮑浦倉

沙南倉　　沙北倉　　赤山倉

新聚團額　　　　共十一團，煎竈五十七座。

恒豐團八竈

恒茂團六竈

恒興團六竈

廣發團五竈

廣泰團四竈

廣成團二竈

通裕團五竈

通源團五竈

通順團六竈

通盈團五竈

通和團五竈

杜瀆場，在臨海縣東一百五十里承恩鄉，去運司一千一百七十里，東至大海十里。昔時，海水漲入，遂成溝澮，因以瀆名。廣袤數里，可溉田，民利之。宋熙寧五年，置場於東洋鑑羅地方，傍桃渚所。康熙三年，場界遷棄海外，課額無徵，題併黄巖場兼理。後復設今場，内惟東洋連盤輕盈，塗下、大芬數處可攤沙起竈，聚團五，煎竈一百二十有四。

舊倉團額

東洋團　塗下團　大芬東團

連盤團　輕盈團　大芬西團

新聚團額　共五團，煎竈一百二十四座。

東洋團十八竈

連盤團二十六竈

輕盈團二十九竈

塗下團十八竈

大芬團二十三竈

温州府

雙穗場　長林場　永嘉場　南監場　北監場

雙穗場，在瑞安縣五都長橋，去運司一千四百九十六里。宋嘉定二年，麥生雙穗，遂以名鄉。明設鹽課司，領團事。順治十八年，場竈遷棄海外。康熙四年，議於飛雲渡兩岸，借民間地開坦陞課，團聚爲五，竈舍二十有九，廒房一所，附縣治。

舊團額

仁字團　義字團　禮字團

智字團　信字團

新聚團額　共五團，煎竈二十九座。

天字團四竈

地字團五竈

人字團六竈

東浦團九竈

信字團五竈

長林場，在樂清縣六都，去運司一千三百九十六里。縣東西兩鄉，原有九團，坦地一千七百餘畝。

康熙三年，題令於界內自沙芳林、大小芙蓉數處開坦，嗣各圍坦漸次墾復，竈舍百餘，今聚爲五團五十四竈。

舊倉扇團額

東倉　西倉　南一扇

南二扇　北一扇　北二扇

天團　地團　大日團

小日團　永安團　連盤團

沙角團

新聚團額　共五團，煎竈五十四座。

天字團十一竈

大日團十八竈

小日團十二竈

永安團四竈

星字團九竈

永嘉場，前明時在永嘉縣之華蓋鄉設大使一員，督稽竈户煎輸。本朝順治十八年，題蠲場課，裁大使。康熙三年，題令内地開煎，遂開坦於茅竹嶺，按科納課。九年，遷界展復，第逼近大海處，尚未全復，惟永興堡城至沙村一帶，實墾六百八十畝，設竈六十有九，聚爲四團。

舊扇額

南一扇　南二扇　上一扇

上二扇　中一扇　中二扇

北一扇　北二扇

新聚團額　共四團，煎竈六十九座。

一都股團十七竈

南門股團十八竈

北門股團十五竈

沙村股團十九竈

南監場，先設於平陽縣之東鄉。宋乾道時，遷置十一都。元至正間，徙市東河西。明洪武八年，又徙蘆浦，有百夫長。二十五年，始置官吏，俱經久圮。本朝不設竈舍，止徵課蕩。康熙三十五年，裁併雙穗。

北監場，先在太平縣之玉環鄉，明初其地屬樂清，設鹽場。洪武間，遷於白沙，建倉置盤，而太平之峽門、得字、華巖、清港四團屬焉。本朝設大使董場事，後因竈舍遷棄，康熙三十九年奉裁大使，併入長林。

舊倉額

白沙倉　岳頭倉　峽門倉（得新禮歸併）　華巖倉（青港倉歸併）

校勘記

〔二〕施公山東管團　「東」疑爲「中」之誤。

〔三〕晏巽管榷法寖以嚴　王應麟《七觀》「晏巽管榷法寖以嚴」下有「海濱稚耋弗能苦淡若作和鬻甘者鹺鹼酌醴燔枯鱐鮑恣啖繇是」諸字。

敕修兩浙海塘通志卷十三　職官

經理海塘，所在州縣之責。遇大興修，則遴委大員承辦，此成例也。雍正初年，浙省沿海州縣，偶遇風潮漫溢。我世宗憲皇帝廑念東南，特遣大臣閱視，又命重臣專理，特設海防兵備道一員，統率同知、守備等官。職有專司，萬年保護之計，章程由兹而始。志《職官》。

欽差大臣

朱軾　江西高安縣人，康熙甲戌進士，前任浙江巡撫。雍正二年十二月，以吏部尚書奉旨往浙查勘海塘。雍正十三年七月，又以太子太傅、内閣大學士奉旨到浙稽查、總理海塘事務，未抵任，召還。

海望　滿洲正黄旗人。雍正十一年正月，以内大臣、户部侍郎奉旨赴浙查勘、督理海塘事務。

李衛　江南豐縣人，前任浙江總督。雍正十一年正月，以直隸總督奉旨赴浙查勘海塘事務。

汪漋　湖廣籍，江南休寧縣人，康熙甲戌進士。雍正十一年正月，以大理寺卿奉旨同内大臣海望、總督李衛，赴浙辦理海塘修築工程事務。

張坦麟　湖廣漢陽縣人，康熙辛卯舉人。雍正十一年正月，以原任内閣學士奉旨同内大臣海望、總督李衛、大理寺卿汪漋即於本籍起程，赴浙辦理修築工程事務。

偏武　滿洲□□旗人①，監察御史。雍正十一年正月，内大臣海望奏請帶往浙江，奉旨赴浙協辦海塘工程。

穆克登額　滿洲□□旗人②。雍正十一年正月，以内務府員外郎隨内大臣海望赴浙辦理海塘。五月，内大臣海望奏請留浙監督海塘事務。

阿里衮　滿洲鑲黄旗人，浙江將軍。雍正十一年，奉旨督催辦理海塘事務。

隆昇　滿洲鑲白旗人，浙江副都統，管杭州織造事。雍正十二年二月，奉旨總理海塘一應工程。

程元章　河南上蔡縣人，康熙辛丑進士。雍正十年，以浙江總督管巡撫事奉旨總統料理海塘事務。

嵇曾筠　江南無錫縣人，康熙丙戌進士。雍正十三年八月，以内閣大學士、江南河道總督奉旨總理浙江海塘事務，旋奉旨兼管總督巡撫鹽政事。

劉統勳　山東諸城縣人，雍正甲辰進士。乾隆元年，隨大學士嵇曾筠來浙學習工程。乾隆六年十二月，以都察院左都御史奉旨查勘浙江海塘。

海防兵備副使道

雍正十一年，准内大臣海望奏：『浙省海塘既添設官兵，宜設大員，以專責成，請設海防兵備副使道一員，海塘文武官兵聽其調用，沿海地方州縣等官亦令兼轄。』

王斂福　山東諸城縣人，康熙辛丑進士，翰林院庶吉士，歷任吏部考功司郎中、浙江温處道，調杭嘉湖道。雍正十一年六月任。

（署任）成貴　滿洲鑲白旗人，翰林院筆帖式翻譯，舉人，國子監助教，乍浦理事同知。雍正十二年七月任。

（署任）秦炌　奉天鑲黄旗人，康熙丁酉舉人，浙江錢塘縣知縣，陞杭州總捕同知，温州府知府，調杭州府知府。雍正十三年八月任。

王柔　山東福山縣人，歲貢生，湖南永州府同知，陞衡永郴道，調辰沅靖道。雍正十三年八月任。

（署任）靳樹德　奉天鑲黄旗人，副榜貢生，雲南府同知，陞浙江衢州府知府。乾隆元年正月任。

朱定元　貴州都匀府麻哈州人，舉人，山盱通判，陞江南淮安府知府，署淮揚道。乾隆元年九月任。

完顔偉　滿洲鑲黄旗人，内務府筆帖式，補主事，陞户部員外郎，辦理浙江海塘。乾隆二年正月任。

（署任）林緒光　福建閩縣人，舉人。乾隆四年四月任。

莊柱　江南武進縣人，雍正丁未進士，翰林院庶吉士，改大興縣知縣，陞浙江温州府知府。乾隆四年十月任。

（署任）姚淮　江南桐城縣人，縣丞，歷任知州同知，陞浙江嘉興府知府，調杭州府知府。乾隆六年十二月任。

德希壽　滿洲正紅旗人，都察院左副都御史，後去任，起補廣西蒼梧道，調浙江杭嘉湖道。乾隆七年正月任。

（署任）劉晏　江南亳州人，監生。乾隆十一年十月任。

鄂敏　滿洲鑲藍旗人，雍正庚戌進士，翰林院編修，改授杭州府知府。乾隆十二年十二月任。

（署任）魏崞　雲南昆明縣人，廕監生，兵部員外郎，補寧波府知府，調杭州府知府。乾隆十三年五月任。

陳樹蓍　湖南湘潭縣人，生員，特賜正一品廕生，刑部廣東司員外郎、四川司郎中，授福建汀漳龍道，調延建邵道，補直隸天津河道。乾隆十三年六月任。

海防同知

康熙五十九年，准巡撫朱軾奏請，將金華府同知一員裁去，添設杭州府海防同知一員，又將嘉興府同知添給海防字樣關防，移駐乍浦。又雍正十一年五月，准内大臣海望等題奏，『仁和至乍浦一帶海塘，不下三百里，再請添設海防同知一員，同原設同知二員，分管塘工兼轄兵役。其原設同知一員，駐扎寧邑，分防西塘，添設同知一員，駐扎仁邑，分防東塘、乍浦。海防同知仍令駐扎乍浦，以專責成。』

東海防同知

劉汝梅　奉天鑲黄旗人，監生，浙江金華府同知。康熙六十一年四月任。

（署任）唐叔度　四川綿竹縣人，貢生，軍功議叙授浙江海寧縣知縣。雍正二年八月任。

谷確　直隸灤州人，生員，歷官知縣。雍正三年二月任。

李飛鯤　江南華亭籍，宜興縣人，康熙癸巳進士，慶元縣知縣。雍正五年九月任。

馬日炳　奉天鑲紅旗人，監生，廣東文昌縣知縣，陞杭州府總捕同知。雍正六年四月任。
吴弘曾　江南徐州人，戊子舉人，南河效力，檄調浙江委用。雍正十年三月任。
（署任）張偉　奉天鑲紅旗人，監生，杭州府糧巡通判。雍正十一年四月任。
林緒光　籍貫見前，己卯舉人，平湖縣知縣，署海寧縣知縣。乾隆元年五月任。
何煟　浙江山陰縣人，州同南河效力，檄調浙江，協辦東海防同知。乾隆四年正月任。
（署任）田勲　順天昌平州人，州同南河效力，調赴浙江，協辦西海防同知。乾隆九年十二月任。
劉晏　籍貫見前，監生，補小京官，歷任浙江蕭山、山陰縣知縣。乾隆六年十一月任。
（署任）鮑鈖　奉天正紅旗人，貢生。乾隆十二年十一月任。
（署任）董仁　江南陽湖縣人，監生，廣西州同，陞杭州府通判。乾隆十三年八月任。
（署任）魏崞　籍貫見前。乾隆十三年十月，以杭州府知府攝任。
（署任）張鐸　直隸青縣人，監生。乾隆十四年九月任。

西海防同知

李飛鯤　籍貫見前。雍正十一年六月任。
（署任）靳樹德　籍貫見前。雍正十三年十月任。
張永熹　奉天正藍旗人，監生，餘姚縣知縣。乾隆元年正月任。
（署任）胡士圻　江南長洲縣籍，震澤縣人，縣丞，補高郵州州判，調赴浙江辦理海塘。乾隆二年三月任。

趙應召　奉天遼陽縣人，貢生，浙江試用。乾隆二年九月任。
(署任)王緯　奉天鑲黄旗人，舉人，揀發浙江，補海寧縣知縣。乾隆十一年八月任。
張鐸　籍貫見前，監生，鎮江府水利通判，補浙江紹興府水利通判。乾隆十二年任。

乍浦海防同知

(署任)李天植　山東□□□人③，監生，紹興府通判。康熙五十七年任。
王沛聞　河南睢州人，監生。康熙五十七年任。
黄肇南　奉天正紅旗人，監生。康熙五十九年任。
(署任)王以和　奉天正白旗人，監生，石門縣知縣。康熙六十年任。
曹秉仁　陝西富平縣人，監生。康熙六十一年任。
廖坤　福建汀州府人，監生，嘉興府通判。雍正五年任。
(署任)白環　山西平定州人，監生，平湖縣知縣。雍正六年任。
(署任)趙德望　□□□□人④，杭州府通判。雍正七年任。
張若震　江南桐城縣人，雍正癸卯副榜，天台縣知縣。雍正七年九月任。
(署任)成貴　籍貫見前。雍正九年任。
盧承綸　奉天鑲黄旗人，監生。雍正九年十二月任。
張國昌　奉天鑲白旗人，監生，衢州府通判。雍正十二年十二月任。
(署任)富紳　滿洲正藍旗人，監生，乍浦理事同知。乾隆元年任。

何熠　籍貫見前。乾隆二年任。
林緒光　籍貫見前。乾隆三年八月任。
(署任)宋雲會　山東膠州人,進士。乾隆七年任。
(署任)陳同善　陝西三原縣人,舉人,杭州府通判。乾隆八年任。
林緒光　乾隆十年再任。
高國楹　奉天鑲紅旗人,監生,平湖縣知縣。乾隆十二年任。
(署任)葉齊　廣西雒容縣人,監生,紹興府水利通判,題陞東海防同知。乾隆十四年三月任。
宗紹燊　湖廣漢陽縣人,乾隆丙辰進士,鄞縣知縣。乾隆十年任。

協辦海防同知

乾隆元年三月,大學士嵇曾筠以現在工程浩繁,海防東西兩同知不敷辦理,題請添設協辦東西同知各一員。乾隆七年五月,裁。

協辦東海防同知

何熠　籍貫見前。乾隆元年三月任。
田勲　籍貫見前。乾隆四年十二月任。

協辦西海防同知

胡士圻　籍貫見前。乾隆元年三月任。

蔡秉義　江南長洲縣人，州同河工效力，檄調赴浙。乾隆四年十二月任。

海防水利通判

雍正十二年五月，准總理海塘織造隆昇題請，添設通判一員，駐扎河莊山，專司濬引河，給海防水利通判關防，以昭信守。乾隆元年，大學士嵇曾筠題將引河通判調駐海寧，柴草塘工交該通判管理。

（署任）李宗典　江南懷寧縣人，監生，仁和場大使。雍正十三年九月任。

楊盛芳　奉天正白旗人，河工效力，檄調赴浙。乾隆五年二月任。

（署任）李培厚　廣東東莞縣人，嚴州府總捕同知。乾隆五年十月任。

宋雲會　籍貫見前，雍正丁未進士，歷任雲和、江山縣知縣。乾隆六年十一月任。

（署任）伍錻　順天大興縣人，監生，縣丞，署海寧縣知縣。乾隆八年十二月任。

（署任）查延掌　湖廣漢陽縣人，監生，通判，陞温州府同知。乾隆十一年二月任。

鮑鈴　奉天正紅旗人，貢生，歷任長興、嘉興縣知縣，調海寧縣知縣。乾隆十一年四月任。

（署任）劉祖佑　安徽南陵縣人，監生，候補鹽運司運副。乾隆十三年八月任。

紹興水利通判

乾隆十三年，准巡撫方觀承題覆，給屬江海塘工議撥海防道標營弁防守，不可無耑管廳員。查有紹興府水利通判，山、會、蕭三縣皆其所屬，南岸塘工，專令該通判管轄，關防添給海防字樣，以專責成。

黄鳳　江蘇崇明縣人，貢生。乾隆十二年任。

海防武職

雍正八年十一月，准總督李衛題請：設立西塘千總一員、東塘把總一員、兩塘外委千把總二名。十一年三月，内大臣海望等題請：添設守備二員、千總二員、把總七員，其守備二員應分左右二營，將原設及添設之千把總八員、外委十六員、兵一千名分隸二營管轄。左營守備一員，駐扎海寧之東；右營守備一員，駐扎海寧之西，聽海防兵備道管轄。乾隆十三年九月，准巡撫方觀承奏請：將海防右營員弁、兵丁調派南塘，分汛駐防，右營守備移駐三江城，原辦北塘工程，統歸左營守備管轄。

海防左營守備

尹世忠　江南宿遷縣人，南河效力把總，檄調浙江。雍正十一年六月任。

張天衡　直隸宣化縣人，本營千總。乾隆七年六月任。

薛尚智　江南山陽縣人，本營千總。乾隆十二年十二月任。

海防右營守備

陳堯年　浙江上虞縣人，寧海左營千總。雍正十二年二月任。

曹鵬飛　江南吴江縣人，康熙辛丑武進士，河工效力，調浙補用。乾隆九年八月任。

尹世忠　籍貫見前，以事離職，乾隆十年八月復任。

王世昌　江南宿遷縣人，中河把總，檄調浙江，補授本標左營千總。乾隆十二年十月任。

念里亭汛千總

張天衡　籍貫見前。雍正十二年正月任。

薛尚智　籍貫見前。乾隆五年十一月任。

張士傑　浙江山陰縣人，本營把總。乾隆十三年八月任。

海鹽汛千總

趙國宰　陝西固原州人。雍正十三年正月任。

熊培麟　浙江秀水縣人，本標右營把總。乾隆十年二月任。

章家菴汛千總

張明　江南宿遷縣人，南河百總，調浙補用。雍正十一年六月任。

孟舉　江南安東縣人，本標左營把總。乾隆六年十一月任。

李芬　浙江仁和縣人，本標左營把總。乾隆十二年八月任。

老鹽倉汛千總

楊光　浙江建德縣人，杭協把總。雍正十二年正月任。

王銑　江南嘉定縣人，本標左營把總。乾隆元年六月任。

何國柱　江南長洲縣人，本營把總。乾隆八年正月任。

鮑睿　江南山陽縣人，南河效力把總，調浙補右營把總。乾隆十二年五月任。

大林汛千總

李芬　籍貫見前。乾隆十五年二月任。

徐家堰汛千總

張士傑　籍貫見前。乾隆十五年二月任。

鎮海汛把總

王銑　籍貫見前。雍正十一年十二月任。
孟舉　籍貫見前。乾隆元年六月任。
張士傑　籍貫見前。乾隆六年七月任。
陳鼎　浙江石門縣人，乾隆十三年八月任。

尖山汛把總

陳嘉政　浙江錢塘縣人。雍正十二年四月任。
黃光鈺　福建羅源縣人。乾隆元年七月任。
范國祥　浙江海鹽縣人。乾隆七年十一月任。

澉浦汛把總

胡琮　山東濵州人。雍正十二年正月任。

薛尚智　籍貫見前。雍正十三年四月任。

李芬　籍貫見前。乾隆五年十一月任。

周世元　江南宿遷縣人。乾隆十二年八月任。

郁禹文　浙江海寧縣人。乾隆十三年七月任。

平湖汛把總

陳大勳　浙江秀水縣人。雍正十二年正月任。

朱山　江南山陽縣人。乾隆八年九月任。

八仙石汛把總

熊培麟　籍貫見前。雍正十二年正月任。

潘文第　江南沭陽縣人，南河兵丁，調浙。乾隆十年二月任。

郁禹文　籍貫見前。乾隆十二年八月任。

周世元　籍貫見前。乾隆十三年七月任。

翁家埠汛把總

薛尚智　籍貫見前。雍正十一年九月，由杭協百總陞。

胡琮　籍貫見前。雍正十三年四月任。

何國柱　籍貫見前。乾隆元年六月任。

景明　江南宿遷縣人，左營外委。乾隆八年正月任。

張麟　江南沛縣人，南河兵丁，調浙。乾隆十三年九月任。

觀音堂汛把總

胡清鶴　浙江嘉興縣人，嘉協右營外委把總。雍正十二年正月任。

金斗　浙江錢塘縣人，武舉，補海防左營外委千總。乾隆七年正月任。

靖海汛把總

李成基　浙江錢塘縣人，撫標外委。雍正十二年任。

武定國　河南洛陽縣人，外委千總。乾隆四年四月任。

鮑睿　籍貫見前。乾隆七年三月任。

張得榮　浙江麗水縣人，行伍。乾隆十二年四月任。

龕山汛把總

金斗　籍貫見前。乾隆十五年二月任。

三江汛把總

張得榮　籍貫見前。乾隆十五年二月任。

梁項汛把總

周世元　籍貫見前。乾隆十五年二月任。

校勘記

〔一〕滿洲□□旗人　原書『滿洲』後缺二字。

〔二〕滿洲□□旗人　原書『滿洲』後缺二字。

〔三〕山東□□□人　原書『山東』後缺三字。

〔四〕□□□□□人　原書『人』前缺五字。

敕修兩浙海塘通志卷十四　潮汐

海水晝夜兩潮，多暗長，浙屬之嘉、寧、温、台各郡類然。獨海寧之尖山與南岸紹興諸山一束，激起潮頭，雪浪銀濤，排墻而進，至龕、赭二山又加一束，而錢塘之潮遂爲巨觀。然江水順下，海潮逆流，强弱不相敵，江水折而西行，而兩旁回溜之搜刷，非長樁、巨石不能抵禦。此各府之塘皆重塘身，而杭、紹兩府之塘尤重塘根也。志《潮汐》。

《水經注》：錢塘縣東有定、已諸山，皆西臨浙江，水流於兩山之間，江水急濬，兼濤水晝夜再來。來應時刻，常以月晦及望尤大。至二月、八月，最高，峨峨二丈有餘。《吴越春秋》以爲子胥、文種之神也。昔子胥死於吴，而浮尸於江，吴人憐之，立祠於江上，名曰胥山。文種忠於越，而伏劍於山陰，越人哀之，葬於重山。文種既葬，子胥從海上負種俱去，游夫江海。故潮水之前，揚波者伍子胥，后重水者大夫種。

《越絶書》：胥死之後，吴王聞以爲妖言，甚咎子胥。王使人捐於大江口，勇士執之，乃有遺響，發憤馳騰，氣若奔馬，威凌萬物，歸神大海。彷彿之間，音兆常在，後世稱述，蓋子胥水仙也。

王充《論衡》：傳書言吴王夫差殺伍子胥，煮之於鑊，乃以鴟夷橐投之於江。子胥恚恨，驅水爲濤，以溺殺人。今時會稽、丹徒大江、錢塘浙江，皆立子胥之廟，蓋欲慰其恨心，止其猛濤也。夫言吴王殺子胥，投之於江，實也；言其恨恚，驅水爲濤者，虛也。屈原懷恨自投湘江，湘江不爲濤；申徒狄蹈河而死，河水不爲濤。世人必曰：『屈原、申徒狄，不能勇猛力怒，不如子胥。』且投於江中，何江也？有丹徒大江，有錢塘浙江，有吴通陵江。或言投於丹徒大江，無濤。欲言投於錢塘浙江，浙江山陰江、上虞江皆有濤，三江有濤，豈分橐中之體，散置三江中乎？人若恨恚也，仇讎未死，子孫遺在可也。今吴國已滅，夫差無類，吴爲會稽立置太守，子胥之神，復何怨苦？爲濤不止，欲何求索？吴越在時，分會稽郡，越治山陰，吴都今吴。餘暨以南，屬越；錢塘以北，屬吴。錢塘之江，兩國界也。山陰、上虞，在越界中。子胥入吴之江爲濤，當自吴上界，中爲何入越之地？怨恚吴王，發怒越江，違失道理。無神之驗也。

《抱朴子》：子胥始死耳，天地開闢，已有潮水矣。

燕肅《海潮論》：觀古今諸家海潮之説，亦多矣。或謂天河激涌（葛洪《潮説》），亦云地機翕張（見《洞真正一經》）。盧肇以日激水而潮生。封演云月周天而潮應，挺空入漢，山涌而濤隨（施師謂僧隱之之言）。析木大梁，月行而水大（見竇叔蒙《海濤志》），源殊派異，無所適從，索隱探微，宜伸確論。大率元氣嘘翕，天隨氣而漲斂；溟渤往來，潮隨天而進退者也。以日者，重陽之母，陰生於陽，故潮附之於日也。月者，太陰之精，水乃陰類，故潮依之於月也。是故隨日而應月，依陰而附陽，盈於朔望，消於朏魄，虚於上下弦，息於輝朒，故潮有小大焉。今起月朔夜半子時，潮平於地之子位四刻一十六分半，月離於日，在地之辰次，日移三刻七十二分，對月到之位。以日臨之，次潮必應之。過月望復東行，潮附日而又西應之。至後朔子時四刻一十六分半，日月、潮水俱復會於子位。其小盡，則月離於日，在地之辰次，日移三刻七十三分半，對月到之位。以日臨之，次潮必應之。至後朔子時四刻一十六分半，日月、潮水亦俱復會於子位。是知潮常附日而右旋，以月臨子午潮必平矣。月在卯酉，汐必盡矣。或遲速消息之小異，而進退盈虚終不失其期也。或曰：『四海潮平，來皆有漸。惟浙江潮至，則亘如山岳，奮如雷霆，冰岸横飛，雪崖旁射，澎騰奔激，吁可畏也。其漲怒之理，可得聞乎？』曰：『或云夾岸有山，南曰龕，北曰赭，二山相對，謂之海門。岸狹勢逼，涌而爲濤耳。若言狹逼，則東溟自定海，吞餘姚、奉化二江，侔之浙江尤甚。狹逼潮來，不聞濤有聲也。今觀浙江之口，起自纂風亭，北望嘉興大山，水闊二百餘里，故海商舶船畏避沙灘，不由大江，惟泛餘姚小江，易舟而浮運河，達於杭越矣。蓋以下有沙灘，南北亘連，隔礙洪波，蹙遏潮勢。夫月離震兑，他潮已生，惟浙江潮水不同。月經乾巽，潮來已半，濁浪堆滯，後水益來，於是溢於沙灘，猛怒頓涌，聲勢激射，故起而爲濤耳。非江山狹逼使之然也。』

朱中有《潮賾》：或問：『燕龍圖《潮論》，是耶？非乎？』答曰：『試與子於一溝之内觀之。引水滿溝，則其水必平。進於溝之半，累碎石爲齟齬，從上流傾水，勢必經齟齬而斗瀉於下，水之激涌，無怪也。燕公所謂灘者，水中沙也。錢塘海門之灘，亘二百里。夫水盈科而後進潮水，未及灘，則錢塘之江尚空空也。及既長，而冒之，自灘斗瀉入江。又江沙之漲，或東或西，無常地，潮爲沙岸所排，助其激涌，震天動地，峨峨而來。水之理也，曷足怪乎！愚所謂齟齬者，猶之灘耳。故錢塘潮候，率遲於定海者，定海平進，而錢塘必俟登灘而後至於江。其初來也，從浙江亭望之，僅若一綫，非潮小也，目力遠，所見微耳。漸近則漸大，非潮大也，所見漸近則漸大，固宜。及夫潮退，則或由灘中低處、或從灘兩尾，滔滔以至於海。蓋灘中高而兩頭漸低，高處適當錢塘之衝，其東稍低處，乃當錢青、曹娥二江所入之口。錢清江口灘最低，潮頭甚小，曹娥江口灘稍高於錢清，故潮頭差大。是説也，習于海道者莫不知之。』

《高麗圖經》：潮汐往來，應期不爽，爲天地之至信，古今嘗論之。在《風俗記》以爲海鰌出入之度。浮屠書以爲神龍之變化。竇叔蒙《海濤志》以爲水隨月之盈虧。盧肇《海潮賦》以爲日出於海，衝擊而成。王充《論衡》以爲水者，地之血脉，隨氣進退，率未之盡。大抵天包水，水承地，而一元之氣升降於太空之中，地乘水力以自持，且與元氣升降互爲抑揚，而人不覺。亦猶坐於船中，而不知船之自運也。方其氣升而地沉，則海水溢上而爲潮。及其氣降而地浮，則海水縮下而爲汐。計日十二辰，由子至巳，其氣爲陽，而陽之氣又自有升降以運乎晝；由午至亥，其氣爲陰，而陰之氣又自有升降以運乎夜。一晝一夜，合陰陽之氣凡再升再降，故一日之間，潮汐皆再焉。然晝夜之攻擊，乘日升降如應乎月。日臨於子，則陽氣始升，月臨於午，則陰氣始升。故也，汐潮之期日，皆臨子；晝潮之期月，皆臨午焉。又日行遲，月行速，以速應遲，每二十九度過半，而月行及之，日月之會，謂之合朔。故月朔之夜潮，日亦臨子；月朔之晝潮，日亦臨午焉。且晝即天上而言之，天體西轉，日月東行，自朔而往，月速漸東至於漸遲，而潮亦應之，以遲於晝。故晝潮自朔後迭差，而入於夜。此所以一日午時，二日午末，三日未時，四日未末，五日申時，六日申末，七日酉時，八日酉末也。至夜即海下而言之，天體東轉，日月西行，自朔而往，月速漸西至於漸遲，而潮亦應之，以遲於夜，故夜潮自朔後迭復，而入於晝。此所以一日子時，二日子末，三日丑時，四日丑末，五日寅時，六日寅末，七日卯時，八日卯末也。以時有交變，氣有盛衰，而海潮之所至，亦因之爲大小。當卯酉之月，則陰陽之交也。氣以交而盛，故潮之大也，獨異於餘月。當朔望之后，則天地之變也，氣以變而盛，故潮之大也，獨異於餘日。今海中有魚獸，殺取皮而乾之，至潮時，則毛皆起，豈非氣感而類，應之自然歟？

史伯璿《管窺外編》：是篇所論，既以爲氣有升降，又以爲地有沉浮。既以爲乘日升降，又以爲如應乎月。初無的見，但務臆度。正醫家所譏，譬猶獵不知兔，而廣絡原野，冀一人之獲。術之疏也，甚矣！况皆以升降屬之氣，又以升降屬之日，所謂升降一與二與，且地之與水，俱爲有形之物，則氣有運動，形皆隨之，可也。今乃氣之一升一降，獨地爲之一沉一浮，而水則皆與氣不相干，惟因地之浮沉而有溢有縮焉，豈理也哉？況形隨氣動，則氣升而地浮，氣降而地沉，可也。今乃氣升而地反沉，氣降而地反浮，是地與氣亦不相干矣，不但水也。凡此又皆病之小者，獨地有浮沉之説，其病最大。浮沉，則動上動下，無寧静時矣。吾聞天動地静矣，未聞地亦動也。意者地本不動，特論者無以爲潮汐之説，故强之使動耳。又何足辨乎？唯篇末時有交變，氣有盛衰之言，似有可取，當存之以備一説。

《朱子語類》：潮之遲速大小，自有常。舊見明州人説月加子午，則潮長，自有此理，沈存中《筆談》説亦如此，謂月在地子午之方，初一卯，十五酉。

《性理大全》：問晦翁：『謂月加子午，則潮長，未識其説。』潛室陳氏曰：『此説不可曉。今海居者，但云月上潮長，月落潮退。誠驗其言，是乃日加卯酉方位，非子午也。朔日之潮可驗，朔日，月與日會，日才出卯，方即潮長，才入酉，方即潮又長。是月與日相隨出没。』

吴亨壽《答高起巖論潮書》：坎者，月之體；月者，水之精。月與水一而已矣。在天爲月，在地爲水。天有陰陽太少，而月爲太陰；地有剛柔太少，而水爲太柔。古人以方諸取水於月，其氣類固相感也。而况夫子午之位，乃陰陽之始，於其所始而月加焉，則陰與陽感而陰以升，陰與陰遇而陰以盛。水陰類也，當其所加之時，涌而逆上，從其類也。月一晝夜凡一加午，故潮一日再生。月一日退天十三度十九分度之七，故潮日遲於一日。所以初三之潮，晝遲而入十八之夜。十八之潮，夜遲而入初三之晝也。一月之間，生明生魄，潮亦再盛焉。生明之潮，則自前月二十六長水，謂之起信，歷晦朔至月三日，謂之大信。初四潮勢漸殺，謂之落信，歷上弦至月十日，謂之小信。生魄之潮，則自十一始長，歷望至十八而盛，自十九始殺，歷下弦二十五而衰。其起落大小之信，亦如之。天下之至信者，莫如潮，生落盛衰，各有時刻，故潮得以信言也。月於一月之間漸遲而縮，一日潮於兩信之内漸遲而縮。兩潮秋月最明，秋潮最盛，亦其理然也。又嘗即易考之，坎爲月魄，離爲月魂，震生明也，兑上弦也，乾望卦也，巽生魄也，艮下弦也，坤晦卦也。生明之盛，非無故而盛也。坤一索而得長男，故盛。過兑，少而往則衰矣。生魄之盛，亦非無故而盛也。乾一索而得長女，故盛。過艮，少而往則衰矣。驗之於月，參之於卦，潮之理其殆庶幾乎。或曰：『誠如是，則陽之盛莫如乾，陰之盛，莫如坤。潮不於是焉大，而顧大於震明巽魄，何耶？』曰：『兹又先天、後天之説也。不本諸先天，無以見造化之全體；不參諸後天，無以見造化之妙用。先天之卦，體也。乾坤離坎，位於四正，震巽艮兑，位於四維，而月之周天實配之。後天之卦，用也。退乾於西北，退坤於西南，父母老而不用，而長男代父，長女代母，居東南生長之方。天地間，萬物萬事咸於此乎權輿，故其爲氣也，莫盛焉，而潮之大信，實配之。月配其體，則陽爲明，陰爲魄。而乾坤當望晦之位，乃陰陽之極也。潮配其用，則長爲盛，少爲衰，而震巽當大信之候，乃陰陽之長也。夫如是，則其不乾坤而震巽也，有由矣。』或又曰：『亦何以知其必取於卦耶？』曰：『以納甲家啓之。納甲者，如生明之月，昏出於庚，震則納庚。生魄之月，晨見於辛，巽則納辛之類是也。陰陽者流，用之率驗，則月與卦相爲用也，審矣！潮而有取於月也，不亦有取於卦乎哉？』或又曰：『月之説然耶，則潮之爲候亦宜。月半以前，由微漸大，月半以後，由大漸微，以象夫三五而盈，三五而虧，可也。今乃與明魄之生兩盛焉，何哉？』曰：『明魄之盛，固已如前所云。然月一月一周天，而一日之内，則一加子，一加午者也。潮於月加子午之時，一日再至，故亦於月生明魄之日，一月而再盛焉。月之一，潮之再，若不相似，而實相感召。非深於理者，未易以語此。』或又曰：『子所論浙江潮也，他江亦有潮，其遲速不同，何歟？』曰：『潮之生，必生於月出之海，浙江之去海爲近，故其至也如時。他江所去有遠近，故所至有遲速耳。』或又曰：『古今言潮者，必推浙江，亦謂銀山雪屋，有頭數丈，此爲異耳。他江之潮，第如涌水，復與此不同，何歟？』曰：『浙江去潮生處近，掀天沃日之勢，方盛而不可遏，赭山、龕山横鎖江口，頓然斂寬就窄，其勢必至於衝激奔射也。他江去潮生處遠，遠則必殺，故但涌水而已，又何疑焉？』

《潮賾》：元氣一晝夜小升降，故一日之間，潮凡再至，一月之間大升降，故十五日而易一節。以律管候氣驗之，管之長短不同，某氣至則某管應。元氣升降，有小有大。審矣！天地之數奇而不齊者也。故月有小盡大盡，歲有一閏再閏，潮之爲大汛也，隨大小盡與閏亦未嘗差焉。驗潮之大小，莫若錢塘西興也。雖以朔望爲大汛之候，然晦前二三日，望前一二日，潮蓋有登閘者，或朔日、二日、三日、四日不登閘，至五日而始大；或十五、十六、十七、十八、十九、二十不登閘，至二十一而始大。西興之閘，稍低於錢塘，或至二十三日潮亦登。此無他，節氣參差不齊，則潮亦爲之進退。如前所云，或攙前在二十九、三十及十四、十五，或落後在初四、初五、十九、二十、二十一。其大概固如是也。

《就日録》：東海漁翁《海潮論》云：『地浮於大海，隨氣出入上下。地下，則滄海之水入于江，謂之潮。地上，則江河之水歸于滄海，謂之汐。』浙江發源最近，江水少，海水多，其潮特大。潘洞《浙江論》曰：『海門有二山，曰龕、曰赭，夾岸。潮之初來亦慢，將近是山，岸狹勢逼，始涌而爲濤。』

宣昭《浙江潮候圖説》：大江而東，凡水之入於海者，無不通潮，而浙江之潮獨爲天下奇觀，地勢然也。浙江之口，有兩山焉，其南曰龕山，其北曰赭山，並峙於江海之會，謂之海門。下有沙灘，跨江西東三百餘里，若伏檻。然潮之入於浙江也，發乎浩渺之區，而頓就斂束，逼礙沙灘，回薄激射，折而趨於兩山之間，拗怒不泄，則奮而上躋，如素蜺横空，奔雷殷地，觀者膽掉，涉者心悸，故爲東南之至險，非他江之可同也。原其消長之故者，曰天河激涌，曰地機翕張。揆其晨夕之候者，曰依陰而附陽，曰隨日而應月。《地志》、《濤經》言殊旨異，胡可得而一哉。蓋圓則之運大氣舉之，方儀之静，大水承之，氣有升降，地有浮沉，而潮汐生焉。月有盈虚，潮有起伏，故盈於朔望，虚於兩弦，息於朓朒，消於朏魄，而大小準焉。月爲陰精，水之所生。日爲陽宗，水之所從。故晝潮之期，日常加子；夜潮之侯，月必在午，而晷刻定焉。卯酉之月，陰陽之交，故潮大於餘月。大梁、析木、河漢之津也，朔望之後，天地之變，故潮大於餘日。寒暑之大，建丑未也。一晦一明，再潮再汐，一朔一望，再虚再盈，天一地二之道也。月經於上，水緯於下，進退消長，相爲生成，歷數可推，毫釐不爽，斯天地之至信，幽贊於神明，而古今不易者也。杭之爲郡，枕帶江海，遠引甌閩，近控吴越，商賈之所輻輳，舟航之所駢集，則浙江爲要津焉。而其行止之淹速，無不畢聽於潮汐者。或違其大小之信，爽其緩急之宜，則必至於傾墊底滯，故不可以不之謹也。某承乏兹郡，屬兵革未弭之秋，信使之往來、師旅之進退，雖期會紛紜，邊陲警急，必告之曰：『謹候潮汐，毋躁進以自危。』然而迹累肩摩，晨馳夕騖，有不能人喻而户説之者。考之郡志，得《四時潮候圖》，簡明可信，故爲之説，而刻石於浙江亭之壁間，使凡行李之過是者，皆得而觀之，以毋蹈夫觸險躁進之害，亦庶乎思患而預防之之意云。

春秋同

初一日	十六日	午末	夜子正	大
初二日	十七日	未初	夜子末	大
初三日	十八日	未正	夜丑初	大
初四日	十九日	未末	夜丑末	大
初五日	二十日	申正	夜寅初	下岸
初六日	廿一日	寅末	晚申末	漸小
初七日	廿二日	卯初	晚酉初	漸小
初八日	廿三日	卯末	晚酉正	漸小

初九日	廿四日	辰初	晚酉末	小
初十日	廿五日	辰末	晚戌正	交澤
十一日	廿六日	巳初	夜戌末	起水
十二日	廿七日	巳正	夜亥初	漸大
十三日	廿八日	巳末	夜亥正	漸大
十四日	廿九日	午初	夜亥末	漸大
十五日	三十日	午正	夜子初	極大

夏

初一日	十六日	午末	夜子正	大
初二日	十七日	未初	夜子末	大
初三日	十八日	未正	夜丑初	大
初四日	十九日	未末	夜丑正	大
初五日	二十日	申初	夜丑末	下岸
初六日	廿一日	寅初	晚申正	小
初七日	廿二日	寅末	晚申末	小
初八日	廿三日	卯初	晚酉初	小
初九日	廿四日	卯末	晚酉正	小
初十日	廿五日	辰初	晚酉末	交澤

十一日	廿六日	辰末	夜戌初	起水
十二日	廿七日	巳初	夜戌末	漸大
十三日	廿八日	巳末	夜亥初	漸大
十四日	廿九日	午初	夜亥末	漸大
十五日	三十日	午末	夜子初	大

冬

初一日	十六日	午末	夜子初	大
初二日	十七日	未正	夜子末	大
初三日	十八日	未末	夜丑初	大
初四日	十九日	申初	夜丑末	大
初五日	二十日	申正	夜寅初	下岸
初六日	廿一日	寅末	晚申末	漸小
初七日	廿二日	卯初	晚酉初	小
初八日	廿三日	卯末	晚酉正	小
初九日	廿四日	辰初	晚酉末	小
初十日	廿五日	辰末	夜戌初	交澤
十一日	廿六日	巳初	夜戌正	起水
十二日	廿七日	巳正	夜戌末	漸大

十三日	廿八日	巳末	夜亥初	漸大
十四日	廿九日	午初	夜亥正	漸大
十五日	三十日	午正	夜亥末	漸大

毛先舒《答潮问》：問：『浙江何以有潮也？』答曰：『地勢爲之也。天下之水，皆有潮，然多暗長水或涌水而已，惟錢塘之潮，澎湃奔騰，如爐鼓釜沸，以自海入江，與他水絶殊。蓋地勢使然也。』『何以晝夜再至，且以漸遲也？』曰：『應月候也。月行較日以漸遲，一日常不及日十二度，故潮至亦以漸遲也。其晝夜再至，則應月之中也，月一晝夜，則再中，或中於天，或中於地之下。月中，則潮至。月以朔之午正刻中於天，以子末刻中於地。初二日，則以午末刻中於天，以丑初刻中於地。其後中期，以次漸遲，至望則以子正刻中於天，午初刻則中於地。十六日，則復如朔，朔日潮至，以午正子末。初二日，潮至，以午末丑初。望日潮至，以子正午初。十六日，則復如朔，其漸遲之期，無不如月之中天、中地也。』『秋則壯，何也？』『亦應月也。月華至秋則益壯。』『所謂地勢者，可詳歟？』曰：『其勢有三：錢塘之江將入海處，有龕、赭二山焉，屹相峙如門，下有沙檻，江流至此則一束，故海潮至此亦一束，海水長欲入江，束於山不得駛則怒，譬人之欲入門也，人多門狹，則喧動抨擊以争門，唯水亦然。此山勢也。北水悍，南水緩，而錢塘之水發丹陽，經睦、杭、紹興諸州，逶迤曲折以入於海，故曰浙江。浙者，折也，則水尤緩。他江悍，到口與海力敵，敵則潮至不敢逞，爲暗潮。浙江緩，到口不能與海力敵，是則海壓江而陵出其上，潮至敢逞，則爲怒潮。此水勢也。浙之方爲巽，象曰：「剛巽乎？中正而志行柔，皆順乎剛。」江柔巽海，讓潮逞怒。此方勢也。此三者，浙江之所以有潮，與他水殊不足怪也。紛説無當，徒益滋惑。』客曰：『潮，何以名爲潮也？』曰：『潮者，朝也，朝月也。』曰：『海，百谷王矣，而何以朝爲？』曰：『月者，萬水之天子也，故海臣水，而君月。月中於天，中於地，猶天子之涖於

明堂也。故海朝之。或曰：「朝江也。」書曰：「江漢朝宗於海。」江朝海也。潮者，海朝江也，故窮歸宿，則海大江小，溯源本，則江高海卑，可以互爲尊，則亦可以互爲朝也。』『然則名潮，復名汐者，何故？得毋潮取其朝至，而汐取其夕至耶？』曰：『配以汐名，或主此，然潮之意不繫焉。審以其朝至，而名潮也，則十二時皆有潮，奚止朝夕？且夕至者，亦未嘗不名潮，故曰晚潮、曰暮潮、曰夜潮，故潮者統辭也，汐加之辭也，而實非可以配潮，故統潮與汐皆名潮。是朝會之義，非朝晨之義也。此其所以名潮者也。』

楊魁《見潮論》：余嘗登海寧城樓，見海潮薄岸，怒濤數十丈，若雪山駕鼇，雷奔電激。昔人謂龕、赭二山，峙爲海門，故激而爲濤。今觀洶溢之勢，却在海門之外，非龕、赭二山所爲明矣。《抱朴子》曰：『取物多者，其力盛；來遠者，其勢大。』潮水從東來，地廣道遠，乍入狹處，陵山觸岸，從直赴曲，其勢不泄，故隆崇涌起而爲濤，理或如此。未登海上，不知果爾否也？既數日，登虞山險山巔眺望，則見海在浙東西者，兩岸有際，水勢洄曲，旁多山峙，海中亦崒屼星列，彼自浩渺之區入於阻隘，安得不衝擊而爲濤乎？即此推之，定海、松江之裏，逶迤曲折，兩岸有際，元非溟渤望洋無際者，實大海之汊入於浙中者爾。故觸山薄岸，震撼擊撞，勢從内溢而無外泄，所以來遠勢大，愈進愈激，未抵海門，洶濤已甚矣。此理之常，無足恠者。或曰：『潮盛於八月十八日者，又何也？』余曰：『此邵子從月之論，可信也。日激水而潮生，月離水而潮大，是也。』或又曰：『地浮於水，天在水外，日入則晚潮激於左，日出則早潮激於右。日隨天旋，水因灼激於月，何與也？』余曰：『月者，水之精也。八月金盛於酉，水之沐浴也於此，而水月從陰，其勢盛矣。月離水而潮大，亦氣使然也。』或者曰：『强弩射潮，水不近城，則又何也？』余曰：『此非其精誠之感，果能與神抗也？余嘗於捕魚者詢之。夫水激而上，水族從之上者，其勢然也。捕魚者於潮頭初過，不敢投網。待大魚三過之後，乃網其細者。又時至於割綱，放其不能舉者。水族乘潮而上者，衆矣。水族在海中者，多歷年所强食弱肉，受精不少，則精靈有知逢射知避者，物性之靈，則然也。』或又曰：『宋之末年，潮多不振。近日，浙江亦鮮怒濤，則又何也？』余曰：『氣有盈怯，息於彼，則消於此，古來由然。所以有自南而北，自北而南之説。杜鵑之鳴洛陽，邵子言之矣。嗟乎！吾浙中文勝而鮮實，人繁而物索，奸宄盛而正氣消，此潮勢之所以不振也。操造命之責，臨涖斯土者，盍反其本，以固元氣，庶幾其可救乎？』

郭濬《寧邑海潮論》：寧邑海潮，必自東起，先阨於近洋八山之内，勢已汹涌。錢塘江濤，必自西來，阨於龕、赭海門，而出相值在寧邑之南。百餘里之内，勢益湍怒，安得無淜騰潰溢之患？幸江濤輕淡而剽疾，海潮鹹重而沉悍，江水朝宗之性，終不勝大海怒張之氣。由是海潮仍挾江濤過海門，更西抵嚴灘而後退。故潮汐之大小有常期，寧潮自東而西有常道。至於江濤之緩急，鹹水淡水之相值，無常期亦無常處。若更挾以颶風之怒號，上流之添漲，不免駭浪横飛，怒濤旁射，吾寧實逼處此，不可謂横過之潮可長恃以無恐也。

《海鹽圖經》：此縣潮頭奇猛，絶異他處，候乃稍不殊，爾日朔望子午再至，餘日遞退，半月、復月、三日、十八日至再，五餘日遞退，亦半月復。

《平湖縣志》：海潮東北自金山來，西北至浙江爲上潭，自浙江回，歷海寧黄灣至澉浦海鹽爲下潭，皆可泊舟。

《紹興府志》：蕭山潮候，率遲於餘姚。昔人謂餘姚平來，蕭山者必登灘而後至。非也，地勢高下然耳。

《萬曆寧波府志》：海潮自定海入鄞江，六十里至府治，東北分爲二江，西北通慈溪，東南通奉化，潮汐往來各有候。其在鄞，初一、十六日，子末午末平。初二、十七日，丑初未初平。初三、十八日，丑正未正平。初四、十九日，丑末未末平。初五、二十日，寅初申初平。初六、二十一日，寅正申正平。初七、二十二日，卯初酉初平。初八、二十三日，卯正酉正平。初九、二十四日，卯末酉末平。初十、二十五日，辰初戌初平。十一、二十六日，辰正戌正平。十二、二十七日，辰末戌末平。十三、二十八日，巳初亥初平。十四、二十九日，巳正亥正平。十五、三十日，巳末亥末平。定海以次而早，慈、奉以次而遲。

《慈溪縣志》：潮候每月逐日，晝夜相對。初一、十六日，子午初潮漲，寅申初潮平，辰戌初潮涸。初二、十七日，子午中潮漲，寅申中潮平，辰戌中潮涸。初三、十八日，子午末潮漲，寅申末潮平，辰戌末潮涸。初四、十九日，丑未中潮漲，卯酉中潮平，巳亥中潮涸。初五、二十日，丑未末潮漲，卯酉末潮平，巳亥末潮涸。初六、廿一日，寅申初潮漲，辰戌初潮平，子午初潮涸。初七、廿二日，寅申中潮漲，辰戌中潮平，子午中潮涸。初八、廿三日，寅申末潮漲，辰戌末潮平，子午末潮涸。初九、廿四日，卯酉中潮漲，巳亥中潮平，丑未中潮涸。初十、廿五日，卯酉末潮漲，巳亥末潮平，丑未末潮涸。十一、廿六日，辰戌初潮漲，子午初潮平，寅申初潮涸。十二、廿七日，辰戌中潮漲，子午中潮平，寅申中潮涸。十三、廿八日，辰戌末潮漲，子午末潮平，寅申末潮涸。十四、廿九日，巳亥中潮漲，丑未中潮平，卯酉中潮涸。十五、三十日巳亥末潮漲，丑未末潮平，卯酉末潮涸。

《嘉靖定海縣志》：潮汐定候，初一、初二、初三、十六、十七、十八日，辰戌長，丑未退。初四、初五、十九、二十日，巳亥長，寅申退。初六、初七、初八、二十一、二十二、二十三日，子午長，卯酉退。初九、初十、二十四、二十五日，丑未長，辰戌退。十一、十二、十三、二十六、二十七、二十八日，寅申長，巳亥退。十四、十五、二十九、三十日，卯酉長，子午退。

《象山縣志》：潮候初一、十六，子午平。初二、十七，子午平。初三、十八，丑未平。初四、十九，丑未平。初五、二十，寅申平。初六、廿一，寅申平。初七、廿二，卯酉平。初八、廿三，卯酉平。初九、廿四，卯酉平。初十、廿五，辰戌平。十一、廿六，辰戌平。十二、廿七，巳亥平。十三、廿八，巳亥平。十四、廿九，子午平。十五、三十，子午平。

敕修兩浙海塘通志卷十五　祠廟上

捍灾禦患，凡有功德於民者，列之祀典。海塘之築，障衛民生、城郭、田廬，利賴非細，如海神、潮神、龍王各廟，肸蠁千秋，宜矣！至一州一邑之間，或修築有功，載在志乘；或聲靈赫濯，士俗尊崇；所在祠廟，亦宜一律編纂，以昭崇報之義。其廟貌雖去塘近，而無與海塘事者，概不列入。志《祠廟》。

杭州府

錢塘縣

英衛公廟

《咸淳臨安志》：忠清廟，在吴山。神伍氏，名員，字子胥。吴王夫差入越，勾踐使大夫種行成於吴，王許之。子胥諫，不聽，賜之屬鏤以死。吴人憐之，爲立祠江上，名曰胥山。唐元和十年，刺史盧元輔修。

盧元輔《胥山祠銘》：元和十年冬十月，朝散大夫、使持節杭州諸軍事、杭州刺史、上柱國盧元輔，視事三歲，塵天子書，上畏群靈，下慚蒸人，乃啓忠祠，銘而叙曰：『維唐敷祀，典於天下，廢淫置明，資父事君，罔有不舉。寢廟既設，我命厥新，有周行人。伍公字子胥，陪吴之職，得死直言，國人求忠者之屍，禱水星之舍，將瞰鴟革，遂臨浙江，千五百年，廟貌不改。』漢史遷曰：『胥山，今曰青山者，謬也。』吁！善父爲《孝記》，曰：『父仇不與共戴天。』諫君爲忠，經曰：『諸侯有諍臣，不失國。』當阨於宋鄭，絶楚出疆，在平爲未宦臣，在奢爲既壯子，坎壈仗節，乞師於吴，軍鼓丁寧，五戰至郢，鞭墓走昭，非逆施也。夫差既王，宰嚭受賂，二十年内，越祀又顛，泰伯廟血將乾，闔閭劍光先失。公入則諫焉，雖言屢出口，而車甲已困於齊矣，蟹稻已奪於歲矣。屬鏤之賜，竟及其身，鴟夷盛屍，投于水濵，憤悱鼓怒，配濤作神，迄今一日再至。來也，海鴟群飛，陽侯夾從，聲遠而近，聲近而遠，奮於吴，怫於越，汐於楚乃退。於是仲秋闕望，杭人以旗鼓迓之，笳簫和之，百城聚觀，大耀威靈，捲沙墨裂地灰，截若岸坼城坑，迎潮氏格之如吕梁丈人，爲靈戈威矛，潋浪百里，渚塞不先，跳檣揭舷。再飯之間，絶其音聲，蕩漭千里，洪波砥平，有滑有腯，有鹽有腥，遥賓乎下庭，山海梯航，雞林扶桑，交臂於茆階。金狄在户，雷鼓在堂，魏樽漢豆，六代笙簧，可謂奉天爵之馨香，獲神人之盛禮。佐皇震怒，驅叱大邪，萬里永清，人觀斗氣。銘曰：『武王鉞紂，子胥鞭平。爲人爲父，十死一生。矯矯伍員，執弓挾矢，仗其寶劍，以謁吴子。稽首楚罪，皆中紂理，蒸報子妻，殲鉏直士。赫赫王閭，實聽奇謨，錫之金鼓，以號以誅。黄旗大舉，右廣皆朱。戳墓非赭，瞻昭乃烏。後王嗣立，執書不泣。顛越言潤，宰嚭讒輯。步光欲飛，姑蘇待執。吾則切諫，抉眼不入。投於河上，自統波濤。晝夜兩至，懷沙類騷。洗滌南北，簸蕩東西。蠻夷卉服，罔敢不來。雖非命祀，不讓瀆濟。帝帝王王，代代明明，表我忠誠。』

景福二年，封廣惠侯。宋大中祥符五年，海潮大溢，衝激州城，詔本州每歲春秋醮祭，賜忠清廟額，封英烈王。九年，馬亮知杭州，禱祠下。明日，潮殺，又出横沙數里，堤岸乃成。康定九年，守蔣堂重建。

王安石《伍子胥廟銘》：予觀子胥出死亡逋竄之中，以客寄之身，卒以説吴折不測之楚，仇報耻雪，名震天下，豈不壯哉！及其危疑之際，能自慷慨不顧，萬死畢諫於所事。此其事，與夫自恕以偷一時之利者，異也！孔子論古之士大夫，若管夷吾、臧武仲之屬，苟志於善，而有補於當世者，咸不廢也。然則子胥之義，又曷可少耶？康定二年，予過所謂胥山者，周行廟庭，歎吴亡千有餘年，事之興壞、廢革者不可勝數，獨子胥之祠不徙不絶，何其盛也！蓋亦子胥之節，有以動後世，而遺愛尤在吴也。後九年，樂安蔣公爲杭使，其州人力而新之，臨川王安石與之銘。曰：『烈烈子胥，發節窮逋。遂爲册臣，奮不圖軀。諫合謀行，隆隆之吴。厥發不遂，邑都俄墟。以智死昏，忠則有餘。胥山之巔，殿屋渠渠。千載之祠，如祠之初。孰作新之？民歡而趨。維忠肆懷，維孝肆孚。我銘祠庭，示後不誣。』

嘉祐七年，太守沈遘修。

王安國《忠清廟記》：胥山廟者，吴人奉事已千百餘年。至於今，天子命祀，而使之歲時祈祝，未嘗懈也。嘉祐七年，長興沈公作藩於杭，政以大成，下畏以愛。既而雨暘，或愆躬禱於廟，歲仍大熟，於是邦人皆以爲神之賜也。乃相與告於公曰：『願治廟堂，以妥神靈。』公既樂詔教之施能媚于民，而又嘉民之不忘神惠而思爲報也，故聽之。八年六月，廟成。公遂祭享，耆稚嗟嘆，咸願刻石以詩題之，而使人來請詞於臨川王安國，乃作詞曰：『維此勾吴，大伯肇居。其後綿綿，享有邑都。闔閭夫差，力欲圖霸。有臣子胥，才實剛者。報楚入郢，遂棲越君。使國爲雄，我志獲伸。彼何宰嚭，冒貨奸宄。我憤於忠，國亦旋毁。武林之墟，胥山之崗。立廟以祀，民思不忘。既歷年久，報祀不懈。以迄于今，常遣祈拜。公作邦伯，實治廟民。每祝必誠，獲應於神。卒是逾歲，風雨順節。謂非神休，有或菑孽。

人乃告公，廟堂将傾。願易而新，不戒遽成。嚴嚴之堂，有翼其廡。憑依之威，觀者俯僂。衆曰迄事，公即大祭。賓贊肅虔，簫鼓喧沸。豕羊具肥，桂酒香醇。神顧享之，醉飽欣欣。衆願具石，刻載厥美。繫之銘詩，庸告無止。

政和六年，加封威顯廟。毁於建炎兵火，興於紹興二十二年。至三十年，加封忠壯。乾道五年，周安撫淙重修。嘉定十七年，累封爲忠武英烈威德顯聖王。紹定四年，再毁，賜緡錢重建。嘉熙三年，趙安撫與懽又易而新之。《杭州府志》：俗名伍公廟，元改封順祐忠孝威德顯聖王。明正統十四年，重修。萬曆八年，重建。《浙江通志》：國朝雍正三年，敕封英衛公，其廟宇修葺，動正項帑金，每歲春秋致祭。

昭貺廟

《咸淳臨安志》：在候潮門内渾水閘東，故司封郎官張夏祠。《四朝聞見録》：杭州江岸，率多薪土，潮水衝激，不過三歲輒壞。夏令作石堤一十二里，以防江潮。既成，杭人德之。慶曆中，立廟於提上[1]。嘉祐十年，又因功贈太常少卿。政和二年八月，封寧江侯，改封安濟公，併賜額曰昭貺。《浙江通志》：國朝雍正三年，敕封静安公，春秋致祭。

東安濟廟

《萬曆錢塘縣志》：在馬坡街，祀宋司封郎中張夏，俗名祖廟，又名太平院。《錢塘縣志》：初夏治潮患，築石塘自六和塔至東清門，今名太平門，與清泰門相距里許。今馬坡街在清泰門旁。是廟或即舊時堤上所立，後入城奉爲土穀者也。

潮神廟

《江塘志略》：國朝康熙四十三年，江塘工成，督修同知甘國奎建潮神廟於江干之善利院，設主祀諸有功於江塘者，又建觀潮樓於其旁。四十四年，聖祖仁皇帝賜御書恬波利濟之額，國奎敬摹製匾，恭懸樓上。

協順廟

《西湖遊覽志》：在石塚，其神陸圭，昭慶軍人。宋宣和中，引兵攻方臘，敗之，殁而爲神。紹興間，海塘衝激江岸，神檄阴兵却潮，潮勢遂平。淳祐間，江潮衝激尤甚，隨築隨圮。神與三女揚旗空中，浮石江面，以顯其靈，岸賴以成，浙西帥臣徐㮚以聞於朝，賜廟額曰協順，封神爲廣陵侯，三女爲顯濟、通濟、永濟夫人。旁有小廟，祀十二潮神，各主一時。

仁和縣

順濟聖妃廟

《成化杭州府志》：在艮山門外。艮山有祠，自商份感夢始。開禧、寶慶，一再創建。又有别祠在候潮門外蕭公橋。

丁伯桂《艮山順濟聖妃廟記》：神，莆陽湄洲林氏女，少能言人禍福，殁，廟祠之，號通賢神女，或曰龍女也。莆臨海有堆，元祐丙寅夜，現光氣。環堆之人，一夕同夢曰：『我湄洲神女也，宜館我。』於是，有祠曰聖堆。宣和壬寅，給事〔中〕路公允迪載書使高麗，中流震風，人舟沉溺，獨公所乘，神降於檣，遂獲安濟。明年，奏於朝，賜廟額曰順濟。紹興丙子，以郊典封靈惠夫人。逾年，江口又有祠。祠立二年，海寇憑陵，效靈空中，風揜而去。州上其事，加封昭應。其年，白湖童邵一夕夢神指爲祠處，丞相陳公俊卿乃以地券奉神立祠。於是，白湖又有祠。時疫，神降曰：『去湖丈許，脉有甘泉。我爲郡民續命於天，飲斯泉者立痊。』掘泥坎，甘泉涌出，請者絡繹，朝飲夕愈，甃爲井，號聖泉。郡以聞，加封崇福。越十有九載，福興都巡檢使姜特立捕寇，遥禱響應，上其事，加封善利。淳熙甲辰，民菑，葛侯郛禱之。丁未，旱，朱侯端學禱之。庚戌夏，旱，趙侯彦勵禱之。隨禱隨答，具狀聞於兩朝，易爵以妃，號惠靈。慶元四年，加助順之號。嘉定元年，加顯衛。十年，加英烈。神之祠，不獨盛於莆，閩、廣、江、浙、淮甸，皆祠也。艮山之祠，舊傳監丞商公份、尉崇德，日感夢而建。

《杭州府志》：天妃林氏，世居莆之湄洲嶼。五代閩王時，教巡檢林愿之第六女也。宋太平興國四年三月二十三日，妃始生，有異徵，幼悟玄理。既長，能乘席渡海，乘雲島嶼間，人呼爲神女。居室三十年，默與神契。雍熙四年，卒，里人祠之。雨暘，有禱輒應，屢著靈異於江湖間。宣和中，賜廟號曰順濟。元海運時，加封天妃。明洪武間，改封聖妃。永樂七年，復改今額，加封洪仁普濟護國庇民明著天妃，賜寶旛，諭祭。《浙江通志》：國朝康熙十九年，封天妃爲護國庇民妙靈昭應宏仁普濟天妃，遣禮部司官致祭。

天后宫

《浙江通志》：在武林門内城東北隅，亦祀順濟聖妃。國朝雍正九年，總督李衛毁西洋天主堂改建。

顯忠廟

《仁和縣志》：在長生橋西。宋紹興初建，祀漢博陸侯霍光，初廟在秀州。宣和間，賜額。紹興時，妙建於杭②，禱祠應若影響。嘉泰、紹定間，有反風滅火之異。元元統初，火延清湖岸，焦土者萬有餘區，死者無算，神復顯靈如初。於是士民葺廟，以答明貺。潛説友舊碑無存，惟浙江鄉進士葉森所撰碑記在橋。

葉森《顯忠廟記》：傳曰：『聖王之制祭祀也，禦大患、捍大灾，則祀之；有功於民，則祀之。』其所以祀之之意，答明貺也。若山川、社稷之炳靈，故在在尸祝之，皆有功於民、能禦患、捍灾者也。是以書名太常，勒功丹史，而天下群祀焉。杭之清湖開元宫西有廟曰顯忠，土人稱霍使君祠，漢大將軍博陸侯也。按舊《志》云，吴孫皓時，神降於庭，自言漢霍光，求立祠于金山之鹽場，以捍水患。宋紹興初，建行廟於錢塘左三廂之長生橋，仍加封忠烈順濟昭應王。質諸《宋會要》，秀州華亭縣小金山漢霍光祠，宣和間賜額曰顯應忠烈順濟公廟，紹興之封，異其名號耳。初，廟基屬民家，乃鳩錢券其地，定爲神居。棟宇既完，禱祠日盈，事無巨細，咸請於神，應若影響。至嘉泰、紹定間，兩有反風滅火之異，紀事傳信，廟碑具存。國朝元統初夏六月甲申，火自朝至於日中昃，始市西坊至清湖岸而止，焦土者萬有餘區，死如、焚如、棄如者，不可以數計。民窘急，駭慴震怛，望廟以呼，如嘉泰、紹定之時，神赫赫厥靈，飈風遽轉，隻瓦不毁，廟貌如故。暨左右民克保厥居，錢塘縣學去廟爲最近，時有司新刊《會要》於學子，忝校讎將完，約費五萬餘緡，亦賴以存。神之功，能如是者不一，推而廣之，則禦大患、捍大灾不難矣，詎止有功於民而已耶？於是杭之士民，聚金葺廟，以答明貺，猶以未盡其誠，將謀刻祠，以紀靈異。宏文輔道、粹德真人眉叟王公捐粟爲助，承務郎、遂昌縣達魯花赤阿剌帖太公施金若干，彩飾神像，奉議大夫、會昌州知州管公彦清爲之勒石，請文於予。辭不獲，故得紀其實，爲他時守土之臣，能以神功申請奉常，載在祀典，與百神受職，則國家愛民、禮神者至矣！神之福斯民者，宜何如也哉？

周宣靈王廟

《仁和縣志》：在褚家堂廣豐倉側。神姓周，名雄，字仲偉，杭之新城渌渚人。宋嘉定四年，爲母疾，走婺源，祈佑於五顯廟。回至衢而卒，附童言曰：『五顯靈威，需我輔翼。生不封侯，死當廟食。』郡人於是立廟。有所祈禱輒應，屢顯靈，進封王爵。

錢養廉《周宣靈王像贊并序》：王生於宋季，鋭志恢復，抑鬱以殁。其忠誠激烈，固宜與日月争光矣！碑載幻蛙事尤奇。每歲三月四日，傳王降生之辰，蛙於時倏來倏去，光彩特異。豈望帝之魂，千載未泯耶？至捍灾禦患，數著靈應，里人香火甚虔，與諸僕射、岳武穆相鼎峙。余感其事，并係以贊：『髯如戟兮目如炬，矯矯如龍兮桓桓如虎。大業未酬兮壯心獨苦，寧死爲厲鬼兮毋生而爲鼠。英風漠漠兮香雲楚楚，享俎豆于千秋兮，永爲我生靈恤灾而禦侮。

《浙江通志》：周宣靈王，杭之新城縣太平鄉渌渚人。浙省是處立廟，其在杭城者，錢養廉《序》稱：『生於宋季，鋭志恢復，抑鬱以殁。』其在新城者，方回《廟記》止載殁後靈爽，不言神生前事。徐士晋《碑記》稱神賈於衢，聞母病，破浪而行，爲水所没，顯神於衢，敕爲江神。其在衢州者，志在肉身，斂布加漆，現今植立廟中，餘與徐記同。至錢廣居《建德縣神廟記》則云：『初名雄，後改名繆宣，少授仙指，失足墮水，溯波而上，香聞數十里，因而建廟塑像於衢城之西。』詳觀諸記，或稱孝、或稱忠、或稱仙，顯不相侔。又方回《記》、錢廣居《記》，封爵年代亦各不符。然現祀爲江神，其肉身現在衢府廟中，則爲孝子無疑，應以徐記及衢志爲正。

晏公廟

《萬曆杭州府志》：在武林門北夾城巷内，祀元晏戌仔。戌仔，江西清江鎮人。元初，輸文錦於上都，因而尸解，人以爲神，立祠祀之，後顯靈江湖間。洪武初，封平浪侯。二十三年，浙江都指揮儲傑以督漕獲庇，捐建今祠。

茶槽廟

《仁和縣志》：在會城東，當錢塘盡界，沿江七十里北至皋亭山，屢受潮患。永樂間，新城茶商陳旭出橐中金築新塘。後乙未，皋亭山洪水與江潮相接，沿江俱没塘壞，旭思資蓄已盡，功不成，遂躍身入潮，屍隨潮浮至皋亭山，沙隨屍而漲，塘乃成，屍隨葬焉。巡撫入告，敕封茶槽土地興福明王。迄今二百餘年，無潮患，士民戴德，奉其神，各方建祀，有上新、中新、下新等祠。

潮王廟

《仁和縣志》：在芳林鄉，又名石姥祠，其神爲唐石瑰，後爲釋氏所有，建昭化寺，而廟附焉。僧本誠《潮王廟記》：按晏殊《輿地志》，古有石姥祠，舊碣載石姓瑰名，生於唐長慶三年。錢塘古稱濤江，民苦潮害，王奮力築堤以捍水勢，祁寒劇暑不輟，功未就，竟死於潮，後爲神。咸通中，官爲立廟，封潮王。宋宣和間，睦寇犯順，時朝廷以韓世忠禦敵，陰雲四合，聞空中叱咤聲，仰見旗幟書石姥潮王之號，軍士奮勇，大破寇兵。嘉熙間，潮水復作，潰堤衝岸，漂蕩民居，人力不能禦。京尹趙公與簄躬禱祠下，潮復故道。有司上其事，加封忠惠顯德王。皇慶二年，主僧宗禮率其徒，即寺創毗盧閣。

廣靈廟

《成化杭州府志》：在石塘壩。宋景定四年九月，潮壞江塘，里人耆老，因立東嶽温太尉廟，請於朝，賜廣靈爲額。咸淳五年，封正佑侯，餘自李將軍以下九神，皆錫侯爵，李孚佑、錢靈佑、劉顯佑、楊順佑、康安佑、張廣佑、岳協佑、孟昭佑、韋威佑。

潮神廟

在沈家埠迤西，祀敕封静安公張夏、寧江王宋恭、護國隨糧王運德、海潮神金文秀、平浪侯捲簾使大將軍曹春。廟創自明季。順治中，僉事楊樹聲修築石篰塘，屢築屢坍，禱於神，始得告成，遂重新廟貌。雍正十年，總督程元章委州同李宗典督修，益拓而大之。乾隆三年，大學士嵇曾筠委通判楊盛芳重修。

順濟龍王廟

《仁和縣志》：在湯村鎮。政和五年，郡守李偃以湯村、巖門、白石等處江潮侵嚙，奏請同兩浙運使劉既濟措置，用石版砌岸，因建廟，累封靈應、昭應、嘉應三王廟，後陷於海，遂廢。

惠順侯廟

《仁和縣志》：在江塘。宋嘉定五年二月，江潮衝嚙石塘，帥漕建廟以禱。咸淳二年，賜忠順額。

四年七月，壽和聖福皇太后布金重建，廟址陷於海，遂廢。

海寧縣

敕建潮神廟

在小尖山之麓。國朝康熙五十九年，浙江巡撫朱軾題請於海寧縣小尖山建立潮神廟。六十一年，敕封運德海潮之神，春秋祭祀，欽頒協順靈川御匾，恭懸廟中。其旁爲舊時石墩司基地，今歸潮神廟管業，歲收息爲守僧薪水。

敕建海神廟

在春熙門内。國朝雍正七年九月，奉上諭（恭紀首卷）敕建。浙江總督李衛奏請，委原任布政使張适、原任知府蔣杲、王坦監修，擇海寧縣治之東，購買民地四十畝啓建。正殿五楹，崇奉敕封寧民顯佑浙海之神，以唐誠應武肅王錢鏐、吴英衛公伍員配享。左右配殿各三楹，以越上大夫文種、漢忠烈公霍光、晋横山公周凱、唐潮王石瑰、昇平將軍胡暹、宋宣靈王周雄、平浪侯捲簾使大將軍曹春、護國宏佑公朱彝、廣陵侯陸圭、静安公張夏、轉運使判官黄恕、元平浪侯晏戍仔、護國佑民永固土地彭文驥、烏守忠、明寧江伯湯紹恩、茶槽土地陳旭從祀。周回夾以修廊，中爲甬道，前爲儀門三楹，大門三楹，左鐘樓、右鼓樓，門臨河，承以石梁，曰慶成橋。橋南歌舞樓三楹，繚以粉垣，闢左右爲廣衢，表以二石坊。殿後爲重門，進内正中，恭建御碑亭，敬勒聖製海神廟碑文。後爲寢殿，上構岑樓。東西配殿，由正殿之東，啓門而入爲天后宫。前爲齋宿廳，後爲道院。正殿之西，爲風神殿，後有池、有亭。

池上爲平橋，三折而度，内爲高軒、爲重門，後爲水仙閣。規制崇閎，氣象軒翥。經始於雍正八年三月，明年十有一月訖工。十一年正月，欽頒御書福寧昭泰四字，一幅製額恭懸正殿。二月，遣内大臣海望、直隸總督李衛告祭。乾隆四年六月，欽頒御書清晏昭靈四字匾額，恭懸正殿。

恭紀世宗憲皇帝御製碑文

國家虔修祀典，以承上下神祇。嶽瀆海鎮之神，秩祀惟謹，視前代爲加隆。朕臨御以來，夙夜以敬天勤民爲念，明神之受職于天，而功德被于生民者，昭格薦歆，敬禮尤至。其爲民禦大灾、捍大患，合于祭法所載，則尊崇廟貌，以昭德報功。蓋所以遂斯民瞻仰之願，而動其敬畏祇肅之心，使無敢慢易爲非，以得永荷明神之嘉貺，意至遠也。皇輿東南際大海，而浙江海寧居瀕海之衝，龕山、赭山列峙其南，颶風怒濤，潮汐震蕩，縣治去海不數百步，資石塘以爲捍蔽。雍正二年，潮涌堤潰，有司以聞。朕立遣大臣察視修築，且念小民居恒罔知敬畏，慢神褻天，召灾有自，爰切諭以修省感應之道，命所司家喻户曉，警覺衆庶。比年以來，徼明神休，佑塘工完固，長瀾不驚，民樂其生，閭井蕃息。越七年，秋汛盛長，幾至泛溢，吏民震恐。已而，風息波恬，堤防無恙，遠近懽呼，相慶謂惟大海之神昭靈默佑，惠我烝黎，以克濟此。朕惟滄海，含納百川，際天無極，功用盛大，神實司之，海寧爲海堧劇邑，障衛吴越諸大郡，海潮内溢則昏墊斥鹵，咸有可虞。神之禦患捍灾，莫此爲大。特發内帑金十萬兩，敕督臣李衛度地鳩工，建立海神之廟，以崇報享。經始於雍正八年春三月，洎雍正九年冬十有一月告成。門廡整秩，殿宇深嚴，丹雘輝煌，宏壯鉅麗，時展明禋，典禮斯稱，爰允督臣之請，勒文穹碑，垂示久遠，俾斯民忻悚瞻誦，共喻朕欽崇天道，祗迓神休，懷保兆民之至意，相與嚮道遷善，服教畏神，則神明之日監在兹，顧答歆饗。其炳靈協順，保護群生，奠安疆宇，與造物相爲終始，有永弗替。朕實嘉賴焉。雍正十年六月初一日。

恭紀世宗憲皇帝御祭文

維雍正十一年，歲次癸丑二月朔。越□日③，皇帝遣内大臣海望、直隸總督李衛等致祭於寧民顯佑浙海之神曰：『明神受职於天，恩覃澤國，禦灾捍患，利賴宏深。凡兹東南黎庶所得保室家而安耕鑿者，神之賜也。朕恭膺天命，撫馭寰區，夙夜敬共，以承上下神祇之祀，所期海宇蒼生，永蒙庇佑。惟兹浙西郡邑，實爲瀕海要衝。比年以來，仰荷神靈嘉貺，頻昭安瀾共慶。乃者，風潮鼓蕩，衝潰堤防，近逼居民，吏人震恐。朕痌瘝在念，軫惻維殷，專遣重臣，周行相度，涓日鳩工，爲海疆圖久遠奠安之計。用是潔誠致禱，虔命在工大臣，敬展祀事，昭告悃忱。惟明神俯念海堧億萬生靈、城郭田廬，於兹托命，堤工木石皆出脂膏，力役所需，民衆勞苦，伏冀宏昭福佑，默相大工，綏静百靈，風恬波息，俾工作得施，長堤孔固，克底厥績，護衛蒸民，保聚生全，安享樂利，則東南列郡，溥被休祥。朕實拜明神之功德於無疆矣。謹告。

天妃廟

《杭州府志》：舊在縣東二里，今移置縣治西三十步。元泰定四年，海患，庸田副使張子仁立。《海寧縣志》：海寧天妃十廟，分建千、百户所營内。明初，所官以分汛海道，故各建廟祀天妃。萬曆間，五廟併慶善寺。順治間，秦令嘉系毁八廟，今改爲駐防公署，止存八天妃廟云。

朝宗王廟

《海寧縣志》：廟在縣西七十里。宋高宗《祝文》：諸侯之朝王，孰敢不欽。子孫之宗祖，罔有不尊。江漢之朝宗於海，無以異此。廟號以是，神之德大矣！乃緣初郊，舉此祀典，尊酒俎肉，以祈來格。

鎮海廟

《海寧縣志》：距南城百步，負郭面塘，内祀捍海諸神。明崇禎戊辰，海決，潮水高丈餘，廟内獨不入，人咸異之。

伍公廟

《海寧縣志》：祀吴大夫伍員，背南城，在捍海塘之陽。

胡令公廟

《杭州府志》：在長安鎮，祀唐胡暹。元杭州路鹽官州儒學教授徐圓《胡令公廟碑》：令公，姓胡，名暹，字進思，婺州東陽義烏人。唐憲宗朝，佐中丞裴度平淮西，以功陞武任将軍。宣宗時，奉命至海昌召禪門齊安國師。師演法謝恩，就坐而化。将軍回至長河，過海神祠，亦立化於庭。有司申聞，宣宗遺桑稱二御帶，追封齊安爲悟空禪師，進思爲昇平将軍，與海神共祀。至宋康王南渡，乘駿過長河，無船可渡。入廟叩之，出門忽有大舟迎王。王問其名，居曰桑、稱二姓，本里胡進思家人也。建炎元年，王遣官召胡進思，併桑稱二人，里中並無。因廟中有胡将軍碑，載將軍往海昌召齊安國師事蹟，州官申復，降詔敕封令公海神，與桑、稱皆進王號，並祀土穀廟，號威烈赫靈之殿。泰定間，復有方太守入廟禱祀，蝗不入境之異。其父方虛谷，任婺州路侯，備知令公事蹟。婺州見有永康縣胡公祖廟，太守命里人重立碑石云。《海寧縣志》：至正二十年，被毁。明嘉靖十四年，重立。宋《圖經》云：『令公，未詳其始。』《臨安志》智果院彌勒閣註云：『晋天福四年，錢王遣令公胡進思往婺州。』《五代史》：『胡進思以舊將廢吴越王倧而立俶。』考《郡志總圖》：『赭山北，有令公塘。』豈吴越王時，令公曾築運塘，故有祠廟歟？

英濟侯廟

《海寧縣志》：俗稱捍沙王廟，在縣東三十里。相傳蕭山布衣張某，溺海爲神。或曰宋張夏築堤捍江，人賴以安，爲之立祠。

朱將軍廟

《成化杭州府志》：在縣東三十六里黄岡。《海寧縣志》：按：朱彝力能拔牛尾倒行。宋治平初，溺海爲神，著靈應。寶祐三年十月，敕封佑靈將軍。元大德二年，以捍海立廟黄岡西，進封護國宏佑公。敕曰：『爵有德禄，有功夙著。禮經之訓，禦大灾、捍大患。載遵祀典之文，爰示褒崇，庸彰顯應。鹽官州海神，闡靈浙右，安宅海隅。江漢朝宗，無遠弗届。雨暘時若，有感必通。比聞高岸之傾摧，能免下民之墊溺。導水波而潛復，益固堤防。足財計以阜通，仍輸斥鹵。嘗閲省臣之奏，具知神力之雄。肇錫嘉名，丕昭令問。聿嚴廟貌，特俾恩封，可賜號靈感宏佑公。』其廟在袁化東北者，後羽流增飾仙真，俗因呼爲天仙府。

周宣靈王廟

《海寧縣志》：在硤石鎮審山。嘉靖間邑人沈友儒《碑記》：侯生淳熙三月四日。嘉定辛未，爲母疾，走婺源，祈佑五顯。回至三衢而卒，附童言曰：『五顯靈威，需我輔翼。生不封侯，死當廟食。』衢於是立廟新城，繼之旱潦禱之輒應，疾疫祈之遂痊。初稱四七太尉。端平二年，德興祁門，陰捍常山土寇。饒州表請，封翼應將軍。嘉熙元年，神威揚邊，强敵遠遁，兩淮表請，加封威助忠翌大将軍。淳佑四年，改封翊應侯。寶祐五年，加封助順。咸淳七年，加封正烈。十年，加封廣靈。舊制神祠封錫，自二字至八字止，侯兼之，蓋渥恩也。侯今廟食於硤，遠近嚴祀之，殆與三衢新城並。故摭記侯之生平，俾刻於石焉。

曹將軍行祠

《海寧縣志》：祀宋封潮神邑人曹春，在縣西南四十五里巖門山。元潘萬選撰記，明初顯聖於五都二圖，羽流募建。崇禎間，沈如初重修。

昭烈王祠

《海寧縣志》：神以捍海封。宋慶元三年，主簿趙希楷建，附葆真菴後，在縣東二百五十步。嘉定元年，宜興丞趙彦搢又立祠於安國寺東，見《圖經》。后祠廢，列其像於雙仁祠。明嘉靖二十八年，縣令高尚志移祀鎮海門外。今廢。

古彭烏廟

在教場，祀元敕封護國佑民永固土地彭文驥、烏守忠。康熙五十九年，從祀尖山潮神廟。雍正九年，從祀海神廟。

彭烏廟

在春熙門外七里海塘上，亦祀彭、烏二神。衢州府知府白豐《碑記》：雍正三年，余奉委修築海塘，往來塘工。去寧邑東七里，有廟曰彭烏。詢祀何神，土人爲余言：『一姓彭，諱文驥，字德公；一姓烏，諱守忠，字子樸。世同里閈家，素封。』元泰定三年，海溢，朝命築塘。費不給，二神罄家貲助之。坍陷不已，時有遷民内地之議。神曰：『生不助其成，死必捍其患。何内徙爲？』未幾，陷於海，大顯靈異，海患頓息，塘成而民卒不徙。聞於朝，立廟以祀。明嘉靖三十年，塘大圮，神又顯靈，敕封護國佑民永固土地明王。至國朝康熙三年，憲副黄岡熊公督理塘務，感異夢，遂捐俸修葺。三十七年，邑宰王任以海患躋廟齋祝，不逾時，海即漲沙。督撫具題，奉敕同諸海神建廟尖山之陽。其七里海塘及教場二廟，仍聽土俗奉祀。

鎮海塔

《海寧縣志》：舊名占鼇，在邑治巽隅。萬歷間，邑令郭一輪經始，築基一級有奇。後令陳揚明議，竟舊令之緒，會鹾直指張惟任司理，孫穀廉得施金所赢者一千兩，畀揚明襄厥事。萬歷四十年壬子正月鳩工，九月告成。其高一百五十尺，廣周九十有六尺，圍廊翼欄，達七級之頂。明末，邑人陳内翰之遴孝廉之暹重修。後復傾圮。康熙丙辰秋，邑令許三禮鳩工重葺，邑人都御史陳鼓永撰記。

嘉興府

海鹽縣

海神廟

《海鹽縣圖經》：亦名龍王廟。永樂三年，左通政趙居任築海鹽塘成，建。景泰六年，僉事陳永、參政謝輔重建於東門外海上。

楊公祠

《海鹽縣圖經》：楊憲使瑄築塘有功，既卒，民祀之東門海塘上，與龍王廟並。萬曆七年，巡撫徐栻疏請移建二廟於白洋河上，歲春秋及八月十八日有司致祭。

陳詔《楊公報功祠記》：公諱瑄，字廷獻，江西豐城人，舉景泰進士，試御史，再疏曹石之奸，謫戍嶺表。茂陵即位，復公官，陞浙江按察司憲副，巡視海道。癸巳甲午，風潮大作。乙未丙申，繼之塘大圮。公篤意籌畫，定海城北捍海塘、縣西走馬堤、霸衢所裏外海塘、健跳所海鹽海塘，皆公修築。海鹽塘踰二千三百丈，工最鉅，捍患最大。隨陞按察使司，半載病，亟語寮寀惓惓，惟築海塘法，不及私。海鹽民戴公德，肖公像，祀之海濵。萬歷乙亥之變，祠宇漂没，而公神像洎二三侍衛，自移百步外，踞高曠閒，儼如廟貌，土人異之。余自奉命綜理塘務巡海上，訪公政績，率有司謁公，禱以默相。比予督石桐江，公白晝見夢，授以修築之法，出人意料。塘既完，白之撫院，疏請建廟賜額，蒙旨名報功祠，有司春秋致祭。遂於白洋河内，擇高爽善地，負城面海，創建神宇。設以几筵，侍以衛從，環以垣墻，匾以敕旨，永鎮洪波，與海神埒。夫公直聲在朝廷，勳名在史册。區區一祀，胡能重公？顧萬頃溟渤，一綫堤防，自非藉公精誠，孰克鎮定？遐思美報，百代不磨，宜矣！然余復有感焉，邇偕少府張君增修前績，而張君内倣縱横樣塘，外倣荆公陂塘，堅鞏可久。覆之往牒，鹽之有荆公陂塘，自公始也。其有縱横樣塘，自葵峰黄公始。今第修二公之業，兼而用之，績以罕儷。今公入祀典，而黄未參一豆，人心歉焉。矧丈尺段分，次第字號，迄今皆遵黄公法。視公屬纊惓惓，良亦無忝，晋祀何疑？余雅意欲請於朝，凡捍灾、禦患，法施民勞，定國一言一事，苟合祀典，皆乞侑食廡間，用勸來者。而黄公爲急，乃匆匆滇南之行，未果也。書以識之，蓋亦公所許矣。

三公祠

《海鹽縣圖經》：祀僉憲晋江陳公詔、郡丞弋陽黄公清、縣令進賢饒公廷賜，並萬歷七年築塘有功，在楊公祠旁。

黄道廟

《海鹽縣圖經》：一在縣西南四十里鸕鷀湖上，一在澉浦鎮黄道山上。《宋志》：長墻山之阿，有黄道神祠。初在石帆村，因陷於海，建炎二年，僧若中遷之山。寶慶三年，都運諸大卿奏請，廟額稱顯應侯廟，廟中有神曰楊太尉尤靈。客舟渡海，必禱之。《續澉水志》：顯應侯廟，在龍眼潭之上。宋時，番舶皆聚於此廟，神甚靈。自禁海之後，潭湮塞爲平沙，不復可泊，庙廢为荒基者二百年。嘉靖癸丑，倭奴入犯，參將盧鏜以舟師守澉，方患無所灣泊，有一卒登巖，伐廟前柏爲舵幹。神忽憑之言曰：『汝敢伐吾柏耶？』盧異焉，乃祀之，議創新祠，令揮使徐行健董役，越月祠成。俄而，潮衝沙磧，内徙里餘，龍眼潭復故跡，古岸宛然，測之無底，戰艦畢集祠下矣。其異如此。

金山顯忠行廟

《海鹽縣圖經》：祀漢大將軍霍光。《永樂志》云：『一在縣東北九十里廣陳鎮，元至大二年建；一在縣東北五十五里當湖市，宋建炎三年建。』今並析屬平湖縣矣。本縣行廟，在東關外一里海上。宋宣和六年建，紹熙中縣令李直養重修。

海寧衛聖妃廟

《海鹽縣圖經》：在縣西北二百五十步十字街北，洪武二十九年建。成化、嘉靖、萬歷等年，並重修。

澉浦聖妃宫

《海鹽縣圖經》：舊設南門外，操備廠前。天順初，移門内大街，匾額摹張即之書。

平湖縣

顯忠廟

《嘉興府圖記》：在縣治東一里當湖旁，祀漢大將軍霍光。

魯詹《顯忠廟碑记》：大观庚寅冬，詹廣陵秩滿，臘中歸省親，道經吴江，寒甚。一夕，震澤冰合，既抵家，鄉人皆言曰：『昔湖中冰厚幾尺，有物自東北趨西南，轟然有聲，水辟如粉，夕即還，如是三日乃已。此何異耶？』詹曰：『異哉，不得而知之。第聞吴主孫皓當被疾時，有神降於小黄門，云：「華亭鹹塘，風濤爲害，非人力能防。古海鹽一旦陷爲湖，無大神護。臣，漢之功臣霍光也。臣部黨有力，當鎮之可安。」翊日，疾瘳，立廟小金山。鄉人盍相與築宫湖上，竭虔昭惠，以鎮此土乎？』僉曰：『兹衆所祈嚮者。』即卜爽塏之地，占湖山之勝，乃營廟宇，乃嚴神棲。自是遠近翕然，結社會拜者，舳艫相啣也。竊嘗謂生爲偉人，則殁爲明神，必有大功德於民，隨其所向，而追想世奉祀之。惟忠烈公策名孝武，擁昭立宣，厥功懋焉。是時，漢都長安距吴會遠甚，公之殁，更兩漢、歷三國，已數百年。乃托吴主之疾，肇建金山之祠，敷錫陰貺，宏庇海邦，此何理耶？其神如月在天，有水則現，舟行月移，東西南北，隨所向而見之。若黄石公之於仙舟，張漁陽之於鄮邑，民猶尸祝之，矧夫忠烈巖巖、精爽凛凛、發祥炳靈、感應如響，曾何久且遠之間耶？時愈久，而民之祀愈崇，詎容議哉？我宋重熙，百神受職。宣和二年，始賜額曰顯忠。後三年，誥封忠烈。公雖冠五等之爵，尚遲顯忠之令，庶致崇樞，而移神貺也。丙午春，詹歸自京師，祇凝祠下，至未就緒，慨嘆久之。而職其事者，輿議弗允，亟告縣大夫而易之。明年冬，闔郡司還朝过家，止家，乃见廟宇屹然，擁以虚亭，翼以修廊，旁列攸司，各有次第，高明輪奐，庭殖翬飛，徘徊諦觀，目駭而心肅焉。因哀始末，書之石，式告來者。沈懋孝《重建顯忠祠碑记》：顯忠祠在當湖東門外，相傳爲鎮海神，以乍浦地界金山，海濤從波上流來，故亦稱金山之神，其小像作負扆狀，如漢武所賜大將軍博陸侯之圖。則余聞之先大父，言自番舶入貢，顯靈海濤間而尊置之者。其在三國吴王時，夢感小黄門，稱：『鹹塘颶作，非人力可防。余漢之博陸侯也。奉帝之敕，率所部作鎮鹽官。』至晋代，因武原縣治一朝忽沉爲當湖，始立祠湖之上。宋大觀中，兩浙提舉魯詹感其靈應，請于朝，始封忠烈公。宣和二年，賜額爲顯忠祠。紹興中，知湖州魯可封是詹之子，勒石紀其事始末如此云，本朝載在邑乘。旱乾水溢，禱之輒應。至嘉靖中，海寇徐海、陳東、葉麻三酋者，窟穴松江之柘林，無月不掠我湖邑先後七八年。督撫績溪胡公宗憲臨鎮湖邑，解攜其黨，盡殲三酋之衆於我沈家莊。是時，金山神明效靈爽，督撫公如將見之，親致祭焉。始公先受降渠酋，繼有逆謀，復檄永順、麻沙諸部蕩平之。蓋島氛濁厲，終始結局，於此邦明神佑助之，功焉可誣也？余時總丱爲諸生，日夜編于垣捭枹鼓間，一一親見其事。如癸丑三月，倭千餘從乍浦登岸，蟻結于讀書堆上者五日。彼時，未有城堞，市人揭竿湖畔以禦之。此一帶水耳，終不能渡取道，竟從金山去。後有田父數人被拘，逸還者言：『彼中見有金冠金袍，白馬翩翩，巡湖之滸，戈戟如雪，或作虎象形。』嗚呼！無城無兵，何恃能守？此非神之力而何也？如乙卯二月，倭駕千艘萬人來攻城。其酋乘輿先上，流矢向城中者如雨。邑侯襄陽劉公存義連發三矢，酋遂殪，放艘由武塘以去。後有從艘中脱歸者，競言：『酋見神人仗劍擊之，諸艘檣纜多折斷者，以爲不利，吐舌連宵遁。』嗚呼！咆吼而來，奪魄以去，此又非神之力而何也？自倭熄來今且五十餘年，海波安瀾，時和歲登。我父母延陵王公，加意乎境内應祀之神。於是父老同聲，願新顯忠神之祀，呈舉帖行，樂趨者衆，故工力速成，規模開拓於舊。余爲述明神之顯聲，濯靈於耳目間者，真實如是，使邑士民皆敬焉。夫湖邑僅百里，而去海甚近，島汛無期，颶灾時作。

斯時也，有邊海之防，焉有蕩析之慮焉？天人幽明間，所爲協奠此土者，功參半矣！乃若子孟先生，受遺擁立持傾，保大事在前史。堂堂巍巍，神行天壤，無所不在。吾聞其事，今天下未見其人。

閩人英烈，錢侯附焉。

趙孟堅《顯忠廟英烈錢侯碑记》：《吴国備史》載漢博陸侯霍公，附小黄門謂吴主曰：『國之疆土，東嚙海濤，虧蝕侵尋，臣漢舊輔，今當爲臣駐小金山爲禦海斥，使不衝盪，全護国封，当为建祠于彼金山，示所旌顯。』自時厥後，封祀不絶，今爲忠烈王顯濟廟焉。維英烈侯，家閩氏錢，行位居七，航海而商，舶帆經從，入廟致禮，儼觀威爽，虐浪東行，一山若岸，巖巖殿宇，卓冠山椒，地勢坤靈，軒赫斯稱。又諗王忠，存漢社稷，歆生敬慕，若曰浮沉，罔利轇轕，迷途汩淟，塵中何終，底止歿事忠臣，愈浪生死，猛念倏發，幽明洞符，玉立廡間，叉手瞠視，不欹不倚，窅然化歸，異哉！於是，驚怪顯跡，塑貌附，老宿相傳幾百年矣。季夏之月二十二日，維侯生辰，沿海祭祀，在在加謹，廣陳鎮金山祠祀尤嚴，常歲是日，海商海賈，寨户亭丁，社鼓喧迎，香華羅供，然前無位號，未應秩經，仗隊弓刀，遥稱太尉，殆幾野廟，殊闕聲猷，屬青齊向化之年，困獸猶競，東鄙興師，侯能助順，虚無之際，神證用彰，霧消雲飛，陰兵千萬，排空而下，旌旗著號，華亭太尉，智識昭明，逮及交鋒，賊勢披靡，風驅電掃，冥助維多。主兵上之，公朝訪尋允合，爰加封敕，謚以英烈，庸答靈休。端笏垂紳，榮披章服，從飾仗衛，一變魚雅。孟堅母弟，孟淳今嗣，秀安僖王曾元孫，囊居里，日嘗誦言曰：『英烈神靈，國勳如是其偉。兄志于文，盍爲紀述？』其永聲聞，當備樂石，以奉刻詞，兹以書石既礱，紀弗可後。』《海鹽縣圖經》：宋建炎三年，將仕郎曾壽淵、宣教郎致仕、賜緋魚袋曾壽寧建。

天后宫

《平湖縣志》：在乍浦苦竹山宫右，有觀濤閣。明天啓七年，過京兆庭訓，建樓五間，背山面海，華亭董其昌有跨鯉觀濤之額。今改建平房，匾額猶存。又一處在東門内。

校勘記

〔一〕立廟於提上　『提』字疑爲『堤』之誤。

〔二〕妙建於杭　『妙』字疑爲『廟』之誤。

〔三〕越□日　原書『越』後空一字。

敕修兩浙海塘通志卷十六　祠廟下

紹興府

山陰縣

任太尉祠

《山陰縣志》：祀宋浙江捍江指揮使任班。慶元中，浙江塘壞，班率兵修築，行泥淖中，不惜勞瘁，當事嘉之。嘉定中，山陰、餘姚大水，漂民居五萬餘家，壞民田十萬餘頃，山陰後海塘潰决五千餘丈，班修築請賑，民賴以安。及殁，鄉人感德立祠。一在山陰後海塘，一在餘姚臨山衛，與潮神並祀。

張大帝廟

《山陰縣志》：去縣東北三十三里陡亹閘上，祀宋漕運官張行六五者。嘉靖十六年，知府湯紹恩築三江閘，以神有捍海、滅倭功，立廟新閘堤上祀之。《會稽縣志》：初，廟在蕭山之長山，今城鄉所建甚多。在山陰江橋者最顯應，因獨當南門兩縣來水之衝，爲郡城水口壅塞，則多火災。康熙十一年，里中紳士更爲開闢。

天妃廟

《山陰縣志》：去縣西北十五里，在城者四：一在府山後，一在大營，一在水溝營，一在光相橋西，□□官建①。

會稽縣

湯太守祠

《浙江通志》：在開元寺内，祀知府湯紹恩。

毛奇齡《循吏傳》：紹恩，字汝承，安岳人，嘉靖五年進士。十四年，以郎中出知紹興府。山陰東南有浦陽江，爲三江之一，上接金華。浦江諸水，北流至諸暨，與東江合，北遏硤山，東滙山陰之麻溪，然後盡注錢清江而入於海。是時浦陽已通浙，第口隘，浙常高水反入浦陽而灌麻溪。其錢清之入海者，勢若建瓴，又傾潗不可止，所以既苦潦，又苦暵。紹恩至，相浦陽上流，恢前守戴琥所開績堰，使浦陽之通浙者，坦而易泄，乃塞麻溪，以遏其來，不使浦陽之水得復入山陰東南。於是相其尾閭，凡在紹諸水，濫則易澌，潗則易竭者，爲水坊海濵，以伺瀦瀉，而定啓閉。初錢清江下流，原有二閘，歲久堙廢。紹恩相下流三江之口，其地夾兩山，爲浦陽入海故道，下有石峽横亘數十丈，泗水得之。乃伐石於山，依峽建閘，石牝牡相銜，烹秫和炭以膠之。石之激水者，剡其首，使不得與水争。下有檻而上有樑，施横坊其中，刻平水之則於柱石間，而啓閉之。兩堤築土，冶鐵而澆其根。凡二十八閘，應二十八宿。堤數百丈，而大閘之内，又置備閘數重，曰經溇、曰撞塘、曰平水。閲一年工成，共得良田百萬畝，魚鹽斥鹵，桑竹埸畷，亦不下八十萬畝。初，紹恩築堤，堤潰，有豚魚千頭乘潮而上，衆驚告。紹恩曰：『此堤成之兆也。在《易》之中孚，豚魚吉，利涉大川。』立令入水築，人多怨讟，又其時潮大，至見者汹汹。紹恩不顧，禱於海，潮忽下，望堤而却，後以次遷去。歷官布政使。

明萬曆初，建其生祠在三江閘口。明嘉靖中，建。國朝雍正三年六月，浙江巡撫法海以紹恩創築三江閘有功紹郡，題請封號。敕封寧江伯，春秋致祭。

按：湯太守祠内，附祭木姓、龍其名者，公之隸人，稱木皂云。傳公建閘時，工成輒毁，衆束手無策，龍奮激自投閘底，身死而鉅工成。邑人德之，設像二，一隸服侍公旁，一彩服坐閘上。有司春秋致祭，必别設品物先祀之。府縣志皆失載，惟程鶴翥《三江閘務全書》有木皂名。又云即公夫頭建角字頭洞，即大顯靈異以助，因設像於三江城外西堰土穀祠及天妃宫二處，是夫、是隸，姑存俟考。

蕭山縣

寧濟廟

《蕭山縣志》：在西興鎮沙岸之東，祀浙江潮神。宋政和三年，賜今額。六年，高麗入貢使者將至，而潮不應，有司請禱，潮即至，詔封順應侯。紹興十四年，徽宗靈駕渡江，加武濟忠應公。三十年，顯仁皇太后合祔，加武濟忠應翊順公。淳熙十五年，高宗靈駕之行，顯應尤異。先數日，太守侍郎張杓躬視漲沙，沿御舟入浦處，盡護以紅竹。詰朝，方集萬夫，迨潮落，沙已蕩盡，水去所立之竹纔尺許。

及虞祭畢，沙復漲塞，莫不驚異。於是，詔加武濟忠應翊順靈佑公。慶元四年，憲圣慈烈太皇太后歸祔永思，將渡江，會大雨震雹，隨禱而止，遂賜王爵，是爲孚佑王。明初，令有司常以八月十五日致祭。《祝詞》：一氣通侯，百川孕靈。勢傾山岳，聲震雷霆。素車白馬，出没杳冥。實錢塘之壯觀，固海若之憑陵。時維八月，天高氣清。某等躬率僚屬，駿奔靡寧。釃酒臨江，伐鼓以迎。神其來格，慰我凡誠。

護堤侯廟

《蕭山縣志》：在長山之麓，宋時建，以祀漕運官張行六五。咸淳間，賜額，祈禱甚應，尤有功於海堤。（今俗謂之長山廟，又謂之張老相公廟）春秋有司致祭。後又建别廟新林鋪之北，謂之護堤侯行宫，有司即祭於其所。又沿山川橋閘要害之所，皆有行宫，民各私祀之。

按：王多吉集《張氏先塋碑記》云：『吴越王時，刑部尚書張亮，厥後一傳護堤侯，十一税院，襲爲長山海神。』則前行六五者，即指十一言也。《郡志》云：『神諱夏。宋景祐中，浙江塘壞，神時爲工部郎中，受命護堤，置捍江五指揮，各率兵士四百人採石修塘，隨損隨築，人賴以安，郡人爲之立祠，朝廷嘉其功，封寧夏侯。』又云：『山陰三江閘有廟，稱英濟侯王。不知何代所錫封號，然本邑諸廟皆稱英濟侯。天啓時，封靈應英濟侯。』

餘姚縣

永澤廟

《餘姚縣志》：在儒學旁。元州判官葉恒築海堤，民思其功，請於朝，廟祀之。後廢，邑人於開元鄉龍王堂私祀其像。王至《廟記》：至正二十有七年，詔封故餘姚州判官葉恒爲仁功侯，賜廟額爲永澤。侯，字敬常，四明人，以國子高第釋褐，官餘姚。餘姚北際大海，當潮水之衝嚙者六十里。有司役其民，楗籠竹木而築土石以爲堤，風濤不可測，或始成而即壞，壞則内移以爲堤，歲或三四焉。民之力日益罷，財日益耗，而並海之地，日益削矣。侯至，治視堤，乃曰：『欲去此患，非石堤不可。然爲費固鉅，但併其數爲土堤之費，則石堤可成矣！』於是請計田出粟，擇人以司之，而侯則往來相度，苦心勞力而督治之。越三年，爲至元改元之歲，而堤始成。常具其事，請國子監丞陳公旅爲之記，以刻諸石矣。是後，侯入官翰林，轉職太學，卒於鹽城縣。今則去州已十年，民皆欲建廟祀，而未有卒其事者。越十五年，而浙江分樞密院經歷鄭公珩以分省命來督州事，民以廟事告公。公遂白諸分省，而率其民即州學之旁，建屋四楹以祀侯。又合民之詞，以請於朝，故有廟額之命。命下，則鄭公已去太守。李公樞乃屬州人王至記其事，繫以詩曰：『海於兩間，爲物最鉅。洪濤奔衝，土不能禦。倚嗟葉侯，官此海陬。禦海以石，紓民之憂。維此宏功，曠古未有。侯當廟食，百世非久。心乎斯民，繼有其人。民爲報功，廟食是勤。煌煌封侯，奕奕廟額。昭我民情，自天寵錫。民之報侯，垂厥子孫。斯廟斯祀，與堤永存。』

助海廟

《餘姚縣志》：在治西北半里許，莫詳何名，傳其有功海上，祀之。

斷塘廟

《餘姚縣志》：祀桑神。在治西北六十里蘭風鄉斷塘村。考桑神兄弟生於姚，仕於唐，成神於古虞羅巖絶頂，顯靈於宋，助濬黄河有功。建炎間，敕封王侯。先代，立廟於石山，奉祀甚盛。蘭風地界海陬，潮數爲患。明初，推官周復築蘭塘以抵怒潮，里民邵百常等以塘逼海，坍塌靡常，非神鎮之，難以永固，請徙顯順侯、顯文侯、文學侯、黎陽郡王四神祠於斷塘邱壠之上。

上虞縣

石窗廟

《萬曆上虞縣志》：亦祀桑神，在羅巖山麓。神嘗助宋兵有功，封郡王。明張秋河決，嘗顯陰靈助築。至今客江湖者，遇險難呼號求救，輒護持。有所禱，其應若響。

天妃宫

《萬曆上虞縣志》：去縣二十里。

竺浩九神廟

《萬曆上虞縣志》：在牛步，傳爲潮神，其子姓及鄉人祀之。

張神廟

《萬曆上虞縣志》：在縣南塔嶺上。

伍子胥廟

《萬曆上虞縣志》：在山川壇前。

嵊　縣

靈濟侯祠

《嵊縣志》：在縣東門外百數十步，神姓陳，諱賢，故有祠在浦橋。明洪武十七年，增建於邑之南門。成化二年，知縣李春重□②。十三年，縣丞齊倫拓大之。嘉靖二十三年，詔春秋崇祀。三十四年，知縣吴三畏徙今所。萬曆十五年，知縣萬民紀更拓之。雍正十二年，知縣傅珏重修。

宋淳祐十二年《敕》：巨浸所稽，視無端倪。洶涌澒洞，窮東極西。於是而能洄洑狂瀾，迄無吞噬。非神之功，豈人之力？式俾侯爵聊慰輿情，特封爲善應侯。宋寶祐元年《敕》：兩浙洪水，爲患尤深，幸錢塘潮神靈濟侯大顯神通，逆風退浪，不壞民居，不傷民命，祠宇臨江，水波不入，嚴、衢近郡，亦賴保全。是用重褒封號，旌異靈聰，宜改靈濟侯爲善應侯，載諸祀典。俞浙《靈濟侯祠記》：剡之浦橋有神曰陳侯，諱賢者，生于乾道戊子，殁於紹定庚寅。既没，禦灾捍患，所在響答。侯生能爲神，不問晝夜，遇假寢輒神遊江海間，拯護舟楫。嘉定庚辰，潮怒嚙堤，手一竹植沙塗上，誓之曰：『神有靈，無使潮越吾竹，以爲神護。』潮至，望竹伊邇即勢伏，迤邐折而東行。未幾，西岸擁沙成阜，畚鍤就緒，而長堤屹若山繞矣。一日，剡之鄉内人趙公炎來，道侯之孫其將築亭墓上奉祀事，求文爲記。吾少時舟行浙江，中流浪涌，篙公仰天呼侯數四，浪輒平，舟獲善濟。吾時常有祈禱之語，久未克償，遂爲記之。趙由喬《請褒封疏》：浙省錢塘江逼近杭城，潮汛汹涌，最爲險急。上年秋汛，大潮一日兩至，衝刷日甚，危險堪虞，束手惶惶，計無所出。查康熙三十八年八月，紹興府嵊縣詳稱：『浙省錢塘江，乃萬艘輻輳之會，實諸道衝要之津。怒浪狂濤，不時發作，早潮晚汐，一日雙馳。捲長堤而碎裂，排高岸以傾頽。沃壤良田，半隨雲浪；朱門白屋，盡逐銀濤。誠所謂威激雷霆，勢亘山嶽者也！按：惟宋進士陳賢者，嵊邑奇人，浙東間氣，生具神通，力拯陷溺。每潮神之有祭，魂輒與其馨香，凡牲醴之所歆，寤即見諸。哇吐植竹，誓禱力成，西岸沙堤。假寢神遊，躬護中流覆楫。厥後淳祐之歲，障川回瀾；寶祐之元，逆風殺水。爰是，廷臣表異，宋室褒封，由太尉而進靈濟，恒膺爵秩之榮，轉善應而加協惠，頻易公侯之等。夫何元明代往，數百年來，久虚誥敕之頒，僅享春秋之祀。然而神威毅魄，歷久常新，每當濟楫揚帆，颶驅篷裂，惟搶呼之一聲，賴神明之立，應宜沿江以爲司命，而嵊民尊稱太公者也。恭遇聖治休明，皇恩廣被，及河喬嶽。既懷柔乎百神，崇德報勲；更優渥乎萬古，伏祈俯順輿情，詳請題封。』臣查江神陳賢，屢著靈異，舊膺封祀，似非荒誕無稽，隨即齋戒三日，虔設牲醴，自撰祝文，備告以聖天子德隆功盛，海晏河清，神果有知，安瀾效順，爲朝廷保障生靈，自當題請褒封，以答神休。因率司道等親赴江干祭告，齋心默禱。祭甫畢，而潮已至，風狂浪激，如排山擁陣而來，觀者如堵，踉蹌奔避。乃潮距祭所百餘丈即止，如有阻遏之者。此康熙四十一年九月十三日事也。杭城大小屬員併築塘員役、近塘居民，無不目擊。嗣後，每日潮汐俱不逼塘，得以及時施功。是皆我皇上愛育萬民、懷柔百神之德化所致，而江神效靈，有呼即應，其功似難泯没。臣彼時即擬題請，緣一時恐出偶然，未敢遽瀆宸聰，旋蒙恩轉撫湖南。至本年二月，趨迎聖駕，見浙來諸臣，僉云：『塘外頓起沙洲數里，江濤離岸甚遠，可保無虞。』是江神既鑒臣一日之誠而不負臣，則臣何敢自渝前日之約而重負江神？身雖離浙，言猶在耳，不得不瀆陳於君父之前。倘蒙皇上俯念浙省江塘關係民生，不以臣言爲荒謬，伏祈敕下部議，將錢塘江神陳賢援例給封，則波臣水吏常邀萬世殊榮，而報功崇德、共仰千秋曠典矣。

寧波府

鄞　縣

海神廟

《延祐四明志》：在東渡門裏。《舊浙江通志》：相傳神姓羅，名清宗，好修黄白飛昇之術，職統海中諸龍王，祈雨輒應。

遺德廟

《嘉靖寧波府志》：縣西南五十里，俗稱它山廟。唐太和中，鄮令王元暐築堰捍江，引他山水入小江湖，灌溉甚溥，民德而祠之，奏封善政侯。宋咸平四年，重修。乾道四年，賜今額，縣令楊布書，郡守張津立。

蘇爲《重修善政侯祠堂記》：瑯琊王公元暐，唐太和中，出佩銅章，字人海徼，時屬承寬之後，躬行阜俗之化，以勤儉誡游惰，以誠慤崇孝慈。貪夫斂手於袖間，暴客屏迹於境外。能使婚嫁有序，惸獨有依。他民愁嘆，我則民懷乎燕樂；他民凋瘵，我則民豐乎衣食。詩所謂『豈弟君子，民之父母』者歟？先是，厥土連江，厥田宜稻。每風濤作冷，或水旱成灾，採石於山，爲堤爲防。回流於川，以灌以溉。通乎潤下之澤，建乎不拔之基。能於歲時大獲民利，非所謂法施於人者乎？能禦大灾者乎？太博王君嚮侯之德聲，謁其祠廷，門榛砌蕪，暴露尤甚，乃嘆曰：『將何勸乎？我將新之。』吏忻民歡，風動草偃。擇木揆日，經之營之。於是，遷祠之基於堰之上，使泛舟者賴共德力，農者懷其恩。遺愛之道載彰，嚴祭之禮斯備。在江之滸，佑我蒸民，庶使享斯廟者知仁政之可尚也。俾旌如在，無愧直書。

顯德廟

《嘉靖寧波府志》：縣北三里桃花渡北。神姓姚，名器，凡海艘遇颶者，有禱輒應，故稱顯德之神。元大德間，都漕運萬户盧榮感神效靈運道，捐址建祠，久圮。明成化乙酉，盧瑋大加修葺，郎中洪常有記。

靈應廟

《嘉靖寧波府志》：縣南二里許畫錦橋北。舊名永泰王廟，祀晋鮑蓋。自宋以來，屢封爲忠嘉神聖惠濟廣靈英烈王，歲久廟圮。正統間，知府鄭珞復徹新之。

《尚書胡碑略》：王鮑氏，世居會稽之鮑郎山。至王父，去隱鄮之青山。母晝寢，夢吞日而孕。凡三歲，當晋太始三年九月十五日王乃生，有神光耀室之異，遂名曰圓照，後更名蓋。建興四年七月十五日，醉終於家，葬鹿山之原，邦人因立廟鹿山，塑王像併二夫人及王子，歲奉祠之。梁大通間，加封永泰侯。唐神功元年，縣令柳惠古請以甬東水村楊給事舊宅更置王祠。聖歷中，始立今廟。宋崇寧中，尚書豐稷奏犯哲宗陵名，改廟額曰靈應。政和八年，詔封惠濟。宣和三年，加封威烈。宣和六年，侍郎路允迪奉使高麗，求庇於王，若行平陸，奏加封忠嘉。建炎四年，高宗航海，王陰護之，風濤不作，帝乃御書加封廣靈。紹定間，丞相史彌遠作新其廟。端平三年，太傅、越國公鄭清之奏改威烈爲神聖。嘉熙元年，資政殿大學士、沿海制置使趙善湘奏加忠嘉神聖威烈惠濟廣靈王。元武宗至大三年六月，詔重建廟宇。順帝至正二十年，中原梗塞，由海道漕運，萬户倪可久奏，言『藉王陰庇，扶護糧艘，風波不興，舟人無恐，竟抵直沽，以濟國用。請加封忠嘉神聖惠濟廣靈英烈王』。廟額見存。

靈慈廟

《嘉靖寧波府志》：即天妃宫，在縣東二里東渡門外。宋紹興二年，建。元延祐元年，封護國庇民廣濟明著天妃。至正末，毁。洪武三年，中山侯湯和重建。天順五年，知府陸阜命主奉沈祐修葺及創寢宇，程端學爲之記，謂沈自紹興以來世奉祠云。别廟一在縣東八十里大嵩所，亦名天妃宫。

慈溪縣

靈應廟

《慈溪縣志》：縣東北一里，祀晋鮑王蓋。明嘉靖三十五年，毁。三十七年，重建。國朝康熙八年，重修。

洋山殿

《慈溪縣志》：縣西北四十里古窑閘西，祀海神，慈、餘、鎮三縣民虔奉之。

湖頭廟

《慈溪縣志》：縣西北五十里鳴鶴場，祀海神。

鎮海縣

龍神廟

《浙江通志》：在縣東鎮遠門外十里海山洞口。國朝雍正五年，敕封涵元昭泰鎮海龍神，發帑銀二千五百兩創建祠宇。八年，知縣張珽督建。

李衛《蛟門龍神廟碑記》：寧波爲浙東首郡，其屬鎮海距海十里。山曰蛟門，巉巖聳峙，環鎖海口，潮汐吞吐，波濤掀涌，最稱險要。傳其下爲老龍窟宅，興雲雨以潤澤生民，著靈異以捍禦灾患，父老歷歷能道之。鎮海士庶屢荷休蔭，思欲仰邀聖恩錫之封號，彰厥績以垂不朽。余按龍神之績，顯於前代者不具述，惟我本朝順治八年，大師征討舟山，戰艦出蛟門，風浪恬息。逮至螺頭門，忽雲霧蔽空，使逆不及備，遂破降之。其餘孽蟠踞海島，每乘風犯境，龍輒波騰浪激，俾不得前，以致卒就殲滅。是我師克復舟山，海疆肅清，龍實與有功也。雍正二年秋，颶風暴發，海潮奔溢浸灌，鎮民自分魚鼈矣。既而，潮忽漸退，居民登候濤山，望見龍身横截海中，潮因之不能入。是時，沿海多被漂溺，而鎮獨安堵無恙，是又爲龍神捍禦保障之功也。用允鎮民之籲請於朝，蒙恩敕封涵元昭泰鎮海龍神，旋發帑金，卜邑鎮遠門之東立廟崇祀。翬飛跂翼，美輪奂焉。復於郡屬山川，若雁潭、烏沙、鰻井、桃花、釣巖、箬雷、陳山、灌門、嬴嶼、李家堰、天井峰、北雪諸龍神施惠於民者，配位兩廡，以廣圣恩功，得享祀勿替。夫向者洋以祭，疏而洋以祭，疏而不親，今則廟貌崇嚴，得所憑依。且沐封號，恩寵優渥，龍神之效靈以維護斯土者，宜益力。寧直風雨以時，年書大有而已哉？廟之作，鳩工於雍正八年四月，落成於九年三月。郡守曹秉仁來乞余文紀諸石，因識其歲月，俾後人無忘創始，且以知聖主之念切民依，苟有利於民社，雖僻處海隅而皆不遺恩寵。若是司民牧者，其亦知所觀感也夫。

助海顯應侯廟

《延祐四明志》：在縣西五里。侯姓孔，象山童翁浦人，行第七，性剛烈，死於海。有劉贇者，夢侯曰：『上帝録我善，命爲境神，已籍水府，吾屍泛於沙浦，君能收葬創數楹，俾有棲托，必爲民利。』贇訪問，果如夢，即所居奠而祠之。錢氏有吳越，乃立廟。宋高宗幸海道，賜額顯應。《嘉靖寧波府志》：在縣西孝門巷。

治水判官黃公祠

《嘉靖定海縣志》：在縣西北靈緒鄉武功村。祀宋浙東轉運司判官黃恕。

宋元祐九年《敕》：朕惟紹休聖緒，必資靖恪之臣。翼勵世風，尤貴忠貞之節。疇咨浙東轉運司判官黃恕，賢勞王事，不避險巇，目擊時艱，甘心殉國。憫一方生靈之陷溺，聊試利器於盤根。抱志蟄淵，浮屍獻異。旋除水患，永利農民。今特贈爾爲江東宣撫司判官，聽民立祠表塋禮葬。勲階高陟，允答前勞。民祀慎兹，尚期後庇。鄭清之《黄公祠記》：慶元之屬縣曰定海者，東濵滄溟，世苦潮患。治北走二舍，則莊北村之新土塘也。稍北，則武功村之和尚塘也。界中有流淖淤蕩，深莫測其底。南北相距百餘丈，延袤數里，横亘阡陌之间。前哲若制帅陈君覃、令唐君叔翰，俱常聚土列石甃之。比将成，水从下涌，泛溢无际，功篾攸措，时或静夜，有聲如鼓。翌日，必大决海潮，外應揚濤汹入，桑田殫爲斥鹵，歲或十餘決，邇年尤數。衆共神望洋蹙額，束手浩嘆而已。值太府卿、知府事兼沿海制置使章君大淳莅職，大濬湖渠，百廢具舉，乃共以狀控之。時公領轉運判官，素以廉幹聞，章君遂屬以厥事，公慨然任之，即日單騎詣其所，露處野宿，躬荷鍤，督役運土石。衆亦猛奮，兩涯蟻集，垂成而復決者屢焉。每決，必先期有聲水涌如沸，役再越朔弗就。乃廣募良策，有術士衣麻衣自稱從武夷來，排衆直前謁公曰：『是地也，無物而聲，無風而濤，變態不常，淺深莫紀，龍罔象所蟄也。投以生人，彼畏陽而縮，功可立奏。』公色忿然，瞋目視曰：『修此以爲民也，殺人以求成功，何心哉？必爾，捐我身耳！』厥明，齋沐，具少牢以奠，再拜，爲民請命。少頃，其下復有聲，衆駭懼擾亂。旁有峻崖，公策馬臨之，諗於衆曰：『吾死於此，若輩奮力。』語未究，崖崩如雷，公併馬溺焉。衆號擗，聲震原野。已而，波濤恬然，乃如公命，投土不復淖決。三日，封土與兩塘連接。比旦，具祭告成。忽塘右數十步外，水起如注，衆方懼復決，俄涌公屍出，據鞍攬轡，顔色忻然如生。民争出資具衣冠斂焉，時淳祐戊申夏四月八日也。公舍人欲歸其柩，聞臨安兵據，未果。民攀輿泣曰：『我公袪百世之害，當享百世之報。願乞衣冠葬而祠之。』且請於章君，以聞於朝，敕進秩宣撫判官，表其墓，聽民立廟祀之。民捐産競赴，三旬廟成。章君扁其門曰：『敕賜治水判官黄公永利之祠。』因命鄉老歲時敬祀如儀。公諱恕，字文揆，别號東浦，襄人也。應嘉定癸未制舉，歷官簿、丞、令、長，所至以仁斷稱。歲淳祐丙午，來領右職，委身王事。余少時旅，循北海欲涉，患所淤淖弗克。今閲中書，得公績簡，怍嘉久之。既而章君又爲狀來請，遂爲之記云。

静波廟

《成化四明郡志》：一名薛將軍廟，在縣西。世傳唐將薛仁貴征遼，道經於此，撫安人民，後鄉人立行祠焉。《嘉靖定海縣志》：縣西富德街，裔孫淮東安撫使居實重修。宋高宗航海，賜額静波。

惠應廟

《嘉靖定海縣志》：縣東昌國城内。世傳廟神茹侯，本邑人。今茹侯村，其所居也。生有殊異，殁而人祀之。建炎四年，宋高宗航海，賜額。迄今，民崇祀焉。

覺海威顯侯廟

《嘉靖寧波府志》：縣南十里崇邱鄉，舊稱山仙廟。宋高宗航海，賜今額。開禧二年，令商逸卿修建，新閣爲之記。

昭利廟

《嘉靖定海縣志》：縣東北五里。宋宣和五年，侍郎路允迪、給事傅墨卿出使高麗，涉海有禱，因而建。廟毁，紹興五年重建。

忠應侯廟

《嘉靖定海縣志》：縣南十五里陳山下，祀海神，舊稱陳相公廟。宋建炎中，高宗航海，賜封。

晏公廟

《嘉靖定海縣志》：在縣南半里，祀海神。又一在縣西舊水關内。

龍王祠

《嘉靖定海縣志》：舊縣南城外，祀東海龍神。嘉靖四十一年，海道宋守志、都督盧鏜、知縣何愈改建威遠城内，更名海神祠。

海角廟

《嘉靖寧波府志》：在縣治西，又一在縣南二十里小浹港嶺上，俱祠海神。

靖海營祠

《嘉靖定海縣志》：在東北城外一里，舊名海神壇。正德十四年，改祭江亭。嘉靖三十八年，鎮守都督盧鏜展營堡環二百四十丈，增建舍宇六十餘楹，爲海口屯戍祈祀海神之所，因名靖海營祠。

象山縣

普濟廟

《嘉靖浙江通志》：祀龍神。宋南渡初，賜額曰靈济。明改賜今額。

蔣景高《普濟廟記》：象山踞海而邑，去縣東南三十五里，山勢垂盡，入大海中，抑而復昂，島嶼角立。山之下，巖竇空洞，中垂石柱如鋸，龍湫宅其内，潮汐衝撞，旦夕不息。惟暮春之三日水退，人可遊焉。石乳巖花，繽紛欲墜，蓋龍之所居云。歲旱禱祈即應，故立廟以祀之。廟在東山之隈，赤巖之陽。宋熙寧間，縣令黄顔爲記。及高宗南渡，舟幸海道，風濤震驚，神之功曹，柳氏昆弟三人顯忠效靈，以濟艱危。由是，賜靈濟廟額。元之季年，屋久而圮。宏治癸丑冬，主簿孫德仁經始謀度，縣丞賈行簡、典史張克已從而贊襄，爰出稍廩，以先士民。甲寅孟夏，新廟告成。

姜毛廟

《象山縣志》：縣南中市，二神姜姓、毛姓，古稱爲唐進士，棄官隱此，施藥濟人，卒而有靈，乃立廟祀焉。神多著靈異，至今渡海者或值風濤，號神望救，每獲濟無恙。

定海縣

天妃聖母祠

《定海縣志》：在治南岑港嶴，明萬曆間建。

屠隆《天妃聖母祠記》：州治南去里許阻山，下即南關津渡處。山之陽，天妃聖母宅焉。頹垣敗宇，焚修久廢，登覽者淒然。夫東南恃舟師以寧，舟師恃神休以濟。厥靈弗妥，當事者之過已。萬歷辛巳，參戎袁侯來守是邦，登山謁聖母祠，顧而嘆曰：『澤國洪濟，實式憑之。我軍民所共乞靈者，其屑越之也。』輒捐俸如干，聚材鳩工，塗塈完整，洪流滙前，蓉峰环錯，朝暾夕暉，頓成勝覽。於是，人具瞻而神休普矣。甲辰春仲，告成。

台州府

臨安縣

晏公廟

《台州府志》：在觀橋東北。

黄巖縣

岱石廟

《萬歷黄巖縣志》：在縣西一十七里。舊志南宋永祐、景平中建。世傳神家婺州，好遊觀，至岱石山而死。是夕，大雨震雹，山土剥落，巨石屹立，高百餘丈，聳如人形。里人以神顯異於此，奏得王封。又傳神與錢塘江神競分其潮三分。今廟北港，潮生則怒濤驚浪，高可五六尺，頗類錢塘，因名斷江。

福祐廟

《萬曆黄巖縣志》：在縣治西北。神號王總帥，即唐尚書右丞王維也。元和三年，婺源令陳英夫奉神香火，道經永寧縣，值江溢舟覆，賴神拯救得全。英夫遂籍於兹，塑神像立廟祀之。元至正間，本州王仲祥以樞密院都事運糧赴京，海道遇颶風危甚，仲祥號於神，獲濟。具奏，敕封護國忠烈顯應侯。明嘉靖壬子□□[3]，毁於倭。士民遂於舊址建廟及翊贊玄功、唐室忠英二門。凡灾疫水旱，有禱輒應。

太平縣

聖妃宫

《太平縣志》：在新河城内。

温州府

永嘉縣

横山周公廟

《萬曆永嘉縣志》：在廣惠坊。洪武初，詔定廟號，歲二月朔致祭。

宋濂《横山周公廟碑》：神諱凱，字公武，姓周氏，世居臨海郡之横陽。生而奇偉，身長八尺餘，髮垂至地，善擊劍，能左右射，博聞而强記。家貧，耕以養父母。及司馬氏平吴，與陸機兄弟入洛，張華薦之。神知晋室將亂，獨辭不就。而臨海屬邑，曰永寧、曰安固、曰横陽，地皆瀕海，海水沸騰，蛇龍雜居之，民罹其毒。神還自洛，乃白於邑長，隨其地形，鑿壅塞而疏之，遂使三江東注於海。水性既順，其土作乂。永康中，三江逆流，颶風挾怒潮爲孽，邑將陸沉，民咸懼爲魚。神奮然曰：『吾將以身平之。』即援弓發矢，大呼衝潮而入，水忽裂開，電光中見神乘白龍東去，但聞海門有聲如雷，而神莫知所在矣。俄而，水勢平江，禍乃絶。邑長思其功，號其里曰平水，且建祠尸祝之。初在城之西郊，及更永寧曰永嘉郡，郭璞相土，遷之於西洋。遐邇邀靈者無虚日，神功益用赫著。陳至德間，閩寇章大寶侵分水嶺，其氣勢漲甚，民争逃遁。神見天兵于雲間，戈甲耀日，盗驚而潰。唐武德中，輔公祏爲亂，其黨入寇。民依華蓋山築城而拒守之。時當嚴冬，神降大雨雹，寇弗敢近城，因得不陷。天寶中，河决澶州，怒暴不可制，神見黄旗驚濤間，河復故道。光化末，天台饑，神化形爲商，以米貸人，已而投杵於江，變爲赤龍，騎而升天。宋景德初，契丹同其母蕭氏南侵，丞相寇準、殿前指揮使高瓊奉真宗親征，車駕過河，幸北城。天際見力士數萬，旌旗上彷彿有平水王字，虜懼請盟而退。大中祥符初，詔營玉清昭應宫，取材於温之樂成，使者以重山不可致，走禱於神。忽風霆凌厲，龍湫震蕩，巨石皆起立，大木斯拔，蔽江流而下。神之靈異，或見諸記載，或相傳於父老之口。如此者，蓋不一而足，今則粗舉其概而已。神初封於唐，爲平水顯應公，尋陞王爵，賜衮冕、赤舄。宋累加通天、護國、仁濟之號，從祀郊壇，兼賜仁濟爲廟額。元復加以威憲、晉號太和冲聖帝，遂易廟爲宫。迨入國初，壹以誠事神，以爲數加溢美之辭，非所以敬恭明神，詔禮官定儀爲横山周公之神，仍命守土臣歲修祀事。至於廟宇之建修，皆郡守任其責，可考見者，自陳毛喜迨元左答納失里，凡一十三人云。秦王府紀善林君温徵濂文勒諸石，濂既爲序其事，復作歌一篇，使邦人歌以祀神。其佐神張鉉，字子元，郡人，宋右科進士，忠簡公闡之族孫，仕至閤門宣贊舍人，剛烈正直，嘗上疏言事忤史嵩之，被斥而歿。既歿而顯靈，太守吴泳因并祀之。元封協惠侯，進正肅英烈王，法當附書。歌曰：『東甌之地，大海濵只。斥鹵噴蝕，成荒堙只。有時魚龍，或恐嗔只。蹴翻鉅浪，高嶙峋只。懷襄勢殷，莽無垠只。惟神我憫，眉屢顰只。帥衆疏鑿，不憚勤只。夜役陰兵，直達晨只。三江順流，若拖紳只。盡化魚鼈，爲衣巾只。一旦颶母，號秋旻只。江流逆上，波插雲只。城廬沉溺，在逡巡只。神知事急，如救焚只。彎弓注矢，肯顧身只。眼不見水，惟見民只。衝濤直入，勇絶倫只。海水壁立，左右分只。赤電飛射，光相燉只。神乘白龍，赴海門只。虩虩似聽，驚雷奔只。水禍頓弭，神具欣只。有室可居，田可耘只。僉言曷以，酬大勳只。有廟肇祀，西洋濆只。漸周吴越，洎七閩只。神功彌甚，海宇聞只。天兵建隊，向空陳只。旌旗上著，鳥篆文只。敵氣讋盡，去解屯只。况兹狗鼠，視欲吞只。河道遄復，流沄沄只。投杵化龍，靈蹟存只。疏封直至，帝王尊只。冕旒衮衣，佩璘璘只。神之正氣，塞乾坤只。下上日月，摩星辰只。元化沕穆，合神人只。甌民戴神，忱且恂只。遐邇奔湊，川之臻只。如見靈旗，降繽紛只。牲牷肥腯，酒苾芬只。驅斥厲鬼，黍稌蕃只。太史造文，勒堅珉只。後千百載，期無諠只。

正德間，增建兩廡。嘉靖乙卯，正殿圮。次年，鼎建并新廟門兩廡及佐神孚德廟，邑人王侹有記。歲久復圮。萬曆二年，里人重建門廡。《温州府志》：國朝康熙丁未年，重建。

海壇平水王廟

《温州府志》：亦祀横山周公，在海壇嶺側。

海神廟

《温州府志》：在海壇山麓。唐咸通二年，建。宋元祐五年，守范峋夢神自言姓李，唐武宗時宰相，以事南遷而歿，今在城東北隅叢薄中。范寤，疑爲衛公德裕，作新廟貌，上其事。崇寧元年，賜額善濟，封侯爵。

龜山廟

《温州府志》：祀惠民周侯，在德政鄉張嶼，即三港廟。竹浦、羅浮諸處，多有之。

天妃宫

《温州府志》：在城内八字橋。

晏公行祠

《温州府志》：在城内北市街西。

樂清縣

天妃宫

《温州府志》：在磐石巖頭。順治三年，大兵次磐石，不得渡。禱於神，乃縛筏以濟。總統范绍祖因新其廟。

忠烈侯廟

《樂清縣志》：在館頭，神曰田居郃。唐乾符間王郢之亂，詔十道兵討之。神奉命以行，力戰而死，邦人爲立祠，觀察使表其事。大順二年，贈右驍衛將軍。宋皇祐四年，新其廟曰忠烈。海濵舟楫往來，風濤起滅，皆神是司，祀事甚虔。明洪武初，禮官奏稱，歲以五月二十日致祭。

平水王廟

《隆慶樂清縣志》：祀横山周公。一在界嶼，一在林家嶴。

惠民廟

《隆慶樂清縣志》：在東安橋，俗名三港廟。

瑞安縣

惠民廟

《温州府志》：在嘉嶼鄉三港，即郡三港廟也。神陳氏，逸其名，唐時人，世居瑞邑之洪口。宅旁有大竹，母令取竹，陳兩指握之，皆破。今有破竹林。及長，行舟於海，當歲除，尚在南閩。同舟者思家，陳令但各閉目，來日可到。衆惟聞舟戛林木有聲，達旦已抵其鄉矣。既殁，鄉人商海值暴風，舟幾覆，忽帆檣間有聲，言其姓氏。及濟還，立祠於三港。宋宣和方臘犯境，神顯異，寇不敢入，民賴以安。邑令王濟上其事，封護國惠民侯，進福善王。元至正間，加莊濟。洪武間，海艘數十捕魚至晚，颶風大作，巨浪排山，檣摧柁折，衆號救於神。俄見桅木火光奕然，風浪頓息，遂克濟。《嘉靖瑞安縣志》：後以三港地遠，不便祈禱，故於西門外、崑山下及月井、九里、安禄巖、鳳林、中埭俱建行祠。以其每著靈異於海上，故沿海之民事之惟謹。

廣濟廟

《嘉靖瑞安縣志》：一在永豐橋上，一在城東門内。

曹睿《廣濟廟記》：神姓林氏，名三益，字友直，生宋熙寧戊申五月初四日。幼時岐嶷，長而聰明，沈毅勇摯，才器過人。遇鄉里有不平事，直詞剖决，聞者靡不信服。崇寧間，閩人吴必大、秦勝職貢方物及崑陽白沙民陳先轉粟於海，遇賊艘，引避峴江。賊順流而下，將乘便寇城邑，吏民驚駭，莫知所措。神踊躍奮呼于衆曰：『今狂寇凶逆，敢奪上供之物且虐及吾土。不殄此寇，何以生爲？』乃歸白其母，仗劍率猛士張伯殷、沈大有駕船往擊之。神中流矢不顧，與之摶戰數合，殪厥渠魁，餘黨敗溺。其義皆出於天性，蓋如此。嘗憩永豐橋亭，面發赤，汗流浹背。人問其故，乃曰：『吾方在海中捍舶船，勞甚。』數日後，榕城舶商踵門以謝之，人益信其神。一日，忽語人曰：『可於許右丞閣上取團花錦袍、白玉帶及皂帽來。翌日，吾其逝矣！』及期，沐浴更衣，端拱而化。鄉人異之，告於長吏，具實蹟上聞，立廟於東郭豐湖之南。凡水旱疾疫，隨禱輒應。咸淳初，封廣濟侯。宋革命後，至元丁丑，隣寇剽掠，勢張甚。俄而，神威效靈，有大旗現於雲端，居民鼓勇力戰，賊黨震讋奔命，邑賴以寧。至大戊申，朔方流民假道入閩，癘氣傳染，死者相枕藉。鄉人憂懼，禱於神，獨吾邑獲免疾疫。未幾，海寇近境，同知州事張成謁款祠下，而賊鋒卒不敢犯。後州倅李愷漕運出海，遇風濤惡甚，愴惶呼號，舟人仰瞻檣木神火焜耀，遂得善達。朝廷聞之，乃錫封昭惠廣濟公。癸卯冬，有虎入市搏人，衆莫敢近。頃間，至廟側，乃帖服受擒，人以爲神力所拘云。知州趙榮祖以其事聞，特封忠武孚祐昭惠廣濟王，由是靈異益彰。邑人奉之如考妣，歲時致祭，刑牲釃酒列廷下。廟貌嚴肅，過者下馬焉。廟久舊記殘缺，余方歸自吴中，項通甫等來以是請，姑述其顛末刻於石，以貽後人，俾其久永不忘。

天妃行祠

《温州府志》：在西南隅峴山。一在清泉鄉東山。

晏公行祠

《温州府志》：在城内東北隅。一在崇泰鄉龜山。

平陽縣

平浪廟

《隆慶平陽縣志》：在抗雲橋。神晏氏。

聖妃廟

《隆慶平陽縣志》：在嶺門。至正間，知州周嗣德建。洪武七年，改今額。宏治三年，丞李選率鄉人重建。

校勘記

〔一〕□□官建　原書『官建』前缺二字。

〔二〕知縣李春重□　原書『知縣李春重』後一字不清晰，疑爲『葺』字。

〔三〕明嘉靖壬子□□　原書『明嘉靖壬子』後兩字不清晰。

敕修兩浙海塘通志卷十七　兵制

海塘修築，向役民夫，工程既非素習，又或東作方殷，鳩集非易。雍正八年，設兵二百名以備隨時工作。至九年，特設海防兵備道，經理六郡塘務，增兵八百名，統以守備、千、把。平時則往來巡察，遇有興修，一呼群集。工有專責，搶築亦不致後時矣。至關隘逼處海塘，設兵初意，原有防護海濱私運米鹽之責，義應及之。志《兵制》。附志《關隘》。

雍正八年，准浙江總督李衛之請，設立海塘經制千總一員、經制把總一員、有馬戰兵六名，内設外委把總二名、外委百總二名、無馬戰兵十四名、守兵一百八十名，並聽杭嘉湖道海防同知管轄。（《疏》曰：寧邑塘工，向從鄉民僱覓。來則一時烏合，去則四散歸農。既非熟嫻做工之人，更當民間蠶農兩忙，或值昏暮風雨，巨潮猝至，鄉夫僱募不前，耽延時日，均足貽誤緊工。又如沿塘看守，不過總甲、地保，安能晝夜在於海濱瞭望巡查？請倣照河營兵丁之例，設海塘千把總二員，兵二百名，分於東西兩塘常川做工看守，於現在各夫内挑選補入兵額，内馬戰兵六名、步戰兵十四名、守兵一百八十名。千總給以馬一，守四。把總給以馬一，守三，養贍隨丁。外委把總二名、百總二名，各給以馬戰餉一分。管隊四名，頭目十名，給以步戰餉一分。其餘皆是守糧，仍聽道廳管轄，附入杭協水師營制造報題銷。冬月如有閑時，亦可操練，防護海濱私運米鹽等類。三年之内，勤勞無過，千總加以署守備職銜，把總加以千總職銜，以示鼓勵。如有事故，即于本營把總、外委、隊目下，以次揀選頂補。其官兵俸餉銀兩，仍於本項歲修海塘銀内支給，所需米石，在於額征地丁内支給。）十一年四月，准内大臣海望、直隸總督李衛之請，添設海防兵備副使道一員、同知一員、守備二員、經制千總三員、經制把總七員、有馬戰兵五十四名，内設外委千總六員、外委把總六員、無馬戰兵一百四十六名、守兵六十名。其原設、添設海防同知，俱令分管塘工兼轄兵役。添設守備，分左右兩營。將原設、添設之千總四員、把總八員、外委千、把總十六員，兵一千名，分隸兩營管轄。其一千名内左營，駐扎海寧縣之東，右營駐扎海寧縣之西，屬海防兵備道統轄。海防同知兼轄海防兵備道，駐扎海寧縣城内。同知三員，除海鹽、乍浦同知照舊駐扎外，將原設同知一員駐扎寧邑，添設同知一員駐扎仁邑，左營守備駐扎海寧縣之東，右營守備駐扎海寧縣之西，千、把總等官各照緊要地方分叚汛防，兵丁俱於附近海塘處所設立堡房，均派居住。每千總一員，給營房八間。把總一員，給營房六間。外委，給營房三間。兵丁二名，合給營房三間。再於仁寧一帶，建造堡房四十間，海鹽、乍浦，建造堡房二十間。兵丁除原設二百名，其新設八百名，召募充補。十二年八月，總理海塘副都統隆昇題請，將添設海防通判一員駐扎河莊山，再於海塘左右兩營内撥外委千總一員、帶馬兵四名、步兵二十名前往駐防，以供疏濬，該通判約束差遣。次年三月，浙閩總督郝玉麟又請酌撥海塘兵四百名挑濬引河。嗣於乾隆元年四月，經大學士嵇曾筠請停疏濬引河，將調撥開挖引河塘兵四百名撤回。乾隆十三年九月，巡撫方觀承以南塘各工並未設有耑員，今北塘現在穩固，江海大溜有日趨於南之勢，請分派員弁兵丁駐宿其地，左營之念里亭，右營之八仙石、章家菴、觀音堂、靖海五汛員弁兵丁全行撤撥南塘，設立專汛。五處按汛分防，計千總二員、把總三員、外委六名、馬步戰守兵三百名，右營守備一員，移駐管轄其北塘。各汛除調撥外，尚餘外委把總一名，歸入尖山汛内管轄。又餘各汛馬步五名，歸入鎮海汛内管轄。又餘無馬戰兵五名、守兵一十名，歸入平湖汛内摻防工作。翁家埠汛内派撥外委一名、帶兵一十五名，分駐河莊、葛嶴、蜀山一帶，巡視中小亹水勢情形，五日一次，摺報查核。北塘、八仙石、章家菴三汛工程，歸於翁家埠管理。觀音堂汛工程，歸於老鹽倉汛管理。靖海汛工程，歸於鎮海汛管理。念里亭汛工程，歸於尖山汛管理。右營守備所管北塘柴石工程，統歸左營管轄。右營守備向駐北塘，一應支領錢糧俱用左營關防，今既移駐南塘，專司防護，請飭部另鑄右營守備關防，以重職守。又以南塘江海各工，向係山、會等縣經管，由布政司衙門詳核，今既調撥海防道標營弁防守，不可無耑管之廳員，請即將紹興府水利通判關防，添入海防字樣。其南岸一應工程，令該倅會同營備查報，由道轉詳，現在遵行。

分防汛地

八仙石汛

自省城慶春門外接塘頭起，至宣家埠止，計程二十六里，半係土塘，長二千六百六十八丈五尺。駐扎把總一員、外委千總一員、有馬戰兵六名、無馬戰兵一十三名、守兵六十三名。乾隆十三年，移駐南塘，所轄工程歸翁家埠汛經管。

章家菴汛

自宣家埠起，至潮神廟止，計程二十一里，內土塘長二千五百五十九丈，柴塘長六百七十四丈，共長二千七百三十三丈，又土備塘長六百六十六丈。駐扎千總一員、外委千總一員、有馬戰兵六員、無馬戰兵一十三名、守兵六十三名。乾隆十三年，移駐南塘，所轄工程歸翁家埠汛經管。

翁家埠汛

自潮神廟起，至華家衖止，計程一十四里半，內仁邑柴塘長七百四十九丈五尺，寧邑柴塘長九百七十五丈，共長一千七百二十四丈五尺，又仁邑土備塘長八百五丈，寧邑土備塘長一千七十八丈四尺。駐扎把總一員、外委把總二員、有馬戰兵八名、無馬戰兵二十名、守兵一百名。乾隆十三年，分調外委把總一名、守兵一十五名駐扎河莊山，巡視中小亹水勢。

右營守備駐扎於此，後乾隆十三年移駐南塘。

觀音堂汛

自華家衖起，至西武廟止，計程一十里，係柴塘，長一千二百五丈，又土備塘長一千二百六十九丈。駐扎把總一員、外委千總一員、有馬戰兵四名、無馬戰兵一十三名、守兵六十二名。乾隆十三年，移駐南塘，所轄工程歸老鹽倉汛經管。

老鹽倉汛

自西武廟起，由老鹽倉至戴家石橋止，計程一十四里，內柴塘長六百二十五丈，石塘長一千三百四十六丈七尺，共長一千九百七十一丈七尺，又土備塘長一千七百二十三丈。駐扎千總一員、外委把總一員、有馬戰兵五名、無馬戰兵一十四名、守兵七十名。

以上自八仙石接塘頭起至老鹽倉止土塘、柴塘地方，係杭州府海防水利通判管轄。

靖海汛

自戴家石橋起，至海寧縣南門止，計程一十四里，係石塘，長一千九百七十五丈二尺一寸，又土備塘長一千七百四十丈。駐扎把總一員、外委把總二員、有馬戰兵四名、無馬戰兵一十一名、守兵五十六名。乾隆十三年，移駐南塘，所轄工程歸鎮海汛經管。

以上六汛係海防右營守備汛地。乾隆十三年，右營移駐南塘，所轄汛地統歸左營經管。

鎮海汛

自海寧縣南門起，由九里橋至念里亭止，計程二十四里，係石塘，長三千四百九十一丈五尺，又土備塘長三千三百六十六丈九尺。駐扎把總一員、外委千、把總二員、有馬戰兵一十名、無馬戰兵二十名、守兵九十二名。乾隆十三年，因八仙石等五汛弁兵移駐南塘，共餘有馬戰兵五名，歸該汛管轄，左營守備駐扎於此。

以上自老鹽倉起至九里橋止石塘地方，係杭州府西海防同知管轄。

念里亭汛

自念里亭起，至殳家廟止，計程二十二里，係石塘，長二千六百六十四丈四尺七寸，又土備塘長二千七百丈二尺。駐扎千總一員、外委把總二員、有馬戰兵六名、無馬戰兵一十四名、守兵七十名。乾隆十三年，移駐南塘，所轄工程歸尖山汛經管。

尖山汛

自殳家廟起，至談山嶺止，計程二十七里，内石塘長一百七十丈九尺，柴塘長四百六十一丈一尺，共長六百三十二丈，又土備塘長七百丈外，石壩二百丈。駐扎把總一員、外委千總一員、有馬戰兵五名、無馬戰兵一十四名、守兵七十名。乾隆十三年，因念里亭汛弁兵移駐南塘，餘外委把總一名，歸該汛協防操作。

以上自九里橋起至談山嶺止石塘、柴塘地方，係杭州府東海防同知管轄。

澉浦汛

自談山嶺起，至二寨止，計程二十八里，係石塘，長一千二百二十八丈五尺，又土備塘長五千八十丈五尺。駐扎把總一員、外委把總一員、有馬戰兵三名、無馬戰兵一十名、守兵四十八名。

海鹽汛

自二寨起，至行素菴止，計程三十九里，係石塘，長二千四百四十五丈，又土備塘長四千九百四十九丈，又舊陳圩土堤長四百五十五丈。駐扎千總一員、外委千總一員、有馬戰兵三名、無馬戰兵一十二名、守兵六十六名。

平湖汛

自行素菴起，至江南金山縣交界止，計程五十里，内石塘長二千八丈九尺，土塘長四千三百一十一丈二尺，又土備塘長一千五十九丈。駐扎把總一員、外委把總一員、有馬戰兵三名、無馬戰兵一十名、守兵四十四名。乾隆十三年，因八仙石等五汛弁兵移駐南塘，共餘無馬戰兵五名、守兵一十名，統歸該汛管轄。

以上自談山嶺起至金山縣交界止石塘、土塘地方，係嘉興府乍浦海防同知管轄。

以上六汛，係海防左營守備汛地。

右營移駐南塘分防汛地。

龕山汛

自蕭山縣西興關起，至航塢山西瓜瀝止，計程六十里，内石塘長三百九十五丈，土塘長五千五百九十七丈六尺，共長五千九百九十二丈六尺。駐扎把總一員、外委千總一員、有馬戰兵一名、無馬戰兵五名、守兵四十八名。

大林汛

自蕭山縣航塢山西瓜瀝起，至山陰縣夾棚止，計程四十里，内蕭邑石塘長八百三十三丈，山邑石塘長二千七百二十丈，土塘長一千七十一丈，共長四千六百二十四丈。駐扎千總一員、外委千總一員、有馬戰兵一名、無馬戰兵五名、守兵四十八名。

三江汛

自山陰縣夾棚起，至會稽縣宋家漊宣港止，計程三十五里，内山邑石塘長一千四百二十二丈，土塘長一千六百五十三丈，會邑土塘長七百四十九丈，共長三千八百二十四丈，又宋家漊土塘之内添築土塘一十六丈。駐扎把總一員、外委把總二員、有馬戰兵四名、無馬戰兵十二名、守兵六十八名，右營守備移駐於此。

徐家堰汛

自會稽縣宣港起，至小金止，計程三十五里，内石塘長一千五百二十五丈三尺，土塘長二千三百五十八丈四尺，共長三千八百八十三丈七尺。駐扎千總一員、外委把總一員、有馬戰兵一名、無馬戰兵五名、守兵四十八名。

梁項汛

自會稽縣小金起，至曹娥江文昌閣止，計程三十五里，内石塘長一千二百四十一丈七尺，土塘長二千六百八十五丈五尺，共長三千九百二十七丈二尺。駐扎把總一員、外委千總一員、有馬戰兵一名、無馬戰兵五名、守兵四十八名。

以上自蕭山縣西興關起至會稽縣曹娥江文昌閣止石塘、土塘地方，係紹興府水利通判管轄。

駐扎河莊山

外委把總一名、守兵一十五名。

營堡間數

海防右營

八仙石汛

宣家埠把總住房六間，兵丁營房五十七間，乾隆十三年裁。

下新廟外委住房三間，兵丁營房一十五間，乾隆十三年歸翁家埠汛管轄。

八仙石、下新廟、彭家埠、永樑橋四處，堡房四間，乾隆十三年歸翁家埠汛管轄。

章家菴汛

章家菴千總住房八間，外委住房三間，兵丁營房一百一十三間，乾隆十三年裁。

萬家閘後土備塘營房三間，乾隆十三年歸翁家埠汛管轄。

宣家埠、雙潭橋、章家菴三處，堡房三間，乾隆十三年歸翁家埠汛管轄。

翁家埠汛

翁家埠把總住房六間，外委住房三間，兵丁營房一百六十二間，其原建守備衙署二十一間，外委住房三間，兵丁營房三十間，乾隆十三年裁。

凌家壩後土備塘營房三間。

潮神廟、翁家埠、凌家壩三處，堡房三間。

觀音堂汛

觀音堂把總住房六間，兵丁營房九十間，乾隆十三年裁。

曹將軍殿外委住房三間，兵丁營房二十二間，乾隆十三年歸老鹽倉汛管轄。

觀音堂後土備塘營房三間，乾隆十三年歸老鹽倉汛管轄。

華家衖、曹將軍殿、觀音堂三處，堡房三間，乾隆十三年歸老鹽倉汛管轄。

老鹽倉汛

老鹽倉千總住房八間，兵丁營房一百三間，乾隆十三年添移建馬牧港營房一間。

馬牧港外委住房三間，兵丁營房二十三間，内營住房二十五間。乾隆十三年，裁營房一間。乾隆十三年，移建者鹽倉①。

鎮海菴後土備塘營房三間。

西關帝廟、老鹽倉、鎮海菴、戴家石橋四處，堡房四間。

靖海汛

秧田廟把總住房六間，外委營房三間，兵丁營房九十九間，内營房八間，乾隆十三年裁。又内營住房一十八間，乾隆十三年歸鎮海汛管轄。教場外委住房三間，兵丁營房二十四間，内營住房一十間，乾隆十三年裁。止存營房一十七間，歸鎮海汛管轄。秧田廟後土備塘營房三間，乾隆十三年歸鎮海汛管轄。

秧田廟、黄泥港、鎮海廟堡房三間，乾隆十三年歸鎮海汛管轄。

海防左營

鎮海汛

教場守備衙署二十二間，把總住房六間，外委住房三間，兵丁營房一百七十一間。

陳文港西外委住房三間，兵丁營房三十間，内營住房一十八間，乾隆十三年裁。止存外委住房三間，兵丁營房九間。

九里橋後土備塘營房三間。

南門外、大石橋、五里亭、九里橋、賣魚橋、小墳前、鄭家衖七處，堡房七間。

念里亭汛

念里亭千總住房八間，兵丁營房九十六間，内營住房七十六間，乾隆十三年裁。止存外委住房三間，兵丁營房二十五間，歸尖山汛管轄。

新倉前外委住房三間，兵丁營房一十五間，乾隆十三年歸尖山汛管轄。

掇轉廟外委住房三間，兵丁營房一十五間，乾隆十三年裁。

念里亭後土備塘營房三間，乾隆十三年歸尖山汛管轄。

念里亭東、章家坂、普濟菴、五條圩、梁家墩、掇轉廟、陳家塢七處，堡房七間，乾隆十三年歸尖山汛管轄。

尖山汛

石墩司城把總住房六間，兵丁營房一百一十一間，乾隆十三年將營房二十二間移建平湖汛。

黃灣外委住房三間，兵丁營房一十五間，乾隆十三年裁。

殳家廟後土備塘營房三間。

殳山廟、尖山、李家廟、葛家橋、葛家嶺、談山嶺六處，堡房六間。

澉浦汛

巡檢司城把總住房六間，兵丁營房七十二間，澉浦東門内外委住房三間，兵丁營房一十五間。

臺山寨、總寨、黃泥寨圩、了义塘、三洞寨、二寨六處，堡房六間。

海鹽汛

鹽邑東門外千總住房八間，兵丁營房一百二間。

白馬廟外委住房三間，兵丁營房一十五間。

頭寨、鮑家橋、定海觀音堂、新涼亭、檀樹墳、白馬廟、麥庄涇、行素菴八處，堡房八間。

平湖汛

乍關鎖鑰把總住房六間，兵丁營房六十九間，乾隆十三年又添移建尖山汛營房二十二間。

獨山司城外住房三間，兵丁營房一十二間。

教場南、乍關鎖鑰、天后宫、梁庄城、獨山司城，茅竹寨六處，堡房六間。

右營移駐南塘。

龛山汛

龛山把總住房六間、兵丁營房六十六間，西興外委住房三間，兵丁營房一十五間。

牛塢蕩、錢家塘、富家塔、轉塘頭、新林閘、新發王後、龕山塘西、瓜瀝八處，每處堡房三間，共堡房二十四間。

大林汛

大林千總住房八間，兵丁營房六十六間，夾棚外委住房三間，兵丁營房一十五間。

三祇菴、後渡廟、龜山寨西、永福菴、三官殿東、大林西、潘家橋、夾竈八處，每處堡房三間，共堡房二十四間。

三江汛

三江城守備衙署二十二間，把總住房六間，兵丁營房九十六間。

童家塔外委住房三間，兵丁營房一十五間。
宋家漊外委住房三間，兵丁營房一十五間。
夾棚東、寺直河、回龍殿西、丁家堰、巡司嶺、三江城、西塘灣橋、真武殿八處，每處堡房三間，共堡房二十四間。

徐家堰汛

徐家堰千總住房八間，兵丁營房六十六間。
宣港外委住房三間，兵丁營房一十五間。
柏樹墳、大團、宣港、鎮塘殿東、桑盆張神殿西、四株樚樹下、傄浦、車家坡八處，每處堡房三間，共堡房二十四間。

梁項汛

梁項把總住房六間，兵丁營房六十六間。
曹娥江外委住房三間，兵丁營房一十五間。
枯株塘、如意菴、瀝水、賀盤塘、角中、項塘、白米堰、文昌閣八處，每處堡房三間，共堡房二十四間。

校勘記

[一] 移建者鹽倉 「者」疑爲「老」之誤。

敕修兩浙海塘通志卷十八　江塘

江水從西南來，過仁和而入海；海潮從東北至，趨錢塘而滙江。海面廣濶，江岸狹仄，冲激之虞，時所不免。又近在省城西南，消有潰決①，則浸入内河，所繫之重，與海塘等。塘既毗連，修築之法，亦約略相似。志《海塘》，附志《江塘》。

漢郡議曹華信議立防海大塘，工成名錢塘。

《水經注》：防海大塘，在縣東一里許。郡議曹華信議立此塘，以防海水，募有能致土一斛者，與錢一千。旬月之間，來者雲集，塘未成，而不復取，於是載土石者皆棄而去，塘以之成。故改名錢塘焉。

唐萬歲登封六年，富陽縣令李濬修築春江堤。

《宣德富陽縣志》：春江堤，在縣南，臨江。自莧浦至觀山三百餘丈，皆壘以石。武后萬歲登封六年，縣令李濬修築。

梁開平四年八月，武肅王錢鏐始築捍海塘，製强弩以射潮。

《吴越備史》：王將築捍海塘，因江濤衝激，命强弩以射濤頭，遂定基。復建候潮、通江等城門。又親祝胥山祠，爲詩一章，函鑰置於海門。既而，濤頭遂趨西陵。王乃命運巨石，盛以竹籠，植巨材捍之，塘基始定。其重濠壘塹、通衢廣陌，亦由是而成焉。《錢塘縣志》：錢王欲築捍海塘，怒潮急湍，晝夜衝激，版築不就。王乃採山陽之竹，命矢人造箭三千隻，羽以鴻鷺之羽，飾以丹硃，煉剛火之鐵爲鏃，命强弩五百人以射濤頭。人用六隻，每潮一至，射以一隻，射及五隻，潮乃退，東趨西陵。餘箭埋於候潮、通江門浦濵，鎮以鐵幢，誓云：『鐵壞此箭出。』又以大竹破之爲籠，長數十丈，中實巨石，取羅山大木長數丈植之，横爲塘。依匠人爲防之制，又以木立於水際，去岸二丈九尺，立九木作六重，象易既濟、未濟卦。由是潮不能攻，沙土漸積，岸益固也。蓋以折水之勢，不與水争力，故堤得無患也。寶元、康定間，有人獻議取滉柱材十餘行，名曰滉柱。《江塘志略》：錢塘江，錢氏時爲石堤，外又植大木十餘行，名曰滉柱。寶元、康定間，有人獻議取滉柱者，謂可得良材數十萬，杭帥然之。木出皆不可用，而堤爲濤激，寖就摧決矣。

宋大中祥符七年，發運使李溥、内供奉官盧守懃修築江塘，用竹籠、椿木以捍潮勢。《宋史·河渠志》：大中祥符五年，杭州上言：『浙江潮激，西北岸益壞，稍逼州城，居民危之。』即遣使者，同知杭州戚綸、轉運使陳堯佐畫防捍之策。綸等因率兵力，籍梢楗以護其衝。七年，綸等既罷去，發運使李溥、内供奉官盧守懃經度，以爲非便，請復用錢氏舊法。實石於竹籠，倚叠爲岸，固以椿木，環亘可七里，斬材役工凡數萬，踰年乃成，而鉤末壁立以捍，潮勢雖湍激數丈，不能爲害。

九年，知杭州馬亮修江岸成。

天聖四年，侍御史方謹請修錢塘江岸斗門二所。

景祐三年四月，知杭州俞獻卿築堤數十里，奉詔褒諭。《宋史·俞獻卿傳》：獻卿以諫議大夫、集賢殿學士知杭州。一日，暴風江潮溢，决堤，大發卒鑿西山石作堤數十里，民以爲便。

景祐中，工部侍郎張夏以浙江石塘積久不治，人患墊溺，令作石堤一十二里，自六和塔至東青門，因置捍江兵士五指揮，專採石修塘，隨損隨治，衆賴以安。

《四朝聞見録》：杭州江岸，率多薪土，潮水衝激，不過三歲輒壞。張夏令作石堤一十二里，以防江潮。既成，杭人德之。慶曆中，立廟堤上。

慶曆初夏六月，大風驅潮，堤再壞。郡守楊偕、轉運使田瑜協力築堤二千二百丈。

丁寶臣《石堤記》：江介吴越間，杭據其右，而地勢下。生聚數十萬，廬舍隱粼，號天下最盛，而歲苦海潮爲患。於夏秋尤暴，常與堤平，城中望堤不數百步，其勢反在高仰處，不幸一壅而隤，其猶决山而注於井，沛然其可禦哉？故其病於民也，數矣！初景祐中，轉運使張公伯起善爲捍禦之策，謂故堤率薪土雜治，不一、二歲輒壞，雖勤繕構，卒不足恃而重勞吾民。乃作石堤袤一十二里，民賴以安。後七年夏六月，大風驅潮，晝夜不落，勢益湍怒，堤之土石囓去殆半。時知府翰林楊公偕轉運使田公瑜急議構築，條上方略，約工四十萬計。及籍吏之可使者以驛聞，詔以堤事付，兼命通判、屯田錢君尚、余君貫，兵馬都監、閤門祇候杜君正平，分董其役，發江、淮南、二浙、福建之兵，調十縣丁壯合五千人，輦石於山，畚土於邱，持鍤節杵之役，相屬於數十里之外，方苦盛寒，無一告勞者。是歲冬十二月，新堤成。用人之力三十萬，減元調度一十萬，費又乘其羨贏，益畜護治之。備堤長二千二百丈，崇五仞，廣四丈。自龍山距官浦二千丈，修舊而成，增石五版，爲三十級。自御香亭下創爲二百丈，石堅土厚，相爲膠固，殺上而方下，外强而内實，形勢遂安，可恃而無恐矣。最堅悍激處，更爲竹絡實以小石，布其下及圓折其岸勢，務以分殺水怒，大率究前之謀所未盡者，益以新意而爲之也。是堤也，由伯起開厥初，二公克厥終，合而成績，以爲萬世利。後之爲政者，其念前人之勤，俾勿壞，則斯民無窮之賜也。春秋之義，有濟於民者志之，某預見本末，不敢無紀云。

政和二年，兵部尚書張閣奏請修江塘，從之。

《宋史·河渠志》：張閣言：『臣昨守杭州，聞錢塘江自元豐六年泛溢之後，潮汛往來，率無寧歲。

而比來水勢稍改，自海門過赭山，即回薄巖門、白石一帶北岸，壞民田及鹽亭、監地，東西三十餘里，南北二十餘里。江東距仁和監止及三里，北趨赤岸瓯口二十里。運河正出臨平下塘，西入蘇、秀，若失障禦，恐他日數十里膏腴平陸，皆潰於江，下塘田廬，莫能自保，運河中絶，有害漕運。』詔急修築之。

六年，知杭州李偃請依六和寺岸用石砌叠，從之，命劉既濟修治。《宋史·河渠志》：李偃言：『湯邨、巖門、白石等處，皆並錢塘江通大海，日受兩潮，漸至侵嚙，乞依六和寺岸用石砌叠。』乃命劉既濟修治。

紹興十四年，臨安府修錢塘江岸。

二十年，修石堤。

紹興末，以錢塘石岸毁裂，潮水漂漲，民不安居，令轉運使同臨安府修築。

乾道七年，帥臣沈夏復修石堤成，增石堤九十四丈。

九年，錢塘廟子灣一帶石岸復毁於怒潮。詔令臨安府築填江岸，增砌石塘。

淳熙元年，令有司自今江岸衝損，以乾道修治爲法。慶元中，浙江塘壞，捍江指揮使任班率兵修築。

嘉熙戊戌，知臨安府趙與懽築江港口壩一道，近江築捺水塘六百丈。

《咸淳臨安志》：嘉熙戊戌秋，潮由海門搗月塘頭日侵月削，民廬、僧舍坍四十里。己亥六月，詔趙與懽除端明殿學士、知臨安府任責修築。與懽奏先於傍近築土塘，爲救急之術，然後於内築石塘。又奏日役殿步司官兵五千五百餘人，并募夫工及修江司軍三千餘人，已貼位石倉夾椿笆版木，晝夜運土填築。自水陸寺之下江家橋之上近江港口築壩一，南北長一百五十丈。自團圍頭石塘近江築捺水塘一，長六百丈。自六和塔以東一帶石堤，添新補廢四百餘丈。閱三月畢工，水復其故。

寶祐二年十二月，監察御史兼崇政殿説書陳大方請修築江塘。

《宋史·河渠志》：陳大方言：『江潮侵嚙堤岸，乞戒飭殿、步兩司帥臣、本府守臣措置修築，留心任責，或有潰决，咎有攸歸。』

三年十一月，監察御史兼崇政殿説書李衢奏，捍江兵額置四百人，今所管纔三百人，乞下所司拘收，選武臣鈐束，令隨時修補江塘。

《宋史·河渠志》：李衢言：『國家駐驆錢塘，今踰十紀。惟是浙江東接海門，胥濤澎湃，稍越故道，則衝嚙堤岸，蕩析民居，前後不知凡幾。慶曆中，置捍江五指揮，兵士每指揮以四百人爲額。今所管纔三百人，乞下臨安府拘收，不許占破。及從本府收買樁石，沿江置塲樁管，不得移易他用。仍選武臣一人習于修江者，隨其資格，或以副將，或以路分鈐轄繫銜，專一鈐束修江軍兵，值有摧損，隨即修補。或不勝任，以致江潮衝損堤岸，即與責罰。』

景定二年，浙江堤成。

明洪武十年七月，海潮嚙江岸，浙江布政使安然躬率民夫伐石砌築，堤成，民獲安業。

三十二年，江潮壞西興塘，田廬淹没。主簿師整增築堤岸四十餘丈。

《蕭山縣志》：蕭山縣西興塘，在治西十里，錢武肅王建。

永樂元年十月，修築江岸。

《明實録》：永樂元年八月癸亥，浙江風潮，决江塘萬四百餘步，壞田四十餘頃。湯鎮、方家塘江堤爲風浪衝决，淪於江者四百餘步，溺民居及田四千頃。冬十月，修築江岸。

九年七月，修仁和塘岸。

《明實録》：永樂九年七月辛未，浙江潮溢，衝决仁和黄濠塘岸三百餘丈，孫家園塘岸二十餘里，工部上言，請發軍民修築。從之，仍命户部遣官巡恤被灾之家。

十一年五月，工部侍郎張（失名）監築江塘，用竹木爲籠，納塊石於中，疊砌堤岸。

《萬曆杭州府志》：永樂十一年夏五月，江潮，平地水高尋丈，仁和十九都、二十都居民陷溺，田廬漂没殆盡。守臣申奏，朝命工部侍郎張某監築堤岸，役及杭、嘉、湖、嚴諸府軍民十餘萬，採竹木爲籠櫃，伐臯亭山魄石納其中，疊砌堤岸，以禦江潮。修築三年，費財十萬。

正統四年十月，富陽縣知縣吴堂修築富陽江堤成。

陳觀《吴公堤記》：吴公堤，古春江是也。不言春江而言今名，縣令吴侯所築，民爲是名，示不忘也。按志，富春居杭上游，背山面江，下通錢塘，潮汐往來，上接衢、婺、睦、歙，諸水會流，每天風撼濤，奔潰激射，號爲險絶。矧自觀山起，至莧浦橋止，東西三百餘丈，適當邑城之南，其捍潮禦浪，惟築堤爲可備。前代興廢未暇究論，自唐萬歲登封六年縣令李濬所築者，去舊城一百步許，迄今數百餘年，而雨洗風淘，堤因以壞，漸逼城居，爲患不小，民日以憂。前爲縣者，多後其事。宣德乙卯，侯始來治兹邑，撫字之暇，顧兹頽圮，慨然興懷，因與僚佐議政治所先，莫此爲最，當亟修舉。乃具詞上聞，得允所言，會歲歉，未遑也。正統四年，秋穀既登，方將鳩工督匠，值所司别築錢塘江岸，徵役徒，伐鉅石，動以千計，幾寢是事。獨富春以侯請得允，遂專力修築，民大懽悦。經始於是年十月八日，仍率父老遍歷江滸，驗里分肥瘠，限以丈尺多寡，使得人平力均。於是夫匠雲集，椿石山積，復親授方略，定立三級，下承以椿，上疊以石，布置得宜，事易工省。不再閲月，厥工告成，上堅下固，儼若天造。竣事之日，里父老子弟相與語曰：『昔爲狂瀾百尺之衝，今遂安居樂土之願。伊誰之力與？我侯之力也。』語竟，因以侯姓易堤之名。余曰：『宜然。』復徵余文，以記其興築顛末。竊惟官府起大興作，用大力役事，有便於民、利於衆者，雖勞不怨。築堤重事也，然在防遏水患、奠安民居，出於衆人之所同願，故用工雖大而民不勞，成功雖速而人不怨。使數百年已壞之遺業，一旦爲千百人家之保障，蓋有以見侯之舉，在於爲民而不在於爲名也。雖然地不自名，必因人而後名。昔蘇子瞻守杭，築堤西湖，名曰蘇堤，亦因人而得名。今堤從侯姓，由前人起之也，庸害於理乎！侯名堂，字允升，饒州樂平人，由進士發軔，仕途凡見諸行事，一本於明體適用，興廢舉墜，境内一新，皆民事所當爲者。他日，人思侯績，因而得名者多，又不限一堤也。荆州府學教授致仕陳觀記。

成化七年九月，江潮大溢，塘壞。朝命工部侍郎李顒整築，始復其舊。

《明實録》：成化七年九月二日，風潮，决錢塘江岸十餘丈，近江居民房室、田産皆爲淹没。守臣以聞，工部尚書王復等奏，乞如永樂事例，遣大臣往祭海神，修江岸。上命李顒。時潮水衝塌江岸計四百九十餘丈，顒議修築工料合用銀七萬三千二百餘兩，今官庫收貯十不及五，如侯續收贓罰解補，恐潮復作，前工盡棄，欲取布政司存留糧銀支給充用，量起杭州府衛人夫修築。從之。

正德十四年六月，蕭山西江水溢，塘傾，邑市浸者數日。司府以鄉官錢鉉議，發倉粟募民築之。

嘉靖十八年六月，江水决，蕭山塘壞，山、會俱爲巨浸。邑進士黄九皋以書上巡按傅鳳翔，傅爲感動，大興塘工，檄通判周表督其事。築成，基闊七丈，收頂三丈，身高三丈有奇。南起傅家山嘴，北盡四都半爿山，横亘二十餘里。

黄九皋《書》：竊觀蕭山，地方紹興府之西北隅，錢塘江之東南濵也。傍海爲縣，堤東南自桃源十四都臨浦而至四都褚家墳，南北四十里，所以防上江之水，在縣之西，謂之西江塘。江至四都，則折而東矣。故自四都而至龕山，東西六十餘里，所以禦大江之潮，在縣之北，謂之北海塘，皆沿浙江爲之也。浙江上流，蓋自三衢之水，東流龍游，經蘭溪、嚴州、桐廬、富陽，直抵蕭之地名漁浦，而滙於錢塘，此上江之經流也。其所受支流尤多，金華、温、處之水，自蘭溪入徽州之水，自嚴州入新城分水之水，自桐廬入，皆東注之。漁浦之南，則概浦江也，受諸暨、浦江、義烏之水，經臨浦磧堰而北注之，漁浦又合諸府山水，曲折而北，經四都西北十餘里，則又自北而東，滙于錢塘，是謂浙江，蕭人呼爲大江，蕭山正在其東南轉屈之間。此江流之曲逆，水勢所必衝，其害一也。大江兩涯，相去一十八里，江面汪洋，水有休息，故左右游波寬緩而不迫。上江之面，不盈一里，則窄隘而不容泛濫而難泄。此上江之不寬，水勢所以必溢，其害二也。蕭山在江東南，地頗低窪，杭、嚴、徽、信、金、衢、温、處八府，在江之西，崇山峻嶺，凡遇霪雨，山水奔騰而東，俯視蕭山若建瓴然。此地形之高卑，水勢所必趨，其害三也。方山水之初漲也，西江塘面去水無幾，杌棿之勢，惟恐不支。然山水自上而下，海潮自下而上，朝潮夕汐，應時而至，勢如排山，逸於奔駟，東風駕濤，一息千里，時方小信，猶有落水之候，若遇大信，潮水有升而無降，山水有加而無已，上下衝激，彼此怒號，頃刻之間，沸涌尋丈，塘土幾何而能當此？此際既無洞庭、彭蠡之滙，則必有衝潰、泛溢之勢。此潮信之加漲，江塘之反卑，其害四也。國初，上江洪流在漁浦西北十餘里，東北入大江。若夫概浦江之水，經臨浦麻溪，是謂小江，東至三江入海。大江在縣西北，小江在縣東南，縣以一江爲界，素不相涉。成化間，浮梁戴公琥來守紹興，見山、會、蕭山三縣之田，歲被小江之害，且小江兩涯皆斥鹵之地、萑葦之場，可以田而耕也。相度臨浦之北、漁浦之南，各有小港，小舟可通其中，惟有磧堰小山爲限。因鑿通磧堰之山，引概浦江而北，使自漁浦而入大江，由是概浦江與大江合而爲一。乃大築臨浦之麻溪壩，使概浦江之水不得由小江而下，以爲山會西北、蕭山東南之害。又於濵海之地修築三江、柘林、夾篷、徧拖四所陡門，節潮水之上下。由是附近小江之民，反藉小江爲利。而兩涯之斥鹵者，今民居矣；萑葦者，今桑田矣。戴公之功也，江居民實受其福，而西江水患從此滋甚。《考功記》曰：『善溝者，水嚙之。善防者，水淫之。』蓋謂上水湍流峻急，則自然下水沙泥嚙去矣。戴公之初心，惟恐漁浦磧堰之砂不能一朝嚙去，以通概浦江之水，而濬滌之，尤拳拳焉。豈知數十年來，日漸月洗，決嚙流移，漁浦江塘屢被衝壞，日徙而東，曠爲巨浸，里册之坍江，不知凡幾，貧民之賠米，了無紀極。戴公豈知有今日哉？漁浦受累，蓋亦久矣！是以上江洪流，亦徙而南，混爲一區，以漁浦爲滙。國初，洪流之在北者，漲爲高沙，乃在錢塘縣境，今之所謂新江嘴，俗呼爲米貴沙，即此地也。自磧堰既開，江流日剥而東南，其害五也。受此五害，蕭民日以西江爲患。蓋嘗訪之江濱，西江之塘從古有之，不知其始。自四都至漁浦十五里，古塘也。古塘之式，崇高三丈，基闊五丈，其面半之，間有内外溝港抵塘之處，甃以巨石，輔之木樁，樹之榆柳，聯之民居，歷代雖久，尚有存者。若漁浦而至臨浦麻溪壩二十五里，則磧堰既開之後，江水泛溢，所以戴公彷古式而爲塘，崇廣之數一如古焉。是皆謂之西江塘也。夫何時平法玩，歲久不修，而塘之三蠹生焉。一則蠹於私窪之穴窟也，二則蠹於削塘以通貨也，三則蠹於上都之偷掘也。蓋近塘高田，凡遇旱乾則掘塘甃霪以通車戽，汲引江水以灌田禾，苟辦目前之急，不虞身後之患。江流漲時，霪穴通水，涓涓之泉，勢將滔天，禾固無收，而家亦蕩廢矣。此爲塘之蠹者一也。在臨浦義橋、倪家壩則有木箄引鹽之出入，在汪家堰、楊家浜、聞家堰則有薪柴磚瓦之出入，射利商人削去塘土，以便搬運，凡此之地，不知幾所。客貨既過，而塘工不增，但知用時而不顧后患矣。此爲塘之蠹者二也。大雨之後，西江水漲，大信之後，江濤沸涌，時有桃源鄉田在西江之西，爲水注溺，計出無奈，則百十爲群，寅夜偷掘江塘，使水從内而灌，桃源始得蘇息。不知一鄉之害雖去，而三縣之害無紀極矣。此爲塘之蠹者三也。凡此三蠹，塘長知而不敢言，告諸官而不加禁。一經霪雨，三蠹畢生，即出不意，踰塘而入。自正德己卯大水入，嘉靖元年水再入，六年丁亥水又入，十二年癸巳水又入，今年六月大水又入。凡江漲也，必以梅雨水之入也，多以六月。自己卯至己亥，首尾剛二十年，而爲大水漂流者五度矣。是豈水之罪哉？地勢卑而不振，堤防決而不修，三蠹集而不知，人心懈而不守，遂使滔天之勢，排空而入。不惟巨浸蕭山，而且流毒山、會，茫無垠岸，連爲一壑，流徙我桑田，漂泊我廬舍，汨溺我士女，損蝕我農工。斯民之不爲魚鼈者，能幾何哉？惟時蕭山、山、會三縣泄水之處，惟三江陡門而已。連年陡門久閉，海道堙塞，我府尊篤齋湯公移置三江城外，建應宿閘，多張水門二十八洞，賴此而水有所歸，始易疏泄。然是閘也，本以疏内河之水，當洪水大發之時，猶懼患難盡。夫計出無奈，則决北海塘、許家缺、二都蘆庵河、三都股堰、大堰等處，分殺水勢，徐俟旬月，然後水落土見，降邱宅土，而一年之生理去矣。交秋之候，買苗插田，而播種失時，必無西成之望。卑濕沮洳，疫疾繼發，而無和藥之需，待哺嗷嗷群聚爲盜，而無垣墉之蔽。家無儲石，野無青草，服食之物，腐爛一空，啼哭之聲，達於四境。目擊其害，誰不痛心？然則西江無塘，蕭民難保其生；塘弗崇廣，猶無塘也。十年之前，憲副丁公沂、僉憲蔡公乾相繼來督水利，慨然動慮，加意窮民，乃準近年之水痕，等先朝之故迹。謂塘非高三丈，不足以當江漲也；謂基非濶五丈，不足以爲巨防也。乃出舍於江皋，責山陰之助役。又作樣塘十餘所，制準架一座，預期塘成之後，使人挽曳而前，有不如式即治其罪，甚盛心也。民方樂於赴功，擬觀厥成。不意二公陞秩繼去，執事之人不皆二公之心，竟托空言，良可嘆也。嗣後，張侯還、王侯聘相繼來尹蕭山，愷悌之心，民豈可忘？而工役浩煩，非一邑可辦，措置艱難而銀錢有限，督理心勞而民力易竭，是以塘之高廣不如古式，而補塞罅漏終非永圖。故曰：『不一勞者，不永佚；不暫費者，不大蠲。』然則大興工役，必何如而可？蓋西江之害，小江之害移之也，然西江塘必朝浸蕭山，而夕達山、會，脣亡齒寒，裘破而毛無所傅，害每相因，竟未嘗免。蕭山既爲山、會而受害，則山、會當助蕭山而築塘。近聞小江新漲之田，年來三縣從輕科糧，漁浦之民，欲將此糧湊抵西江之坍江，今非所及也，亦且未暇以小江之利爲辨。近年湯侯之築三江塘閘也，本在山、會之地，而蕭山水利亦賴疏泄，是以民皆樂從而助費、助工，未嘗有失。今西江之塘，雖在蕭山，而山、會之民，同其休戚。然則築西江塘之費，應倣三江閘之故事而行之，夫豈不可？蓋三江閘，三縣之下流也，水患所由泄。西江塘，三縣之上游也，水患所由來。水脉流通，本同一地，利害相因，事同一體，防江捍海，罔非民功，我往彼來，罔非己事。請以蕭山、山陰、會稽三縣連年庫存修塘銀兩，僱倩築塘丁夫，并力合心，共興大役，分授地里，各效其能，在山、會所不能辭，在蕭山亦不爲泰，理所相因，情所必至也。恭惟明公在上，俯念斯民之窮，彌縫天地之缺，尋按舊跡，講自古今利害之原，相度原隰，務爲萬世永賴之利，以三縣之田丁，興四十年之工役。秉獨斷以致決，而百堵皆興；禁三蠹於將萌，而五害屏息，是謂佚道使民，雖勞不怨，慎終如始，不惡而嚴，其間經畫區處之方，明公自有成算，奚俟於贅詞哉！

吴鼎《重建西江塘記略》：蕭山邑，於紹興府之西鄙，北濵鉅海，南當太末、東陽、富春諸川之水，西漸錢塘江，水波尤惡，前代三面環設長堤以防患，亦隨時救弊策也。然堤外諸暨之民，利于堤壞，則彼無壅遏，田多收，往往竊來毀堤，堤故卑薄。又苦商旅蹂躪不戒，爲日久矣！嘉靖十八年夏五月，天連雨。至於六月，上游諸郡水大至，咸滙於下流，江海溢溢，决壞西江塘四十餘里，水高於防三倍，湛溺官寺、人民、廬舍、田稼、畜藏無慮數千萬，百姓嗷嗷流散，懷襄之勢未止。時部使者應山傅公按越，聞之，瞿然失席曰：『天實以儆我二三有位，何敢不傾府庫平繇，作堙塞洪流，以紓元元之命乎？顧兹役甚大，惟通判周表職司治水，宜益奮貞亮，秉節爲民禦患。』於是，周君日夜圖上方略，慎簡諸執事，而博謀於鄉士大夫，深論便宜，分別利害，擇善而從。衆獻議曰：『計築西江塘萬有百餘丈，程之合役六千人，人三十日，日受平價不過費白金百二十鎰，亦可以事諸失業浮民衣食，縣官而爲作治，兩便。五堰通商，尤爲要害，計作石堤勢必完安。發邑中諸豪坐法者，代買薪石贖罪。夫喜免刑辱而自爲除疾，亦人情也。其董役官，各有分地，庶可考驗成功。』議上，報曰：『善。亟行之。』乃閏七月朔，周君如策率吏民事事，凡八旬，西江塘成，崇於故防四之三，基廣於舊十之四，其殺二丈，屹如崇墉，限隔江海，越民知免於昏墊矣。

萬歷十四年七月十八日，江潮大作，洗入沙地千餘丈，室廬衝壞者數百間。蕭山縣知縣劉會力請改築石塘。其制：先溝三尺，每丈以松樁徑七寸、長九尺者五十根，花釘没土，尋以羊山等宕石長一丈、厚八寸兩塊連接丈有六尺，鱗次直壓樁上爲脚石，叠至十六層，高一丈二尺九寸，每二層縮尺許，至塘面廣一丈，用統石蓋下，每層止用兩塊直接。自官巷至永興閘，用此制。自閘南至官埠，俱因舊塘基增築，不用樁，石用八尺者直叠十六層。自官埠至殷堰北偏，仍用樁叠石，一如官巷制，特每層縮八寸，作階級以便上下。官巷中同口塘外，釘盪浪樁二龟，共長六十餘步，計塘延袤三百三十二丈，工費一萬六千一百六十八兩。

劉會《築塘議略》：蕭山爲塘者二，分捍江海，向並時修葺。彼北海塘無論，已若西江者，时值安波，吏民恬習，如慮近塘，惰夫濫冒築費、修築科價，徒叢奸弊，一旦難作，悔何及哉！竊謂此役終不可已，在矯其弊而救之耳。莫若派該圖得利田户，身操版鍤，守其所分，遇大造而更，則事有專任。如慮丁夫削舊塘，冒新功，莫若分都挨里修葺，工竣，輒以石表識其處，責有所歸。如慮樁簖洗出，居民拾之爲薪，莫若僉近塘殷户爲長，察之某工洗出，即責某工復之，不唯斷拾取之弊，而塘日益堅矣！如是，則里長各保門户，知利害且葺塘即自葺稼也。設有不虞，一呼即至，孰有惰窳敗事者哉！温純《西江塘記略》：在越紹興郡蕭山縣西十里許，爲西興鎮。鎮被錢塘江，江被海起，鎮以達郡者，運河也。錢武肅王鏐故建塘以鎮，海潮日再至，歲久寖决寖修。至丙戌大决，民居漂數百家，江且及河，害具及郡。郡守蕭良幹、邑令劉會上狀，余因同直指使者傅公好禮、李公天麟請於朝，而各以贖鍰佐之。發郡，苦邑倉粟半不足，取於山、會、蕭三縣田畝，量工授食，以通判卜鎧領郡幕陳策、縣丞王箕、典史徐閩分任其事。六閱月而工竣，又復故鎮海樓。余渡江中流，觀塘壁立，樓峰峙，榜人則指中流，謂余曰：『此錢氏故塘所也。』余悵然太息者久之。既還武林署，會有客過余，言：『塘自武肅，歷守吴芾氏而來，畚鍤之役，略可得而言。洪武中，遣尚書郎暨藩大夫治，而周文襄公功最著。于宣德間至于今，波流極矣。石非因于故也，而下木以爲楗，朝下則潮夕推之，夕下則朝潮推之，雖鞭之長不及馬腹，毋論武肅舉一國之力，損數百萬緡，集强弩射潮，即洪武之役，取材他郡，藉力他邑，而文襄周公，便宜括贖鍰，數莫可詰難矣！今上神靈嶽瀆，挾肸蠁而左右相之，守祭潮，潮退，判、令、幕、丞身撬權經營，費不盈二萬，工不及三時，人力不至於此，豈禹廟在越而陰以濬川刊木之烈導耶？何成之易也？越自是有裨益，而公之中流興嘆者，何也？』余曰：『今天下大患，在失時，在諉事。及時則事半功倍，踰時則事倍功半，不待智者而後知也。今之守令，無能名一錢，費以萬計不效，則有文法效，則亦有唇吻。以故事即不可也，苟可緩目前，即遺大費于後，曰：「後人之責也。文法唇吻，我無與耳。」今日之役，蓋迫于江且及河、害且及郡而爲之也。語曰：「議穴不塞，將成江河。」余故臨流而嘆。』客曰：『善。』因記之，以告後之守令，毋若此役之迫于江且及河、害且及郡而爲之也。

按：《蕭山縣志》：『西江塘，在縣治西南三十里，跨苧蘿、新義、安養諸鄉，横亘五十餘里，計十有六處，曰諸暨墳、曰潭頭、曰上塘嘴、曰聞家堰、曰項家缺、曰于家池、曰張家堰、曰上落埠、曰汪家堰、曰大門柏、曰吴家堰、曰方家堰、曰周老堰、曰傅家山、曰義橋、曰新壩，各設塘長看守。』但不言設于何時。查此條萬曆十四年，知縣事劉會有僉近塘殷户爲長之議，則設於是時無疑也。

三十三年，錢塘縣令聶心湯築錢塘寶船廠一帶塘堤。

《萬曆錢塘縣志》：錢塘寶船廠一帶，舊無堤塘，田土傾坍。邑令聶心湯鳩工核實，椿石堅鉅，爲久遠計，費六千餘金。

四十年，築蕭山縣西江塘患缺。

任三宅《議》：西江塘年來嚴築堅固，獨有舊稱患缺數處亟宜增修。所謂患缺者，由内邊池蕩或接溝河，外既衝激内復不支，塘土日薄，漸以成缺。故池蕩不填塞，河溝不填淵，則雖用篰石障之於外，泥土培之於上，目前或幸無事，一遇淫潦，仍復傾圮矣。某親閲此塘，惟方家塘、孔家埠、汪家堰、張家堰逼處池河，塘土漸薄，當急議修築，其他尚可稍緩耳。

崇正十五年五月，梅雨，江水泛溢，壞蕭山縣西江塘，田禾盡淹。六月，復溢，道府及山、會兩縣親勘塘缺督修。

皇朝順治十一年，蕭山縣令韓昌先集議分段修築汪家堰、大門柏、丁家庄、于家池、楊樹灣、聞家堰、潭頭、諸暨墳等處江塘。

十七年，修築蕭山縣西江塘自大門柏上落埠起至于家池止。

康熙四年，蕭山縣江水泛溢，大修江塘。

周之冕《西江塘議》：西江塘，爲金、衢、徽、婺、暨、陽諸水所經，易於衝決。前人言之詳耳，而獨惜其無永久之策。何哉？邑之捍海塘，最爲要害，然潮水平漲，雖澎湃而不傷其根，故易土以石，可一勞而永逸矣！西江之水發若建瓴，每遇屈曲則回湍激射，旁搜下注，輒成潭穴，深至數十尋，亘數十尋。雖上有堅砌之石，僅等飄萍敗葉耳。故即易土以石，難言底績也。然今日之患，更不在湍急之難防，而在修築之無實。往例，西塘派各都里長分段修築，俱苟且塞責，無實心實力之人以任之。值全坍者，費百餘金不能成功，徒相爲欺隱。值稍坍者，僅賄差役以免苛責。所以小民歲有修塘之費，而無修塘之功。僉謀有識，謂莫若于得利田畝派出樁篰人工之費，公舉誠實者民專任修理，不用催督則人有專責，而無差役之需索。里長金錢一分，有一分之實濟，一歲省數歲之虚糜，塘政莫善於此。然而此法多不行者，則以縣間恐受加派之名，里長率多頑抗之輩，輸將不前，任事者不能爲無米之炊耳！夫修築江塘，費無額設，不過以蕭山之民力禦蕭山之水灾，原非加派，亦何嫌何忌也？試使縣父母加意嚴徵，孰敢怠抗？但可異者，蕭山得利田原有定額，而數年之間缺額至萬餘畝，豈曰悉變滄海邪？猶當嚴諭總書，確合其實，毋使規避，斯爲盡善耳。

十三年，蕭山縣項家缺圮。邑人周之冕躬任督修，舊時殘缺悉完固。

十五年五月，江水泛溢，蕭山縣張家堰、楊樹灣、于家池、上落埠等處坍塘共一百三十餘丈。各里於得利田按畝徵錢建築，計費二千餘金。

二十一年五月，連雨，蕭山縣王家池、諸暨墳及聞家堰、周家堰、孫家埭等處江塘相繼坍圮。督撫檄行道府及山、會、蕭三縣，酌估修築。自十月興工，至二十二年未竣，民力已竭。邑人福建總督姚啓聖計三邑已經修築用過工費，捐貲還民其未興工處，命弟姚起鳳親督畚鍤，選材加工，延袤數十里。四閱月告成，計費萬有餘金。

二十五年，上江洪水泛漲，蕭山縣西江塘坍毀百有餘丈。邑令劉儼捐貲修築。時巡撫檄紹興并山、會、蕭三縣會議修築，於蕭山縣得利田輸銀二千兩，山、會輸銀二千兩，巡撫以下各輸銀若干。二十六年正月興工，三月工竣。

三十一年，蕭山縣西江塘、楊樹灣、于家池、項家缺等處塘陷三百二十八丈。邑令劉儼捐貲預築小塘，時督撫檄紹興山、會、蕭三縣會議修築。閱兩月，報竣。塘脚濶七丈，塘面濶二丈，塘身高一丈五尺。

三十八年，巡撫張敏具題捐修錢塘縣江塘，自望江樓起至雲林下院并古頭埠共三十九丈一尺，顯應廟起至大郎巷共六十三丈，又梵村蜈蚣嶺等處共三百五十三丈，仁和縣江塘自大郎巷起至來家埠、景家埠共七十九丈五尺，又銀杏埠等處一百六十二丈五尺。

四十年，巡撫張志棟具題捐修錢塘縣江塘自三郎廟起至顯應廟中沙井、永福橋至節婦牌坊李家橋止，又銀杏埠、阮家埠等處共二百七十一丈三尺，又續報坍塘自涼亭起至中沙井一帶及放生菴共修二百八十七丈，又關帝廟至永福橋等處共築子塘五百九十八丈四尺，仁和縣江塘自下泥橋起至盧家橋鎮海菴止共四十一丈三尺。時布政使趙申喬請專委温州府同知甘國奎修築阮家埠、三郎廟、來家埠、景家埠、六和塔、華光樓諸塘，議用堅厚大石嵌砌，使渾成一片，後加築子塘，共修過石塘六百六十七丈，子塘八百九十五丈。

張泰交《修江塘記》：杭州，東南大都會也。而錢塘一江，世爲之患。蓋其流勢迅疾，異於他水，而海水上潮，經龕、赭二山，自廣入狹，逆江而西，與江水相激射，江不勝海，爲潮所却，怒號搏擊，山摧地拆，聲息燀赫，而仁、錢適當其衝，雖有神禹疏瀹，無所施功，故修塘以捍。漢以前無可考。按《武林志》，郡議曹華信議立塘以防海水，始募有能致土一斛者，予錢一千。人貪厚值，皆擔負而至，來者雲集。比至江上，詭云已不復用，皆棄土江濵而去，塘以之成。至梁開平間，再修于錢氏。宋大中祥符間，錢氏塘壞，轉運使陳堯佐築。然自武肅以來，率用薪土，屢築屢圮。景祐三年，俞獻卿知杭州，始鑿西山石作堤數十里，民用便之，下詔褒諭。四年，轉運使張夏作石堤十二里，因置捍江兵士五指揮採石修塘，隨損隨治，杭人德之，作廟堤上。此石塘之所由始也。然由元而明，捍江兵士不復設，事無專責，往往因循推委，至於坍塌而莫之惜，不得已而修之，大都苟且報完而已。故常有公私費財不止十萬，而潮患如故。今康熙三十八年，仁、錢二縣所修江塘，不踰年而潰。前撫趙公申喬時爲藩伯，請於前撫張公志棟，集浙之僚屬謀所以治之者。温州郡丞甘國奎議曰：『自宋景祐間築石塘，今將七百年，雖幾經斷續，而終賴石土以足恃。但荒石薄小，不耐衝突，且砌法亦未盡善。今欲圖久遠，必購巨石、選良工，每塘一丈用石一縱一横，嵌以油灰，鎔以鐵錠，深根堅杵，加築子塘以爲重障。俟其沙漲，可恃永久。』因繪圖以進張公，與前制府郭公世隆合疏以聞。下部即以甘丞領之。未幾，張公調江右，趙公撫浙，而郎方伯廷極適來，相與益勵其事，倡義首捐，士商繼之。期年而工已半，時予方視學江左。明年，趙公移撫南楚，而以予承乏兹土。予下車，亟至江上，觀所經營，則自六和塔迤西工程尚鉅。於是努力捐貲，期有成功，復自六和塔修至善龍嶺，開山路三百餘丈。又自嶺脚砌塘六十二丈至華光樓止。又善利院龍潭上有各郡山溪之水，奔滙於江掃望江門一帶而入海，海潮怒激，挾江流而上，捲刷徽塘，素稱險要。特築石磯，狀如偃月，使海濤噴薄而來者與磯相觸，不得直逼徽塘。即上流山溪之水，瀑瀉而下，遇磯回環，勢遂渙散，無復疾驅席捲之力。徽塘及望江門沿江一帶，烟火萬家，雉堞千尋，恃爲磐石砥柱矣！工既竣，客有謂予曰：『自明府下車以來，潮勢日減，此政尚寬和之所致也。使如曩者，驚濤泊天，晝夜再至，雖欲此塘觀成，其可得乎？明府之德，與此塘俱長矣！』予曰：『是何言哉！古云：「中國有聖人，則海不揚波。」方今治際隆平，幽明感格，百靈效順，必有陰相其成者，焉可誣也？』乃作廟江干，以祀潮神，使凡職司水府及生而有功江塘、没著靈異者，俱得憑爽於斯，享血食以捍民社，爲萬世無疆之休。是則予之志也。夫是役也，始於康熙辛巳初秋，竣於丙戌春月。共築石塘六百六十七丈，子塘八百九十五丈，共費銀五萬二千六百三兩有奇，皆出官斯土者及士商之所捐，未嘗派民間一錢一夫，故勒諸石，使後之君子得以考其終始，有所踵事焉。

四十一年，江塘圮。布政使郎廷極力任修築，勸議助濟，以罰鍰成三郎廟險工，建潮神祠於上。

五十五年七月，連雨江漲，自徐、梵二村至轉塘頭石塘衝壞。總督覺羅滿保會同巡撫朱軾，委杭州知府張恕可修築錢塘縣江塘。自天字一號起至三十七號止，共六百八十一丈六尺，潮神廟海月橋、籃兒路等處共八十丈二尺，龍王廟起拆砌總管廟老塘共二百二十七丈，又三郎廟前子塘二十二丈五尺，小橋頭老塘、子塘共八十丈一尺，兵馬司前十七丈，又仁和縣中二下節地方老塘、子塘共二百一十九丈，竣工於五十七年三月。內三郎廟前子塘尤險要，三築弗成，布政使段志熙親勘相度，鳩工選石，縱横砌築，工始堅固，民獲安居。

段志熙《修三郎廟子塘法》：用石一縱一横，每層將石鑿眼，貫以木梢，合五六塊爲一塊，以重鎮水勢也。又恐水入縫中，每層合縫處用鐵錠横扣。又慮面前水入豎處，用鐵錠一尺一錠，上下扣住，蓋欲合二十丈石爲一塊石也。其交搭處，即以本石扣笋，合縫爲之，成塘二十丈，共用工料價銀一千兩。

雍正五年二月，巡撫李衛題修仁和、錢塘、蕭山等縣江塘。蕭山縣西江塘内堰、陡孫家、槐樹下、了义塘、孔家埠、談家浦等處土塘，加椿加土，增高添潤。并鎮潮菴、王家池、聞家堰一帶石塘，應拆造添築數處。錢塘縣午山一帶、葛家墳、六和塔等處坍塘二十五丈四尺。又善利院左側三郎廟老塘衝坍五丈。又轉塘上首汪家地等處坍塘一十四丈。栅外二圖小橋地方坍塘六丈。又轉塘至横江埠，應築坍塘三百三十三丈。横江埠至曹家埠，應築坍塘七十五丈。仁和縣總管廟前矬坍江塘七丈，應折卸補築四丈。

五年，巡撫李衛修築錢塘縣江塘、善利院左側三郎廟前坍塘及午山一帶、葛家墳、六和塔、轉塘頭等處坍塘，共五十丈四尺。又王伯卿地、五雲牌坊、蕭靄然地前及定北四圖雞鵝塲等處一百三十九丈。仁和縣江塘總管廟、大郎巷及化智廟、黄童廟等處，共四十三丈九尺。

六年，總督兼巡撫事李衛題修錢塘縣江塘自曹家埠起至斷頭一帶共一百七十四丈，諸橋起至新工交界加築石塘四百一丈、坍塘五十丈，俞家界牌石前五十三丈一尺，葛家地前十八丈八尺，午山前四丈，張家門首二十三丈五尺，諸橋邊十四丈五尺。自雍正五年，先後興工，至六年，陸續全完。於十二月，題銷江海塘工，共用銀三萬九千七百三十一兩。

十二月，總督巡撫李衛又疏請接築錢塘縣斷塘尾江塘一百六十五丈，諸橋一帶江塘加築大石一層，計長四百一丈，拆修一百六十九丈，用過銀四千五百七十九兩零。

八年，總督兼巡撫事李衛題修仁和縣臨江七圖周家橋一帶官塘，里民柴世魁、張道濟等捐夫助修。

九年十一月，總督兼巡撫事李衛題修錢塘縣徐村、梵村等處坍裂江塘三百五十三丈六尺，用過銀三千七百六兩零。

十年七月，署巡撫王國棟題修錢塘縣江塘定北四圖俞士品地前坍塘四十一丈，又自徐村、梵村并諸橋起至獅子塘頭止，應添樁加層砌築。經部議行，實銷銀二千二百五十兩零。

十一年十二月，總督兼巡撫事程元章題修仁和縣總管廟前坍矬江塘一十餘丈，錢塘縣梵村、午山等處坍矬江塘七十餘丈。經部議行，用過銀一千六百六十二兩零。

十二年，總督兼巡撫事程元章題修錢塘縣坍裂江塘，用過銀七百三十七兩零。

十三年，總督兼巡撫事程元章題修仁和、錢塘二縣坍卸江塘，實銷銀二千一百九十兩零。

乾隆元年，大學士、總督兼巡撫事嵇曾筠題請修築錢塘縣徐村橋等處坍裂江塘，又三郎廟收税前石礦共長五百四十七丈一尺，用過銀三千八百七十九兩。

二年，大學士、總督兼巡撫事嵇曾筠題修仁、錢二縣江塘，共用過工料銀三千八百四兩零。又咨請修築蕭山縣洪家莊、汪家堰、荷花池、談家浦、天開河等處五段土塘，湊長一百六十一丈，鮑家池等處七段土塘湊長三十七丈五尺，於乾隆元、二兩年備公項内支辦，共用銀三百九十六兩零。

三年十月，大學士、總督兼巡撫事嵇曾筠題修仁和縣支聖林等處江塘一百六十八丈，錢塘縣徐村等處江塘九百四十七丈五尺，填補尾土八百一丈五尺，共用銀一萬八千一百九十二兩零。

又題修蕭山縣西江塘、聞家堰、荷花池等處石土塘堤，共長八十丈，荷花池柴塘六十五丈，共用銀二千六百十兩零。

四年十二月，巡撫盧焯題修仁和縣自總管廟起至化智廟矬裂江塘共長七十六丈，錢塘縣自流芳嶺起至獅子口矬裂江塘共長九百二十丈，共用銀五萬四千二百五十六兩零。

又咨請修築蕭山縣陳家堰坍矬土塘一十四丈，用過銀一十五兩零，修築了义塘、洪家莊、談家浦等處石塘，湊長二百九十四丈，用過銀一萬四千七百七十五兩零。

五年二月，巡撫盧焯題修仁和縣自余志千門首起張秀臣門首止拆底修築共長三十五丈，錢塘縣三郎廟西、善利院東等處險工一十四丈，又梵村、水元亮等處拆築石塘一百丈，加幫尾土一百二十三丈，又朱橋至碑亭止拆築石塘二十三丈一尺，蕭山縣荷花池等處柴塘六十丈五尺，共用銀九千四百六十八兩零。

六年，閩浙總督署巡撫宗室德沛題修蕭山縣西江塘、潭頭、聞家堰等處石塘一百六十二丈二尺，用過銀二千三百七十五兩零。

七年四月，巡撫常安咨請加培蕭山縣孔家埠土塘九十丈，用過銀三百六十四兩零。

八月，巡撫常安又咨請修築蕭山縣荷花池、洪家莊等處柴土各塘，改建石簍壩以資捍禦，用過銀四百三兩零。

九年，巡撫常安題修錢塘縣雞鵝塲等處江塘二百一十六丈，共用工料銀一千六百六十五兩零。

五月，又咨請修築蕭山縣西江塘、聞家堰石塘一十三丈，用過銀三百八十八兩零，題修蕭山縣河南坂鄉塘，係南江、桃源二鄉沿江土堤，共長二千五百五十七丈，用過銀一千六百二兩零。

十年四月，巡撫常安題請修築錢塘縣等處坍矬江塘，用過銀九百三十七兩零。

十一年七月，巡撫常安咨請修築蕭山縣西江塘、洪家莊石塘三十五丈，又修築洗牛池、桃樹灣、漁浦街土塘一百三十丈，用過銀一千八百七十三兩零。

十三年八月，巡撫方觀承咨請修築蕭山縣西江塘、洪家莊舊石塘一十三丈六尺，又搶築孔家埠、漁浦街柴塘六十七丈，共用銀一千二百五十四兩零。

按：先後所築江塘，大半江海並題，文體不應割裂，故但載砌築丈尺、報銷銀兩，疏稿部覆詳本朝建築門，兹不備録。

三江閘（附）

明嘉靖十六年，紹興府知府湯紹恩建三江應宿閘於三江所城西門外，凡二十八洞，亘堤百餘丈，蓄山、會、蕭三縣之水，三縣歲共額徵銀若干兩为啓閉費。

陶諧《建閘記》：紹興屬邑，惟山陰、會稽、蕭山土田最下，霖雨浸淫，則陸田成淵，民甚苦之。昔之明守，置玉山、扁柂二閘，以泄其水。水潦盛昌，又權宜設策，决捍海塘岸數道，以疏其流，其爲水慮悉矣！然二閘之口石硤如甕，水隙行，自瀦出浸數百里而田卒汁萊，决岸則激湍漂駛，决嚙流移而田亦淪没，其功未全也。乃嘉靖丙申，蜀篤齋湯公紹恩由德安更守兹土，下詢民隱，實惟水患。於是，相厥地形，直走三江，江之滸山嘴突然下有石巉，然其西北山之址亦有石隱然起者。公圖其狀以歸，議諸寮屬，皆往相視之，掘地取驗，下及數尺餘，果有石如甬道，横亘數十丈。公曰：『兩山對峙，石脉中聯，则閘可基矣！』遂毅然排衆論，而身任之，白於巡按御史周公汝員暨諸藩臬長貳，僉曰：『俞如議。』公于是祭告海瀆諸神，又書土方，屬賦役，規堰瀦，授之吏而訪諸同寅孫君仝、周君表、朱君侃、陳君讓，而周董事實嚴，復命三邑尹方廷璽、牛斗暨丞尉等，慮財用簡，夫役屬功，義民百餘十人，量事期仞厚薄，陳畚挶分任效勞。命石工伐石于山，輂重如役，且授以方略，使用巨石，牝牡相銜，煮秫和灰固之。其石激水則剡其首，使不與水争。其下有檻，其上有梁，中受障水之板，板横側搒之石，刻水平之準，使啓閉惟時。堤築以土，其淖莫測，先沉以銕，繼用箘簬，發北山石投之兩傍，甃石彌縫，峭格周施，堤厚且堅，水不得復循故道。其近閘，磬折參伍之，使水循涯以行。其財用出於田畝，每畝科四釐許，計三邑得貲六千餘兩。其丁夫起於編氓，更番事事，部署既定，乃即工。工方始，月夕向晦，有神燈數十往來于堤，若爲指示區畫之狀。既役，工堤再潰決，復有豚魚百餘比次上浮。衆疑且懼，奔告於公。適拾遺錢公焕在坐，曰：『是《易》之「中孚，豚魚吉，利涉大川」之義也。閘其殆成矣乎！』閘經始於丙申秋七月，六易朔而告成。洞凡二十有八，以應天之經宿。塘始于丁酉春三月，五易朔而告成，以丈計長四百丈有奇，廣四十丈有奇，仍立廟以祀玄冥。計其費，數千餘兩，其贏羨又於塘閘之内置數小閘，曰涇漊、曰撞塘、曰平水，以節水流，以備旱乾。嗚呼，偉哉！繼是，水無復却行之患，民無復決塘築堤之苦矣。閘之内，去海漸遠，潮汐爲閘所遏，不得上漸，可得良田萬餘畝。堤之外，復有山翼之，淤爲浮壤，可稽田數百頃。其沮洳可蒲葦，其瀉鹵可鹽，其澤可漁，其疆可桑，其途可通商旅。噫！公之舉，匪直水患是除，而利之遺民者溥矣！

萬曆十二年，紹興府知府蕭良幹增石修之，改其近岸旁四洞爲常平閘，用泄漲水。

張元忭《修閘記》：前太守富順湯侯紹恩之閘三江也，蓋舉三邑之水而節宣之，其爲利甚大，語具陶莊敏記中。至於今幾五十年，無以苦潦告者。膠石以灰秫，久而剥；水日夜震盪，石漸泐。水益走罅中，勢岌岌且就圮，民始歲歲以苦旱告矣。萬曆癸未，同年宛陵蕭侯良幹以户部郎來守越，凡諸興革，先所大後所小，故忭得以閘告。侯亟往觀，悉得所當舉，狀白兩臺。報可，遂以通判楊君莊董其役，而佐以縣丞鄭日輝、千户陶邦，發銀千三百有奇，役夫若干人，始築堰以障水。乃視舊甃所罅泐，沃以錫，令固其内已。又益發巨石，凹凸其兩顛，凸以當上流，令殺水怒，凹以銜舊甃，令水不得内攻。石每方丈，自下而上，以次衰之。又核石及其底，悉爲牝牡相鈎連，令水不得外撼。又覆石其上，令平衍可馳。蓋視湯侯所建，如車益輔，如齒益脣，倍壯且久。總其費，費於築堰者十之六，於石若工者十之四。侯時時拏小艇往督勞，凡予直毫髮必躬，吏不得有所侵牟，衆悦而勸。時值久不雨，工旦夕就，凡三閱月而事成，成而記。謁忭者，山陰令張君鶴鳴、會稽令曹君繼孝也。余固願有説也，蓋聞父老言：『曩湯侯時，以民苦潦甚，故役三江。及役，而民又争以病告。』此猶可諉，曰初不知其利若此也，而今則知之矣！最可諉又不過曰湯費則課畝，役則發丁，民未覩其利，先嘗其害也。而今蕭侯費則括帑羡，役則日予直三分，役兵，兵已受直，則予二，不課一畝，發一丁矣。而尚有以不急議蕭侯者，然則居室者棟已撓矣！必待其盡頽而後葺之，其可乎？甚哉，下之難調也！始麛裘繼衮衣，及始病褚伍，繼美誨殖，蓋自昔然矣。閘潦而啓不時，則海畝者竊決塘。竊則罪，故海民謗無閘則海魚入潮，河魚入汐，閘則否。故内外漁、邇閘者謗。他則宅是者，謂閘阻潮汐吞吐，改水順逆，關廢興，故宅是者亦謗。非是三者而謗，則又或以私臆搖其喙，而無意於民瘼者也。夫誠有意於民瘼，即百口謗且不避，况異日必萬口頌邪？夫謗安足言也！而或者謂閘啓閉固有準，乃萬不可爽，爽有微甚則畝害亦視之，此其弊在掌啓閉費者。或靳與私則然其致涸以害畝，則外漁賂掌閘者，乘公啓以滯，閉則然。兹二者誠有之，則非謗之類矣。噫！斯亦可謂下之難調邪。夫造物之生人也，勞矣！生而病，則資醫，無醫猶無生也，故醫之勞與造者等。今閘造者誰？湯侯也。醫者誰？蕭侯也。病雖已不可廢醫，繼蕭侯而醫者，知爲誰？勞則等也。醫之劑，凡幾窒漏，於甃一也。靳而滯啓、賂而滯閉者，痛砭之二也。凡記者爲頌而已矣。蕭侯曰：『吾太守視民所疾苦而時療之，奚頌焉？』雖然醫者既已療疾，必有案以貽來者，余之記是也，直頌也與哉！

崇正六年，三江閘圮，學士余煌修築。

余煌《修閘記略》：自湯公篤齋建三江閘，而山、會、蕭無水旱之憂殆百年。然以一重門限，外禦連山噴雪之潮，内瀉呇崖轉石之水，其砥之不能無嚙，而址之不能無圮，勢也。加以戊辰海溢，漂没田廬以千萬計，而閘設當厥衝，其不至摧盡，亦幸耳。尾閭泄之，歲每苦旱，利之源翻爲害之藪矣。會鹺臺留孺張公按部至越，勤問疾苦，而予與守道浴元林公指陳閘弊，倡義增修。於是張公親詣三江，經營相度，庀材鳩工，先築巨堰以障洪流，繼築小堤以決瀦水。惟箕尾逶迤，而西諸洞最深，旋涸旋瀦，僉欲中止，時林公駕湖舫，齎牛酒，犒勸役夫，晝夜併作，遂終決之。又濬泥沙丈餘，直窮根底，固以微鐵。向創閘時，下檻上梁，犬牙相錯，如柱枅宋栱，環互鉤連，歲久漂壞，十不存一，則更其朽泐，補其殘缺，前人未及修者，又加固焉。至於塘閘交會，更爲要害。雖叠石如城，日漸魚爛，悉撤之，甃以巨石，使水不得内攻。而塘尤閘之鎖鑰，舊制廣四十丈有奇，樹藝桑楊，根株盤結，以禦水衝。豪右侵漁陊陋者，皆爲恢復，俾唇齒輔車，相依爲固。如是，而閘之工庶乎全，紀其時不能兩易晦朔。自興工及竣事，無一怨咨者。予觀陶莊敏之記湯公曰：『排衆論，而身任之。』張文恭之紀蕭公曰：『時有以不急議公者。』然則當時民情之難調如此，豈昔之民怨讟，今之民忠愛哉？請以近事徵之。昨壬申夏不雨，井泉枯，禾苗槁，涓滴餘流，直走巨壑。土人具畚鍤，悉力以塞，然石罅注射，勢如攢矛，朝堙而夕潰矣。土膏浸竭，田穫漸微，然猶有可諉者曰旱。今癸酉水潦，時降占宜得豐，而潰決莫支，桔槔滋困，農家皇皇，於水利甚矣。然則今日之舉，功驗較著，苦便瞭然。昔爲修禿治瘍，今爲解懸拯溺，有頌無怨，固其所已。夫任天下之德者，不避怨，況乎其無怨也？雖然予少時已聞諸大夫謀舉是役，遲之十餘年而不即就。無他，長吏不肯受勞民傷財之名，且潮汐風雨淫溢，袖手相矜以爲持重。夫螘穴漏卮，古人深戒，況坊敗而水，費爲農事，憂如此哉！斷而行之，鬼神避之，則今諸大夫軫念民瘼之所格也。其經營供億，詳載别簡，以貽來者。

皇朝康熙二十一年，福建總督姚啓聖重修三江閘。

姜希轍《記》：吾紹郡三江應宿閘之建也，旱有蓄，潦有泄，啓閉有則。山、會、蕭三邑之田，去汙萊而成膏壤者，富順湯侯之賜也。水嚙石罅，久之罅漸疏，水益駛，以次剥蝕，有岌岌就圮之勢。越五十年，而宛陵蕭公爲之沃錫，以塞其内，甃石以蔽其外，視昔稱壯觀矣。再五十年，守道林公以鹺使張公之命親董斯役，倍加固焉。大率相距五十年，則堅者必潰，而修築之功不能已。其庀材鳩工，或課之田畝，或括贏羨，或捐俸秩。陶莊敏、張文恭、余學士記之詳矣。嗚呼！是皆守土者之責，而鄉士大夫之所憂也。比來，水旱洊至，復患漏卮，旱則易涸，潦則易没。諸公咨嗟告語，蓋以時考之，亦及其期矣。辛酉、壬戌間，西江塘没三邑田畝，再歲不登，民力告病，當事者議興工役，躊躇未決。吾郡大司馬憂菴姚公，時方總師閩越，一聞輿論，慨然以斯役爲己任，而并有事于三江，走札于予，謂：『水得順從閘出，不得横從塘入，以爲我父母之邦憂，即惟力是視，竊所願也。』公賦性慷慨，戮力疆埸，爲聖天子東南倚重之臣，日計軍實，而問罪於波濤震蕩間，乃能顧念維桑，不遺餘力如此哉！蓋公之公忠體國與敦本篤親，其心若一，故視招携敵愾、靖亂安邦如其身家之事，即眎捍灾禦患、保護鄉閭如其當官之事。心之所至，力無不殫。於是，嘆公之度量宏遠，爲不可及矣！公之介弟候選别駕君起鳳、屬員候選縣令張君靖受公委任，來董其事。吾紳仕之在籍者待御余公縉②、主政何公天寵、大參陳公必成咸精思慮，勤視履，以協助之。九月之望，郡侯王公有事於神而興役焉。再易朔，而告竣。凡用夫匠以萬千工計，灰鐵以數萬鈞計，竹木以萬頭計，置田起土以百萬擔計。昔之築堤以衛閘也，内外各二，今則内外各一，爲費較省。昔之補罅也，先下而後上，今則先上而後下，爲期較速。斯固董事者之授方任能，而致有成效也邪！是役也，秋濤獨盛，入冬而砰訇澎湃之聲猶聞數十里，議者謂工未易舉，今且落成，而頌興焉。非公濟物之懷，協於神明，陟降而式憑之，烏能致此？同里諸大夫不以予言不文，將勒之碑石，非敢曰足以記公之功，聊以慰父老惓惓云爾。

二十四年，紹興府知府胡以渙置田三十畝，以歲入修補閘板鐵環。

四十七年，山陰人李師曾等言閘座將圮，請改修。估費一萬三千五百八十餘兩，均之山、會、蕭三縣，里人毛奇齡持議不可，議三上，事遂寢，閘座後竟無患。

毛奇齡《罷修三江閘議》：月日關到以三江閘改修等事。竊以爲三江一閘，關係極大，其應修與否，似未可妄下斷語。而愚則斷曰：『此不必修，且必不可修。』何也？大抵地方最要，在興利除弊，然必有利始興，有弊始除，若無利而求利，原無弊而指爲弊，是揠禾作芸，剜白肉而使瘵瘡，鮮有不大僨乃事者。紹興本澤國，以古越千巖萬壑之水，而山陰、會稽、蕭山三縣當之，無尾閭去水，則巨浸滔天。所以前朝嘉靖十七年，紹興守成都湯公相度形勢，建閘於三江之口，北臨海門，以專司泄水。其閘高三丈三尺，徑長四十六丈，列二十八洞以上應周天列宿，於以救三縣民田數百萬畝。迄於今，相距約二百年，然而閘座巍然如長虹亘天，一若有神物護持其間。凡各洞各樣，並無有纖毫傾仄，而忽報將圮，動言改修，是狂夫也。故曰：『不必也。』夫不必修，即不可修，然而又曰『必不可修者』，從來有壞始有修，今不壞而稱修，不合，因變爲改修，且名徹底改修。顧改修，則萬萬不可。崇伯築金堤尚不可改，未有大禹鑿龍門、疏積石，而可改疏、改鑿者。向在史館，見湯公建閘明載之《循吏傳》中。當公生時，其父布政公命名紹恩，一似當有恩於吾紹者，斯已奇矣！及守紹，而晋謁禹廟，則山川林麓如熟識者，故方其建閘，曾鑿山根、叱海潮，犁壅沙十餘里，驅江豚、水蟲出之下洋，然後伐大石、運大木，收苗山之材與羊山硊磈，以門以楗，凡於梭礅剡硅，牝牡啣結，必和糜烹秫，鎔金冶鐵，以澆灌其中，此其神力，爲何如者？而大言可改，是猶拆已補之天，而改立天柱，雖媧皇復生，勢必不能。萬一爲民心切，當事誤聽，或偶涉輕舉，以致撓亂成蹟，則三縣魚鼈，誰任其咎？然且私估修費，限一萬三千五百有奇。考《府誌》，湯公造費衹六千三百有奇。雖湯公神功，原難測度，顧未有修費而其數反加於創造至一倍半者，愚故曰『必不可修也』，以展轉商之而有不可也，可斷也。《再議》：乃既罷改修，安用小修。據其立説，不過以閘底歲久不無滲漏爲辭，此又大謬不然者。按三江之爲閘也，司泄不司蓄，宜通不宜塞，故閘之利害祇在剡其柱、削其檻，以利奔瀉，而罅漏之害不與焉。乃議修不得，搜及罅漏，必以爲天塹之險，傷於螻蟻，一隙雖微，恐積漸之至，或有妨閘座云耳。殊不知閘工研密，其礲石輳合，雖不如天衣一片，純絨盡泯，然牝牡交噬，爲力甚鉅，其綰結之處，縱有離迹，亦千牛莫掣，是以啓閉舊法但勒五字於石牌，而樹之水中。每露可閉字，則二十八洞循次下閘，然而閘隙漏水，流離四垂，即閘傍石豁，亦有從而漱溲者，以視閘底之小隙，何止十倍，乃晝夜淋瀝，而究無所患。以爲滲漏涓滴，原不足以撼如山、如嶽之閘，況罅在水底，則内外兩水相持不流，即遇泌沸，亦水勢無力，此雖沙礫作底，猶疏泐所不及，儼然磊磈，何所穿穴？杞人縱有云，不足慮也。無已，則或曰『旱暵豈無害』，而實又不然。從來蘊隆之咎，不關水閘，何況閘底？故山陰有雨，閘麻溪上閘，所以救旱，可仰接上流之水，而三江下閘則止得救澇。苟閘可見底，則牌字盡露，内河龜坼，必不能以山川滌滌責此石罅，所以閘傍父老謂：『閘原有罅，然自建閘以來，約一百七十餘年，從無有以閘底漏水，傷禾稼，成暵灾者。』乃愚即以目前論，計議修所始在四十七年十月，歷今四十九年九月，已及兩年。即此兩間，去年夏旱，今年秋澇，澇固勿論，而即以旱言，在呼雩禱雨時，雖閘罅未露，而去底不遠，假使滲漏足患，則不塗不塞，何難以涓涓不檢，竟成大灾。而兩年旱澇，並鮮低仰，則是石隙無所問，而區區滲漏，總無事修補而勿煩顧忌，有明驗矣！又況海口沙高，流不盡出，但苦咽而不苦豁。故民謡曰：『三江咽，民口絶；三江豁，民口活。』今塗罅修法，則直與湯公犁沙、民謡苦咽之説兩兩相反，又且塗罅無益。舊朝曾捐修，不知何法。若近年姚宦捐貲修補，則鄉人相傳亦曾鍊羊毛、石灰墁諸砫隙，然不期月而罅豁如故。前車足鑒也！愚故曰：『此閘無大修，并無小修。』此非故爲妄言也，有驗之者也。然則必無有修之者乎！曰『圮則修之』，愚之言，此正以待夫後此之修之者也可斷也。《再議》：夫既不大修，又不改修，業經勘驗，閘座閘磡俱無絲毫損壞，是閘有漏水，亦無患害，況並不損壞，何處着漏？此亦不必再議者。乃自四十七年迄今五載，府縣詳俱謂閘底歲久不無石隙，宜筑壩、戽涸露底塗隙爲修法，以致制府范公委曲商量，倣治河故事，倡逐洞捱修之法，用排樁板障貼閘洞而釘之水中，於以戽板水而窺底罅，則事逸功倍。然且愛民迫切，惟恐失此不修，必致他日重議改修，反傷民力。是以屢經督催，而不謂府主因循。既不遵依，又不回繳，祇築舍數年而仍未決也。愚謂閘洞之底斷無石罅者，閘本依山，足爲門限明明，有石骨横亘水底，石骨豈有罅？即或閘洞分甃，或另有削平，磐石仰受閘板，然亦不能罅，使直罅耶？則黄泉非受漏之所。横罅耶？平石安能有横石横漏之理。無已，則仍指之閘磡之石，而閘磡不損，在憲勘有明驗矣。且閘磡非閘底也，是閘底必無罅，即罅亦無關閘座所應直，告之大憲，無煩顧慮者，況大憲修法，專爲底罅，底罅無慮，則自可稍緩。且此中亦自有可商者，憲法不明云『貼閘上下，用排樁板障釘水中』乎？向使此地水底如刑場塗泥，楗竹可下，則不論貼閘離閘皆能受樁板以立根脚，无如閘底山足總是石骨，即或山足不齊，亦大抵石多土少，石不受樁則樁不能以竪板，板不入土則板不能以截水。今此樁板，實有不能入土者，即使離閘下樁可避山足，而沙中确石所在，都有石苟礙板。即如拳之石，皆足爲梗，何況磽确。且欲窺底罅，則貼閘之樁究所難免，是樁板釘水歷揆之此地而有未協也。凡此利弊，在當事奉行者宜採擇衆議，直陳以可行、不可行之故，則大憲虚公，定無我見，而乃故作蒙昧，姑置不理。迄於今，秋霖綿邈，内水洋溢，忽山陰關到擇日興工，已估直一萬餘兩，三縣公派應徵蕭山民錢三千餘兩，付司事聽用。縣民大駭，實不知是上憲行文，抑府主新檄。正丏集議，而署縣以他事無暇，方遷延間，會颶風大發，巖壑震動，内河既頖洞而海潮外撼，三縣民田百萬畝悉没水底。雖開閘二十八洞，通身泄瀉，無救陷溺，賴江豚肆擾，蕭山北海塘與山陰瓜瀝，塘盡崩於水。初猶内水與外潮相持，既而潮退，則泄口既潤而内河之水隨之而瀉。夫然後民田稍露，屋廬無恙，則是此閘止司泄，並不司蓄，止宜去水，不宜留水，歷有成驗。浸假此時此日，無兩塘之崩，則雖鑿二十八洞，洞洞拆裂，亦絲毫無用。而乃司事者，尚欲征民錢一萬，涸溟海之波，露東洋之底，以窺此徑尺徑寸之石罅，此愚所以大聲疾呼，雖身叢怨尤，而不敢徇也。今海塘未築，而丈五河塘又崩，内水盡退，勢必有重檄修閘者，因不憚扶病，亟成此議，以爲後來司事者備一省覽。

校勘記

〔二〕消有潰決　「消」疑爲「稍」之誤。

〔三〕吾紳仕之在籍者待御余公縉　「待御」疑爲「侍御」之誤。

敕修兩浙海塘通志卷十九　藝文上

文章管經國之大典，鋪張揚厲，潤色鴻業，浮夸者勿尚焉！兹志謹擇其有關興建、詳悉機宜者，用昭千古之良法美意，其他遊覽登臨之作文，不非不斐如①，而於治道無補，概從刊落，志慎也。至若工程告竣，刊石紀功，業已分隸專門，附見本事，不復贅述，尚體要以選詞，庶免慚於掛漏爾。志《藝文》。

議

海寧縣海塘議　［明］趙維寰

鹽東面距海，塘自北而南，潮則自東而西，濤頭直衝塘肋，故塘易圮，而爲害劇。若寧則南面距海，塘自東而西，潮亦自東而西，濤頭直衝龕、赭海門，寧特其經行處耳。當經過時，未免隙竇之引潮以入，此寧患之似小於鹽，而其爲力又易於鹽者也。乃當事者重憂金錢不繼。夫寧自嚴尹寬建議後，小額設海塘夫一百五十名，年儲役銀三百兩爲修築費，亦既著爲令矣。倘能以此三百金，隨時補葺，小有潰决，即圖堵塞，亦何至一潰不可支乎？乃今一議工役，非請給上司，則加派編户。蓋塘不修，而民以海病；塘修，而民又以塘病。此其故難言之矣。

海鹽縣防海議　［明］陳所學

海患關切浙西諸路，故永樂之役，計協蘇、松九府，獨念防止末流，事先有備。如必待既溢而後捍，如物力、民患何？粤昔治塘無定額，自宏治始均派各邑夫里七千兩。嘉靖以來，則約四千而下之矣。然猶藉邑帑中嚮各邑，日久弊生，徵解不齊。臬憲黄公光昇督令貯府，嗣乃以修郡城，權一用之，然猶闕白水職官，嗣則又以軍旅用矣。已乃沿視爲羡餘，而贅疣之矣。吁嗟乎！百姓生靈，藉此抵捍，即令風濤叵測，日夜澎濞，計又安能一日忘哉？爲今議，請必各邑依時解府，府仍發縣，督委專官，募夫採石，隨到隨築，或增補、或拆修，縱横曲折，相時經營，每歲率以爲常。自非大泛溢，此外不必另議，則下無侵牟之奸，塘有修築之實，用以漸不費役，以時不勞，久之屹然砥柱矣！貯之於官，寧若貯之於塘爲愈乎？或者曰：『若是工，幾無寧歲矣！』曰：『供有定額，役有定值，非厲也。且自有塘至今，金粟固括海填邱矣，亦惟此民命國脉耳。苟圖玩愒，以重後艱，可乎？』曰：『然則各役徭征後時者何？』曰：『期而督之，是在當道加意耳。』父老僉謂此議尤民瘼所亟。嗚呼！挽回造化，誠有望於今之軫國是者。

修蕭山縣北海塘議　［明］任三宅

我蕭捍海土堤，近十年來費緡錢不啻千百萬兩，派山、會協濟銀四百餘兩，二縣或以害不及己，求助無名。由今思之，未盡然也。常爲臚陳其害，在我蕭什之三，在山陰什之七，在會稽什之四，在餘、上、新、嵊及寧、台、温什之六。何言之？我蕭疆域共止二十四都，自五都至十五都，縣西南境也，有浦陽、富春二江限隔於外，海患絶不相及。自二都至四都、十六都至二十都，亦縣西南境，雖無一江限隔，而去海尚遥，亦無潮患。獨縣東境廿二都新林諸村落，正當潮水之衝耳。即旁溢不過一都内之一、二圖，廿一都内之一、二圖，廿三都内之一、二圖耳！而廿四都更在鳳凰山迤北，海與山隔，潮不能入，其無害明甚。且水性東流，勢必不能折而西，此所謂害在蕭什之三也。邑東小江南岸，非山陰十餘都所横亘耶！潮自新林衝入小江，自小江衝入十餘都，則十餘都桑田淪而爲滄海者，殆不知幾萬頃也！十餘都居民，斥鹵不可饔餐，殆不知幾萬家也！吾蕭有若是甚乎？此所謂害在山陰什之七也。會稽又居山陰東界，離海頗遠，然由山陰達會稽共一水道，潮勢東奔，不極不止，亦必有斥鹵苦鹹之患。此所謂害在會稽什之四也。海塘内即運河。浙東四府之人，往來會城及兩京各省，舳艫相望，近年因運河爲潮所嚙，假途西江，水徑紆回，絶無牽路操楫之勞，幾倍疇昔。客商以傭值頻增，行程復緩，彼此稱苦，然猶曰小江可行也。使後海沙日壅，洪流漸成涸轍，則陸行甚艱，剥淺不易，道路爲梗，行旅增憂。此所謂害在四府之人什之六也。何近年吾蕭耑受此役之苦也？前賢莅蕭者，灼見斯塘之害不耑一方，爲力疏於朝而均其役，非僅派山、會而已。萬曆十四年，潮嚙西興舊堤，請派山、會協築，三院俞請奏聞，更發司道贖鍰及郡邑倉粟之半，事乃克濟。此耳目所覩記，未聞吾邑專任其費也。今者，浙東郡邑晏然，而山、會僅輸協濟，尚謂無名，猝遇興作，蕭獨受殃，當事者能勿憬然動念乎？

上虞縣海塘湖塘要害議　［明］濮陽傳

縣治西北三十里之外，有曹娥江。江東一帶，南自十都起至九都、八都、七都、六都、五都，北抵餘姚縣界，約一百餘里。其沿洎江岸，海潮泛漲，則有漂没之患。内有上妃、白馬、夏蓋等湖，堤防廢弛，則有旱乾之憂。故沿江之岸，當築埂以防潮汐；田上之湖，當蓄水以防旱乾。但海塘、湖塘，年久低塌，及至修理，圩長、閘鄰、堰鄰皆係無産棍徒，嗜酒貪利，不能號召服衆，以至富豪有田者倚强高卧，貧困無田者枵腹虚應，公差紛爾，催勾完狀，徒爲虚紙。或湖塘遭旱，或海塘被衝，不唯害稼且致溺民，公私俱困。今當勘得各該堰閘，壩埂等處，如西踏浦、荷花池、思湖前、庄鵲子、查浦、番花廟、董家灣、張家埠、大河口、花宫、王家潭、潭村、賀家埠、趙村、河口、葉家埭備塘者，隨即酌處，照産田丁派工修築，著令居民種插細柳、桑枯等樹，毋得將灑水草絆剗削，糞田抵浪蘆荻，竊桃供爨等。因又勘得原有會稽縣三十三都，犬牙相參，本縣七都之間最爲崩損低薄者，自章家墓起至西匯嘴灣底瀝海所北門馬路頭、纂風寺、五里墩邊止，約計一十餘里。雖係會稽，實與上虞同此一岸海塘，相應協力修築。此會稽三十三都，有關於六都之緊要者，合無申請，著會稽水利官知會照例修築，并行瀝海所重禁剗蘆之條，方可無碍。今後照該田丁每田三十畝派夫一名，無田寡丁十丁攢夫一名，士宦不得優免，其圩長、閘堰等隣各要田産，居上公道能幹者爲之，則庶乎役均而任當矣。

國朝

海寧縣海塘議　范驤

寧邑海患，每東北風漲，怒濤乘之，大概與海鹽同。而鹽塘止一面受敵，寧則三面受衝，其患與海鹽異。其潮患之在東南者，潮水朝夕至，怒若震雷，瀉若建瓴，木華所云『天輪膠戾而激轉，地軸挺拔而争回』者也。水患之在西南者，江水出三天子都，東北經建德，又北至新城，又東北至富陽，過錢塘，反濤奔軼，水勢折歸，故云浙江也。龕、赭巖門而外，江水與東南之水合，寧邑獨受其衝。枚乘所云『似神而非者三，疾雷聞百里，江水逆流，海水上潮，日夜不止』，是也。故寧邑海塘受衝，其害倍急於鹽，不寧惟是鹽塘堤岸去城根半里而近，隨決隨築，譬如衣敗壞一以相補。寧故堤去城根五六十里而遠，當其無事，亭竈熬沙漉白，視爲沃壤，樵者茭芻彌望，漁者鯊鱨贏蛤，人人得其所欲，如燕巢幕，如厝火坐積薪。平時築塘工費，積之五年十年者，那爲他費。一旦颶風，激射木石，茫無所措，不浹旬而五六十里浮沙潰決，驚濤直薄城下，浙西之田漸鹵，而東吴之地幾壑。乃始倉皇議採石蘇湖，議發里夫郡丁，議徵歲額，議加派田賦，議藩餉郵傳贏金，議七郡贖穀，議監築官，議倣瓠子宣房下淇園竹楗、倣王荆公鄞塘陂陀、倣黄僉事幞頭品字，勢如救焚，議同築舍，計已晚矣！故鹽塘之患在眉睫，寧塘之患在五年、十年或二、三十年，所謂無形之痛，一發不相補救。當事者必未雨綢繆，徵塘工歲額於無事之時，貯木石銀糧爲緩急之用。海口大決，則用黄公縱横之法，不可惜小費而妨大工。小決，則用楊公陂陀之法，下石櫃以堤水勢。此全浙咽喉，東南門户，無漫視爲一方之利害，金錢、畚鍤，徒苦我父老爲也。

海寧縣築塘議　許三禮

築塘之法，有一世利之，或十世利之，百世利之。如石囤木櫃，隨坍修築，取石有術，用民不勤，此利在一世者也。其慎選幹吏，如徐撫臣栻者；塘式隨宜，如楊副使瑄、黄僉事光昇者；治連平江、嘉湖，議先修鹹塘、淡塘、袁花塘，以防盤越北向，如劉提舉垕者；作副堤十里，採石備用，斂不及民，如錢僉事山者；此十世之利也。夫先事之圖，如額設捍海塘夫，歲編銀三百兩，若嚴令寬者；城南抽分竹木，存留銀七分充工料者，徵九郡力，役三府工徒，如保定侯孟瑛者。豈非百世之利乎？與驅一方之民，爲不終日之計，以邀一時之功，相去蓋有間矣！

海寧縣海潮議一　陳訦

訦少時見城南海沙數十里，或十年一坍，或十五、六年一坍，潮雖直至塘下，然止一潮頭自東而西，繼以急水一股，如追奔逐北，全海震動，二、三年即漲，如是而已。庚子七月，蒙恩歸里，到家十餘日，即輿疾至城西五里。東望尖山，有兩潮頭，一在尖山之南，一在尖山之北，相距頗遠，似乎諸山隔斷其間。漸西一二十里，則見北潮有白浪迤邐而南，方及南潮，則南潮頭趨而與北相合仍爲一，潮頭奔騰，過西至城尚未分爲二也。其長水，則皆自南而北矣。八月初，於城外看潮，則但見兩潮頭南潮已西，北潮稍後，竟分爲二，不能復合。土人名爲二潮頭，竟不復見有所爲急水者，但北潮之勢甚於南潮，意即急水之變而爲潮者。九月間，又輿疾至尖山，觀潮起處，則南潮已去西南甚遠，而尖山復微起白浪，過西漸高，約至二十里亭，潮頭不復過西，竟自南而北直薄塘根，其後遠不能復見。十月初，乃復至二十里亭，則見南潮先行，至城東數里，忽又分一潮頭，奔騰至北，竟反而趨東，而北潮頭方自東來，至二十里亭兩潮相搏，勢若奔雷，樁木漂流，竟爲從未見聞之事矣。夫尖山在城巽地迤北，並無斷缺，七月中所見隔斷者，則中有淤沙之故也。然至城仍復爲一，則沙之東高西下可知。八月初兩潮不復合，而西沙亦高矣。然南沙尚狹，海身猶寬，尚足以容南潮。閱月餘，而沙愈濶，海愈狹，南潮之北邊行沙上者前不能去，則又分爲二，而反逆行。是潮之變遷，皆沙爲之，而不知沙之變遷，實潮爲之也。蓋海沙性鬆（以鹽爲質），遇水即沖，稍緩即漲。聞尖山、塔山之間，向有一堤擋水，故止一潮頭，後去此一堤，其中一百六十餘丈潮即捫入貼塘而行，有百六十丈之潮即刷百六十丈之沙（自城西至尖山，沿塘三五丈外，刷成深坎。七月間，使人測之，淺者二丈，深者三丈。或云尚是沿邊打探，中不可測),北洗百六十丈之沙,即南成百六十丈之漲,愈刷愈深,南高北下,潮頭不能復出,於是始冲老鹽倉,繼冲二十里亭,東西横決,反覆失常。譬如賊入門中,閉不能出,害必及人矣。施治之法,必使潮頭合而爲一。而欲合爲一,非導之使出,必攔之使不入。導之之法,莫如開中小亹。而沙水變遷,朝疏夕壅,既不能效,則惟有攔之一法耳。夫攔之之法,其言似迂,其理實確,治病必求其原,彀弩必審其括,提綱挈領,用力少而成功多。如兵扼險,過險即莫能禦矣。今塘之潰,北潮頭不能出爲之也。北之有潮頭,小塔山之闕口爲之也。知小塔山之何以有闕口,即知所以禦之之道矣。謹陳其梗概如此,而更爲之繼述焉。

海寧縣海潮議二　陳詵

或曰:『寧邑海塘,延袤百里,朝潮夕汐,處處危險,豈築一塔山堤可禦?』曰:『知其要者,一言而終;不知其要者,流散無窮。昔者,黄河之未治也,高寶州縣患其陸沉釜底,清河口子患其淤塞不通,於是河臣開張福溝三,引河以濟運,旋通旋塞,歲歲興工,河身高墊,黄水灌入運河,河之高與淮城等。皇上於是大奮乾斷,命大臣十人督修高家堰,横截淮流,使淮刷黄,而張福溝三引河滙爲巨浸,淮水直逼黄水東行,重運無阻,又淮流隔斷不入,白馬、寶應諸湖,七州縣水底田廬,盡爲沃壤。海口深通,黄河大治,故一築高堰而功已成矣!今海塘之患,由於塔山堤去大潮攔入一股,直衝塘身,此潮既入,外沙即漲,南潮行速,北潮行遲,沙水漲之,不能復出,潰裂冲突,終無去路,直至潮落方始東瀉。於是或分爲二,或分爲三,或北流,或東流,既衝老鹽倉,復冲陳文港(即二十里亭),反覆潰亂,失其常度。如人聞穢氣,不能透達,霍亂嘔逆,無所不至。欲行施治,豈可不究其源哉?築塔山堤,所以塞其源也。既塞其源,流自無不治矣!』或曰:『今尖山築堤未及六十丈,而水勢湍急,盤旋回薄,俱在堤邊,更爲洶涌，將若之何？』曰：『此尤不可不築堤之驗也。潮之起，由大尖山與馬鞍山相夾而成，既已起潮，又有小尖山與塔山東之西行約二里許，不使散漫，故潮頭向南，直衝赭山。譬如鉛丸在鎗炮中，火藥已發，空行炮中數尺，故能及遠。折去塔山壩，是火藥與炮口相齊，出口即散，安能前行。今築尖山堤，而堤邊之潮勢更甚，則此堤之爲要害可見矣！尖山堤既爲要害，則塔山堤更爲要害，益可見矣！禦敵者，必禦諸險要之外，縱敵入險，而欲禦諸險中，所謂延敵入寇，未見有能保境者也。』或又曰：『塔山堤，固宜築矣。而其底甚深，恐非人所能爲，屢用人而屢不效。今何施而可？』曰：『以治河之人治海，是猶以山居之人操楫，以水居之人馭馬，其爲不善，何疑？今浙閩濵海郡縣甚多，寧波、漳、泉之間，其地必有沿海石塘，築堤成法，良工自相傳襲。如鐵索橋、五鳳樓，非世所輕構，而欲造鐵索橋、五鳳樓，必有人焉應之。詩曰：「維鵜在梁，不濡其翼。」此用失其人之過，非無人之謂也。』

海寧縣海潮議三　陳詵

或曰：『塔山堤築，老鹽倉可無患矣。而中小亹不開，將如之何？』曰：『古來治河，唯疏、濬、塞三拔。而三拔之中，唯濬之説爲難。疏則分爲引河，塞則築爲金堤。至於濬，或作木鵝，或作木龍，置爬其下，乘潮往來，上下疏刷，可僅通海口。若夫邗宿以上，開歸以下，河身高填，非人力所施，則唯以水刷沙。如梁有滎、濟之水，徐有睢、湖諸水，宿、虹有泗、沂、淮、汴諸水②，皆節節入河，清水愈多，則濁流愈迅，故河身不濬自深。今大尖山與赭山，東西相對，向時唯尖山一潮頭，故直衝中小亹，或南大亹。今塔山内另一潮頭，則勢分力弱，故南沙漸淤，遂移南趨北，而中小亹塞。中小亹塞，則北大亹開，而老鹽倉坍矣。若塔山閉，則潮南。潮南，則尖山大潮正衝中小亹，日衝日刷，中小亹不挑自通，而海底之沙亦徹底可去。夫以潮頭衝淤沙，較之人力不啻萬倍，而潮頭所向，其勢直而不斜，衝中小亹必不又轉之北，故中小亹開，則南北俱係旁流。旁流激雖泛濫，而不深入海底。故時南時北，而無累歲不漲之沙，所謂塔山塞而海無餘事者也。此以水治水之法，有確然不易者也。』

海寧縣海潮議四　陳詵

或曰：『塔山之堤，與城遠不相及。如果築成，能保城沙之必漲否？』曰：『沙之坍漲不常，豈人力可保？然塔山之東，隔十餘里爲新倉海，中有沙曰無名鎮，煎鹽刈草，聚居千家，其來已久，近俱灘去。夫聚居成鎮，非一日之積，千家非尺寸之地，有此在城之東，自可恃爲藩蔽。塔山去此不遠，築堤以擋，其前十里之間，其沙必聚，則此鎮似乎可復。又城東二十里亭，其先舊塘凸出里許，又爲近城左臂，曾於城西從老君堂東歸，適大潮西落，勢極崩涌，東南大風相薄，白浪滿海，有伍公祠塘凸出數武，與老君堂相隔二里，二里之内，則平波恬軟，全無白浪。何數武之間，遂能作二里之障？蓋海面寬廣，稍有阻擋，水便南行，不似江河闊不過二十里，湍流所至，猝不能回，以此度之，有擋則水即遷，水遷則沙即壅，沙壅而此漲彼坍，勢所必至。故塔山塞，則無名鎮可復；無名鎮復，則廿里亭塘可拓；廿里亭塘拓出，則城不危；城不危，而中小亹可開，老鹽倉可復矣！』曰：『小塔山亦常漲矣。漲則應迤邐而西，何以時漲時決乎？』曰：『黄河決口，有一時不能塞者，作挑水壩以攔之，則埽可下，口可閉。今兩臺捐堤六十丈，在決口之南，此塔山之所以漲也。其決，則堤下於水，潮滿越堤，復冲漲處，嫩沙未老，是以又復決也。若堤高於潮，豈能又復進乎？』曰：『向尖山堤未築時，塔山口亦有漲者，此何以故？』曰：『大尖山，邑之天然大挑水壩也。稍過西北，又有小尖山，又一小挑水壩也。有此兩壩，塔山口退居其北，故其沙自凝。前人因其沙凝而築之，故新鹽倉至二十里亭皆在脅下，而不復築石塘，乃爲高必因邱陵之法。今小尖山又增築堤，則更爲重門之險，豈可以昔之漲疑今之堤哉？』曰：

『然則小尖山壩，可久乎？』曰：『此壩東抵小尖山，而西邊無著，勢不可久。但藉以障塔山，則塔山堤可築，塔山堤築，則由近及遠，自北及南，漲一條沙，即去一條水，去一條水，則又漲一條沙。此日積月累之法也。若茫茫大海，欲雜然興工，前沙未漲，後沙復坍，誠不知從何著手處也。』

海寧縣海潮議五③　陳詵

或曰：『築堤之法，向用木櫃，近用排樁，兼用草壩。乃排樁時築時傾，而草壩經年不動。豈石之堅，反不如草之柔與？』曰：『治水之法，河不同於湖，海又不同於河。湖之水渟滀，無風時不動，有風時軟浪磅礴，勢緩而弱，故坦水石可禦。河之水湍急，挾沙而行，沙淤則流必遷，故時有潰決，然不過頂冲之處而已，餘皆平溜中行，故用柴即可無虞。若海，則朝潮夕汐，呼吸排蕩，非僅湖之波瀾、河之湍流已也。古人以木櫃治之，固不得已。蓋潮非隻木可枝，亦非拳石可抵。拳石之大，不過萬斤，萬斤之重，百夫可舉；隻木之長，不能十丈，十丈之深，人力可摇。若潮之勢，人力所能舉者，潮無不舉；人力所能摇者，潮無不摇。唯以木櫃鈎連，使十里、二十里連而爲一，則雖潮亦有不能移者矣。今以十木置土中，一人拔之，以次可舉。若中有横銷，使十木爲一，則非十人不能舉矣。水之性，不唯海不同於河，抑且海不同於海。海鹽之塘直當大海，故須鉅石爲塘，以塘身當大海之潮。海寧之潮，自東而西，潮初來時，勢雖衝激，然沙低於塘，潮又低於沙，搜剔之患，在於沙底，及其既滿，雖至塘身，潮頭已去，水勢已平，自非春秋大汛，終在塘根之下，塘身不過闌攔而已，非如海鹽之全恃塘身也。至於錢塘，則其勢已殺，有潮頭而無急水，唯江海相遇，時有衝嚙，故以石板側砌，亦可經久。石板之力，殺於木櫃，木櫃之力殺於海鹽石塘，然而足以抵禦者，以不恃一石一木之力也。今老鹽倉草壩，雖虞朽爛然，糾結纏束，合而爲一，鑲墊三層，厚有丈餘，大潮之來，不能分拆，故經年不壞。排樁雖入海底，樁根一搜，則壘石疊壓，愈壓愈重，樁身先摧，樁不壞於潮，而折於石，樁折而石亦隨之。然則石豈不能及草哉！孟子所謂一鈎金與一輿羽之謂也。』曰：『然則木櫃亦有倒卸者何？』曰：『木櫃倒卸，不過一櫃、兩櫃，孤而無輔，是以不能獨完。若五櫃一聯，大木亘之，則合五櫃爲一櫃矣。又以十櫃一聯，大木亘之，則以十櫃爲一櫃矣。由此而一里、十里，與夫數十里鈎連不斷，豈尚有崩摧之患哉！且木櫃禦潮，原非平列，自近而遠，自高而低，故曰陂陀塘，即湖堤之大坦水石也。湖之水静，故坦水石順之。使平潮之水動，非木櫃層疊不能禦也。且木櫃漸收，下濶上狹，則以櫃壓櫃，勢如累棋，即架空尚不能墜，况又可横木爲之底哉！成法具在，事非創設，擇其善者而從之可也。』

海寧縣海潮議六　陳詵

或曰：『從來東邊之沙，易坍易漲，西邊之沙，漲則不坍。故坍在潮來之時猶可，坍在落潮之時更甚。似乎險在西，而不在東。』曰：『此拘墟之見，非通人之論也。蓋鄉人各處一方，居東者以東爲險，居西者以西爲險。東當潮起之初，在尖山隘口，塔山稍偏在内，秋冬潮小，水竟西行，不復到北，則沙即漲。一遇潮大，旁溢至北沙，即復衝，故衝漲不一。老鹽倉迤西，去東八九十里，潮勢已弱，塔山衝時，勢或遠及老鹽倉。及其既漲，則老鹽倉自不復坍。老鹽倉人但見漲不復坍，以爲西沙甚於東沙，附會其説，謂落潮併江水而下，勢更汹涌，不知西沙漲時，東沙之漲已久。西沙不知東沙之漲在先，故詡西沙爲可久；東沙不知西沙之漲在後，故疑東沙爲難憑。東西不相往來，孰能馳騖於東西之間哉？若斯言果然，則五、六年來，聞東之漲有矣，何未聞有西之漲也？此即東西先後之大凡也。』

海寧縣海潮議七　陳詵

或曰：『潮之爲患，以一分爲二，又分爲三，且逆行也。潮之變幻如是，塞一塔山，何能盡之？』曰：『此扼要之策也。潮之變幻不常，猶兵之變詐無定，然而城有所不攻，地有所不取，何也？得其要，則敵自斃也。九月初，尖山之潮南者先去，北者後起。其時，塔山口漲二潮頭，在尖山貼南滚起，前去約二、三十里，自南趨北。其時塔山口尚無水，後乃東回，此即塔山塞，而二十里無潮之明驗矣。其趨東者，前沙日漲之故，非潮之必欲趨北也。惜尖山之堤尚矮，潮大漫入，故塔山復冲耳。使塔山永塞，則二十里皆成實沙，漸淤漸遠，潮頭將併爲一，氣旺力盛，何患前沙之不開哉！夫静專動直，乾之性也，潮乃天之動，氣必無好曲惡直之理，曲者不得已而然也。知不得已而曲，則知直之之道，似亦無難。既塞其源，流自無不直矣。唯工料甚鉅，非他處可比，必如海鹽石塘方可抵禦而效，非手目可指，故人莫敢任。然觀古之成大功者，必有不易之策，灼於幾先，堅固守之，迄於有成，適如始之所言。故必須先有成算，然後乃可從事。築舍道傍，三年不成，長計遠慮，固非他人所能與謀者也。燭微見遠，於當道大人竊有厚望焉。』

海鹽縣修塘議　毛一駿

鹽邑公事，累官不一，海塘爲甚。蓋以二十里人力敵億萬頃颶風，少不堅緻，近而本境皆魚，遠則隣國爲壑。考之邑志，每塘一丈計費三百餘兩。經始之人，至今俎豆不替，誠重之也。職到任以來，波濤近在枕席，何日敢忘徹桑。查歷年請修舊案，約耗費數千餘兩，無案不借修化、被、草、木塘號爲名，偏不及致、雨等號，心竊怪之。及親閲塘勢，致、雨逼處門庭，按費計功在人耳目，無術躲閃。化、被、草、木，帶山披沙，漱嚙難及，距城稍遠。急修之，無利；緩築之，亦無害。蠹胥奸匠便於侵牟，所以曠日遲久，糜費金錢，仍留未竟之功，爲請益之地。一經查勘，不過聚數游民點綴畚鍤，事過復停。嚴究所冒工銀，不由縣給領，石匠之死者死，經承之逃者逃，止拘責現在承役，空勒限狀，申報憲臺，何益成毀之數哉？此職撫膺浩嘆，請修之文日上，不敢輕請各邑協濟，父老之議日集，不敢輕徵本縣塘夫。蓋不欲以身合汙，貽笑海若耳。今欲爲國家財賦計，爲萬民身家計，先端發銀之本，使分毫畢歸海塘。次重專官之托，使出入賴有成算。次嚴經承之選，使積滑不敢再生覬覦。次嚴募匠之令，使老弱不得濫冒廪餼。次減承催之差，使工匠不苦無名需索。次審險夷之勢，使緩急不仍紊其次第。如此興工，縣官不經手錢糧，立破從前染指之嫌，自可督率佐貳，日省月試，告厥成功。雖鼛鼓時搥，當工匠騰飽，亦動予來之義，而不怨其勞也。

寧鹽二邑修塘議　陳訏

竊惟杭屬之海寧、嘉屬之海鹽兩邑，地俱瀕海，縣治去海不及半里，又當蘇、松上流，一有衝決，患誠非細。然寧、鹽兩邑，雖均以海爲患，而潮有横衝、直衝之異，地有軟沙、硬沙之别。其横衝而沙軟者，患在根脚搜空，雖有極堅極固之塘，不能存立。法宜加意塘根之外堅固牢密，使沙土不虚，即塘身或少單薄，可以無慮其直衝。而沙硬者，塘根之沙不患其坍，止患直衝勢大，非極堅極厚之塘不能抵禦。法宜精講修砌塘身之法，而塘根以外加功稍次。則是潮患兩海雖同，而所以捍潮之法不同也。今以海寧言之，海寧之潮與杭城江干之潮無異，俱起有潮頭，俱横衝而過，其實皆爲浙江入海之尾閭。然而海寧之海沙，又與江干微别。江干地皆近山，其沙性硬，故江塘之沙坦而不陡，即有衝刷捍禦，猶易爲力。海寧近城無山，遠者江干之山，相去百里，近者袁化之山，亦五六十里，故沙土率皆性軟。且海塘以外之沙，從來此坍彼漲，其所漲之沙，又皆潮頭去遠，急水已過，而長水停蓄，日漸淤積，性浮體輕，衝刷甚易。故當平常沙漲之時，塘外不下三四十里之遠，及至沙坍，三數月即可到塘。蓋其積之也，由於潮過之長水性平氣緩，浮沙沉積，故所長之沙低於海塘者，不過三四尺。其坍之也，由於潮頭與急水之横刷，潮當初至之時，水尚未長，恒低舊沙丈許有餘，灌漱衝激，皆在沙底搜進，故不但沙岸陡峻，而沙面反凌空蓋出其外，俄頃之間，縫如毛髮轉瞬而坼裂傾頹如山之崩，蕩爲濁流杳無踪影矣。漸至塘脚日搜日進，雖使鞭石爲塘，豈能凴空穩立？故海寧之塘，必於塘脚之外沙土之中砌出十有餘丈，以固其根。舊法用木栅爲櫃，中積小石，層層排置塘外。蓋用木櫃，則化小石爲大石，而排置塘外土中，則可預防衝刷。立法誠善，但其置櫃也宜深，而不宜淺。蓋沙漲之後，潮來之所衝刷，必在舊沙根脚之下。置櫃若淺，則衝刷所及，反在櫃下之沙，而櫃之根脚亦虛，豈能自固。惟置櫃必深，或三櫃四櫃層疊而起，則衝刷之勢，櫃能抵之，而沙無崩塌之患。其排櫃也，宜遠而不宜近。蓋水之漱灌，無隙不入，若自塘根排出有十餘丈之遠，則水即善刷不能浸灌，以至塘根，而塘根之土常得乾堅牢固，不至根脚虛鬆，而塘身因之而傾。至於櫃外，則用長木樁密釘入地，鉗束其櫃。櫃外有樁，樁外復有櫃，層層密釘，即使潮衝，無一櫃隨流，他櫃因以欹倒之患。而櫃之自下疊上，自近及遠，俱用品字排置，兼如陂陀之坦，近塘稍高，漸遠漸深，既禦潮來之所衝刷并護塘根，可堅久矣！塘外之沙，既不坍及塘根，則潮頭既過之後，急水既緩之餘，即有長水浸及塘身，而勢緩力舒，無慮衝嚙，不必如海鹽之鉅石鱗疊，屹然如山而後無患。故海寧之塘，功力全在塘根以外。人但知塘之裂缺，而不知根脚鬆而裂缺也。至於海鹽之海，則與海寧又異，南有秦駐山，北有乍浦山，相去止三十餘里，南北山趾角張，而海鹽邑治居中，獨以東面受大海潮汐之對衝，與海寧横過不同。而海中之沙，又近山多硬，不坍不漲，故從來洋舶不便泊塘，亦由潮來則水溢，而潮退則爲砂擱故也。故塘外不患坍沙，惟是全海所衝，勢雄力猛，而潮汐之來，一衝一吸。其衝也，固有排山之勢，而其吸也，亦有拔山之力。故必極大、極厚之石，縱横鱗疊，内復幫以土塘，而後可以捍禦。若使疊砌之石稍不極其厚重，則水力排擊，輕如弄丸。且古云：『石之附土，如人骨之附肉。』海水之來，不但畏衝，實尤畏吸。蓋水既無隙不入，其吸而拔之也，塘土俱出。若土塘空洞，即石亦頑滑不固，故古人于海鹽之塘講之甚精，既須極大之厚石，而其取材也不可頭大頭小。其疊砌也，不用石塊墊襯，其程式也必方方相合，面面相同（白洋河向多棄石，皆昔之不合式者）。其驗工也，不於已砌而於擡砌之時，先置平地，驗視其層疊也，頭頭向外，以攖潮之衝吸，而復制之以縱横之法，聯之以品字之形，務使潮水之來其入也，由石縫而曲折以進。其吸也，亦由石縫而曲折以出，則潮之呼吸其力漸殺，而後石塘有盤石之安，土塘罕搜空之患。且頂石之樁，必長、必多、必掘深生土二尺，而後釘入。而塘外亦排置木櫃，以護其樁，略如海寧之法，不使樁根宣露易朽。頂衝之地，不遺餘力，次衝之地，工力少減，然亦百倍海寧。皆由海鹽之海，直當大洋之衝，且沙又鐵板，潮從沙上奔騰而至，并無海寧之軟沙少爲抵當，惟恃塘身直抵潮之正衝，非屹然如山必不能禦。昔時，用王荆公寧波陂陀塘法。元末明初，猶衝決屢告。至後，有疊砌之法，而後數百年無患，良不得已也。即今二十年前，上憲因塘石碎泐，委員修理，而承辦之員，不能仰體德意，反取塘身完整之石加於塘面，而以塘面碎泐之石委之塘中，如築墻之用墊堵，一時雖飾美觀，其實速之圮矣。若慮塘身延袤，不能一式，則原有頂衝、次衝之别，約共止十餘里，況今之坍側傾卸止敕海廟數十丈之頂衝，豈可惜一時之小費，而遺不數年後之大患乎？故海鹽之塘，全在塘身捍禦，異於海寧也。至於兩海之塘，雖極修砌得法，而大潮大汛，狂風駕浪，不能保無扇溢淹没横流，則兩海又天生有近塘之河消納海水，而不使淹入内地。蓋海水性鹹，若淹及腹内之田，則田秧浥爛，非兩三年雨水浸潤，不能復其淡性以便耕種。惟河身之水，日夜流動，數番大雨，即鹹性盡減，故可使之消納，以不波及於腹内之田。在海寧則爲六十里塘河，在海鹽則爲白洋河，皆天造地設，古之所謂備塘河是也。寧邑之六十里塘河，即杭城之上河，發源於江干諸山，與北關下河之發源天目者，兩水各自分消，下河由苕溪入於太湖，上河由海寧黄灣出閘，達於嘉興松江。今黄灣閘久廢，薛家壩久阻，臨平市河久淺，下流不通，而上河之水俱從半山之金家堰（離杭城三十里）入於下河，不但天旱之年海寧沿海涓滴不來，如火益熱，水澇之年，上河諸水涓滴不去，盡出金家堰而塘棲德清，上下河兩水齊到，昏墊愈甚，如水益深。即今海塘潰決，潮水直入内地，而六十里塘河毫無分泄之處。至於鹽邑之白洋河，起於秦駐山，由藍田廟而達於平潮河外，近海之地類多斥鹵，河内皆禾稻之鄉，今雖不甚全淤，然淺阻日久，河身已高，潮水屢溢，河不能容，便恐淹入田畝。及今開此二河，流通深廣，則即海塘修築運輸木石無虞艱阻，而日後大風駕浪，泛濫之患藉以分泄。但此二河，勢居其僻，非仕宦商旅之所經由，地居其瘠，無富貴膏腴之所置産，膜視者多[四]，於溢，亦切要之務也。

校勘記

〔一〕不非不斐如　『非不斐如』前之『不』字疑衍。

〔二〕宿、虹有泗、泝、淮、汴諸水　『泝』疑爲『沂』之誤。

〔三〕海寧縣海潮議五　原書漏『五』字，據《海塘録》補。

〔四〕膜　『膜』疑爲『漠』之誤。

敕修兩浙海塘通志卷二十　藝文下①

考

捍江塘考　［明］陳善

杭地枕江負海，茫茫水國，而龕、赭兩山夾峙於江海之交，潮水自兹而入，由廣入隘，奔騰衝激，雷擊霆碎，有吞天沃日之勢。晝夜再至，山摧地圻，塘易崩潰，乃築石堤以障洪流。沿江隸錢塘，瀕海則仁和、海寧之地。海寧縣治去海甚近，前者海失故道，衝決堤岸，爲患滋廣，甚則百餘里，少亦不下數十里。興役修築，工費浩穰，延引歲時，始克就緒。間值颶風陡作，洪濤西激，旋復没於巨浸，甚爲浙西民患。一勞永逸，上下數千載間不聞有長策焉，即東南之患未已也。按前史，江挾海潮，爲杭人患，其來已久。唐大曆八年秋七月，大風海水翻潮，溺民居五千家，船千艘。白樂天刺杭日，江塘壞，嘗爲文禱於江神，然板鍤未興，無裨民患。至梁開平四年八月，錢武肅始築捍海塘，在候潮、通江門之外，潮水晝夜衝激，版築不就，因命强弩數千以射潮頭，又致禱於胥山祠，仍爲詩一章，函鑰置海門山。既而，潮水避錢塘，擊西陵，遂造竹絡，積巨石，植以大木。堤岸既成，久之，乃爲城邑聚落。凡今之平陸，皆當時江也，此吴越舊史所傳。予聞錢塘名縣，自有取義。由漢迄今，皆仍其舊。或以爲州人華信以私錢築塘捍海，故名錢塘。初以爲妄，頃閲杜氏《通典》引《錢塘記》云：『防海大塘，在縣一里。郡功曹華信議立此塘，以防海水。始開募有能致土石一斛予錢一千，人貪厚值，皆擔負而至，來者雲集。比至江上，詭云已不復用，皆棄土石江濆而去，塘以之遂成。』杜君卿素稱博雅，且自唐距漢時未甚遠，雖説近荒僻，當有所傳，信而筆之於書也。今《臨安志》乃謂自武肅始，且引强弩射潮之説，以爲信而神其事。豈舊嘗有塘，至錢氏時乃大壞，而更築之耶？《唐書·地理志》曰：『鹽官海塘長一百二十里，開元時重築。』則前此有塘可知。按海寧四境，東至嘉興府海鹽縣金牛山界八十三里，西至仁和縣上舍涇界四十七里，不應錢塘江塘獨無。矧錢塘江潮，湍湃洶涌，震撼衝突，比之鹽官勢尤危峻，又都會重地，防護更切，苟無塘岸以爲堤防，浸淫所至，杭城悉爲洪流，兹豈武肅時始築哉？又案江塘傾決不常，在宋時特爲吾杭之患，錢氏所築之塘，至大中祥符間遂決。五年，轉運使陳堯佐築之。七年，詔江淮發運使李溥復依錢氏制專其事。九年，郡守馬亮禱於子胥祠下築之，明日，潮爲之却。景祐四年，轉運使張夏築堤十二里，因置捍江兵士，杭人德之，作廟堤上。慶曆初，再決，郡守楊偕築之，丁寶臣爲記。政和六年，前守杭州張閣奏言錢塘江塘若失捍禦，恐他日數十里膏腴平陸皆潰於江，詔命劉既濟更築之。淳熙元年四月間，大決，一歲再決。嘉熙戊戌之變，命知臨安趙與懽修治，乃就近江處所先築土塘，然後於内更築石塘。越三月，畢工，水復其故。嘉定十年，江潮大溢，不聞有築之者，豈塘岸固無恙乎？抑舊志所遺也？入國朝來，洪武十年，江水大溢，特命大臣來杭修築。自後，永樂元年一修，五年、九年再修，至十八年大修，塘始有成。及成化八年，沿江堤岸傾圮特甚，乃命工部侍郎李顒來杭，祭告江神，修築堤岸，迄今百有餘年，不聞有修治之者。夫江濤之患，雖亞於海，然錢塘之潮直當海門者，湍激湍湃，山摧地摇。兹幸江塘之外，尚有淺沙數百丈可以捍截江流。故兹塘稍不爲患，一旦沙徙而直薄塘下，濵江桑田、廬舍，豈不岌岌乎危哉？今按六和塔之南，潮勢稍緩，塘可無虞，惟望江樓以北數十里，直當潮衝，此宜急事修築，而當事者幸其無患，苟安目前，失今不治，後將有百倍工力而無濟者矣。夫今築塘之患有二，曰估價太廉也，責成太急也。往者萬曆乙亥塘決六和塔之下數百丈，命人修築。予嘗一至其地，詢諸工匠，每石一塊止銀八分，每人一工止銀二分。夫官以廉，而覓工人以刻期而供役，故事圖苟完，不爲久計。所築之塘，惟用爛石草草叠成，不實以土，潮水一至，尋築尋圮，其何以善厥後哉？必也於近堤淺沙之上，立蕩浪木樁數百千以捍之，而其叠砌之法，不恤工力，務爲遠圖，多委廉幹之吏，分役察視，或編立字號，各任其責。所任已完，更番代換，毋令其久役思歸，怠於將事。至於樁木，必須易杉以松，庶可永久，而又倣宋人捍江兵士之意，每歲編置巡江夫數十名，令其往來察視江塘，少有傾頽，即加修治。庶乎修理及時，而工力可省，顯患既弭，而隱憂可消，百世可久之策也。

國朝

海寧縣築塘考　陳之遲

凡海之臨大洋者，潮汐皆以漸長，鮮爲民害，惟海寧之海，南有上虞、餘姚逼處於前，東有大尖、鳳凰諸山，角張於左。海身既隘，海口復窄，乃潮由海鹽大洋騰涌而入，無異於帶水而納彌天之浸，此怒濤横奔高逾數十丈所由來也。乃西去不五十里，又有鼈子門爲錢塘江流入海之口，廣僅七八里。夫以數百里之海面，復納於七八里之口中，而江流又逆遏於上，則受阻之回溜，其湍激更雄於潮矣。故陽侯稍不戒，洪潮即薄塘下。塘之土石，朝夕供其盪漱，未有不傾覆相繼者。爰考唐宋元明，海患相循不已，其鳩庀之費，動盈萬億計，其籌畫堵塞之方，皆當事爲之徬徨而籌度者，載在史策，班班可考也。請得而臚陳之。一曰海塘潰決之烈。《宋史》：『嘉定十一年，海失故道，潮衝平野二十餘里，侵入鹵地，鹽課不登，蘆洲港瀆蕩爲巨壑。十二年，遂侵縣治，上下管、黄灣岡等鹽塲皆圮，蜀山淪入海中，聚落田疇失其半，而禾稼之壞者凡四郡焉。十五年，縣南四十餘里盡淪爲海，其捍海古塘東西纍石並就淪毁，海水侵入縣之兩旁各三四里，止存中面古塘十餘里。當時議者以爲，水勢衝激不已，不惟本縣不可復存，而向北地勢卑下，且慮鹹流入蘇、秀、湖三，田畝不可復種，又縣西有二十五里塘，上徹臨平，若海水入塘，兩岸田畝必致决壞，并裏河堤岸亦有横裂之憂矣。十七年，海潮復壞縣地數十里，計六年而始平。』《元史》：『大德三年，塘岸崩潰，虚沙復漲，不可修築。延祐六年、七年，海汛失度，屢壞民居，陷地三十餘里。泰定元年二月，海水大溢，壞堤塹，侵城郭。三年八月，大風海溢，捍海堤崩廣三十餘里、袤二十里，至徙居民千二百五十家以避之。四年正月，潮水大溢，捍海塘崩二千餘步。二月，風潮復大作，衝捍海小塘，壞郭外地四里。四月，捍海塘復崩十九里。』又《縣志》載：『縣西南，舊有鹹塘。元泰定間，海坍不存。先是，嘗築備塘以防衝激。塘之外有沙場二十餘里，塘内陸地、草蕩及桑棗園一百六十餘頃。至泰定四年，悉崩。於是，建天妃大廟，命僧用秘法鑄深沙鐵神以厭勝之。致和元年三月，海堤復崩。元主遣使禱祀，更命西僧造浮圖二百一十有六，實以七寶珠玉，半置海畔，半置水中，以鎮海灾，終不能止。』又《志》載：『寓公貢師泰詩序稱當時潮决南岸，州治將盡入於海，城隍漫無存者。迨至正十九年，而始克築城。』則知元時吾邑之海患更酷於宋矣。故明洪武初，海潮衝毁赭山巡司及宋置漏澤園。至二十三年，衝毁石墩巡司。永樂九年，海潮復决。有司不時治，民流移者六千七百餘户，淪田一千九百餘頃，毁許村鹽場。成化十年，海决至城下。十三年二月，潮水橫濫，衝圮堤塘，逼蕩城邑，轉盼屯趾，一決數仞，祠廟、廬舍淪陷略盡，復治新堤。至宏治五年，新堤漸坍。嘉靖七年，新堤大坍，復至城下。九年，海復決，逼城。自是以來，屢有海患。崇正元年七月，其禍更甚。天下瀕海之地，晏然安堵者不乏，未有如吾寧之獨當險阸者。五代以前，無可考據，故斷自宋以來，海塘潰決之烈如此。一曰歷代工費之繁。《唐書》：『開元元年，重築捍海塘一百二十四里。』夫曰『重築』，則修築有前乎此者矣。其後先工役雖逸而不傳，但延袤如許，則勤民畚鍤，浩費當不下數十萬。當時司國計者，亦孔瘁矣。考之於宋，潮水橫決，終宋世凡四罹其灾，不特縣治遍地傷殘，至併四郡之田並遭淹毁，而山淪於海，抑更異矣！當時下浙西諸司條具築捺之策，亦逸而不傳，懸計拮据，鉅費何可量哉！元《河渠志》：『泰定四年，風潮爲患。都水庸田司奏請速差丁夫，當水衝堵閉，其不敷工役，差倩於附近州縣。當時朝議擬比浙江立石塘，爲久遠計，興役者數月，發丁夫二萬餘人，用鈔七十九萬四千餘錠，糧四萬六千三百餘石。致和元年，省臣奏修築海塘合用軍夫除戍守州縣關津外，酌量差撥，從便添支口糧。』又誌載貢師泰所爲《序》云：『潮決南岸，民吏驚懼，捍以數郡之力，而決猶不止。』觀此，則元季之頻舉大役，其費更不訾矣！明禮垣張寧著《障海塘記》云：『永樂中，海決。供力役者，蘇、湖等九郡。貲累鉅萬，積十有三載始弭其患。成化中，以舊塘衝圮，分巡錢公修築障海塘。其役徒以三府萬二千人，七越月而告成。』又載：『嘉靖中，邑令嚴寬撰《水利圖志序》云：「考石塘之築，自唐宋以來，皆舉數郡財力，始克有濟。蓋以地據蘇、常之上流，爲嘉、湖之鎖鑰，各與有責，故均任其勞。若驅一方之民以治之，則東興西廢，財竭力疲矣。其自嘉靖以後，修築頻仍，工費無算。」』茲以邑乘闕如，未敢傳疑。而前此之九郡力役三府工徒，十三載之奏功，七閲月之報竣，其所糜公帑並彰彰可據也。合唐宋元明而計之，金錢等河沙矣！歷代工費之繁如此。一曰命官經理之重。宋嘉定十二年，臣僚言：『鹽官潮勢深入，萬一春水驟漲，海風佐之，則百里之民俱葬魚腹。』

遂下浙西諸司條具捍堤堅壯之策。十五年，都省以海塘衝決上聞，命浙西提舉劉垕專任其事。垕言：『縣治境連平江、嘉興、湖州，大爲利害。議修縣東六十里鹹塘，縣西淡塘及袁花塘，以防大潮盤越流注北向之患。』從之。元大德三年，塘岸崩。都省委禮部郎中游中順洎本省官相視焉。泰定四年二月，風潮大作衝塘，壞郭外地，杭州路言：『與都水庸田司議，於北境築塘，莫若先修鹹塘。』江浙省準下本路修治。工部議：『海岸崩摧，重事也。宜移文江浙行省，督催庸田使司、鹽運司及有司發丁夫治之。』五月，平章禿滿迭兒等奏江浙省四月内潮水衝破鹽官州海岸，令庸田司徵夫修堵，遂命都水少監張仲仁往治其役。本省左丞相脱歡等議置石囤以抵禦之。致和元年三月，省臣奏：『江浙省并庸田司官修築海塘，倘得堅久之策，移文具報。臣等集議本年差户部尚書李家那、工部尚書李嘉賓、樞密院属衛指揮青山、副使洪灝、宣政僉院南哥班與行省左丞相脱歡及行臺、行宣政院、庸田使司諸臣會議修治之方，合行事務，提調官移文稟奏施行。』《縣志》：『故明永樂九年，海決，事聞，遣保定侯孟瑛往治。十六年十一月，明主親製祭文，遣禮部侍郎易英同保定侯孟瑛致祭海神，力役十三載始告成事。成化十年，大潮衝決堤岸，用崇德（即今石門縣）沈丞（惜逸其名）築法，堤始成。十三年十二月，潮勢益横，縣上其事於府，府守陳讓上其事於巡按御史，隨檄布政使杜謙、按察使楊瑄、參政李嗣、副使端宏、參議盧雍、僉事梁昉咸集寧邑，周視協謀，區畫會計，悉以託分巡僉事錢山耑董其役，乃命杭、嘉、湖三府官屬轉輓木石物用，舟楫蔽河而至。分命指揮李昭、通判何某兼總其工。自是以後，每遇興築，必上勤憲府，下萃群司，祇以載籍無聞，未容臆贅。』而自南宋迄於明初，炳著汗册者，或以牧伯莅事，或以公輔宣猷，或聚藩臬而僉謀，或簡通侯而底績，慰其咨而安昏墊，即下吏在所必甄，凡以重民命也。命官經理之重如此。一曰採辦修築之宜。《宋志》：『嘉定十五年，浙西提舉劉垕耑任修築海塘，首以鹹潮泛溢，有盤越流注之患，建議：「袁花塘及淡塘基趾近裏，未至與潮爲敵，施功較易，宜先就二塘修築以禦縣東鹹潮，其縣東近南六十里鹹塘亦應取次修築，萬一又爲海潮衝損，則當用椿木修築袁花塘以捍之。其縣南去海一里餘，幸存古塘，縣治、民居盡在其中，未可棄之度外，合將見管椿石就古塘加工叠砌里許，爲防護縣治之計。」報曰：「可」。』《元志》：『鹽官州，去海岸三十里，舊有捍海塘二，後又添築鹹塘。仁宗延祐間，潮壞民居，陷地三十里。其時省憲官共議宜於州後北門添築土塘，然後築石塘，東西長四十三里，後以沙漲而止。泰定元年二月，海水大溢。有司以石囤木櫃捍之，不止。四年二月，風潮衝捍海小塘，壞州郭四里。杭州路言：「與都水庸田司議，欲於北地築塘四十餘里，而工費浩大，莫若先修鹹塘，增其高濶，填塞溝港，濬深近北備塘濠塹，用椿密釘，庶可護禦。」至八月，水勢愈大，本省左丞相脱歡等議安置石囤四千九百六十，抵禦鏤嚙，以救其急，於是簡用都水少監張仲仁總理工役，於沿海三十餘里復下石囤四十四萬三千三百有奇，木櫃四百七十餘。致和元年三月，省臣奏江浙省并庸田司官修築海塘，作竹籧篨，内實以石，鱗次壘疊，以禦潮勢，淪陷入海。四月，奏，委户部尚書李家那等洎行省臺院及庸田司等官議。大德延祐間，欲建石塘，未就。泰定四年春，潮水異常，增築土塘不能抵禦，議置板塘，以水涌難以施工，遂作竹籧篨、木櫃，間有漂沉，欲踵前議，置石塘以圖久遠，爲地脉虚浮，比定海、浙江、海鹽地形水勢不同，由是造石囤於其壞處，叠之以救目前之急。所置石囤二十九里餘，不曾崩陷，略見成效。庸田司與各路官同議東西更壘石囤十里，其六十里塘下舊河就之取土築塘，鑿東山之石，以備崩損。至明年，爲文宗天歷元年，水勢漸平。二年，海患息。於是，改鹽官州爲海寧州。《縣志》：『故明成化十二年二月，僉事錢山重築障海塘。公策騎行邑，斂不及民，量材度宜，因時立法，採石於臨平、安吉諸山，備物用於浙西三府，舟楫輸輓，銜尾相屬。乃斷木爲大櫃，編竹爲長絡，引而下之，中實以石，此化小石爲大石法也。泛濫稍定，時盛暑，公念邑民蕩析未寧，農稼方急，饑勞野聚必有疾疫，由是作治雖嚴，間輒拊循勞來失次者，徙寓空舍，惠以薪米，大集醫藥以療病者。復作副堤十里，以防泄鹵之害。至八月塘成。』此後，修築都無所考，得於父老傳聞，及覩坍出樁櫃，宛然石囤舊制，果良法不可更歟？抑區畫猶有未盡也？至宋元治塘雖有效，有不效，而其法屢變，亦既殫厥心而弭厥患矣。採辦修築之宜如此。

書

與楊令論蕭山縣北海塘書 〔明〕王三才

敝邑三面距江，潮水湍激，北海一塘最爲民害。塘壞水溢，蕭之受害者僅鳳、儀等兩都，而其水直注於山、會等處，與蕭之上都毫無干涉。蓋水雖湍甚，未有逆流而上者，倘恐内河滲泄，則於新林地方築一土埂，不過彈丸可塞，而内者不泄，外者不入，蕭之安堵如故，夫何以塘爲焉？特以地在我蕭，勢難坐視，故山、會往往推委攀扯，顧煢煢蕭民，自救不暇，安能竭自己之脂膏，爲他人堪巨浪乎？即仁者亦不應如此之愚矣！累歲小小土築，費已不貲，隨築隨塌，民窮財盡，則工築之無益明甚，民力之不堪再舉，亦明甚。惟望主議題請創建石塘，悉發公帑，不煩民力，是爲上策。若欲計畝而派萬，惟相地形之高下，酌被害之輕重，而大爲低昂。其間山陰作一股，而會稽與蕭山作一股，庶人情兩平，其所造福無涯矣。況北海之患，原無涉于蕭，而派修之費，不獨重于山、會，誰則甘之？敢僭陳其概若此，其中曲折，自有通國之公論在，惟照察幸甚。

覆耆民汪源論設塘長書　［明］任三宅

連年修西北二塘，責重塘長而空名，應役漫不經心，以致漸成大患，愈難捍禦。呈院乞將附塘殷實户丁，報充塘長十二名，每名於帶征七分之内，取給工食七兩二錢，量分塘岸，着令巡管，遇坍便修。如遇風潮叵測，縣照例分築。而宅以爲未盡善也。夫北塘之所禦者，海也。海沙旋漲輒十餘里，潮遠不及，而塘自不坍，往歷數十年可以無議修築。迨海潮對塘一衝，則沙泥蕩漾，而塘即潰壞，延袤幾千餘丈。邇來，頻年修築，官費其一，民費其十，度支奚下萬金。即今名曰告成，方且役民增補。嗣今而後，不知作何底止。倘海沙仍漲，而塘果不坍，天之賜民之福也。雖不設塘長，不給工食，無害也。倘潮又對衝，而塘又決，天之灾民之禍也，必非十二名之塘長所能支吾以捍禦也。爲今之計，廿二都、廿三都附塘居民似不當概責以西塘之役，以待殷實。遠年令其專力分管北塘，遇有綫隙，隨即修葺。猝遇風潮大患，自當通力合築，并移山、會協濟，不可專責管塘人户也。

議修築海寧縣海塘書　［明］張次仲

衆水皆滙而歸於海，海不見其盈，海一衝決，則大地皆被其害。如吾寧邑之海，不過大海之一支流耳，而潮崩沙嚙，人民田廬立見湮没者，蓋右承宣、歙以下衆流之水，左納蘇、松外洋諸海之流，西則龕、赭二山南北對峙，夾爲海門，爲海入江之口，東又有石墩大、小尖山遝立海隅，爲海入寧之口。潮自東起，歷乍、澉二浦而來，阨於近洋八山之内，江自浦陽西瀉，歷嚴灘，至錢江而出，巖亹阨於龕、赭海門之際，其進甚狹，勢迫束而相擊，其來既遠，勢汹涌而必怒，夫是以湍激淜湃，而有衝決之患也。邑治瀕海，適當交衝之會，城南百武即界爲海塘，塘起仁和至海鹽，相距百里。其近城數十里之間，以尖山東鎖，赭山西鍵，拱抱而突出於外邑，城在兩山中之北三隅鼎立，邪衝注射，而城外爲海之隩限，且潮奔入巖亹，扼於江流之湓注，則激而復北，不可遏禦。此數十里者，三面受敵，故塘之潰壞恒見於此也。予幼嘗閲邑乘，『宋寧宗嘉定十二年，潮衝平野二十餘里，蜀山淪於海。十五年，又城南陷地四十餘里。元仁宗延祐元年，海溢，陷地三十餘里。明成祖永樂六年，海決。至成化十三年，海決，前後陷地六七十里』，心竊異之，幅員雖廣，而可屢蹙於洪濤之滔割乎？及年逾弱冠，南望漲沙三十餘里，桑麻成林，去海遠甚。越十年，臨海僅百步矣。嗣是，或漲或決，屢屢改觀，始嘆桑滄遞變，亦勢之無可如何者。吾謂天下大患，有莫可如何者三，如邊患、河患、海患是也。自古治之，無有上策。蓋勢處於不可測，而患生於不及料，惟有來則禦之，去則備之，先事而堤防者，計畫之周耳！其計畫之最要者，莫先于儲餉。餉不預儲，一旦變生，東支西應，補苴無策，欲待給於朝廷，則緩不濟事，欲派費於編氓，則散而難紀，遂欲借支庫銀，以濟急需，徐用派徵田畝以償那移，而朝三暮四，中多乾没，而民受其病矣。海寧地形，踞嘉、湖、蘇、松、常、鎮六郡之上流，寧受海患，六郡亦不得安枕無憂也，故各郡皆有協濟之銀，輸以儲用。昔嘉靖時，邑尹嚴寬建議歲儲徭役銀以備修築，額設捍海塘夫百五十名，歲編儲役銀三百兩，以此二者存貯不爲他用，幸邀天祐，十年無患，可積金萬有數千。一旦患作，不爲無備。當平居無患時，每遇潮汛，遣廉幹吏民巡視，遇有沙瀨洊浸小隙，即領銀窒補，以杜其隙。千丈之堤，敗於蟻穴，若九河盈溢，非一塊所防，宜早爲之慮也。其次則在制度。昔之善於爲備者，慮海濤之衝激，爲盪浪木樁以砥之，慮潮勢之剥蝕，爲叠石斜階以順之，故所取之石不必盡大，斫木爲櫃，廣長尋丈，納石其中，則小石可化爲大，織竹爲筏，環筏爲囤，聯絡牽掣，少亦可化爲多，此漢武帝伐竹爲楗，填實土石，以塞瓠子河之遺意也。繚絙以投海中，斥鹵浸漬，糾交不解，外箍以盪浪木樁，而上鎮以博厚之石，如廉司楊瑄之制崇厚，以捍其勢，斜披以順其流。近視之，横亘如虹，遠望之，崇峙若墉，庶可弭灾而捍患乎。至於酌用民力，照十家牌循環更代，必人與薪米。節其勤苦而恤其寒暑，民亦樂爲效力矣。所慮任事之人，惜功愛財，苟且而不爲長久計，故弭患而患日生，必殫心萃力，使吏不作奸，民不偏苛，期於實濟而後已。如是，稍有潰決，隨時塗捻亦易事也。夫海之决也，有内河可開以殺之，庶不泛濫而多虞。今近北邑城，無内河可開，而備水土塘可堅築培高，以護其内地，疏通七里、三里、陳文、馬牧達下河諸支港，置閘遞減，以殺其横流，此亦因地制宜之法也。聞建議者有欲以新樁易舊樁，舊樁深固不拔，易之則撥其基矣。有欲以土石改修舊塘者，新加土石不若舊之堅固，改則有間可乘矣。此説之斷不可行者也。築塘以石，自吴越王始，石必培之以土，人貪近便，每剥附塘之土，加之使高，是猶剜肉醫瘡，瘡究無補，徒增潰爛耳。深濬運鹽河亦可殺潮勢，然河址與塘址相比，深濬則海滷滲入而易潰，此皆治塘者所當戒也。至於財用多寡，視主治之人。當巡撫徐栻時，海决塘傾，始議費三十萬，行海料度約十六萬，衆議駭譁。新尹蘇湖初至，廉敏有材，四閱月功成，止用十萬有奇。由是觀之，財用多寡，豈有定乎？視善爲謀者酌用之耳！夫海患雖多不測，人事修足以勝之。昔吴越王錢鏐率衆董治，潮怒急湍，版築不就，採山陽之竹以爲箭，煉剛火之鐵以爲鏃，命强弩五百人射潮，潮乃退。雖其德不及成康，治不若文景，而割據自雄，帝制數郡，要非高義足以服人，何克致此？若耑恃其强武，即用五千人，海若其畏之哉？此事在省會，近而可徵者也。若夫神道之説，昔人不廢，惟在立誠以動之，無感不應。奉訓大夫、杭州路判官張仲儀，海寧潮溢，田畝、廬舍多遭陷没，仲儀憂之，以特牲禱於海神，曰：『民非田不食，非廬無以居。神忍化民爲魚鼈宫邪？即爲魚鼈宫，神將何依？吾恐神不自寧也。』禱畢，親沉石水中，健卒繼之。未幾，海復爲地。張真人裔孫與材朝覲，歸至寧，適潮患大作，沙岸百里蝕嚙殆盡，延及城下。與材投鐵符於海中，踴躍而出者三，雷電晦冥，殲一魚首龜身長丈餘者於水面，岸復故常。浙省右丞相脱驩因海岸崩决，民心甚恐，躬詣上天竺，祈禜于大士，仍請普福法師宏濟建水陸冥陽大會七日夜。宏濟冥心觀想，取海沙詛祝之，率徒衆遍擲其處，足跡所及，岸不爲崩。此皆寧之已事也，要由精誠所格，神亦感通，理之固然，無足異者。蓋前事爲後事之師，弭患當預防其備，誠得明敏無私之人，實心經理而迪德省愆以格天心，亦何海患之足慮哉？

國朝

與巡撫范承謨論修塘書　柴紹炳

愚聞天下有三塘：河南有防河之塘，湖廣有防江之塘，浙江兼有防江海之塘。此皆大利大害所在也。而在浙言浙，又於今日之事，則海塘爲切。塘之遠者勿論，若圮而重修，則唐之開元、宋之淳熙、元之泰定、致和，其事徵諸郡乘。至明初及季，海變凡六。永樂辛巳、成化甲午、宏治壬子、嘉靖戊子、萬曆乙亥、崇正己巳，或溢或决，屢費修築。可得而紀者，乙亥之役爲詳焉。顧塘在沿海，惟鹽官賴之，而識者以塘大决裂，即嘉、湖而下不免波及者，何與？按志稱海寧於吴爲陲，於越爲首，地形最高，故境内麻涇、落塘、長水塘諸水皆從北流，一從東北由浙泖趨滬瀆江入海，一從正北過吴江趨白茅港入江，俗因指吴江塔巔與長安壩址相並，則海寧之地高於他郡邑甚明。故海寧之塘一决，不止水注彼諸處如建瓴然，將松、蘇猶恐被殃，而嘉、湖屬邑其剥膚之灾矣。然則障海昌者，即所以保列郡。塘之關於東南利害，豈不鉅哉！乃者仲秋之朔，颶風陡作，連數晝夜，海波由是怒生，堤塘横决，沿海土田、廬舍没爲巨浸，人民失業，誠斯土之一阨會也。執事憫然念之，亟圖修繕，以寧邦宇，而因詢及蒭蕘，集思廣益。愚本杜門寡聞，且未嘗親履其地，不能指畫形便，聊據往牒揣近事，粗陳末議，以資博採之萬一可乎。一曰集貲。方今公帑不敷，民力更竭，故工役估費不可浮縮太過。過於浮，則爲胥吏冒破；過於縮，則其事難辦。苟且完工，未幾輒壞，必有任其咎者。至酌定所須若干奏支官銀外，不無量派民間，宜倣舊例，協濟勸輸，蘇、松隔屬姑置之，嘉、湖諸邑於此塘利害相關，自當檄令捐貲助役。大率海寧任十之七，諸邑共任十之三可耳。二曰聚財。蓋修築之用木石爲先，泥土可隨地而給，木石必預購轉運，不能猝備也。如慮海濤湍激，必須遏浪木樁以砥之。其樁宜松不宜杉，惟松入水經久也。故事，采石一塊長五尺二寸、高闊各一尺八寸者，其工價水脚應照時估給發，使匠役樂趨。石採於近山，木購於上江，他物料俱應時取齊，則興工無乏矣。三曰任人。此一大役，雖執事躬督其上，猶藉廉幹有司相與協理，并就佐貳胥吏及邑之耆老解事者，選擇委之，俱以禮敦遣，厚畀廪糈。其夫匠使什伍相司，按籍有考，計工給值，勿容侵尅。總理者約塘若干里，每人各認丈尺以難易爲多寡，查照字號給銀，董役刻期齊作，以其勤怠堅瑕分別賞罰，庶事有責成，無築舍道旁之弊也。四曰鳩工。工有難易不等，如水勢方橫，决口難塞，委以草土，辟諸精衛填東海，直無何有耳。舊用漢楗絙法不就，乃斷木爲大櫃，編竹爲長絡，中實以石，引而下之，泛濫有定。築塘之法，外當先植木樁，其疊石下則五縱六横，上則一縱二横，石齒鈎連，若絙貫然，即百計撼之，不摇也。又恐潮之直薄堤岸，則爲斜階以順其流，而於内復堅築土塘以爲護。如此，則海波雖壯且惡，有泛濫而無衝决，比於金城之固矣。雖然，此特遥度言之耳，若土著耆舊當有灼知事勢、詳悉便利者，執事能下車咨訪，得其説擇而行之，如宋尚書禮采老人之畫、徐武功有正依道者之規。是役也，可以萬全，豈不一勞永逸，爲吾浙世世賴哉！

序

海塘事略序　〔明〕吴昺

余讀河渠諸書，而三嘆治水之難也。夫閭寖爲海，諉諸天數，民則謂：『司我者，何不仁起而塞之？』頹林、竹楗、石菑與於負薪之役者，又微文刺譏當世，多言亦可畏哉。鄙語云：『溺則丐命，出則索錢。』甚哉！黎民不可爲深長計也。悲夫！余嘗東望海濤，北俯三吴，循行錢塘石防天塹，父老曰：『微武肅，兹其湯湯乎！』彼錢鏐亦丈夫也，真能射潮東邪？顧撫駕方略何也爾？他日，遺民過其墓，垂涕尸祝祠之，孰與當時任怨之多哉？余於是又嘆其言立功者，終不昧。夫海鹽視錢塘爲下流，海益善決，駸駸及郛，時非無武肅之智也，而拘文牽俗之人，婾安不事，猥曰：『毋動爲擾。』譬之敗垣，居水寖處，其下土未及崩，因謂之安。海鹽之塘，何以異此？往聞長老言，永樂中海溢，漂溺人民，壞良田、廬舍以萬計，官民遷徙崎嶇，救患累歲。言之於邑，有足傷心者。嗟乎！向使早爲之所，捐數萬金，竭三吴力，猶將爲之。涓涓弗塞，竟成滔天，悔可及邪？竊嘗籌之，濵海郡縣數數捍患無已，如出數年修築之費，一大治之，塹山堙壑，起三江之口，南屬海鹽，西南至於海寧，接於錢塘，延袤數百里，石堤鱗比，自非懷山襄陵之勢，未易敗也。是雖勞費不貲，而晏然百世之利，誠爲上計。不然，及患未深，繕完要害故堤，而穿渠疏鹵，海塘既堅，民食亦便，去害興利，而費約日寡，若焦廉訪之，爲海鹽計者，亦可以百年安哉。苟俟泛濫既甚，猝發閭左之繇，摶沙聚灰，欲遏洪流，此與以手障何異？可謂無策。嗚呼！嘆言哉！余曩辱焦公同官，雅知其大非常之功而不惑人言者。海塘方略具如左云，後有君子欲推而行之，得覽觀焉。

海塘工竣序 ［明］沈懋孝

浙西屬邑，在海堧者二十餘城，獨鹽官之城去海甚近。海外秦駐諸山，箕列囊束，吞納巨洋之水，地勢窄而湍回急，潮汐遂上，其勢獨險，異於他處。夏秋間，時有颶風，先數十夜有聲，潮乘風沸蕩崩擊，不一瞬間，室廬、物産、人畜立盡，此捍海石塘所由設。而塘在鹽官，屢築屢潰，常先爲東南患所從來矣。萬曆三年五月晦，鹽官海溢，中夜風雨挾潮以上，勢高於城，幸而返風乃定。於是，捍海之塘盡破，塘石漂入海者無算。始議修築，謂歷十餘稔，費數百萬緡，未有已也。會中丞徐公始至，經度工事，藩伯舒公素以才望視河徐、沛間，膺簡任守浙之西，遂相中丞經茲大役。凡石塘之創建、修築幾三千丈，内爲土塘，以附石塘，又疏内河以防衝決。始於萬曆四年七月，至五年九月訖工，其費僅踰十萬。於是，嘉興太守黄君率其僚與其屬，紀公之功，屬言於余。予惟天下有三大防：疆圉之吏，守在邊防；轉漕之吏，守在河防；東南守土之吏，守在海防。此三防者，天子之守也。河之防疏塞，非若海之不可以負薪捧土而下之楗也。邊陲飄忽，震撼鋒鋭固甚，然其來有候，其去有形，乃海之患，豈人力禁禦之者哉？故塘之捍海，其備甚於邊牆，急於河堤。萬一塘未及成，成不若是速，東南數十郡漂没湓蕪之患，豈可勝道！故稱禹之明德遠矣。吾與爾正冠、整衽，弁而哦日夕者，誰之賜哉？嘗推公之功，不在防河、防邊下者，非諛也！公敏達精練，年力方剛，剔歷内外，久嘗一爲典屬國，具知邊瑣；再爲治河使者，有績河漕，今又施之捍海，天下有三大防，公策之審矣。日者登樞，鉉參大政，亦以治河、治海之道施之籌邊，何異垣之於牛，皋之於馬也。不佞揚吐，而樂言之。

海鹽縣全修海塘録序　［明］馮皋謨

邑長老云：『鹽有塘以來，不知修築凡幾。先朝有發帑金百萬、少五十萬者，有特敕京朝官趙通政、林郎中者，有伐石寧、紹，併力蘇、常諸郡者。』蓋亦重其事矣！夫非以事關切全吴五六郡氓命，而又國家六軍萬馬委輸根底於斯塘，失時久玩愒，不至大敗極壞，卒然不能出力，肩任其事者。萬曆乙亥，潮大溢，吴幾魚。侍郎徐公興土石工，歉力築者什之三爾。丁亥，颶風，其七盡復壞。於是，有今築。築成，邑令謝君百需攸責始末獨詳，輯其言屬余序。余不佞土人，無能敉功，竊能言工之自矣。夫興建大事，非成功之難，能得人而任之難也。非任事之難，能實心而效之難也。當議起時，督院甌寧公篤中愷切，敕誠廪。今觀察龔公守采久於郡，按故實條上，咸中窾。一時在事群公，議僉合重得人，爲請於朝，得水衡夏公，又擇屬以曾公權知水府事，諸執事分曹而任，咸慎使。亡何，中丞傅公起家來公，汪度恢廓，不設町崖，群策畢效。值歲灾旱異常，公甚急塘，尤重念時艱。夏公宏宣德意，慰勞有加，其視塘圮若墊溺之切於己，其庾算食緡不漏察於纖微，其貶損服用躬約爲屬牧先。邑中若不知其建節者，旦暮行視工，觸目灾危，藥者藥、槽者槽，督促程課，不篤於招呼懷來，無奢費，不僅縮費，諸執事役作之人争矢力，無敢不力，較往稱功審時度事，其時難倍，其勢勞倍，其築堅倍，上與下皆實之效也。實心者，不速成見功，而以允功爲實。頌禹功者曰：『成允成功，八年不爲久。胼手胝足，不言勞。』公即功，幾兩越載，櫛甚風沐甚雨，夏公面貌黧黑皸裂，□公目爲□②，監察兩臺三稱君勞。夏公不有，拜手言：『微督院發謀出畫，何以有此成事？』公讓不居，遹本事始，具言：『甌寧勞最，不敢蔽覃。』及蕃臬、諸大夫、郡守、王公而下，賛一謀、領一事並荷陞賞有差。大臣謀國，開誠心，布公道，集衆思，廣忠益，其道固如此矣！上悼念甌寧，蔭録後裔，至恤厚。夫非以能蔽全三吴氓命，且力裨輸委六軍萬馬，有大功於國家哉！奈何目爲一郡一縣之塘，而以吾一郡一縣力當之也？余敢略稽事牘，爰告來兹。

國朝

海塘節略總序　朱定元

郭璞所註《山海經》云：『水出歙縣玉山，過建德，合婺溪，至富春爲浙江，入於海。』盧肇曰：『浙者，折也，潮出海，屈折而倒流也。』總之，四海皆有潮，獨浙江潮與江水鬭激，即亘若山嶽，奮如雷霆，雪浪横飛，銀濤旁射，縱無風雨，潮頭震撼，塘多潰卸。再加海風助虐，時雨添威，人其爲魚，田將爲壑。』宋唐迄今，代廑宸慮，然浙江潮患，又以海寧爲最。蓋以寧城南門不數武即瀕大海，全賴塘堤保障，而寧塘又居杭、嘉、湖、蘇、常等府上游，測水平者謂長安壩底與吴江塔頂相平，保海寧即所以保嘉、湖七府，此所以浙省以海塘爲首務也。塘長百餘里，皆係活土浮沙，東自尖山，西至仁和界翁家埠，綿聯曲折。塘之外爲北大亹，約濶三十餘里，有河莊山爲界。河莊之南，爲中小亹，約濶八里，有赭山爲界。赭山之南，爲南大亹，約濶三十餘里，有紹郡之龕山爲界。水若由中小亹出入，當適中之地，杭、紹兩府皆慶安瀾。第中亹地面窄小，難以容納江潮，且山根餘氣，似隱相聯絡，偶通旋塞，所以不徙而南，即徙而北，徙南尚有龕、常等山捍衛，爲患猶輕，徙北僅借塘堤一綫，倘有潰溢，爲害甚鉅。康熙三十六年以前，水出中小亹，杭紹相安無事。迨至康熙四十二年，水勢北趨，寧城迤南之桑田漸成滄海。康熙五十四年，潮汐直逼塘根，寧邑南門之外，最爲受險，遂依舊式，捐措添修塊雜石塘三千丈，此本朝興工修築之始也。康熙五十七、八兩年以後，寧城迤西之秧田廟、普兒兜及迤東之陳文港、念里亭，在在坍塌報險。時巡撫朱軾相度老鹽倉一帶，建築大石塘五百丈，過此迤西，土性虚浮，不能安石，又築草塘一千餘丈。此建築石草塘之原委也。嗣後，設立海防同知，歲加修治，殆無虚日。雍正六年，塘脚護沙冲刷殆盡，移至海中，堆起沙洲，挑溜直注，寧塘爲害愈烈，經督臣李衛題明，將已坍之工改建條石塘坦，復於險要處圈築草盤頭，以殺潮勢。此建築條石坦及草盤頭之原委也。雍正十年五月内，上游水發，又將西塘、觀音堂、翁家埠等處老沙洗盡，潮勢直逼内地。署撫臣王國棟題明，接築草塘二千餘丈，其地半屬海寧，半屬仁和。此又沿及仁邑修築工程之原委也。江潮日涌，工程愈急。雍正十一年，世宗憲皇帝特命内大臣海望同直督李衛赴浙相度機宜，添設海防兵備道，增置官兵，築土備塘一萬四千二百二十餘丈，加培附石土塘一萬餘丈，又因舊塘易於坍塌，年年修補，終非長策，議於尖山起至萬家閘止，改建大石塘一萬丈，永垂利賴，誠爲保固海疆至計。適值當事者專事開濬引河，堵塞尖山，遂將議建大工因循怠忽，並將舊有工程不加修理，以致雍正十三年六月初三日猝遇風潮，全塘潰决殆盡。經督撫大臣親率文武，叠石鑲柴，暫爲粘補，而塘身之單薄如故，坦水之潑卸如故，塘之裏身又係坑漊，一線殘堤，内外受險。是年九月二十三日，大學士嵇曾筠到浙總理塘工，凛遵世宗憲皇帝聖諭，循照歲修之例，先保舊塘以禦大汛，後修鉅工以垂永久。如幫築通塘土戧，擇險修砌，塘身以及修補坦水，加鑲草塘，並建遶城石塘等工，於本年十月内奏陳，奉旨允行。即鳩工集料，分段興修，將舊存磈石危塘改建，修石塘一千一十餘丈，修整坦水八千四百四十餘丈，幫築土戧一萬三千九百餘丈，塘内坑漊，酌量填補，俱於雍正十三年冬開工，乾隆元年五月告竣。伏秋大汎，賴此無虞。元年冬，又將仁邑境内李家村、沈家盤頭，寧邑境内九里橋等處未幫土塘四千三百三十餘丈再行加築，俱於乾隆二年六月内完工。其海寧遶城石工五百五丈，亦於元年八月内分委承築，於乾隆二年季夏報竣。至續估魚鱗石塘，嵇曾筠抵工之始，見江海全勢，直逼北岸，實難臨水興工，議於舊塘後另度基址建築，業經奏允，惟是舊塘之後，綿亘一萬四千餘丈，需帑浩繁，爲日遲久。自上年春夏以來，仰賴我皇上福德隆盛，江海形勢漸向南趨，自李家村至尖山，中沙突起，聯成外障。至乾隆二年五、六月間，東西兩塘日夕漲沙，較比昔年形勢，不啻逕庭。嵇曾筠審度水勢，因時制宜，議將舊塘基址圈築，越壩開槽釘樁，改建大工，謹遵世宗憲皇帝『不可那移寸步』之諭旨，以成一勞永逸之鉅工。元自元年八月初一日奉命，由分巡淮揚，調補海防兵備道，不辭勞瘁，奔走襄事，親受督臣指示石土工程並坦水作法，表裏完固，高堅足恃，外以障滄海之狂瀾，内以保桑田之物産，近以拯一邑之墊危，遠以捍三吳之沮洳，上以裕國家之經賦，下以蓄生民之稼穡。塘工一成，朝野交賴。元雖衰經奔馳，奔喪旋里，亦與吳越人民共慶平成也矣。

記

沙塘斗門記 ［宋］宋之才

平陽，温之大邑。萬全，平陽之近鄉，北枕瑞安，材落連亘③，水之源於山者，八十有四支分派，散溉民田四千頃。先是，走潦惟沙塘一埭，決於既溢，塞於將涸，雨暘微愆，農不穫者居半，其患非一日也。吳君蘊古，紹興乙丑，捐材爲斗門，以便蓄泄。明年秋，大水迅流，怒濤交攻而圮。又明年，范文正公曾孫寅孫來丞是邑，民以病告。丞曰：『水利不修，咎將在我。』爰度地，稍徙舊址之北前直大浦，楗松爲防，累版爲閘，梁空而度者四十尺，浦之上下，實以巨石，外以殺潮流怒噬之勢，内以受所泄水使盤旋洄洑，曲赴於海。經始於是年仲春十七日，落成於季夏二十日，役工於千，糜錢百餘萬，皆二邑民輔之。相其事者，吴藴古；協其力者，周端夫、周誠也。既成之六月，復大浸，奔騰之勢，若將破山裂軸者。已而，風恬雨息，防峙水渟，雖神造鬼設，不是過也。鄉之少長，喜而相慶曰：『大哉，功乎！今而後，謹啓開節流，止旱魃，不吾虞矣。』乃屬予書其事，因記其本末，且系以詩，俾鄉人歌之。其辭曰：『楗松入水兮鐵不如，石扞水兮盪不渝。截然一閘兮衆流郛，啓乃泄兮閉乃瀦。潦不没兮旱不枯，秀我苗兮實我稌。丞則范兮士則吴，子子孫孫兮永誌諸。』

跋餘姚海堤記　［元］黄溍

《書》叙禹治水，備著濬導之功，其於海惟曰入而已。太史公《河渠書》、班孟堅《溝洫志》，於海則存而不論。餘姚居天下之東南，地訖於海，居人數有海患。其故爲縣，時宋慶曆間，知縣事謝景初嘗爲堤二萬八千尺。慶元間，知縣事施宿爲堤四萬二千尺，而其中爲石堤者五千七百尺，其用力於海，皆古所未及，可謂難矣！國朝易縣爲州四十餘年，而葉君恒來爲州判官，作石堤以尺計者，前後總二萬四千，較前人不愈難哉？胡安定公以經義治事，分齋教學者所治之事畢備，水利其重也。自世儒務爲高論，而不屑於事爲之末，又或者指經義爲無用之言，以相詬病，其惑不已甚乎？君以經義釋褐入官，而善於治事，至於水利，又能用力於古所無，未及大書深刻登載，已爲詳悉，余獨推其能爲人之所難能者，由其知先儒爲學之道，而使經義之昭垂於世，果不爲空言也。

象山縣塘田記　［明］毛德京

桑田變海，昔之坍江是也。滄海成田，今之諸塘是也。其膏腴豐美者，較之附郭良疇，反爲過之。

然地有内外，圩有堅脆，勢有安危，其當湍流、處山外而抵風潮者，一朝飓發海溢，衝激所及，湮爲泥塗，蕩成巨浸矣！今日記此，夫亦以昭聖代瀚海澄波，桑田彌望之盛耳！固不可恃以爲永業也，後之□□科圖丈度者④，尚其别之。

國朝

重築捍海塘記　沈珩

康熙甲辰秋八月，海寧捍海塘潰，勢浸淫無所砥，下流迄嘉、湖、常、蘇，咸震危。總督趙公、巡撫朱公惻然爲民命國計憂，親巡閲，坐鄉之士大夫於堂，進其耆老於庭，諮詢周密，畫籌乃定，爰簡備兵能公來督修，十一月堤垂成。是時，巡撫蔣公甫莅浙，輒復重軫厥灾，降檄敦勵，方略載新，於是植頹築虛，增卑補狹，堅者矻矻，隆者翼翼，度越於舊。觀備兵公之始來視海也，民老幼數萬環車泣，且曰：『是役也，費難、工鉅、任勞，可奈何？』公則慷慨誓曰：『吾奉天子命監兹土，民溺則誰溺也？況督撫兩臺，至仁極德，廑爾民憂，設吾苶然畏難，辭鉅避勞，上貽兩臺之勤閔，而下諉咎於僚吏，縱得以具文報塞，詎吾志哉？』爰駐節躬畫，率興敏築，沉算潛計，覃精焦髮，始治役，觀浩浩湯湯，曰：『匪神曷佑，且必陳牲醴。』禱郭門而南，且呼且恫，果遏怒汛，乃利版築。僉曰：『神鑒格矣！』曰：『匪人曷集功？』即決口判列爲號，若散屬，若庶耆，分曹置監，靡長勿褒。其材若石櫄、囤櫃、樽櫨、竹絡，其工若礪鍜、畚鍤、防丁、椿户各懋乃司，戊夜猶手降教，相諭答問，日命厨傳慰勞，罔弗激弗勵。僉曰：『人功修矣。』曰：『民勞勿恤，曷勸哉？諸卒夫乏者賙，寒者絮，孱者餔糜，瘵疾者急鍼餌，人人忘勞死。僉曰：『民氣優且勸矣。』而公每念必惕然，勿忍瀆民力，捐槖金萬，司計必親，蝨蝕盡絶。故鳩庀罔漏，堤廣厚，什半加舊。按寧塘，歷唐宋元明，一罹厥灾，至乃淪山陷城，崩地數十里，漂禾稼數郡。當宁徬徨，公卿胼胝，費金錢幾百萬，徭役連十餘郡，歷歲時且十年或二十年，猶未盡厎績，甚不得已，而或徙民居以避之，或令方士用秘法鑄深沙鐵神、造浮圖，實以七寶珠玉爲厭勝之，具然訖不效，不亦計窮而術踈哉！所謂難、與鉅、與勞，今且什九倍昔，而上不糜帑，下無困氓，千載之功，不日告成，然則常變會乎勢，安危係乎人，彼難、與鉅、與勞之倍昔，勢也其事半功倍，則人也。是魚腹之遺黎，得安堵而康食，俾之生全者，誰德也？陸沈之疆土，得井耕而土貢，予之奠麗者，誰力也？邑之人曰：『勿可忘。』其數郡之命係乎塘者，皆曰：『勿可忘。』士民乃請記之，以勒諸石，玆塘長鞏，功且不朽云。

校勘記

〔一〕藝文下　原書『藝文』後漏『下』字，今補。

〔二〕□公目爲□　原書『公目爲』前後各缺一字。

〔三〕材落連亘　『材』疑爲『村』之誤。

〔四〕後之□□科圖丈度者　原書『科圖丈度者』前兩字不清晰。